思想的・睿智的・獨見的

經典名著文庫

學術評議

丘為君　吳惠林　宋鎮照　林玉体　邱燮友

洪漢鼎　孫效智　秦夢群　高明士　高宣揚

張光宇　張炳陽　陳秀蓉　陳思賢　陳清秀

陳鼓應　曾永義　黃光國　黃光雄　黃昆輝

黃政傑　楊維哲　葉海煙　葉國良　廖達琪

劉滄龍　黎建球　盧美貴　薛化元　謝宗林

簡成熙　顏厥安（以姓氏筆畫排序）

策劃　楊榮川

五南圖書出版公司 印行

經典名著文庫

學術評議者簡介（依姓氏筆畫排序）

- 丘為君　美國俄亥俄州立大學歷史研究所博士
- 吳惠林　美國芝加哥大學經濟系訪問研究、臺灣大學經濟系博士
- 宋鎮照　美國佛羅里達大學社會學博士
- 林玉体　美國愛荷華大學哲學博士
- 邱燮友　國立臺灣師範大學國文研究所文學碩士
- 洪漢鼎　德國杜塞爾多夫大學榮譽博士
- 孫效智　德國慕尼黑哲學院哲學博士
- 秦夢群　美國麥迪遜威斯康辛大學博士
- 高明士　日本東京大學歷史學博士
- 高宣揚　巴黎第一大學哲學系博士
- 張光宇　美國加州大學柏克萊校區語言學博士
- 張炳陽　國立臺灣大學哲學研究所博士
- 陳秀蓉　國立臺灣大學理學院心理學研究所臨床心理學組博士
- 陳思賢　美國約翰霍普金斯大學政治學博士
- 陳清秀　美國喬治城大學訪問研究、臺灣大學法學博士
- 陳鼓應　國立臺灣大學哲學研究所
- 曾永義　國家文學博士、中央研究院院士
- 黃光國　美國夏威夷大學社會心理學博士
- 黃光雄　國家教育學博士
- 黃昆輝　美國北科羅拉多州立大學博士
- 黃政傑　美國麥迪遜威斯康辛大學博士
- 楊維哲　美國普林斯頓大學數學博士
- 葉海煙　私立輔仁大學哲學研究所博士
- 葉國良　國立臺灣大學中文所博士
- 廖達琪　美國密西根大學政治學博士
- 劉滄龍　德國柏林洪堡大學哲學博士
- 黎建球　私立輔仁大學哲學研究所博士
- 盧美貴　國立臺灣師範大學教育學博士
- 薛化元　國立臺灣大學歷史學系博士
- 謝宗林　美國聖路易華盛頓大學經濟研究所博士候選人
- 簡成熙　國立高雄師範大學教育研究所博士
- 顏厥安　德國慕尼黑大學法學博士

經典名著文庫129

墨子(下)

(以清・孫詒讓撰之《墨子閒詁》為依據版本)

墨子及其弟子與墨家後學 原著
孫詒讓 注疏
李賢中 導讀、題解

經典永恆・名著常在

五十週年的獻禮・「經典名著文庫」出版緣起

總策劃 楊榮川

五南，五十年了。半個世紀，人生旅程的一大半，我們走過來了。不敢說有多大成就，至少沒有凋零。

五南忝爲學術出版的一員，在大專教材、學術專著、知識讀本出版已逾壹萬參仟種之後，面對著當今圖書界媚俗的追逐、淺碟化的內容以及碎片化的資訊圖景當中，我們思索著：邁向百年的未來歷程裡，我們能爲知識界、文化學術界做些什麼？在速食文化的生態下，有什麼值得讓人雋永品味的？

歷代經典・當今名著，經過時間的洗禮，千錘百鍊，流傳至今，光芒耀人；不僅使我們能領悟前人的智慧，同時也增深加廣我們思考的深度與視野。十九世紀唯意志論開創者叔本華，在其〈論閱讀和書籍〉文中指出：「對任何時代所謂的暢銷書要持謹愼的態度。」他覺得讀書應該精挑細選，把時間用來閱讀那些「古今中外的偉大人物的著作」，閱讀那些「站在人類之巔的著作及享受不朽聲譽的人們的作品」。閱讀就要「讀原著」，是他的體悟。他甚至認為，閱讀經典原著，勝過於親炙教誨。他說：

「一個人的著作是這個人的思想菁華。所以，儘管一個人具有偉大的思想能力，但閱讀這個人的著作總會比與這個人的交往獲得更多的內容。就最重要的方面而言，閱讀這些著作的確可以取代，甚至遠遠超過與這個人的近身交往。」

為什麼？原因正在於這些著作正是他思想的完整呈現，是他所有的思考、研究和學習的結果；而與這個人的交往卻是片斷的、支離的、隨機的。何況，想與之交談，如今時空，只能徒呼負負，空留神往而已。

三十歲就當芝加哥大學校長、四十六歲榮任名譽校長的赫欽斯（Robert M. Hutchins, 1899-1977），是力倡人文教育的大師。「教育要教眞理」，是其名言，強調「經典就是人文教育最佳的方式」。他認為：

「西方學術思想傳遞下來的永恆學識，即那些不因時代變遷而有所減損其價值的古代經典及現代名著，乃是眞正的文化菁華所在。」

這些經典在一定程度上代表西方文明發展的軌跡，故而他爲大學擬訂了從柏拉圖的《理想國》，以至愛因斯坦的《相對論》，構成著名的「大學百本經典名著課程」。成爲大學通識教育課程的典範。

歷代經典．當今名著，超越了時空，價值永恆。五南跟業界一樣，過去已偶有引進，但都未系統化的完整舖陳。我們決心投入巨資，有計畫的系統梳選，成立「經典名著文庫」，希望收入古今中外思想性的、充滿睿智與獨見的經典、名著，包括：

- 歷經千百年的時間洗禮，依然耀明的著作。遠溯二千三百年前，亞里斯多德的《尼各馬科倫理學》、柏拉圖的《理想國》，還有奧古斯丁的《懺悔錄》。
- 聲震寰宇、澤流遐裔的著作。西方哲學不用說，東方哲學中，我國的孔孟、老莊哲學，古印度毗耶娑（Vyāsa）的《薄伽梵歌》、日本鈴木大拙的《禪與心理分析》，都不缺漏。
- 成就一家之言，獨領風騷之名著。諸如伽森狄（Pierre Gassendi）與笛卡兒論戰的《對笛卡兒沉思錄的詰難》、達爾文（Darwin）的《物種起源》、米塞斯（Mises）的《人的行爲》，以至當今印度獲得諾貝爾經濟學獎阿馬蒂亞．

森（Amartya Sen）的《貧困與饑荒》，及法國當代的哲學家及漢學家余蓮（François Jullien）的《功效論》。

梳選的書目已超過七百種，初期計劃首爲三百種。先從思想性的經典開始，漸次及於專業性的論著。「江山代有才人出，各領風騷數百年」，這是一項理想性的、永續性的巨大出版工程。不在意讀者的眾寡，只考慮它的學術價值，力求完整展現先哲思想的軌跡。雖然不符合商業經營模式的考量，但只要能爲知識界開啓一片智慧之窗，營造一座百花綻放的世界文明公園，任君遨遊、取菁吸蜜、嘉惠學子，於願足矣！

最後，要感謝學界的支持與熱心參與。擔任「學術評議」的專家，義務的提供建言；各書「導讀」的撰寫者，不計代價地導引讀者進入堂奧；而著譯者日以繼夜，伏案疾書，更是辛苦，感謝你們。也期待熱心文化傳承的智者參與耕耘，共同經營這座「世界文明公園」。如能得到廣大讀者的共鳴與滋潤，那麼經典永恆，名著常在。就不是夢想了！

二○一七年八月一日 於

五南圖書出版公司

導讀

國立臺灣大學哲學系教授兼文學院副院長　李賢中

一、墨子的生平與事蹟

㈠生平

首先探究墨子的姓名，《莊子．天下篇》說：「墨翟、禽滑釐聞其風而說之。」在唐代成玄英的疏中就指出：「禽滑釐，姓禽字滑釐，墨翟弟子也。」《墨子》書中也有稱「子禽子」的。禽滑釐既然是姓禽，那麼相同的，在《莊子．天下篇》裡將墨翟、禽滑釐二人同列，由此可見墨子姓墨。

此外，在《墨子》書中，墨子有二十五次自稱為「翟」，如在〈耕柱〉篇有云：「子墨子曰：『且翟聞之為義非避毀就譽，去之苟道，受狂何傷！』」墨子他主張，實踐仁義若不能回避別人的詆毀，還是應該要堅持下去，千萬不能因為追求虛榮美譽而妥協；離去高官之位只要是符合正道的原則，就算被人譏評為瘋子又有什麼關係。〈貴義〉篇也有：「子墨子曰：『翟上無君上之事，下無耕農之難，吾安敢廢此？』」墨子以周公旦的勤政愛民、日理萬機輔佐天子，仍不忘每日用功讀書的典範爲例，說明自己不像周公一般的忙碌，當然更要用功讀書。〈公孟〉篇則有：「子墨子曰：『今翟曾無稱於孔子乎？』」墨子說只要孔子所說的話是正確不易的道理，他怎能不引用稱道呢？〈魯問〉篇有：「子墨子曰：『翟嘗計之矣。』」墨子他曾估計衡量天下之利爲何等等。由此可知墨子姓墨，名翟。

有關墨翟的國籍，嚴靈峰在他的《墨子簡編》裡指出：「墨子名翟，姓墨氏，魯人；或曰宋人。」但其他墨學研究者，如：薛保綸、周長耀、李漁叔、馮成榮、蔡仁厚、王冬珍、陳問梅等學者皆認定墨子是魯國人。《呂氏春秋．愼大覽》高誘注：「墨子名翟，魯人也。」《荀子．脩身》篇楊倞注：「墨翟，魯人。」從這些記載來看，墨子是魯國人。但是也有些文獻作宋人的，如葛洪《神仙傳》就認爲墨子爲宋人。《昭明文選．長笛賦》李善注：「墨翟，宋人也。」還有的文獻上說墨子是楚國人，如清代的畢沅〈墨子注序〉認爲，前人以爲墨子是魯人，應爲楚之魯陽（今河南魯山縣）。孫詒讓則認爲畢沅的看法與古書不合，墨子不是楚人而是魯國人；又因爲墨子曾做過宋國大夫，於是被認爲是宋國人。

山東大學歷史系張知寒教授〈墨子里籍新探〉一文則認爲墨翟是今山東滕州市人。滕州市東南有目夷亭，爲宋公子目夷之封地，也是古國名，目夷又轉音爲墨台。墨翟爲墨台氏之後，也就是目夷氏之後。目夷地最早屬於小邾國，墨翟實爲小邾國人。小邾國是宋國的附庸，所以墨翟可以被視爲宋人。春秋晚期，小邾國爲魯國占有，因而墨翟成爲魯人。此考證研究可做爲墨子國籍問題現階段較完備之論。

至於墨子生卒年代，歷史上沒有留下可靠的資料，根據孫詒讓的考證，墨翟的生卒年約在周定王之初年到周安王之季，也就是大約在468B.C到376B.C之間。從墨子與孔、孟的關係來看，可以得出一個比較確定的生卒範圍。孔子在世時從未提過墨翟，由此可見墨翟的活動年代是在孔子之後，這是可以確定的。此外，孟子周遊四方之時，非常激烈地攻擊墨翟的學說，可是墨翟卻從未提過他，由此可見墨翟的活動年代要比孟子來得早。所以墨翟的生卒年代，很可能是生於孔子（551-479B.C）之後，而卒於孟子（372-289B.C）出生之前。因此孫詒讓的考證，大約從468B.C到376B.C之間是墨子的生卒年代，此說可取。

㈡事蹟

墨子有哪些事蹟呢？他活動於西元前第五世紀，從《墨子．貴義》篇記載內容，墨子承認自己爲平民百姓之「賤人」，並非當官的貴族。在《韓非子．外儲說左上》記載著：「墨子爲木鳶，三年而成，飛一日而敗。弟子曰：先生之巧，至能使木鳶飛。墨子曰：不如爲車輗之巧也，用咫尺之木，不費一朝之事，而引三十石之重。」其中「車輗」是古代大車車轅與橫木相連接的插銷，防止脫落。又據《墨子．公輸》篇，墨子能造守城器械，連著名巧匠公輸盤也比不過他。可見墨子在當時是個能工巧匠。

另根據《墨子．魯問》、《莊子．天下》等文的記載，墨子生活十分清貧，以野菜爲食，清水爲飲，吃了上頓沒有下頓，短褐爲衣，草索爲帶，居無常所。《淮南子．修務訓》說：「孔子無黔突，墨子無暖蓆。」從這些記載來看墨子是一個工匠出身，過的是勞動者的生活型態。此外，《墨子．明鬼下》篇自稱曾讀周、燕、宋、齊等國春秋，《莊子．天下》也說墨子「好學而博」可見他是博覽群書的人。又據《墨子．貴義》篇記載，墨子前往衛國時，車中載了許多書，有人問他爲什麼要帶那麼多書？他說：「翟上無君上之事，下無耕農之難，吾安敢廢此？」可見他又像是一個讀書人。如此，墨翟有可能是從勞動階級的工匠出身，經過學習、實踐，自創一家之言，提出「兼愛」、「非攻」的思想，吸引弟子跟隨而成爲人師，進而改變了他原本的勞工階層，從平民百姓轉爲士人。

墨子曾周遊列國，他經過的區域包括：宋國、楚國、齊國、衛國和越國這幾個國家。《史記》、《漢書》均曾記墨子爲宋大夫，但在《墨子》書中卻不見記述。墨子曾經去過幾次宋國，也曾經在宋國碰到麻煩。墨子在「止楚攻宋」時，曾說他的弟子禽滑釐等三百人，幫助宋國守城，而使楚王打消了攻打宋國的念頭。但墨子成功阻止戰爭之後，他經過宋國時，天下大雨，守門的人卻拒絕他入城。此外，《墨子．魯問》篇記載，墨子介紹其弟子曹公子出仕於宋，三年之後，由貧而富，處高爵祿，多財而不以分人，墨子則把他教訓一頓。這些是墨子到宋國所經歷的一些事。

在遊楚方面，《墨子．貴義》篇記載：墨子曾至南方楚國，去拜見楚獻惠王，獻惠王藉口自己年老推辭了，派他的臣子穆賀會見墨子。墨子和穆賀交談之後，穆賀非常高興，對墨子說：「你的主張確實好啊，但君王是天下的大王，恐怕會認爲這只是一個普通百姓的看法而不會採用的。」墨子答道：「只要它能在施政上推行有效，爲何不用呢？就像吃藥，雖然只是一些草根，天子吃了它，具有療效可以調理他的疾病，難道會因爲是一些草根就不吃了嗎？」墨子雖然作了一番解釋，但還是沒有說動他們。

此外，墨子也曾到過齊國，齊國是當時的強國，國家的爲政者不喜歡墨子的學說。還有，《墨子．貴義》篇記載墨子從魯國到齊國，探望老朋友。老朋友對墨子說：「現在天下沒有人行義，你何必獨自苦行爲義，不如就此停止。」墨子說：「現在這裡有一人，他有十個兒子，但只有一個兒子肯耕種，其他九個兒子都閑著，該怎麼辦呢？因爲吃飯的人多而耕種的人少，耕種的這一個兒子必須更加勤奮啊。現在天下沒有人行義，你應該勸我繼續努力行義，爲什麼還要制止我呢？」可見墨子犧牲奉獻，爲大局著想的精神。

衛國也是墨子曾經去過的國家，在《墨子．貴義》篇裡面曾提到，墨子南游於衛國，車中載書甚多。同篇又記：墨子推薦弟子到衛國做官，結果那弟子去了又回來，墨子問他是什麼理由，他的弟子回答說，因為原本許諾的俸祿少了一半，墨子把他給教訓一頓。同篇又記，墨子對衛國的公良桓子說：「衛，小國也，處於齊、晉之間，猶貧家之處於富家之間也，貧家而學富家之衣食多用，則速亡必矣。」墨子是非常強調節用的思想，此一經濟問題處理不好，將會有亡國之憂。此外，《墨子．耕柱》篇記載墨子推薦高石子到衛國做官，衛國國君給他的俸祿很優渥，但是對於高石子進諫的忠言卻不採納，後來高石子辭去厚祿的官位，則受到墨子的肯定與讚揚。這些是墨子到衛國所經歷或與衛國相關的一些事。

除了上述幾國之外，墨子也到過越國。墨子曾多次派他的弟子到各國去擔任一些公職，希望能夠把墨家的思想發揚光大。其中他的弟子公尙過就曾到越國宣傳墨子的學說。越王很高興，並且願意把他所占領吳國的五百里土地封給墨子。可是墨子對這封地並不感興趣，墨子所在意的是要能推行墨家理想，眞正去實踐兼愛、非攻的思想。在這一點上，當然越王並沒有同意，所以這件事也就耽擱了下來。

從墨子周遊各國的經歷可知，墨子生平事蹟的重點在於根據天志，宣揚兼愛、非攻、非樂、非命、節用、節葬、尙賢、尙同等思想，其目的在興天下之利，除天下之害。

二、《墨子》書的分類

東漢班固《漢書・藝文志》著錄《墨子》七十一篇，《隋書・經籍志》著錄《墨子》十五卷，目一卷；《舊唐書・經籍志》、《唐書・藝文志》、《宋史・藝文志》都著錄《墨子》十五卷。清人畢沅〈墨子注序〉說：「宋亡九篇，爲六十二篇。見《中興館閣書目》，實六十三篇。又亡十篇，爲五十三篇，即今本也。」現今只存五十三篇，已亡失十八篇，其中〈節用〉、〈節葬〉、〈明鬼〉、〈非樂〉、〈非儒〉等五種，各有所缺，共計八篇外；尚有十篇不知篇目。

根據任繼愈、李廣興主編的《墨子大全》收錄的注本來看，明代有《墨子》，明嘉靖三十二年唐堯臣刻本（十五卷）等十四種，清代有《墨子與墨者》，清・馬驌撰，清康熙九年刻本（一卷）等二十種。其中以孫詒讓集諸注家之大成，其《墨子閒詁》至今仍然是較好的原文版本。孫詒讓將明正統《道藏》本《墨子》跟畢沅校本、明吳寬寫本、顧廣圻校本、日刻本等互相校勘，參考綜合畢沅、蘇時學、王念孫、王引之、張惠言、洪頤煊、俞樾、戴望等人的成果，以很大功力撰就《墨子閒詁》一書，俞樾〈墨子序〉稱：「自有墨子以來，未有此書。」現存的五十三篇，內容可分爲以下五類：

第一類是：〈親士〉、〈脩身〉、〈所染〉、〈法儀〉、〈七患〉、〈辭過〉、〈三辯〉共七篇，畢沅認爲〈親士〉、〈脩身〉篇中，沒有「子墨子曰」，可能是墨翟自作。這七篇基本上屬於墨子在脫離儒家學說不久的時期所作，還是反映了墨家的思想，我們可將它們視爲墨子的早期思想。此七篇內容涉及尚賢、天志、節用、非樂等思想。其中〈法儀〉篇爲墨子學說的綱領，與〈天志〉篇同爲墨家立論的根據與標準。第一類墨子的早期思想，値得我們關注其中墨家思想的起源與發展。

第二類包括：〈尚賢〉、〈尚同〉、〈兼愛〉、〈非攻〉、〈節用〉、〈節葬〉、〈天志〉、〈明鬼〉、〈非樂〉、〈非命〉、〈非儒〉每種若皆有上、中、下三篇齊全的話，該有三十三篇，但因缺了八篇，加上〈非儒〉原本就無「中」篇，因此現僅有二十四篇。梁啓超認爲這些是墨學的大綱目，爲墨家學派主要的代表作。除了〈非攻〉、〈非儒〉外，其餘各篇皆有「子墨子曰」字樣，乃是墨子門人弟子所記，現今學者多以第二組爲《墨子》思想的精華。《墨子》一書的核心思想，一般而言以此類思想爲代表。《墨子．魯問》篇記載：「凡入國，必擇務而從事焉。國家昏亂，則語之尚賢、尚同；國家貧，則語之節用、節葬；國家憙音湛湎，則語之非樂、非命；國家淫僻無禮，則語之尊天、事鬼；國家務奪侵凌，即語之兼愛、非攻。」其中的尚賢、尚同、節用、節葬、非樂、非命、尊天、事鬼、兼愛、非攻就是一般所謂的「墨家十論」。

第三類有：〈經上〉、〈經下〉、〈經說上〉、〈經說下〉、〈大取〉、〈小取〉共六篇。東晉魯勝曾著《墨辯注》，在序文中他寫道：「墨子著書，作辯經以立名本……《墨辯》有上下經，經各有說，凡四篇，與其書眾篇連第，故獨存。」（《晉書．隱逸傳》）欒調甫的《墨學研究》也肯定《墨辯》由墨子及其後學所作。與魯勝不同的是，欒氏認為僅〈經上〉、〈經下〉由墨子自著，餘四篇則出自墨家後學之手。李漁叔在《墨子今註今譯》的墨學導論中說：「〈大取〉和〈小取〉兩篇，都是墨家重要的著作……其與墨經上下四篇，如不是墨子自撰，至少也是墨子生前或稍後，及門弟子筆錄而成的」。此六篇合稱《墨經》或《墨辯》，乃後期墨家之作。其中，〈經上〉對人類認知、思維、倫理的眾多概念範疇做出定義、分類，〈經下〉列舉光學、力學等科學原則、定理。〈經說上〉、〈經說下〉則是對於〈經上〉、〈經下〉進一步之解釋與舉例說明。〈大取〉討論愛利問題，屬於大者；〈小取〉探究辯說理論之目的、作用、方法、規則等問題。

第四類有：〈耕柱〉、〈貴義〉、〈公孟〉、〈魯問〉、〈公輸〉共五篇。梁啓超說此五篇記墨子言論行事，乃門人後學所記。胡適《中國古代哲學史》中認為乃「墨家後人把墨子一生的言行輯聚來做的，就同儒家的《論語》一般。其中有許多材料比第二組還為重要。」方授楚《墨學源流》也說這是「墨家後學記墨子一生言論，體裁近《論語》，作『墨子言行錄』讀可也」。基本上學界皆肯定第四組的重要性，是研究墨學的重要素材。

第五類有：〈備城門〉、〈備高臨〉、〈備梯〉、〈備水〉、〈備突〉、〈備穴〉、〈備蛾傅〉、〈迎敵祠〉、〈旗幟〉、〈號令〉、〈襍守〉共十一篇。這十一篇爲墨家防禦的軍事思想，墨子反對侵略的不義之戰，故所傳兵法皆爲守禦之事。其中，〈備城門〉、〈備高臨〉、〈備梯〉、〈備穴〉、〈備蛾傅〉、〈襍守〉此六篇乃墨子對禽滑釐言守禦之法，有「子墨子曰」字樣，乃是墨子門人或禽滑釐弟子所記述。主要爲墨子教導弟子禽滑釐的守城方法。墨子雖提倡兼愛卻未反對以戰爭的方式自衛，孫中原《墨學通論》認爲，「墨子的戰爭觀有兩個基本點，一個是非攻，即反對大國、強國對小國、弱國的攻伐掠奪；另一個是救守，即主張積極防禦。」換句話說，墨子所「非」之「攻」乃是侵略性的「不義之戰」，要積極防守抵抗。至於像聖王：夏禹、商湯、周武王爲了百姓福祉驅逐騷亂者所發動的戰爭，也就是墨子在〈非攻下〉篇所稱之「誅」，墨子仍然是認可的。

三、《墨子》的思想大要

㈠價值根源——天志

墨子的「天」乃「主宰之天」，「天」的主宰性表現在對於人事與自然的參與，自然界萬物的發展都依循「天」的規律，同時，「天」也是人類社會秩序的最高管理者。墨家的「天」能夠賞善罰惡，而賞罰的標準在於人是否依循「天志」。由於「天」具有道德性，天的意志就是要人們從事符合正義之事；由於「天」對於人的愛具有普遍性，提供了全人類生存的各種需要，因此「天」要求人們也要普遍地愛天下所有的人；又由於「天」具有無所不能、無所不在的力量與永恆性，因此祂是社會正義、天下之公益的最後基礎與根據，人都無法逃離「天」公義審判的賞罰。

墨家的思想發端於戰國初期，雖然傳承著殷代宗教性主宰之天的內涵，但墨家之「天」將傳統的「天命」改為「天志」，雖然僅是一字之差，但是其中蘊涵著哲學思想的重要轉變。「命」從口、從令，原有命令與命定之意。從墨家之「天」為權力上的最高主宰者來看，天的命令義並未取消；但是從墨家「非命」思想來看，則墨家所欲取消的是「天」的命定義，反對人生在世抱持宿命而消極的人生態度，人可以選擇勤勞或懶惰的態度，人所造成的貧富、貴賤後果並非命定；因此，墨家特別標立一價值根源「天志」，肯定人有自由意志，可以選擇順天之意或逆天之意，當然人也就要為其選擇而負責，承擔由「天」而來的賞罰。

〈法儀〉篇說：「天之行廣而無私，其施厚而不德，其明久而不衰。」天的愛猶如陽光和雨水，是普遍的施予供給所有的人，這就是「行廣而無私」的普遍性。另外「施厚而不德」是無私的，具備了一種客觀性。再從「明久而不衰」可以看出，天還有明確性和持久性。因此墨子認爲「天」此一價值根源具有普遍性、客觀性、明確性與持久性。其「天」要求人與人彼此之間要「相愛相利」；在〈天志〉篇和〈法儀〉篇中都提到：「天欲義，惡不義」，也就是「天」要人以「義」爲價值原則。

〈天志上〉：「何以知天之欲義而惡不義？曰：天下有義則生，無義則死。……然則天欲其生而惡其死。」就價值根源而言，「天」是兼愛思想的最後理論根據，同時，「天」也是使天下人得以生存發展的主宰者，因爲「天」是最仁者。在墨子〈法儀〉篇中，墨子指出，百工在做事時，都有一些衡量標準，如規、矩、繩、墨、懸等各種工具，同樣的，將相治理國家也需要一些標準才治理得好；那麼什麼原則、什麼對象可以成爲價值標準呢？墨子認爲「仁」是可以作爲標準的。〈經說上〉對「仁」的解釋是：「愛己者，非爲用己也，不若愛馬」。仁就是好像愛自己的身體一樣，愛自己的身體不是把自己的身體當成一種手段、工具來使用，並不是爲了「用」，若是爲了「用」，那就像養一匹馬是爲了利用牠來拉車以達到主人的目的；「仁」乃是爲了所愛對象的眞正益處，也就是將所愛的對象視爲目的，而不將他當成工具來使用。

㈡道德原則——貴義

墨子〈貴義〉篇說：「萬事莫貴於義。」墨子又說：「一定要去掉喜、怒、哀、樂、愛、惡六種情緒上的偏失，沉默之時能思索，出言能教導人，行動能從事義。使這三者交替進行，一定能成爲聖人。」那麼，什麼是「義」呢？〈經上〉對「義」的解釋：「義者，利也」，〈天志下〉：「義者，正也」；指的是一種「正利」，一種公正的利益，包括了「以上正下」的善政，在上位者要匡正在下位者，〈尚賢上〉說：「是故古者聖王之爲政也，言曰：『不義不富，不義不貴，不義不親，不義不近。』」一個正義的人才有富、貴、親、近之利。這裡指的「上」，不僅是上到聖王，還必須推到最高的「天」；天所欲之「義」，〈經說上〉：「志以天下爲分，而能能利之，不必用。」乃立志以天下人的福利作爲自己的本分，自己擁有的才能，能夠發揮出來而有利於天下人，不一定要出仕爲官，這就是「義」。高晉生指出：「儒家以義、利爲相反之物，墨家以義、利爲相成之物者，蓋儒家所謂利，乃一人之私利，墨家所謂利，乃天下之公利也。」

從動機方面看，義者必須要有利天下的存心；從行爲的效果看，義者的所作所爲可以有利於人；從社會的評價或別人的回應來看，一個行事正義的人，不一定被世人肯定而見用於世，即使不能見用於世，也無礙於「義行」的價值；這是從天志而來的道德原則，也是所有墨者行事爲人的根據。

㈢倫理規範——兼愛

什麼是「兼」？是指同時涉及幾種事物，而不專於其中之一；或由各部分會成一整體，此整體即「兼」，而各部分是平等的，部分則爲「體」。因此，「兼愛」的意義也就是整體的愛、平等的愛。〈大取〉：「愛衆世與愛寡世相若，兼愛之有相若；愛尙世與愛後世，一若今世之人也。」衆世與寡世乃就廣狹而言，亦即「兼愛」的範圍無論大區域或小區域的人都是兼愛的對象。上世、後世、今世則是就古今而言，亦即兼愛的對象並不受過去、現在、未來的限制。可見墨家的「兼愛」是超越時空的限制，乃是對全人類的愛。

另一方面，兼愛是墨子所提出來有別於儒家等差親疏之愛的理論。他認爲，當時天下的亂象，主要的原因就是來自於人與人的不相愛。擴大來看，國與國、家與家之間的相攻伐，也都和人與人之間的不相愛有關；爲了解決當時社會的亂源，因此，他提出了兼愛的思想。他是站在平民百姓的立場，希望執政者能有所改革。然而，當時的王公貴族，他們的人際關係，是以血緣關係的遠近來作爲施愛厚薄的分別，一般的平民百姓就沒有辦法被這些王公貴族所照顧到。因此，墨子從「天」的高度指出，天是普遍的愛所有的人；因此，人也應該要普遍的愛所有的人。再者，墨家的「兼相愛」常與「交相利」相提並論，而墨家的「利」是公利，也是行「義」的結果。

㈣思維方法——三表法

墨學十論的思想大多以三表法爲其論證的骨幹，雖然只是墨家獨特的思想準則，而不具備有效論證的嚴格性，但三表法的提出卻有一定的價值，它在中國哲學的發展歷程中，呈現出以方法爲研究探討對象的新階段。在《墨子．非命》篇中明白的提出三表法。〈非命上〉說：「言必有三表」，〈非命中、下〉說：「使言有三法。」可見三表法是檢證言論以及言論所代表思想的三個標準。綜合〈非命上、中、下〉各篇的不同提法，我們可以歸結如下：

第一表，本之者：⑴本之於古者聖王之事。⑵考之天鬼之志。

第二表，原之者：⑴原察眾人耳目之實。⑵徵以先王之書。

第三表，用之者：發以爲刑政，觀其中國家百姓人民之利。

其中，第一表和第二表各有兩種情況，在《墨子》書中，每種情況都使用過。此外，在〈尚賢〉所用之三表有：聖王之事、先王之書及發政中人民之利爲據。〈尚同〉篇所用之三表則包括：古者聖王之事及天鬼之志、徵以先王之書、發政中人民之利爲據。〈節用〉、〈節葬〉篇所用較明顯者爲「本之者」與「用之者」。此外，〈非樂〉、〈天志〉、〈明鬼〉、〈兼愛〉、〈非攻〉等篇皆用三表爲墨家論述其思想的根據。

三表法在時間上含括著過去、現在與未來，本之者是根據過去聖王的經驗效用；原之者是根據過去的及現在眾人的五官經驗；用之者則是以現在和將來的經驗效用爲準則。在推論上，符合三表者爲正確，不符者爲錯誤，三表法雖不符合純粹形式邏輯論證的架構，但其中已有歸納法與演繹法的推理形式，如：原之者，是歸納眾人耳目之實的結果，而本之者，則視古者聖王之事爲演繹推論的大前提；三表法對於中國古代思維方法的意識與推展有相當的貢獻。

㈤科學思想——墨經、經說

李約瑟在其《中國之科學與文明》第十一章論及〈墨經〉中的科學思想，共舉〈經上、下〉，〈經說上、下〉計四十四條，內容包括：自然之軌範及方法、事物之分類、名之類型、因果關係、時間之知識及語言辯論等等。方孝博《墨經中的數學和物理學》一書指出，〈經上、下〉和〈經說上、下〉四篇所討論的問題，約可分爲四大類：⑴認識論問題，⑵邏輯思辨學問題，⑶心理學社會科學問題，⑷自然科學及其在工藝上的應用問題。其中有關於數學，特別是幾何學的思想，計有十九條，包括點、線、面的定義和關係，以及各種幾何圖形的分析等。在物理學方面，主要可分爲三類：⑴物理學的一般概念問題，⑵力學理論，⑶光學理論和測日影定方位問題。細分之，與時間和空間相關的概念說明有五條，論運動和靜止問題的兩條，另論及五行關係、相比標準、物質不滅等各一條。此外，在力學與幾種簡單機械原理的說明共八條。最後，在光學方面，涉及光和影、針孔成像和球面反射鏡成像理論共八條，另附測臬影定南北方位兩條，總計〈墨經〉中有四十七條內容涉及自然科學思想。

此外，在《墨子．備城門》中，墨家利用〈墨經〉中的力學理論，製造出起重機械的桔槔。在修堤、築城等大型工程中，利用斜面原理和槓桿原理製造出滑輪、輪軸、轆轤和車梯各種工具，以作爲守城的武器，收到「用力少而見功多」的效果，可見〈墨經〉中的自然科學知識，是與當時人民實際生活相結合的，同時也顯示了〈墨經〉中科學思想的豐富性與多樣性。

四、墨學的現代意義

墨家哲學中，其理論的根據在於「天」；人生在世的最高目標是順從天的意志，而最終的理想是人人彼此相愛、天下太平。在一個理想的社會關係中，個人對社會和他人所做出的貢獻，最終會以各種形式得到回報。人人將一己之所長，貢獻給需要幫助的人，使人人衣食無缺、安全無虞，使大家生活在有秩序的社會中，人際關係和睦，國際關係和諧，人人相愛，天下太平，這是墨家兼愛的理想社會。

墨學含有客觀與邏輯的科學精神，其科學精神則以倫理精神爲導向，其倫理精神的核心爲兼愛。在個人方面，包括：節儉勤勞、積極任事、法天行義的精神；在群體生活方面，包括：犧牲奉獻、團結合作、服務人群的精神；在人類整體方面，包括：救世之亂、追求和平、興天下大利的精神。墨學兼愛精神的發揚，在眼界方面要有「全天下」的眼光，與地球村的一體感，以及敬天愛人、貴義力行的生活態度。

墨學從當初墨子的創立而盛顯，後歷二千年的沉寂，至清乾、嘉、道光，研究者漸眾，方得復甦，再經墨書的校注、墨經的整理而至近期墨學的再次興起。任何理論都不可能完美，墨學的理論也有可批評修正之處，如忽視文化藝術陶冶、道德心性理論開展的不足，以及過度苦行禁欲等偏失。是故，於研治墨學的態度上，不僅要發揚、提倡墨學思想之美善，亦須予以批判、修正其思想之缺失，同時，研究者也要以高度反省的態度來檢視自己所闡揚或批判的觀點、立場及價值標準為何？唯有自省與開放的心態才能眞正有於助學術上的進展。

要怎樣才能有系統地把握墨子的思想？當然，首先要了解《墨子》書中各卷、各篇的思想；接著，是要了解這些思想彼此的關係，這些思想所要解決的是那些問題；然後，是要將這些問題間的關係也予以釐清，分辨出那些問題是主要問題，那些問題是次要問題；更進一步設法找出墨子思想中最根本的問題，透過這些問題的整理、關係的釐清，就可以對於墨子的思想有一種全面而系統性的理解。

這種問題間的基本結構，可以呈現墨子思路的發展方向，使讀者系統性的把握墨子思想。若想進一步深入理解、研究墨子思想的人，也可以藉由每一篇的閱讀、理解作為基礎，提煉出一些超越時空的抽象原則與處世精神來思考解決現代社會亂象的方法。以墨學十論爲例，其中的四大問題爲：

1. 天下有哪些社會失序的亂象？
2. 天下爲什麼會亂？
3. 如何平治天下的亂象？
4. 如何實際改善社會大眾的生活？

綜合這四個主要問題，其根本問題是：如何成爲一明君以治天下之亂，進而實際改善人民生活。也就是《墨子》十論各篇多次提出的：「仁人、聖王之事者，必務求興天下之利，除天下之害。」

墨學曾是先秦時期的「顯學」之一，墨家學說不僅在先秦時期能夠「言盈天下」，如：《韓非子．顯學》篇所謂：「世之顯學，儒、墨也。儒之所至，孔丘也。墨之所至，墨翟也。」墨家學說在當時產生廣泛而深刻的影響，之後雖然其思想與統治階級的利益衝突，如：《韓非子．五蠹》篇所謂：「儒以文亂法，俠以武犯禁，而人主兼禮之，此所以亂也。」其中的「俠」指的就是墨者，韓非批評當時許多國君對於儒者和墨者的禮遇是破壞法治的作法。所以秦統一以後，對墨家影響下的那種俠客、俠義的團體和個人予以打壓。其次，墨子之後，不像儒家這麼幸運，孔子以後有孟子、荀子等重要的大思想家繼承。至漢武帝又採董仲舒「罷黜百家，獨尊儒術」之議，導致墨學沉寂千百年。不過，在民間社會，墨家的精神並沒有中斷，而且在歷史上還有非常堅韌的生命力一直活躍著。

墨學的現代意義在於閱讀、理解《墨子》一書後的系統把握與現代詮釋，進而領略墨學的兼愛精神，落實於今日社會，提升各國民眾環保意識，使人們體認人類存亡的整體相關性，人人都是地球村的一分子，唯有透過兼相愛、交相利乃至天下之利的追求，才能同心協力解決人類在二十一世紀所面臨的各種問題。

序／清・孫詒讓

〈漢志〉：「《墨子》書七十一篇」，今存者五十三篇。〈魯問〉篇墨子之語魏越云：「國家昏亂，則語之尚賢、尚同；國家貧，則語之節用、節葬；國家憙音湛湎，則語之非樂、非命；國家淫僻無禮，則語之尊天、事鬼；國家務奪侵凌，則語之兼愛、非攻。」今書雖殘缺，然自〈尚賢〉至〈非命〉三十篇，所論略備，足以盡其恉要矣。〈經說〉上、下篇，與莊周書所述惠施之論及公孫龍書相出入，似原出《墨子》，而諸鉅子以其說綴益之。〈備城門〉以下十餘篇，則又禽滑釐所受兵家之遺法，於墨學爲別傳。惟〈脩身〉、〈親士〉諸篇，誼正而文靡，校之它篇殊不類。〈當染〉篇又頗涉晚周之事，非墨子所得聞，疑皆後人以儒言緣飾之，非其本書也。墨子之生，蓋稍後於七十子，不得見孔子，然亦甚老壽，故前得與魯陽文子、公輸般相問答，而晚及見田齊太公和，又逮聞齊康公興樂及楚吳起之亂。身丁戰國之初，感悕於獷暴淫侈之政，故其言諄復深切，務陳古以剴今。亦喜稱道《詩》、《書》及孔子所不修《百國春秋》。惟於禮則右夏左周，欲變文而反之質，樂則竟屏絕之，此其與儒家四術六藝必不合者耳。至其接世，務爲和同，而自處絕艱苦，持之太過，或流於偏激，而非儒尤焉乖盭。然周季道術分裂，諸子舛馳。荀卿爲齊、魯大師，而其書〈非十二子〉篇於游、夏、孟子諸大賢，皆深相排笮。洙、泗齗齗，儒家已然；墨、儒異方，跬武千里，其相非甯足異乎？綜覽厥書，釋其紕駮，甄其純實，可取者蓋十六七。其用心篤厚，勇於振世救敝，殆非韓、呂諸子之倫比也。莊周〈天下〉篇之論墨氏曰：「不侈於後世，不靡於萬物，不暉於數度，以繩墨自矯而備世之急。」又曰：「墨子眞天下之好也，將求之不得也，雖枯槁不舍也。才士也夫！」斯殆持平之論與！墨子既不合於儒術，孟、荀、董無心、孔子魚之倫咸排詰之。漢、晉以降，其學幾絕，而書僅存，然治之者殊尠，故脫誤尤不可校。而古字古言，轉多沿襲未改，非精究形聲通叚之原，無由通其讀也。舊有孟勝、樂臺注，今久不傳。近代鎭洋畢尚書沅始爲之注，藤縣蘇孝廉時學復刊其誤，觕通涂徑，多所諟正。余昔事讎覽，旁摭眾家，擇善而從，於畢本外又獲見明吳寬寫本，①顧千里校《道臧》本，②用相勘覈，別爲寫定。復以王觀察

① 黃丕烈所景鈔者，今臧杭州丁氏，缺前五卷，大致與《道臧》本同。

② 《臧》本，明正統十年刊，畢本亦據彼校定，而不無舛屚。顧校又有季本，傳録或作李本，未知孰是。明槧諸本大氐皆祖《臧》本，畢注略具，今並不復詳校。又嘗得倭寶歷閒放刻明茅坤本，并為六卷，而篇數尚完具，冊耑附校異文，閒有可采，惜所見本殘缺，僅存後數卷。

念孫、尙書引之父子，洪州倅頤煊，及年丈俞編修樾，亡友戴茂才望所校，參綜考讀。竊謂〈非儒〉以前諸篇，誼恉詳焯，畢、王諸家校訓略備，然亦不無遺失。〈經〉、〈說〉、兵法諸篇，文尤奧衍淩襍，檢攬舊校，疑滯殊眾，睪覈有年，用思略盡，謹依經誼字例，爲之詮釋。至於訂補〈經說〉上下篇旁行句讀，正兵法諸篇之譌文錯簡，尤私心所竊自喜，以爲不繆者，輒就畢本更爲增定，用遺來學。昔許叔重注淮南王書，題曰《鴻烈閒詁》。③閒者，發其疑牾；詁者，正其訓釋。今於字誼多遵許學，故遂用題署，亦以兩漢經儒本說經家法箋釋諸子，固後學所睎慕而不能逮者也。光緒十有九年，歲在癸巳十月，瑞安孫詒讓序。

《墨子》書舊多古字，許君《說文》舉其「羛緢」二文，今本並改易不見。則其爲後人所竄定者，殆不知凡幾。蓋先秦諸子之譌舛不可讀，未有甚於此書者。今謹依《爾雅》、《說文》正其訓故，古文篆隸校其文字。若〈尙同〉篇引〈術令〉，即《書．說命》之佚文。魏晉人作僞古文《尙書》，不知「術」爲「說」之叚字，遂摭其文，竄入〈大禹謨〉矣。〈兼愛〉篇「注召之邸虖池之瀆」，「召之邸」，即孫炎本《爾雅．釋地》之「昭餘厎」，亦即《周禮．職方氏》之「昭餘祁」。今本「召」爲「后」，其義不可解，畢氏遂失其句讀矣。〈非攻〉篇之「不著

③ 據宋槧本《淮南子》及晁公武《讀書志》。

何」，即《周書·王會》之「不屠何」，畢氏不憭，依俗本改爲「中山」，遂與《墨子》舊文不合矣。〈明鬼〉篇「迓無罪人乎道路術徑」，「迓」即《孟子》「禦人於國門之外」之「禦」。〈非樂〉篇「折壤坦」，「折」即《周禮·哲蔟氏》之「哲」。今本「迓」譌爲「退」，「折」爲「拆」，畢、蘇諸家各以意校改，遂重悂貤繆，不可究詰矣。〈公孟〉篇「夏后啓使森蘄雉已，卜於白若之龜」，「蘄」即「嗌」之籀文，亦即伯益，與《漢書》述《尚書》古文伯益字正合。今本「森蘄雉已」譌作「翁鞋雉乙」，又脫「雉」字，遂以「翁難乙」爲人姓名矣。〈非攻下〉篇說禹攻有苗，「有神人面鳥身，奉珪以侍」，此與秦穆公所見「句芒」同。奉珪者樂方之玉，與《禮經》祀方明東方以珪之義合。而今本「奉珪」誤作「若瑾」，其義遂不可通矣——若此之類，輒罄蠡管，證厥違迕。它若〈經說〉篇之「蝡」爲「蚼」，「虎」爲「霍」，兵法諸篇之「幎」爲「順」，又爲「類」，「芒」爲「芸」，「桴」爲「杯」，其跂互尤不易理董。覃思十年，略通其誼，凡所發正，咸具於注。④世有成學治古文者，儻更宣究其恉，俾二千年古子釐然復其舊觀，斯亦達士之所樂聞與？校寫既竟，復記於後，詒讓。

此書寫定於壬辰、癸巳閒，逮甲午夏，屬吳門梓人毛翼庭以聚珍版印成三百部，質之通學，

④凡譌脫之文，舊校精塙者，徑據補正，以資省覽。其以愚意訂定者，則箸其說於注，不敢專輒增改，以昭詳慎。

頗以爲不謬，然多苦其奧衍，瀏覽率不能終卷。惟吾友黃中弢學士爲詳校一過，舉正十餘事，多精塙，亦今之張伯松矣。余亦自續勘得賸義逾百事，有前誤讀誤釋，覆勘始覺之者，咸隨時迻録別冊存之。此書最難讀者莫如〈經〉、〈經說〉四篇。余前以未見皋文先生《經說解》爲憾，一日得如皋冒鶴亭孝廉庸生書，云武進金溎生運判武祥臧有先生手稿本，急屬鶴亭馳書求叚録。金君得書，則自校寫一本寄贈，得之驚喜絫日。余前補定〈經下〉篇句讀，頗自矜爲刱獲，不意張先生已先我得之。其解善談名理，雖校讎未宷，不無望文生義之失，然固有精論，足補正余書之闕誤者。金、冒兩君惠我爲不淺矣。既又從姻戚張文伯孝廉之綱許，叚得陽湖楊君葆彝《經說校注》，亦閒有可取，因與張解并刪簡補録入冊。凡余舊說與兩家有闇合者，皆改從之。蓋深喜一得之愚與前賢冥符遙契，固不敢攘善也。竊渭先秦古子誼恉深遠，如登岳觀海，莫能窮其涯涘。畢、王、張、蘇諸家於此書斝校亦良勤矣，然其偶有不照，爲後人所匡正者，不可僂指數。余幸生諸賢之後，得據彼成說，以推其未竟之緒。然此書甫成，已有旋覺其誤者，則其不自覺而待補正於後人，殆必有倍蓰於是者，其敢侈然以自足邪！甲辰春，取舊寫別冊，散入各卷，增定爲此本，并識之，以見疏陋之咎，無可自掩，且以睎望於後之能校讀是書者。光緒丁未四月，籀廎居士書。

目次

【上冊】

導讀／李賢中……一
序／清・孫詒讓……一
墨子（上）……一
墨子十五卷……三
卷一……三
題解……三
親士第一……五
脩身第二……十五
所染第三……二一
法儀第四……三六
七患第五……四一
辭過第六……五二
三辯第七……六六

卷二……七三
題解……七三
尚賢上第八……七四
尚賢中第九……八四
尚賢下第十……一〇八
卷三……一二一
題解……一二一
尚同上第十一……一二二
尚同中第十二……一二九
尚同下第十三……一四八
卷四……一六三
題解……一六三
兼愛上第十四……一六四
兼愛中第十五……一六八
兼愛下第十六……一八七
卷五……二一一
題解……二一一
非攻上第十七……二一二
非攻中第十八……二一五
非攻下第十九……二三一
卷六……二五九
題解……二五九
節用上第二十……二六〇
節用中第二十一……二六六
節用下第二十二闕……二七五
節葬上第二十三闕……二七五
節葬中第二十四闕……二七六
節葬下第二十五……二七六

卷七
題解……三一三
天志上第二十六……三一四
天志中第二十七……三二四
天志下第二十八……三四〇
卷八……三五九
題解……三五九
明鬼上第二十九闕……三六〇
明鬼中第三十闕……三六〇
明鬼下第三十一……三六一
非樂上第三十二……四〇七
卷九
題解……四二九
非樂中第三十三闕……四三〇
非樂下第三十四闕……四三一
非命上第三十五……四三一
非命中第三十六……四四五
非命下第三十七……四五三
非儒上第三十八闕……四六七
非儒下第三十九……四六七
作者簡介……五〇三
墨子傳略／清・孫詒讓……五〇四
墨子年表／清・孫詒讓……五二一
精進書目／李賢中……五三九

【下冊】

導　讀／李賢中……………………………………一
序／清・孫詒讓……………………………………一
墨子（下）……………………………………一
墨子十五卷……………………………………三
卷十……………………………………三
題解……………………………………三
經上第四十……………………………………四
經下第四十一……………………………………二四
經說上第四十二……………………………………四九
經說下第四十三……………………………………九三
經上篇旁行句讀……………………………………一六五
經下篇旁行句讀……………………………………一七〇
卷十一……………………………………一七七
題解……………………………………一七七
大取第四十四……………………………………一七八
小取第四十五……………………………………二〇二
耕柱第四十六……………………………………二一三
卷十二……………………………………二四一
題解……………………………………二四一
貴義第四十七……………………………………二四二

公孟第四十八……二五九
卷十三……二八九
題解……二八九
魯問第四十九……二九〇
公輸第五十……三一七
卷十四……三二九
題解……三二九
備城門第五十二……三三〇
備高臨第五十三……四一〇
備梯第五十六……四一七
備水第五十八……四二九
備突第六十一……四三二
備穴第六十二……四三三
備蛾傅第六十三……四六〇
卷十五……四七五
題解……四七五
迎敵祠第六十八……四七六
旗幟第六十九……四八七
號令第七十……四九九
襍守第七十一……五五七
作者簡介……五八七
墨子傳略/清．孫詒讓……五八八
墨子年表/清．孫詒讓……六〇五
精進書目/李賢中……六二三

墨子（下）

（以清・孫詒讓撰之《墨子閒詁》為依據版本）

墨子十五卷

卷十

題解

本卷包括〈經上〉、〈經下〉、〈經說上〉、〈經說下〉四篇。畢沅認為此卷為墨翟自著。綜合許多近現代學者們的看法，這四篇文字，既是墨翟和他的門人後學集體的著作，又是在較長時期中，不斷研究增益組織加工而成的，總的說來，寫作年代應在西元前四百多年到二百四十年之間，最後寫定的時間，約當荀子的時代。

《墨經》用簡練的「經」體，以極精煉的文字，包含中國古代名辯、倫理、科學等思想。〈經說上、下〉篇是對於〈經上、下〉的內容加以說明。其中，名辯思想是基本的認知、思考工具，科學思想是現實上改善人民生活的方法，倫理思想則是墨家的價值方向。科學思想需要名辯的反省作為工具，倫理思想也需要名辯思想作為表達的工具。科學思想反映物質事實、變化律則，而倫理思想則會影響科學理論的應用。《墨經》的倫理思想包含一些道德觀念，例如有：生、愛、仁、義、忠、孝、信、利等重要觀念；《墨經》的名辯思想包括：認知的能力、認知過程與認知結果，及在表達上名、實、謂的意義、分類及相互的關係。

《墨經》中科學知識的發現，與西方近代科學系統傳入中國有關。近代學者不僅更深入地研究《墨經》並且轉變了侷限於人文的思維方式，而以西方的科學知識作為理解《墨經》的參照。在《墨經》的科學思想方面，方孝博《墨經中的數學和物理學》一書指出，〈經上、下〉和〈經說上、下〉四篇所討論的問題，其中有關於數學，特別是幾何學的思想，計有十九條，包括點、線、面的定義和關係，以及各種幾何圖形的分析等。在物理學方面，主要可分為三類：(1)物理學的一般概念問題，(2)力學理論，(3)光學理論和測日影定方位問題。細分之，與時間和空間相關的概念說明有五條，論運動和靜止問題的兩條，另論及五行關係、相比標準、物質不滅等各一條。此外，在力學與幾種簡單機械原理的說明共八條。最後，在光學方面，涉及光和影、針孔成像和球面反射鏡成像理論共八條，另附測臬影定南北方位兩條，總計〈墨經〉中有四十七條內容涉及自然科學思想。

本卷也是研究中國古代科學思想十分重要的經典之作，有許多實驗紀錄可供參考。

經上第四十[1]

1 **注** 畢云：「此翟自著，故號曰〈經〉，中亦無『子墨子曰』云云。按宋潛谿云：『上卷七篇號曰〈經〉，中卷、下卷六篇號曰〈論〉。』上卷七篇則自〈親士〉至〈三辯〉也。此〈經〉似反不在其數。然本書固稱〈經〉，詞亦最古，豈後人移其篇第與？唐、宋傳注亦無引此，故譌錯獨多不可句讀也。」

▲案：以下四篇，皆名家言，又有算術及光學、重學之說，精眇簡奧，未易宣究。其堅白異同之辯，則與公孫龍書及《莊子．天下》篇所述惠施之言相出入。《莊子》又云：「相里勤之弟子五侯之徒，南方之墨者苦獲、己齒、鄧陵子之屬，俱誦《墨經》而倍譎不同，相謂別墨，以堅白同異之辯相訾，以觭偶不仵之辭相應」，《莊子》所言即指此《經》。《晉書．魯勝傳注．墨辯敘》云：「墨辯有上下〈經〉，〈經〉各有〈說〉，凡四篇，與其書眾篇連第，故獨存」，亦即此四篇也。《莊子．駢拇》篇又云：「駢於辯者，纍瓦結繩竄句，遊心於堅白同異之間，而敝跬譽無用之言非乎？而楊、墨是已」，據《莊子》所言，則似戰國之時墨家別傳之學，不盡墨子之本恉。畢謂翟所自著，攷之未審。凡經與說，舊並旁行，兩截分讀，今本誤合幷寫之，遂掍淆譌脫，益不可通。今別攷定，附著於後，而篇中則仍其舊。

故，所得而後成也。[1]止，[2]以久也。[3]體，分於兼也。[4]必，[5]不已也。[6]知，材也。[7]平，同高也。[8]慮，[9]求也。[10]同，長以缶相盡也。[11]知，接也。[12]中，同長也。[13]恕，明也。[14]厚，有所大也。[15]仁，體愛也。[16]日中，[17]缶南也。[18]義，利也。[19]直，參也。[20]禮，敬也。[21]圜，[22]一中同長也。[23]行，爲也。[24]方，[25]柱隅四讙也。[26]實，榮也。[27]倍，爲二
也。[28]忠，以爲利而強低也。[29]端，體之無序而最前者也。[30]孝，利親也。[31]有閒，中也。[32]
信，言合於意也。[33]閒，不及旁也。[34]佴，自作也。[35]纑，閒虛也。[36]誚，[37]作嗛也。[38]盈，
莫不有也。[39]廉，作非也。[40]堅白，不相外也。[41]令，不爲所作也。[42]攖，相得也。[43]任，
士損己而益所爲也。[44]似，有以相攖，有不相攖也。[45]勇，志之所以敢也。[46]次，無閒而
不攖攖也。[47]力，刑之所以奮也。[48]法，所若而然也。[49]生，刑與知處也。[50]佴，所然也。[51]
臥，知無知也。[52]說，所以明也。[53]夢，臥而以爲然也。[54]攸不可，[55]兩不可也。[56]平，[57]
知無欲惡也。[58]辯，爭彼也。[59]辯勝，[60]當也。[61]利，所得而喜也。[62]爲，[63]窮知而縣於欲也。[64]
害，所得而惡也。已，[65]成、亡。[66]治，求得也。[67]使，[68]謂、故。[69]譽，明美也。[70]名，[71]
達、類、私。[72]誹，明惡也。謂，[73]移、舉、加。[74]舉，擬實也。[75]知，[76]聞、說、親。[77]
名、實、合、爲。[78]言，出舉也。[79]聞，[80]傳、親。[81]且，[82]言然也。見，[83]體、盡。[84]君、
臣、萌，[85]通約也。[86]合，[87]缶、宜、必。[88]功，利民也。欲缶權利，且惡缶權害。[89]賞，上
報下之功也。爲，[90]存、亡、易、蕩、治、化。[91]罪，犯禁也。同，[92]重、體、合、類。[93]罰，
上報下之罪也。異，[94]二、不體、不合、不類。[95]同，[96]異而俱於之一也。[97]同異交得，[98]

放有無。[99]久，[100]彌異時也。[101]宇，[102]彌異所也。[103]聞，耳之聽也。[104]窮，[105]或有前不容尺也。[106]循所聞而得其意，[107]心之察也。[108]盡，[109]莫不然也。言，口之利也。[110]始，當時也。執所言而意得見，心之辯也。[111]化，[112]徵易也。[113]諾，不一利用。[114]損，[115]偏去也。[116]服執說。[117]巧轉則求其故。[118]大益。[119]儇，稘秪。[120]法同則觀其同，[121]庫，[122]易也。[123]法異則觀其宜。[124]動，[125]或從也。[126]止，[127]因以別道。[128]讀此書旁行。[129]缶無非。[130]

1 **注** 畢云：「《說文》云『故，使為之也。』或與『固』同。事之固然，言已得成也。」

▲案：此言「故」之為辭，凡事因得此而成彼之謂。《墨子》說與許義正同。畢疑「或與固同」，失之。張惠言云：「故者，非性所生，得人為乃成」，尤誤。

2 **注** 謂事歷久則止。

3 **注** 畢云：「『以』同『已』。」張云：「止以久生。」

▲案：畢說是也。

4 **注** 《周禮．天官．敘官》鄭注云：「體，猶分也。」《說文．秝部》云：「兼，并也。」蓋并衆體則為兼，分之則為體。畢云：「《孟子》云：『有聖人之一體』。」

5 **注** 《說文．八部》云：「必，分極也。」

6 注 畢云：「言事必行。」

7 注 此言智之體也。畢云：「言材知。」張云：「知，讀『智』。」俞云：「〈經說上〉曰『知也者，所以知也』，所以知者，即智也。《淮南子．主術》篇『任人之才，難以至治』，高誘注曰：『才，智也。』『才』與『材』通，『才』訓『智』，故『智』亦訓『材』。」

8 注 《詩．小雅．伐木》鄭箋云：「平，齊等也。」畢云：「言上平。」陳澧云：「此即《海島算經》所謂『兩表齊高』也。又《幾何原本》云：『兩平行綫內，有兩平行方形，有兩三角形，若底等，則形亦等』，其理亦賅於此。」

▲案：陳說是也。洪頤煊謂「高」當是「亭」之譌，非。

9 注 《說文．心部》云：「慮，謀思也。」

10 注 畢云：「謀慮有求。」

11 注 盧文弨云：「『正』，古文正，亦作『𠙺』。」畢云：「『𠙺』即『正』字。唐〈大周石刻〉『投心𠙺覺』如此。」

▲詒讓案：《集韻．四十五勁》云：「正，唐武后作『𠙺』」，亦見唐〈岱岳觀碑〉。張云：「以，與也。長與正相盡，是較之而同。」陳云：「按《幾何原本》，有兩直線，一長一短，求於長線減去短線之度。其法以兩線同輳圜心，以短線為界作圜，與長線相交，即與短線等。此即所謂『以正相盡』也。云『以正』者，

圜線與兩直線相交，皆成十字也。」

12 **注** 張云：「『知』讀如字。」

▲案：張說是也。此言「知覺」之「知」。《淮南子．原道訓》云：「感而後動，性之害也；物至而神應，知之動也；知與物接而好憎生焉。」畢云：「知以接物」。楊葆彝云：「《莊子．庚桑楚》篇『知者，接也』。」

13 **注** 畢云：「中孔四量如一。」張云：「從中央量四角，長必如一。」俞云：「《爾雅．釋言》：『齊，中也』，是中與齊同義，故以『同長』釋之。」陳云：「〈說〉云『中，自是往，相若也。』按《幾何原本》云：『圜界至中心，作直線俱等』。」

14 **注** 「𢜔」，舊本譌「恕」。畢云：「推己及人故曰明」，張云：「明於人己」，並非是，今從《道藏》本、吳鈔本作「𢜔」。顧云：「𢜔，即『智』字。」

▲案：顧說是也。此言知之用。《周禮．大司徒》，鄭注云：「知明於事」。

15 **注** 張云：「大乃厚。」陳云：「〈說〉云『厚．惟無所大』。按《幾何原本》云『面者，止有長有廣』。蓋面無厚薄，言厚必先有面之長、廣，故云有『所大』也。其說云『無所大』者，謂但言厚則無以見其長廣也。」

▲案：陳說非是。此云：「有所大」者，謂萬物始於有形，既有而積之，其厚不可極。說云「無所大」者，言無為有之本，有因無生，則因無而積之，其厚亦不可極。此皆比擬推極之語。〈說〉與〈經〉辭若相反，而意實相成也。《莊子．天下》篇「惠施曰：無厚，不可積也，其大千里」，《釋文》引司馬彪云：「物言形

為有，形之外為無，無形與有形相為表裏，故形物之厚，盡於無厚，無厚與有，同一體也，其有厚大者，其無厚亦大。高因廣立，有因無積，則其可積因不可積者，苟其可積，何但千里乎？」惠子語亦與此〈經〉略同。

16 注 《國語・周語》云：「博愛於人為仁」，《說苑・修文》篇云：「積愛為仁」。張云：「以愛為體。」

17 注 句。

18 注 〈經說上〉無說。「㱏」亦「正」字。中國處赤道北，故日中為正南。張云：「日中則景正表南。」

19 注 《左・昭十年傳》云：「義，利之本也。」《孝經》唐明皇注云：「利物為義。」畢云：「《易》曰：『利者，義之和』。」

20 注 亦無說。畢云：「《說文》云：『直，正見也』。《論語》：『子曰：立則見其參于前』。」陳云：「此即《海島算經》所謂後表與前表參相直也。」

21 注 〈樂記〉云：「禮者，殊事合敬者也。」

22 注 句。

23 注 畢云：「一中言孔也，量之四面同長。」張云：「立一為中，而量之四面同長，則圜矣。」鄒伯奇云：「即幾何言圜面惟一心，圜界距心皆等之意。」陳云：「《幾何原本》云『圜之中處為圜心』。一圜惟一心，無二心，故云『一中』也。『同長』義見前。」劉嶽雲云：「此謂圜體自中心出徑線至周等長也。」

24 注 〈經說上〉云：「志行，為也。」

25 注 句。

26 注 「讙」，吳鈔本作「驩」，疑皆「雜」之誤。《呂氏春秋．論人》篇云：「圜周復雜」，高注云：「雜，猶『帀』」。《淮南子．詮言訓》云：「以數雜之壽」，高注云：「雜，帀也」。《周髀算經》云：「圓出於方」，趙爽注云：「方，周帀也」。《周易乾鑿度》鄭康成注云：「方者，徑一而帀四也。」此釋方形為柱隅四雜者，謂方柱隅角四出。而方冪，則四圍周帀，亦即算術方一周四之義。方周謂之雜，猶《呂覽》謂圜周為雜矣。〈襍守〉篇云「塹再雜」，與此「四雜」義正同。《說苑．修文》篇云：「如矩之三雜、規之三雜，周則又始，窮則反本也」，彼云「矩三雜」，疑當作「矩四雜」。古書「三」、「四」字積畫，多互訛。畢云：「『讙』疑『維』字。」張云：「讙，亦合也。」劉嶽雲云：「此謂方體四維皆有隅，等面、等邊、等角也。」

▲案：畢、張、劉說似並未塙。《淮南子．天文訓》高注云：「四角為維」，若作「維」，則與柱隅義複，不若「四雜」之切也。

27 注 畢云：「實至則名榮。」

28 注 畢云：「倍之是為二。」楊云：「即加一倍算法。」

29 注 畢云：「言以利人為志而能自下。」張云：「『低』當作『氐』。氐，根也，《詩》曰『維周之氐』。」

▲案：畢、張說並非也。「低」疑當為「君」，「君」與「氐」篆書相似，因而致誤「氐」，復誤為「低」耳。忠為利君，與下文孝為利親，文義正相對。《荀子．臣道》篇云：「逆命而利君謂之忠」，又云：「有

能比智力，率群臣百吏而相與彊君撟君，君雖不安，不能不聽，遂以解國之大患，除國之大害，成於尊君安國，謂之輔。」案此云「強君」，與《荀子》義同。「以為利」，即解大患、除大害、尊君安國之事也。

30 注 畢云：「序，言次序。《說文》云：『耑，物初生之題也』。」張云：「無序，謂無與為次序。」王引之云：「『序』當為『厚』，〈經說上〉云『端。仳：兩有端而后可。次：無厚而后可。』是其證也。無厚者，不厚也。訓「端」以「無厚」者，凡物之見端，其形皆甚微也。『厚』與『序』隸書相似而誤，說見〈非攻下〉篇。」陳云：「〈說〉云『端，是無同也』。按『端』即西法所謂『點』也。『體之無序』，即西法所謂『線』也。『序』如東序、西序之序，猶言兩旁也。《幾何原本》云：『線有長無廣』，無廣是無兩旁也，又云：『線之界是點』，點是線之盡處，是最前也。又云『直線止有兩端，兩端之間上下更無一點』，是無同也。」

▲案：諸說不同，王說義據最精，而與〈說〉不甚相應。〈經說下〉「仳：兩有端而后可」二句，則非此經之說，無從質定。依畢、張說，則「序」當為「敘」之叚字。謂「端」最在前，無與相次敘者。故〈說〉云：「端，是無同也」，似與〈說〉義尤合。魯勝《墨辯敘》云：「名必有分，明分明莫如有無，故有無序之辯」，蓋即指此文。是晉時所傳《墨子》亦作「無序」。兩義未知孰是，姑並存之。陳以「點」釋「端」，甚精，而訓「序」為「旁」，則亦未得其義。

31 注 《賈子·道術》篇云：「子愛利親謂之孝。」

32 注 畢云：「閒隙是二者之中。」陳云：「〈說〉云『有閒，謂夾之者也。』『閒』，謂夾者也。按《幾何原本》云：『直線相遇作角，為直線角』，又云『在多界之閒為形』，皆是有閒也，線與界夾之也。」

33 注 言言與意相合，無偽飾。張云：「不欺其志。」

34 注 閒，謂中空者，即上「有閒，中也」之義。張云：「不及於旁，謂隙中。」畢云：「言閒傑」，誤。

35 注 畢云：「《說文》云『佴，佽也』，此云『自作』，未詳也。」俞云：「『作』，疑『佐』字之誤。《爾雅．釋言》『佴，貳也』。『佐』與『貳』義相近，『作』、『佐』形似，又涉下文有三『作』字，故誤耳。」

▲案：「作」，疑當作「佌」。〈經說上〉有「佌」字，即「比」之借字。「佴」、「比」並訓「次」。言自相次比，是謂之佴。說云：「與人、遇人、衆循」，即相次比之意也。〈節葬下〉篇云：「佴乎祭祀」，亦次比之義。俞說未塙。

36 注 盧云：「纑，猶『墳壚』之『壚』。」王引之云：「盧說非也。『纑』乃『櫨』之借字。〈經說上〉云『纑，閒虛也者，兩木之閒，謂其無木者也』，則其字當作『櫨』。《衆經音義》卷一引《三倉》云：『櫨，柱上方木也』，櫨以木為之。兩櫨之閒則無木，故曰『櫨，閒虛也者，兩木之閒謂其無木者也』。」陳云：「按《九章算術》劉徽注云：『凡廣從相乘謂之冪』，即此所謂『纑』也。又《海島算經》云『以表高乘表閒』，李淳風云『前後表相去為表閒』，即所謂兩木之閒無木者。」

▲案：王、陳二說不同，王說近是。「纑」、「櫨」同聲叚借字。《文選．魏都賦》李注引《說文》云：「欂櫨，柱上枅也」，《禮記．明堂位》鄭注作「欂盧」，《釋名．釋宮室》云：「盧在柱端，如都盧負屋之重

也」，「欂櫨」單舉之則曰「櫨」。《淮南子．主術訓》云：「短者以為朱儒枅櫨。」

37 注 畢云：「字書無此字。」

▲詒讓案：《孟子》「睊睊胥讒」，孫奭《音義》云：「睊，一作䛚。」「䛚」、「睊」、「狷」並同聲假借字。

38 注 洪云：「字書無『䛚』字，當與『涓』字同義。《說文》『涓，小流也』，故此云『作嗛』也。『嗛』即『慊』字。」

▲案：「䛚」當為「獧」之借字，字又作「狷」。《論語》云：「狷者，有所不為也」，故〈經說上〉云：「為是之詒彼也，弗為也。」「狷」，孟子作「獧」，同。作「嗛」者，《國策．魏策》高注云：「嗛，快也。」言狷者絜己心自快足。「嗛」古或借「謙」、「慊」為之。《大學》「自謙」，鄭注云：「『謙』讀為『慊』。『慊』之言『猒』也。」洪以「䛚」為「涓」，非。讀「嗛」為「慊」，則於義可通，然非猒足之本字也。

39 注 《廣雅．釋詁》云：「盈，滿也。」

40 注 畢云：「廉察之『廉』。作，與『狙』聲近。言狙伺。」

▲案：「廉，作非」，與上文「䛚，作嗛」文例同，則不當如畢讀。「廉」疑當作「慊」。慊，恨也。作非，謂所為不必無非。故〈說〉云：「己惟為之，知其䛚也。」

41 注 此即公孫龍「堅白石」之喻。不相外，言同體也，詳〈經說上〉。

42 注 畢云：「言使人為之，不自作。」

43 注 《莊子．大宗師》釋文引崔譔云：「攖，有所繫著也。」畢云：「《玉篇》云：『攖，結也』。」楊云：「攖，引也。《幾何原本》所謂線相遇也。」

▲案：楊說亦通。

44 注 畢云：「謂任俠。《說文》云：『甹，俠也』。三輔謂輕財者為甹。『甹』與『任』同。」

45 注 「似」當依《說》作「仳」，形近而誤。「仳」與「比」通，言相合比者，有相攖。相次比者，不相攖。故下文云：「次，無間而不相攖也。」

46 注 《賈子．道術》篇云：「持節不恐謂之勇。」畢云：「敢決。」張云：「志得勇乃敢。」

47 注 張云：「『攖』衍字。無間乃得不相攖而相次。」

▲案：「攖攖」當作「相攖」，非衍文。言兩物相次，則中無間隙，然不相連合，故云「不相攖也」。

48 注 畢云：「『刑』同『形』，言奮身是強力。」張云：「形以力奮。」

49 注 《荀子．不苟》篇楊注云：「法，效也。」畢云：「若，順。言有成法可從。」張云：「若，如。」

50 注 畢云：「『刑』同『形』，言人處世惟形體與知識。」張云：「形體有知，是生也。」

▲案：此言形體與知識，合并同居則生，畢、張說並未憭。

51 注 吳鈔本無「然」字。畢云：「然猶順，『佴』之言『貳』，或為『尒』字假音。《說文》云：『尒，必然也』。」

▲案：《爾雅．釋言》云：「佴，貳也」，郭注云：「佴次為副貳」，「次貳」與「順」義近。畢疑為「佽」之假音，則非。

52 注 畢云：「臥而夢，似知也，而不可為知。」

▲案：「知」即上「生形與知處」之知，言知識存而臥時則無知也。畢謂夢知，則失之。

53 注 〈經說上〉無說。《說文．言部》云：「說，說釋也，一曰談說。」謂談說所以明其意義。畢云：「解說。」

54 注 《說文》云：「㝱，寐而有覺也。」「夢，不明也」，經典通叚「夢」為「㝱」。畢云：「言夢中所知，以為實然。」

55 注 《爾雅．釋言》云：「攸，所也」，然〈說〉無攸義。楊云：「『攸』，〈經說〉作『彼』。」張云：「『攸』當為『彼』。」

▲案：張校是也。下文「辯，爭彼也」，「彼」今本亦或作「攸」，是其證。

56 注 言既有彼之不可，即有此之不可，是彼此兩皆不可也。

57 注 句。

58 注 《說文．亏部》云：「平，正也。」謂欲惡兩忘。

59 注 「彼」，吳鈔本作「攸」。

60 注 畢云：「讀如勝負。」

61 注 畢云：「讀如『當意』。」

62 注 畢云：「謂夢所見」，誤。

63 注 句。

64 注 畢云：「言知之所到而欲為。『縣』同『懸』。」張云：「『縣』，猶『繫』也。為必由知，而為之則繫於欲。」

▲案：此言為否決於知，而人為欲所縣係，則知有時而窮。義詳〈經說上〉。畢、張說未析。

65 注 句。

66 注 張云：「『已』有二義。」

67 注 畢云：「言事既治，所求得。」

68 注 句。

69 注 「謂」，吳鈔本作「為」，非。張云：「使有二義。」畢云：「《說文》云：『故，使為之也』。」

70 注 《國語．晉語》韋注云：「明，箸也。」言箸人之善。

71 注 句。

72 注 張云：「『名』有三義。」

73 注 句。

74 注 張云：「『謂』有三義。」

75 注 《說文・手部》云：「擬，度也」，謂量度其實而言之。張云：「以名擬實。」

76 注 句。

77 注 畢云：「『聞』舊作『閒』，據〈經說上〉改。」

▲案：言「知」有此三義。

78 注 四者言異而義相因。張并上為一經，云：「『知』有三，『聞』一，『說』二，『親』三，皆合名實而成於『為』」，恐未塙。

79 注 謂舉實而出之口。張云：「言出名實。」

80 注 句。

81 注 「傳」，《道藏》本、吳鈔本並誤作「博」。張云：「聞有二。」

82 注 畢云：「舊衍一『且』字，以意刪。」

83 注 句。

84 注 張云：「『見』有二。」鈕樹玉云：「疑當『見體』為句」，失之。

85 注 畢云：「疑同『名』，或同『氓』。」鈕云：「『萌』即『氓』字，上文已婁見。」

▲案：鈕說是也，詳〈尚賢上〉篇。

86 注 謂尊卑上下等差不一，通而約之，不過此三名。故〈說〉云：「君以若名者也」。張云：「君所以約臣民」，疑非。

87 注 句。

88 注 張云：「『合』有三。」

89 注 〈大取〉篇云：「於所體之中而權輕重，之謂權。權非為是也，亦非為非也。權，正也。斷指以存擘，利之中取大，害之中取小也。」「且」字疑衍。

90 注 句。

91 注 張云：「『為』有六。」

92 注 句。

93 注 張云：「『同』有四。」

94 注 句。

95 注 舊本「體」上脫「不」字，今依畢校補。吳鈔本亦不脫。張云：「『異』有四。」

96 注 說作「侗」，通。

97 注 之一，猶言「是一」。謂合衆異為一。

98 注 謂言語同異，各得其義。

99 注 張云：「『放』，疑『於』字之誤。有無相交則得同異。」

▲案：張說非是。「放」疑當為「知」。〈說〉云：「恕有無」。「恕」當為「𢜔」之譌，「知」、「𢜔」字同。

100 注 句。

101 注 王云：「彌，偏也。」畢云：「言不易其時，故曰久」，非。

102 注 句。

103 注 舊本「宇」誤「守」。畢云：「言不移其所，故曰守。」王引之云：「畢說非是。案『守』當為『宇』，字形相似而誤。彌，偏也。宇者，偏乎異所之稱也。〈經說上〉解此云『宇，東、西、南、北』，東西南北可謂異所矣，而偏乎東西南北，則謂之宇。故曰『宇，彌異所也。』高誘注《淮南．原道》篇云『四方上下曰宇』，蔡邕注〈典引〉云『四表曰宇』，四表即東西南北也。」

▲案：王說是也，今據正。

104 注 〈經說上〉無說，疑有缺佚。

105 注 句。

106 注 有前，謂有端也。〈經說上〉云：「尺前於區穴而後於端」，蓋以布幅為喻，自端至尺為半，不容尺，謂不及半，明其易窮也。

107 注 畢云：「循，猶云『從』。」

108 注 無說。畢云：「『之』，舊作『也』。據下文改。」

109 注 句。

110 注 無說。

111 注 無說。《說文．言部》云：「辯，治也。」

112 注 句。

113 注 楊云：「驗其變易也。」張云：「徵之言轉」，未塙。

114 注 謂辭氣不同，於用各有所宜，若〈說〉所云「五諾」也。

115 注 《說文．手部》云：「損，減也。」

116 注 畢云：「言損是去其半。」

117 注 音利。畢云：「『音利』二字舊注，未詳其義。」

▲詒讓案：《說文．言部》云：「說，言相說伺也。」《唐韻》音「女加切」，與「利」音絕遠。《集韻．六至》「利」紐下，亦不收此字。惟〈十二霽〉有「說」字，音「研計切」，伺也。《類篇．言部》又引《埤倉》云：「詁說，言不同也，居佳切」，並與「利」音不相應。攷〈說〉釋此文云：「執服難成，言務成之，九則求執之」，以相推校，疑「音利」當作「言利」，二字本是正文，誤作小注。說「九」或即

「說」之壞字。求執，即《說文》所謂「言相說伺」也。傳寫舛誤，改「言利」二字為小注，校者不憭，又改「言」為「音」。緟悂貤謬，遂不可究詰矣。「服」，謂言相從而不執。「執」，謂言相持而不服。「說」，則不服不執，而相伺，若《鬼谷子》所謂「抵巇」者。三者辭義不同，而皆利於用。上文云：「言，口之利也」，又云：「諾，不一利用」。此以「服執說」為言之利，與彼義蓋略同。

118 注 「轉」當為「傳」，聲同字通。〈說〉云：「觀巧傳法」是也。故，謂舊所傳法式。《國語．齊語》云：「工相語以事，相示以巧」，《考工記》云：「知者創物，巧者述之」。傳法求故，即所謂述也。此與下文「法同則觀其同，法異則觀其宜」，句法正同，〈說〉亦并為一條釋之。畢、張讀「巧轉」為句，「則求其故大益」為句，並繆。

119 注 無說，未詳其義。此與前云：「損，偏去也」損益義似正相對。疑謂凡體損之則小，益之則大也。以旁行句讀次第校之，疑當在「巧轉則求其故」句上，錯箸於此，而又佚其說耳。

120 注 吳鈔本作「祗」。畢云：「『稹』，〈經說上〉作『昫』。」

▲詒讓案：當為「環俱柢」，皆聲之誤。「俱」，〈說〉作「昫」，音亦相近。「柢」，〈說〉作「民」，當作「氐」，即「柢」之省。《爾雅．釋言》云：「柢，本也。」《毛詩．節南山》傳云：「氐，本。」是二字義同。凡物有耑則有本，環之為物，旋轉無耑，若互相為本，故曰「俱柢」。

121 注 《禮記．少儀》云：「工依於法。」

122 注 盧云：「『庫』疑『庳』，與『障』同。見下文。」

123 注 洪云：「『易』當是『物』字之譌。庫者，物所藏也。」

▲案：此當從盧校作「庳」。〈經說下〉「景庳」，字亦誤「庫」，可證。但〈說〉無「易」，義未詳。洪說緣誤為訓，不足據。

124 注 句。

125 注 句。

126 注 「從」當作「徙」。〈經下〉篇云：「宇或徙」，此與彼文義正同。彼「徙」字今本亦譌為「從」，可證。《說文．辵部》云：「徙，迻也」。「或」，當為「域」之正字。或徙，言人物迻其故所處之地域，是動之理也。詳〈經下〉。

127 注 句。

128 注 謂道有宜止者，有不宜止者，因事以別也。與〈經下〉「止類以行」之義亦略同。張云：「此句文法特與下篇首句相偶，疑下篇錯簡。」

▲案：張說未塙。

129 注 張云：「此舉例，下篇讀亦旁行。」

130 注 畢云：「《說文》云：『非，違也，從飛下𩙿，取其相背。』言此篇當旁行讀之，即正讀亦無背於文義也。此篇舊或每句兩截分寫，如新考定本。故云旁行可讀。」楊云：「『𠙺無非』三字經文。」

▲案：楊說是也，畢釋「無非」為「無背」之義，非是。「𠙺無非」，謂聖人以正道，有所非與無所非同。〈說〉云：「若聖人有非而不非」，即釋此經，可證。惟「讀此書旁行」五字，為後人校書者附記篇末，傳寫者誤羼入正文，又移箸於「𠙺無非」三字之上，而其義遂莫能通矣。又案此〈經〉云「正無非」，〈說〉則云「聖人不非」，義雖可通，而「正」、「聖」二文究不甚合。竊疑此「正」亦當作「聖」。《集韻．四十五勁》云：「聖，唐武后作𨲢」，今所見〈唐岱岳觀碑〉則作「𨲢」，蓋從「長」從「𠙺」從「王」。「𠙺」即「正」也，《集韻》字形微譌，此書「正」字皆用武后所製作「𠙺」，此「聖」字或亦本作「𨲢」，壞脫僅存「𠙺」形耳。惟〈說〉語簡略，無可質證，附識於此，俟通學詳定焉。

經下第四十一

止，[1]類以行人，[2]說在同。[3]所存與者，[4]於存與孰存。[5]駟異說，[6]推類之難，[7]說在之大小。[8]五行毋常勝，[9]說在宜。[10]物盡同名，[11]二與鬬，[12]愛，食與招，[13]白與視，[14]麗與，[15]夫與履。[16]一，[17]偏棄之，[18]謂而固是也，說在因。[19]不可偏去而二，[20]說在見與

俱、[21]一與二、[22]廣與脩。[23]無欲惡之爲益損也，說在宜。[24]不能而不害，說在害。[25]損而
不害，說在餘，[26]異類不吡，[27]說在量。[28]知而不以五路，說在久。[29]偏去莫加少，[30]說在
故。[31]必熱，[32]說在頓。[33]假必誖，[34]說在不然。[35]知其所以不知，說在以名取。[36]物之所以
然，[37]與所以知之，[38]與所以使人知之，[39]不必同，說在病。[40]無不必待有，[41]說在所謂。[42]
疑，[43]說在逢、[44]循、[45]遇、[46]過。[47]擢慮不疑，[48]說在有無。[49]合與一，[50]或復否，說在
拒。[51]且然，[52]不可正，而不害用工，[53]說在宜歐。[54]物一體也，[55]說在俱一、惟是。[56]均之
絕不，[57]說在所均。[58]宇或徙，[59]說在長宇久。[60]堯之義也，生於今而處於古，[61]而異時，[62]
說在所義。[63]二，[64]臨鑑而立，[65]景到，[66]多而若少，[67]說在寡區。[68]狗，犬也，[69]而殺狗非
殺犬也，可，[70]說在重。[71]鑑位，[72]景一小而易，一大而缶，說在中之外內。[73]使，殷、
美，[74]說在使。[75]鑑團，景一。[76]不堅白，說在。[77]荊之大，其沈淺也，說在具。[78]無久與
宇，堅白，說在因。[79]以檻爲摶，[80]於以爲無知也，說在意。[81]在諸其所然、未者然，[82]說
在於是推之。[83]意未可知，[84]說在可用、過仵。[85]景不徙，說在改爲。[86]一少於二，而多於
五，[87]說在建。[88]住景二，[89]說在重。[90]非半弗斲，[91]則不動，說在端。[92]景到，在午有端
與景長，說在端。[93]可無也，[94]有之而不可去，說在嘗然。[95]景迎日，說在摶。[96]缶而不可

擔，說在摶。[97]景之大小，說在地缶遠近。[98]宇進無近，說在敷。[99]天而必缶，[100]說在得。[101]行循以久，[102]說在先後。[103]貞而不撓，說在勝。[104]一法者之相與也盡，[105]若方之相合也，[106]說在方。[107]契與枝板，說在薄。[108]狂舉不可以知異，[109]說在有不可。[110]牛馬之非牛，與可之同，說在兼。[111]倚者不可正，[112]說在剃。[113]循此循此與彼此同，說在異。[114]推之必往，[115]說在廢材。[116]唱和同患，[117]說在功。[118]買無貴，[119]說在仮其賈。[120]聞所不知，若所知，則兩知之，說在告。[121]賈宜則讎，[122]說在盡。[123]以言爲盡誖，[124]誖，[125]說在其言。[126]無說而懼，說在弗心。[127]唯吾謂，[128]非名也則不可，說在仮。[129]或，過名也，說在實。[130]無窮不害兼，[131]說在盈否知。[132]知之，否之，足用也，諄，[133]說在無以也。[134]不知其數而知其盡也，說在明者。[135]謂辯無勝，必不當，[136]說在辯。不知其所處，不害愛之，說在喪子者。[137]無不讓也，不可，說在始。[138]仁義之爲內外也，內，[139]說在仵顏。[140]於一有知焉，有不知焉，說在存。[141]學之益也，說在誹者。[142]有指於二，而不可逃，[143]說在以二絫。[144]誹之可否，不以衆寡，[145]說在可非。[146]所知而弗能指，說在春也、逃臣、狗犬、貴者。[147]非誹者諄，說在弗非。[148]知狗而自謂不知犬，[149]過也，說在重。[150]物甚不甚，[151]說在若是。[152]通意後對，[153]說在不知其誰謂也。[154]取下以求上也，說在澤。[155]是是與是同，說在不州。[156]

1 注 句。

2 注 〈說〉云：「止，彼以此其然也，說是其然也，我以此其不然也，疑是其然也。」則是言辭相執拒之意，不當言「行人」。疑「人」當作「之」。「類以行之」，謂以然不定其是非，可以類推，所謂同也。楊云：「〈小取〉篇『夫辭，以類行者也』。」

3 注 此亦取類推之義。〈經說上〉云：「有以同，類同也。」

4 注 張云：「『與』下脫『存』字。」

▲案：張校是也。說云：「室堂，所存也。某子，存者也。」

5 注 下有脫文。

6 注 顧云：「當云『說在異』，與『說在同』對文，而句多譌脫。」張云：「『駟』衍，『異說』下脫，疑當云『說在主』。」

▲案：依顧、張說，則此當屬上「所存」以下為一經，楊讀則以此為下經發端語。三說未知孰是。但此經不必與「說在同」對文，顧校恐非。依〈說〉，似楊讀近是。「駟」疑當為「四足牛馬」四字譌脫合并為一字。〈說〉云：「謂四足獸與牛馬與」，「謂」與「說」義同。

7 注 言四足獸為總名，而獸各自有散名，不能以類推也。

8 注 「之」上疑脫「名」字。凡總名為大，散名為小，詳〈經說下〉。顧讀「之」字句，亦非。

9 注 張云：「毋，無也。」

10 注 言視其生克之宜。

11 注 「物」猶「事」也。謂意異而辭同。張讀「物盡」屬上，誤。

12 注 句。

13 注 句。

14 注 吳鈔本作「二」。

15 注 顧云：「據〈說〉，似當有『暴』字。」

16 注 〈說〉作「屨」，義同。張云：「同名之類有此十者。」

▲案：當云十一者，義詳〈經說下〉。

17 注 句。

18 注 「棄」，吳鈔本作「弃」。〈經說下〉作「偏去」，與此下文及〈經上〉合。「去」、「棄」義同。謂凡物或分析一體為二，或絫比兩一為二，皆可去其一偏。對下「不可偏去而二」為文。

19 注 〈說〉無「因」義，「因」蓋與「固是」義同。《公孫龍子．堅白》篇云：「離也者，因是。力與知果，不若因是」，《莊子．齊物論》篇云：「因是因非，因非因是」。此云「固是」，猶言「因是」矣。或「固」當為「因」之誤。畢讀「固」字句斷，云「言固陋」，失之。

20 注 凡物有二斯有偏，有偏必可去其一，而體性相合者，則雖二而不可偏去，若下所云是也。

21 注 《說文．人部》云：「俱，偕也。」又〈經說上〉釋「俱」為「合同」，並與此義合。言所見者為一，所含而不見者又為一，此皆名有二而不可偏去者也。即〈說〉堅白見不見之義。

22 注 即〈說〉白一堅二色性同體者也。

23 注 「脩」，舊誤作「循」。俞云：「『循』乃『脩』字之誤，蓋以『廣』、『脩』相對為文，隸書『脩』與『循』相似。〈經說下〉篇『廣循堅白』，『循』亦『脩』之誤。『廣脩』與『堅白』皆二字平列。」

▲案：俞校是也，今據正。此言若平方之冪，有廣有脩，二者異名而數度相函，則二而仍一也。

24 注 〈經上〉云：「平，知無欲惡也」，〈說〉釋以惔然。蓋謂淡泊無所愛憎於人，已或益或損，隨宜無定。或疑「為益損」當作「無益損。」張云：「欲惡去之，有益有損，視其所宜」，亦通。

25 注 〈經說下〉有說，而義多難通，大意似謂凡事有害於人者，不能不足為害。

26 注 《說文．食部》云：「餘，饒也。」謂物饒多，則損之為宜。

27 注 吳鈔本作「呲」。此當與〈經說上〉篇「仳」字聲義同。畢云：「《說文》無此字，《玉篇》云：『呲，毗必切，嗚呲呲』。」

▲案：畢引《玉篇》，非此義。

28 注 量，謂量度其理數之異同。

29 注 未詳。

30 注 去，猶言相離。謂均分一體為二，是為兩偏，然與其合時體多少無增減。

31 注 言如故，即〈說〉云「無變」也。

32 注 依〈說〉，疑當作「火不熱」。「火」、「必」形近而誤，又脫「不」字耳。《莊子．天下》篇亦有此文。

33 注 說無「頓」義。疑當作「覩」。《說文．目部》云：「睹，見也。古文作『覩』。」〈說〉云：「以目見火，若以火見。火，謂火熱也，非以火之熱。」大意謂目中所見者火之光，不見其熱也。

34 注 《說文．人部》云：「假，非真也」，又〈言部〉云：「誖，亂也。或作『悖』。」

35 注 說云：「假必非也」，「誖」與「非」義同。正者為是，則假者為非，「非」即「不然」也。張云：「假者必誖，以其本不然也。」

36 注 張云：「名所知，而取於不知之中，則知不知。」

37 注 句。

38 注 句。

39 注 句。

40 注 說云：「物，或傷之，然也。」「病」與「傷」義同。

41 注 句。

42 注 言所謂不同。張云：「有有而無，有無而無，視其所謂。」

43 注 謂不可必。

44 注 句。

45 注 句。

46 注 句。

47 注 言「疑」含四義。

48 注 「擢」當作「搉」，形近而誤，亦作「榷」。《廣雅．釋訓》云：「揚搉、嫴榷、無慮，都凡也。」凡古書言大略計算者，重言之，曰「揚搉」、「嫴榷」、「無慮」；單言之，則曰「榷」、曰「慮」。《文選．左思魏都賦》云：「榷惟庸蜀，與鴝鵒同巢」，《荀子．議兵》篇云：「慮率用賞慶、刑罰、埶詐而已矣」，楊注云：「慮，大凡也。」此又合兩文言之曰「搉慮」，其義一也。

49 注 謂約計其大數。

50 注 句。

51 注 張云：「或可合而一，或不可合而一，當拒其不合以為合。」

▲案：依張說，則相拒即不合，所謂否也。或云「拒」當為「矩」，後文云：「一法者之相與也，盡類，若方

之相合也，說在方」，「矩」與「方」義同，亦通。〈說〉無，疑有闕佚。

52 **注** 句。

53 **注** 「工」與「功」古字通用，「工」猶言從事也。「且然」者，將然而未然，不能質定，故不可正，而因時乘勢，正可從事，故不害用工。《孟子．公孫丑》篇云：「必有事焉，而勿正」，「勿正」，猶此云「不可正」，「有事」，猶此云「用工」。《孟子》語意與此正同，趙岐注殊不了。

54 **注** 張云：「且然之事不可以為正，而可用力，當審其宜。」

▲案：張讀「說在宜」句，而以「歐」屬下「物一體也」為句，楊讀同。今攷兩章〈說〉皆無「宜歐」義，張、楊讀未知是否。「歐」，吳鈔本作「毆」，以字形校之，與後文「寡區」頗相近，然義亦難通。且彼論鑒景，與此文亦不相應也。竊疑此當作「害區」。「害」與「蓋」通，《爾雅．釋言》：「蓋、割，裂也」，《釋文》引舍人本「蓋」作「害」，是其證。《荀子．大略》篇云：「言之信者，在乎區蓋之間」。《漢書．儒林傳》云：「疑者丘蓋不言」，蘇林注云：「丘蓋不言，不知之意也」。案「丘」、「區」古音相近，見〈曲禮〉鄭注。區蓋者，當為疑信相參，疏略不盡之謂。《韓詩外傳》云：「殖盡於己，而區略於人」。「區蓋」猶「區略」也。此釋「且然」為「害區」者，即《荀子》之「區蓋」，亦即「不可正」之義。經典凡言姑且、苟且者，並謂粗略不精。《詩．邶風．泉水》鄭《箋》亦云：「聊且略之辭」。

55 **注** 張以「歐物」連讀，云：「『歐』或誤或衍。」

▲案：若如張讀，則疑當為「數物」之誤。〈說〉有「數牛」、「數馬」、「數指」之文，或其義與？

56 注 「惟」當作「唯」。〈經上〉云：「同，異而俱於之一也。」「唯是」者，謂物名類相符，則此呼彼應而是也。〈說〉云：「唯是當牛馬」，即此義。詳〈經說下〉。張云：「知俱則物一體矣。俱一，分也。惟是，合也。」

▲案：「俱一」為合，「惟是」為分，張說失之。

57 注 吳鈔本作「否」，古通用。

58 注 謂均其縣，則將絕而不絕也。〈說〉云：「均，其絕也莫絕」。張云：「均者不絕，視其所均。」楊云：「《列子》：『公子牟曰：髮引千鈞，勢至等也』。」

59 注 畢云：「舊作『從』，以意改。」

▲詒讓案：《說文．戈部》云：「或，邦也」，或从土作「域」。此即「邦域」正字，亦此書古字之一也。徙者，言宇之方位轉徙不常，屢遷而無窮也。〈經說下〉云：「或知是之非此也，又知是之不在此也，然而謂此南北，過而以已為然」，此云「徙」，即「不在是」及「過而以已為然」之義。

60 注 謂宇長行之必久，後文云：「行脩以久」，「脩」即「長」也。

61 注 「生於今」與「處於古」，義迕。「生」疑當作「任」，形近而誤。〈說〉云：「舉友富商也，是以名示人也」，「任」與「舉」義同。言於今舉堯之義。〈說下〉又云：「在堯善治，自今在諸古也」，「在」，疑亦「任」之誤。

62 注 古今異時。

63 注 〈說〉云：「所義之實處於古。」

64 注 謂二人，張以此字屬上「說在所義」為句，云：「二，名實」，疑非。

65 注 句。

66 注 畢云：「即今『影倒』字正文。」鄒伯奇云：「謂窪鏡也。」

▲案：畢、鄒說是也。《說文・日部》云：「景，光也。」《大戴禮記・曾子天圓》篇云：「故火日外景，而金水內景」。蓋凡發光、含明及光所照物，蔽而成陰，三者通謂之「景」。古無玻璃，凡鑑皆以金為之，此所論即「內景」也。到者，所謂「格術」。沈括《夢溪筆談》云：「陽燧照物，迫之則正，漸遠則無所見，過此則倒，中間有礙故也。如人搖艣，臬為之礙，本末相格，算家謂之格術」。鄭復光《鏡鏡詅癡》云：「光線自闊而狹，名『約行線』。約行線愈引愈狹，必交合為一而成角，名『交角線』。兩物相射，約行線自此至彼，若中有物隔，則約行線至所隔之物而止。設隔處有孔，則射線穿孔約行，不至彼物不止。如彼物甚遠，則約行必交，穿交而過，則此之上邊必反射彼下邊，此之左邊必反射彼右邊者，勢也。能無成倒影乎？塔影倒垂，此其理也。」

67 注 張云：「若，如也。」劉嶽雲云：「此為凹面回光鏡也。凸面透光鏡亦能令景顛倒。《考工記》『金錫相和謂之鑑燧之劑」，據此，古無透光鏡，知為凹面回光鏡矣。依光學理，置一物於凹鏡中心以外，即於凹鏡中心與聚光點之間，成物顛倒之形象，但較之實形稍小。若以此物置於凹鏡中心與聚光點之間，即在中心以外，亦成物顛倒之形，但較之實形稍大。此言『多而若少』，與較實形稍小之款合，是以知人必立於凹鏡中心以外也。」畢云：「若猶順」，疑誤。

68 **注** 張云：「區，所也。鑑之區甚寡。」

▲案：張說未知是否。〈說〉亦無「寡區」義。竊疑當作「空區」，與〈經說上〉「區穴」義同。謂鏡中窪如空穴。《考工記．鳧氏》，鄭注云：「隧在鼓中窒而生光，有似夫隧」，是古「陽遂」即窪鏡也。〈經說下〉此條之說在下文「住景二，說在重」之後，與此敘次不合，疑傳寫移易，非其舊也。

69 **注** 《說文．犬部》云：「犬，狗之有縣蹏者也」，「狗，孔子曰：狗，叩也，叩氣吠以守。」《爾雅．釋畜》云：「犬未成豪，狗」。此疑同《爾雅》義，謂同物而大小異名。

70 **注** 《莊子．天下》篇「辯者曰：狗非犬」，即此義。畢讀「非」字句，失之。成玄英《莊子疏》引此作「然狗非犬也」，非元文。《莊子釋文》司馬彪云：「狗、犬同實異名，名實合，則彼所謂狗，此所謂犬也；名實離，則所謂狗異於犬也。」張云：「既謂殺狗，即非殺犬。」

71 **注** 〈經說上〉云：「二名一實，重同也。」

72 **注** 畢云：「當云『鑑立』，古『位』、『立』字通。」王云：「上文云『臨鑑而立』，此亦當云『臨鑑立』。」

73 注 「景」舊本譌「量」。張屬上讀，云：「以鑑之位量景。易，袤也。中之內，正臨鑑景起中也；中之外，側臨鑑景起外也。『一』之言或也」。王引之云：「『量』當作『景』，字相似而誤也。〈經說下〉言『鑑』、言『景』、言『易』、言『正』，竝與此同，是其證。」俞云：「『易』讀為『施』。《詩·何人斯》篇『我心易也』，《釋文》曰『易，《韓詩》作施』。《戰國·韓策》『易三川而歸』，《史記·韓世家》作『施三川』，是『易』與『施』古字通。施者，邪也。《淮南子·要略》篇『接徑直施』，高注曰『施，邪也』。《孟子·離婁》篇『施從良人之所之』，趙注曰『施者，邪施而行』。丁公著音『池』，《說文·辵部》『迆，袤行也』。是『迆』正字，『施』叚字，此作『易』者，又其叚字也。「一小而易」，猶言『一小而邪』，與『一大而缶』相對為文。〈經說下〉篇『木柂，景短大；木正，景長小』。以『柂』與『正』對，即其例也。」

▲案：王、俞說是也，今據正。張讀非是。〈經說下〉此條之說在下文「景之小大，說在地正遠近」之後，與此敘次亦不合，蓋傳寫移易，非其舊。

74 注 「殷」，〈說〉作「殿」。

75 注 張云：「『殷』當為『殿』。殿，下也，不美之名，亦有時而美，若軍後曰殿也。在使之異。」

▲案：張說迂曲，恐非。

76 注 無說。《說文．口部》云：「團，圜也。」蓋謂鑑正圜則光聚於一。《夢溪筆談》云：「陽燧向日照之，則光聚向內，離鏡一二寸聚為一點，著物火發。」此與下文「不堅白」文義不相屬，當自為一經，亦似尚有闕文。

77 注 張云：「此有脫。」

▲案：張并上「鑑團，景一」為一經，非是。《說》似并入下「無久與宇。堅白，說在因」章釋之。下文「荊之大」別為一經，與此不相家也。

78 注 「沈」當為「沆」，「具」，《說》作「貝」，並當為「有」，皆形之誤。沆，謂澤也。《呂氏春秋．先己》篇云：「夏后伯啓曰：吾地不淺」，高注云：「淺，褊也」。言荊地廣大，而其國所有之沆澤，則不害其褊淺，故云《說在有》。《莊子．天下》篇「辯者曰：郢有天下」，與此意異而辭可相證，義互詳《經說下》。

79 注 《說》無。「久宇」及「因」，義未詳。張移箸前「宇或徙，說在長宇久」後。又云：「無久者與長久者相為堅白」，恐非。

80 注 楊云：「《經說》作『楹』。」

▲詒讓案「檻」當為「楹」。「摶」，《道藏》本作「慱」，吳鈔本作「博」。並非。以義攷之，「摶」蓋謂束木。《備城門》篇云：「疏束樹木，令足以為柴摶。」「楹」，一大木所成；「摶」則合衆小木為之。今以楹之大為摶之小，其類不相當，故云「無知」。

81 注 「意」即「意度」也。言意度之，而不識楹與摶之大小不相當，是為無知。

82 **注** 說云：「在堯善治，自今在諸古也。自古在之今，則堯不能治也。」「在」，疑當作「任」。「所然」謂所已然，即謂自今任諸古也。「未者然」，疑當作「諸未然」，即所謂自古任諸今也。古書「諸」或作「者」，聲之省也。「者未然」上亦尚有脫字，今無從校補。

83 **注** 《說》無「推」義。末二字，或當在上文，作「推之諸未然」。又疑當屬下讀，則「推」為「椎」之誤。下章說云：「段椎錐俱事於履，可用也」是也，但「椎」之意義亦難通，疑未能明，不敢肊定。

84 **注** 此與下文不相屬，《說》亦無此義。或當別為一經而脫其半，下經又脫其發端語，遂并為一與？

85 **注** 畢云：「即『午』字異文。《玉篇》云『忤，古吳切，偶敵也』，非此義。」

▲案：「過」當為「遇」，形近而誤。《莊子・天下》篇「觭偶不仵」，《釋文》：「仵，音誤，徐音五，同也」。《集韻・十姥》云：「仵，偶也」。此「仵」當即「啎」之異文。《說文・午部》云：「午，啎也；啎，逆也」。《廣雅・釋言》云：「午，仵也。」《漢書・天文志》云：「還布於午。」「仵」啎與「遻」義並同。「遇仵」，猶言「遇遻」也。「可用遇仵」，並見《說》，義詳彼。畢、孫、王、楊皆讀「過仵」，屬下「景不從」為句，與《說》不合，不可從。

86 **注** 「徙」，舊本譌「從」。王引之云：「『從』當為『徙』。徙，移也。《列子・仲尼》篇『景不移者，說在改也』，張湛注云『景改而更生，非向之景』，引《墨子》曰『景不移，說在改為也』，是其證。」

▲案：王校是也，今據正。此景謂日光所照光蔽成陰，《莊子・天下》篇云：「飛鳥之景未嘗動也」，《釋

文》引司馬彪云：「鳥動影生，影生光亡，亡非往，生非來。《墨子》曰：影不徙也」，正作「徙」，可以據校。以此經及《莊》、《列》、張、馬諸說綜合論之，大意蓋謂景必亡而更生，始有更改，若其不亡，則景常在，後景即前景，無所改易。故〈說〉云：「光至景亡，若在，盡古息」。「息」，即「不徙」之義也。

87 **注** 俞云：「數至於十則復為一，故『多於五』。〈經說下〉篇曰『一，五有一焉，一有五焉』。『五有一』者，一二三四之『一』也；一有五者，一十、一百之『一』也。」

88 **注** 張云：「建一為端，則一為十是『多於五』。」

▲詒讓案：說無「建」義，疑當作「進」，即算位之「二五進一十」也。

89 **注** 「住」，疑當作「位」，與「立」字同。見上文。

90 **注** 張云：「住，止也。一止而二景，以鑑之重也。」

▲案：張說未塙。〈說〉云：「二光夾一光」，則當為回光之義。或謂「重」指二景重累，即光學家所謂「光複淺深」義，亦通，而與〈說〉不相應，恐非。

91 **注** 畢云：「《玉篇》云：『斲，知略切，破也』。盧云：『非此義。此當與「斫斮」義同』。沅案：『斲』即『斮』字異文耳。」楊云：「『斲』同『櫡』。」

▲案：楊說是也。《集韻．十八藥》云：「櫡，《說文》『斫謂之櫡』，或從斤作『斲』。」此「斲」即「斲」之變體，舊本作「斲」，譌。「斲」、「斫」同詁，與「斮」音義亦略同，而字則異。畢說未審。

92 注 若盡其端，則無半可言，是終古不能斮也，故云不動。

93 注 〈說〉云：「足敝下光，故成景於上；首敝上光，故成景於下，在遠近有端與於光，故景庫內也」，此即光學所謂約行線由侈而斂，交聚成點。「端」即「點」也。張云：「午，交午也。」劉云：「古者橫直交互謂之午，《儀禮》『度而午』，注云『一縱一橫曰午』，是也，其形為『乂』，乂者光線之交點。」

▲案：張、劉訓「午」為「交點」，是也。凡約行線中有物隔，則光線必交，穿交而過，則成倒景。「在午有端與景長」，「長」謂線，對「端」為點而言。謂凡光在交聚成點之時，則有碍於光線之行，故穿交而景到也。鄒伯奇《格術補》云：「密室小孔，漏光必成倒景。雲鳥東飛，其影西逝」，又云：「日無數光點俱射入小孔中，是為光線交，過孔則侈而至地，遂成日體之影」，皆可證此書之義。

94 注 言凡有者必可無。

95 注 「嘗然」者，今雖無而實為昔之所有，故云：「不可去」。張云：「本可無也，嘗有之，則不可去。」

96 注 說云：「景，日之光反燭人，則景在日與人之間」，「迎日」，即回光反燭之義。但〈說〉無「摶」義。上云：「鑑團，景一」，與此義異。「摶」，《道藏》本作「慱」，吳鈔本作「博」，亦並難通。以形聲校之，疑當作「轉」，謂鑑受日之光，轉以射人成景，亦即反燭之義也。今本涉下而誤耳。

97 注 「擔」，當作「搖」。《周禮．矢人》「夾而搖之」，《釋文》云：「搖本又作搖」。「搖」即「搖」之變體。漢隸凡以从「䍃」之字，或變从「䍃」。《漢書．天文志》亦云：「元光中，天星盡搖」。「搖」與

「擔」形近而誤。《史記．建元以來王子侯表》「千鍾侯劉搖」，《漢書．王子侯表》作「劉擔」，是其證。《說文．手部》云：「摶，圜也」。圜者隨所置而正，故云「不可搖」，義詳〈經說下〉。《道藏本》「摶」作「搏」，吳鈔本作「博」，並形之誤。

98 **注** 「地」當為「杝」，「杝」即「迆」之叚字。「杝」、「正」文正相對。言景隨地而易也。〈說〉亦云「遠近杝正」，是其證。張云：「遠則小，近則大。」劉云：「謂人與鑑相去遠近也。依光學理，發光點與受光處距遠，其景必小，較近，其景必巨，書與此款合也。」

99 **注** 〈說〉云：「進行者先敷近，後敷遠。」《說文．攴部》云：「敷，㪵也」；〈寸部〉云：「尃，布也」。「敷」即「敷」之俗，義則與「尃」近，蓋分布履步之謂。《書．禹貢》云：「禹敷土」，義亦同。言宇宙雖大，而人行履步由近可以及遠。張云：「敷，至也，以近敷遠」，亦通。

100 **注** 「天」，依〈說〉當作「大」，即上文「一大而正」之義。

101 **注** 〈說〉無「得」義。未詳。

102 **注** 楊云：「『循』，〈經說〉作『脩』。」張云：「『循』當為『脩』。」

▲案：張校是也。

103 **注** 句。

104 **注** 楊云：「『貞』，〈經說〉作『負』。」

▲詒讓案：當為「負」。〈說〉云：「招負衡木」是也。《說文・木部》云：「橈，曲木也」。「撓」即「橈」之俗。

105 注 王云：「畢以『二』字屬上句，非。」

▲案：張讀亦與畢同誤。〈說〉云：「一方盡類」，則此「盡」下，當脫「類」字。

106 注 「合」，舊本譌「召」。王引之云：「『召』當作『合』。〈經說下〉云『或木或石，不害其方之相台也』。『台』亦『合』之誤。一，同也。一法，同法也。《廣雅》『與，如也。盡猶皆也。言同法者之彼此相如也，皆若物之方者之彼此相合也。」

▲案：王校是也，今據正。

107 注 句。

108 注 張云：「『契』當為『挈』，『枝』當為『收』，『板』字亦誤。」

▲案：張說是也。〈說〉云：「挈，有力也」。又云：「挈，上者愈得，下者愈亡。收，上者愈喪，下者愈得」，可證。「契」、「挈」同聲叚借字。《說文・手部》云：「挈，縣持也」。「挈」與「提」義同。「板」疑當作「仮」，「仮」、「反」同。謂「挈」與「收」二力相反也。或云涉上「收」字而衍，亦通。又〈說〉無「薄」義，疑當為「權」之誤。

109 注 張云：「狂，妄也。」

▲案：張說是也。「狂舉」猶言「妄說」。亦見《公孫龍子》。詳〈經說下〉。

110 注 張云：「如非牛不可之類。」

111 注 張云：「牛馬非牛，或可或不可，專則不可，兼則可也。」

▲詒讓案：兼，謂兼舉牛馬也。《荀子．正名》篇云：「單足以喻則單，單不足以喻則兼」，即其義。「可之」，疑當作「不可」，即承上經為文，言兼舉牛馬，則非牛亦非馬，即不可謂之牛、謂之馬也。

112 注 〈說〉云：「邪倚則不正。」又疑此論轉重法，則「正」或當為「止」。〈說〉又云：「梯者不得流。」「流」與「止」文相對。

113 注 〈說〉云「車梯」。則「剃」當作「梯」，蓋聲之誤。

114 注 〈說〉無「循」義。張云：「兩『循』字皆衍。此此，此之此也；彼此，彼之此也。各此其此，同也，其所以彼此異。」

▲案：張說未知是否。

115 注 「推」，依〈說〉當作「柱」。「往」，疑當作「住」。蓋謂凡物榰柱之，則住而不動。〈說〉云：「方石去地尺，關石於其下，縣絲於其上，使適至方石。不下，柱也。」「住」即「不下」之義。

116 注 廢，亦「置」也。謂置材於地。若〈說〉所云「方石」。〈說下〉又云：「廢石於平地」。此義與彼同。

117 注 言唱而不和，和而不唱，其患同。詳〈經說下〉。

118 注 張云：「不唱不和俱無功。」

119 注 〈說〉云：「刀輕則糴不貴。」

120 注 畢云：「『仮』，『反』字異文，下仿此。」

▲詒讓案：《集韻·二十阮》「反，或作『仮』」，《說文·辵部》「返」重文作「𢓊」，云：「《春秋傳》『返』从『彳』。」「仮」蓋「𢓊」之異文，叚借為「反」字。張云：「反，變也。」

121 注 張云：「不知者，人告之即知。」

122 注 謂議其賈直所宜。〈經說上〉云：「賈宜，貴賤也」。畢云：「『售』字古只作『讎』，後省。《前漢書·高帝紀》云『高祖每酤留飲，酒讎數倍』，如淳曰『讎亦售也』。」

123 注 盡，猶適足。言無所絀。

124 注 句。

125 注 謂人言有是非，概㡿其非，亦非也。

126 注 「在其」二字，舊本倒，今據《道藏》本、吳鈔本乙。言當辨其言之可否。張云：「言無盡誖者。」

127 注 張云：「弗心，不自信。」

▲案：張說非是。「心」當作「必」，安危不可必，故懼。〈說〉云：「在軍，不必其死生，聞戰，亦不必其生。前也不懼，今也懼」，是其證。

128 注 句。

129 注 「唯」，舊本作「惟」，今據吳鈔本正。《說文．口部》云：「唯，諾也」，〈言部〉云：「諾，譍也」。《禮記．玉藻》云：「父命呼，唯而不諾」，孔疏云：「唯，恭於諾也」。《呂氏春秋．圜道》篇云：「唯而聽，唯止」。唯吾謂，言吾謂而彼應之，若非其正名，則吾謂而彼將不唯，故不可也。與上文「唯是」文義正相對。「仮」亦與「反」同，反謂卻之不應也。《莊子．寓言》篇云：「與己同則應，不與己同則反」。《孟子．公孫丑》篇云：「惡聲至必反之」，趙注云：「以惡聲加己，己必惡聲報之」，亦此義。詳〈經說下〉。

130 注 或，「域」正字。過名，謂過之而成是名。若過北而成南，過南而成北。〈說〉云：「然而謂此南北，過而以此為然」，是也。實，謂方域有定，與方名無定文相對。《莊子．庚桑楚》篇說「宇」為「有實而無乎處」，「域」與「宇」同，故〈經下〉又云：「宇或徙」。

131 注 張云：「人雖無窮，不害兼愛。」

132 注 即〈說〉人盈無窮、不盈無窮之義。張云：「知人之盈與否。盈，多也，否不盈，少也。」

133 注 張云：「『諄』宜為『誖』。知之否之，不知也。不知則無以論，乃以為足用，是誖也。」

134 注 吳鈔本「以」作「已」。

▲案〈說〉作「以」，「已」、「以」字同。

135 注 張云：「不知天下人之數，而可以知愛之盡，以其明之。」

▲案：張說未塙。此「明」疑當作「問」，〈說〉云：「盡問人，則盡愛其所問」，即其義。

136 注 張云：「辯必有勝，謂辯無勝者必其辯不當，故當反求其辯也。」

137 注 吳鈔本作「有」，非。〈經說下〉無說。張云：「不知天下民之所處，而愛可及之。喪，失也，失子者不知子之所在，不害愛子。」

138 注 張云：「辯不必讓，當審其始。」

▲案：〈說〉無「辯」義，張說不足據。「始」，疑當作「殆」。詳〈經說下〉。

139 注 「內外」，舊本倒，今據吳鈔本乙。末「內」字誤，疑當為「非」。張云：「此與告子之徒辯義外也。」

140 注 說無此義。畢讀「在仵」句絕，云：「此亦未詳其義」。張云：「《玉篇》云：『仵，古吳切，偶敵也』。」

▲詒讓案：「仵顏」，疑當作「頡仵」。《呂氏春秋．明理》篇云：「其民頡啎百疾」，高注云：「頡猶大；啎，逆也」。「仵」、「啎」字通，詳前。「頡」、「顏」形近而誤，傳寫又倒其文，遂不可通耳。「頡仵」，即〈說〉所云「狂舉」也。又疑此當作「仵觭」，即《莊子．天下》篇所謂「觭偶不仵」也。「觭」誤作「顏」。〈經說下〉篇「觭倍」之「觭」作「⿰角頁」，與此正相類。仵觭，亦抵牾不合之意。

141 注 〈說〉云：「於石一也，堅白二也，而在石。」此云「存」即「在石」之義。謂堅白在石之中，視之知其白而不知其堅，拊之知其堅而不知其白。義具《公孫龍子．堅白論》篇，說詳〈經說下〉。或云「存」疑當作「石」，亦通。

142 注 張云：「誹，非也，誹學之人。」

▲案：〈說〉無「誹」義，張說未塙。此疑當作「學之無益也，說在詩者」。言庌學為無益，於論為詩也。此脫一「無」字，而「詩」又涉下文而誤為「誹」，遂不可通。

143 注 謂指一得二，無所逃也。

144 注 畢云：「《說文》云：『絫，增也，從厽從糸，絫，十黍之重也』。《漢書注》『孟康曰：「絫，音蠡」，師古曰：「絫，孟康音『來戈反』，此字讀亦音『纍紲』之『纍』」』。」楊云：「『絫』，經說作『參』。」張云：「『絫』當為『參』，或兼指，或參指。」

▲案：張說是也。「二參」即「二三」。《廣雅．釋言》云：「參，三也」。〈說〉云：「若智之，則當指之智告我，則我智之，兼指之，以二也。衡指之，參直之也。」

145 注 即〈說〉云「多誹」、「少誹」。

146 注 句。

147 注 「春」字誤，〈說〉同，未詳。楊云：「『責』，〈經說〉作『遺』。」張云：「『責』當為『遺』。」

▲案：張校是也，當據正。

148 **注** 張云：「『諄』當為『詩』，誹皆當，則非誹者諄。」

▲案：張說是也。「弗非」，即當理之謂。

149 **注** 句。

150 **注** 亦即「重同」之義，詳前。張云：「知而又知，是謂重知。」俞云：「畢讀『說在重物』為句，非也。上文云『狗，犬也，而殺狗非殺犬也，可，說在重』，文義與此相近，然則此文亦當以『說在重』斷句矣。」

151 **注** 舊本作「物質不甚」。張云：「『質』疑當為『莫』。」俞云：「疑當作『物甚不甚』，言有甚有不甚也。『甚』誤作『其』，又誤為『質』耳。」

▲案：俞說是也，楊校同，今據正。吳鈔本「甚」作「順」，尤誤。

152 **注** 〈說〉云：「莫長於是，莫短於是。」

153 **注** 張云：「先通彼意，後乃對之。」

154 **注** 張云：「否則不知其何謂。」

155 **注** 顧云：「『澤』字句。」

▲案：顧讀是也。〈說〉云：「取高下以善不善為度，不若山澤。」

156 **注** 此有訛字，〈說〉亦難通。畢云：「疑云『不同』。」張云：「『州』，〈說〉作『文』。」楊云：「疑『文』之譌。」

▲案：〈說〉「不文」似非即此字，張、楊說非。《莊子．寓言》篇云：「同於己為是」，是或即此義。

經說上第四十二

故，[1]小故，[2]有之不必然，[3]無之必不然。體也，若有端。[4]大故，[5]有之必無然，[6]
若見之成見也。[7]體，[8]若二之一，尺之端也。[9]知材，[10]知也者；所以知也，[11]而必知，[12]
若明。[13]慮，[14]慮也者以其知有求也，而不必得之，[15]若睨。[16]知，[17]知也者以其知過物而
能貌之，[18]若見。[19]恕，[20]恕也者以其知論物，而其知之也著，[21]若明。[22]仁，[23]愛己者非爲
用己也，不若愛馬，[24]著若明。[25]義，[26]志以天下爲芬，而能能利之，不必用。[27]禮，[28]貴
者公，賤者名，[29]而俱有敬僈焉，[30]等異論也。[31]行，[32]所爲不善名，[33]行也；所爲善名，[34]
巧也，若爲盜。[35]實，[36]其志氣之見也，使人如己，[37]不若金聲玉服。[38]忠，[39]不利弱子
亥，[40]足將入止容。[41]孝，[42]以親爲芬，而能能利親，不必得。[43]信，[44]不以其言之當也，[45]
使人視城得金。[46]佴，[47]與人、遇人、衆愪。[48]誚，[49]爲是爲是之台彼也，[50]弗爲也。[51]廉，[52]

己惟爲之，[53]知其𦖥也。[54]所令，非身弗行。[55]任，[56]爲身之所惡，[57]以成人之所急。[58]勇，[59]
以其敢於是也，命之；[60]不以其不敢於彼也，害之。[61]力，[62]重之謂下，[63]與重，奮也。[64]
生，[65]楹之生，[66]商不可必也。[67]臥。[68]夢。[69]平，[70]惔然。[71]利，[72]得是而喜，則是利也。
其害也，非是也。害，[73]得是而惡，則是害也。其利也，非是也。[74]治，[75]吾事治矣，人
有治南北。[76]譽之，[77]必其行也，其言之忻。[78]使人督之。[79]誹，[80]必其行也，其言之忻。[81]
舉，[82]告以文名，舉彼實也。[83]故言也者，諸口能之，出民者也。[84]民若畫俿也。[85]言也，
謂言猶石致也。[86]且，[87]自前曰且，自後曰已，方然亦且。[88]若石者也，[89]君，[90]以若名者
也。[91]功不待時，若衣裘。[92]賞。[93]罪不在禁，惟害無罪，殆姑。[94]上報下之功也。[95]罰，[96]
上報下之罪也。[97]侗，[98]二人而俱見是楹也，[99]若事君。[100]久，[101]古今旦莫。[102]宇，[103]東西家
南北。[104]窮，[105]不容尺，有窮；[106]莫不容尺，無窮也。[107]盡，[108]但止動。[109]始，[110]時或有久，
或無久，始當無久。[111]化，[112]若鼃爲鶉。[113]損，偏去也者，兼之體也。[114]其體或去或存，謂
其存者損。[115]儇，[116]昫民也。[117]庫，[118]區穴若，[119]斯貌常。[120]動，[121]偏祭從者，[122]戶樞免瑟。[123]
止，[124]無久之不止，當牛非馬，[125]若矢過楹。[126]有久之不止，當馬非馬，[127]若人過梁。[128]
必，[129]謂臺執者也。[130]若弟兄一然者一不然者，必不必也，是非必也。[131]同，[132]捷與狂之同

長也。[133]心中，自是往相若也。[134]厚，[135]惟無所大。[136]圜，[137]規寫攴也。[138]方，[139]矩見攴也。[140]倍，[141]二尺與尺但去一。[142]端，[143]是無同也。[144]有閒，[145]謂夾之者也。[146]閒，[147]謂夾者也。[148]尺前於區穴而後於端，[149]不夾於端與區內。[150]及，[151]及非齊之及也。[152]纑，閒虛也者。[153]兩木之閒，謂其無木者也。[154]盈，[155]無盈無厚。[156]於尺無所往而不得。[157]得二，[158]堅異處不相盈，[159]相非，是相外也。[160]攖，[161]尺與尺俱不盡。[162]端與端俱盡。[163]尺與或盡或不盡。[164]堅白之攖相盡。[165]體攖不相盡。[166]端。[167]仳，[168]兩有端而后可。[169]次，[170]無厚而后可。[171]法，[172]意規員三也俱，可以爲法。[173]佴，然也者民若法也。[174]彼，凡牛樞非牛。[175]兩也，無以非也。[176]辯，或謂之牛，謂之非牛，[177]是爭彼也。是不俱當，不俱當，必或不當，[178]不若當犬。[179]爲，[180]欲難其指，[181]智不知其害，是智之罪也。若智之，愼文也，[182]無遺於其害也。而猶欲難之，則離之。[183]是猶食脯也。騷之利害，未可知也，[184]欲而騷，[185]是不以所疑止所欲也。廧外之利害，未可知也，[186]趨之而得力，則弗趨也，[187]是以所疑止所欲也。[188]觀爲窮知而縣於欲之理。[189]難脯而非恕也，[190]難指而非愚也，所爲與不[191]所與爲相疑也，[192]非謀也。[193]已，[194]爲衣，[195]成也。治病，[196]亡也。[197]使，[198]令謂，[199]謂也。不必成濕，[200]故也，必待所爲之成也。[201]名，[202]物，[203]達也，[204]有實必待文多也。[205]命之馬，[206]類也，若實也者必以是名也。[207]

命之臧，[208]私也，[209]是名也止於是實也。[210]聲出口，俱有名，若姓、宇。[211]灑謂狗犬，命也；[212]狗犬，[213]舉也。[214]叱狗，[215]加也。[216]知，[217]傳受之，[218]聞也。方不㢓，[219]說也。身觀焉，[220]親也。[221]所以謂，[222]名也；所謂，[223]實也；名實耦，[224]合也。志行，[225]爲也。[226]聞，[227]或告之，[228]傳也；身觀焉，[229]親也。[230]見，[231]時者，體也。二者，盡也。[232]古，[233]兵立，[234]反中。[235]志工，[236]正也。[237]臧之爲，[238]宜也。[239]非彼必不有，[240]必也。聖者用而勿必，[241]必也者可勿疑。[242]仗者，兩而勿偏。[243]爲，[244]早、臺，[245]存也；[246]病，[247]亡也。[248]買鬻，[249]易也。霄盡，[250]蕩也。[251]順長，[252]治也；[253]鼃買，[254]化也。[255]同，[256]二名一實，[257]重同也；不外於兼，[258]體同也；[259]俱處於室，[260]合同也。[261]有以同；[262]類同也。[263]異，[264]二必異，[265]二也；[266]不連屬，[267]不體也；不同所，[268]不合也；不有同，[269]不類也。[270]同異交得，[271]於福家良，[272]恕有無也。[273]比[274]度，多少也。免蚓還園，[275]去就也。[276]鳥折用桐，[277]堅柔也。[278]劍尤早，[279]死生也。處室子，[280]子母，長少也。[281]兩絕勝，[282]白黑也。中央，[283]旁也。[284]論行行學實，[285]是非也。[286]難宿，[287]成未也。[288]兄弟，[289]俱適也。[290]身處志往，[291]存亡也。[292]霍爲姓，[293]故也。[294]賈宜，[295]貴賤也。[296]諾，[297]超城員止也。[298]相從、[299]相去、[300]先知、[301]是，[302]可，[303]五色。[304]長短、前後、輕重援。[305]執服難成，[306]言務成之，九則求執之。[307]法，法取同，觀巧傳法，取此擇

彼，[308]問故觀宜。[309]以人之有黑者有不黑者也，止黑人；與以有愛於人有不愛於人，心愛
人，是孰宜心？[310]彼舉然者，以爲此其然也，則舉不然者而問之。[311]若聖人有非而不非，[312]
正五諾，[313]皆人於知有說。[314]過五諾，[315]若負，[316]無直無說。[317]用五諾，[318]若自然矣。[319]

1 **注** 此目下文。

2 **注** 句。

3 **注** 吴鈔本誤作「必不然」。

4 **注** 五字與上下文義不相屬，張校移箸下節「體」字上，云：「物之有體，若有其端」。

▲案：張校近是。

5 **注** 句。

6 **注** 此疑當作「大故有之必然，無之必不然」，與上「小故」文正相對。「小故」、「大故」，謂同一言故，而語有輕重，事有大小也。今本上句脫「然」字，下句脫三字，遂不可通。

7 **注** 義亦難通。張云：「若者，指事之詞。目之見，性也，然不接物則不見，接物而不故欲見之，亦不成見。是見之所以成其見者，乃故也。」

▲案：張說亦迂曲。以〈經〉校之，疑上「見」字當為「得」之誤，「得」正字作「㝵」，壞脫僅存上半，遂

成「見」字。故古書多互訛，下「見」字當為「是」字之誤。言得彼乃能成此也。顧云：「此釋〈經上〉『故，所得而後成也』。」

8 **注** 句。

9 **注** 尺之端，謂於尺幅中分之，其前為端。〈經上〉云：「端，體之無序而最前者也」。此後文亦云：「尺前於區穴而後於端」，皆其義也。此「端」與《小爾雅》「廣度倍丈謂之端」義異。凡數兼一成二，故一為二之分。幅兼「端」為「尺」，故「端」為「尺」之分。張云：「一分二之體，端分尺之體。」畢云：「此釋〈經上〉『體，分於兼也』。」

10 **注** 句。

11 **注** 上二「知」字讀為「智」，言知生於智。《荀子．正名》篇云：「所以知之在人者謂之知，知有所合謂之智。」

12 **注** 張云：「智者必知。」

13 **注** 《管子．宙合》篇云：「見察謂之明」，此叚目喻知也。下文以「睨」況「慮」，言不必見，以見況知，則必見矣。此以「明」況「智」，則所見尤審焯。取譬不同而義並相貫。畢云：「此釋〈經上〉『知，材也』。」

14 **注** 此亦目下文也，與下文「知」、「恕」並述〈經〉而後釋其義。畢、張皆誤屬上讀，俞又謂皆涉下而衍，並未達其義。

15 注 言以知求索，而得否不可必。

16 注 《說文．目部》云：「睨，衺視也」。謂有求而不必得，若睨而視之，見不見未可必也。楊云：「《莊子．庚桑楚》篇『知者之所不知，猶睨也』」。畢云：「此釋〈經上〉『慮，求也』。」

17 注 句。

18 注 「貌」，吳鈔本作「皃」。「過」疑當為「遇」，與〈經〉云「接」同義。《說文．皃部》云：「皃，頌儀也，籀文作『貌』」。能貌之，謂能知物之形容，與〈經說下〉「貌能」為「貌態」異。

19 注 畢云：「此釋〈經上〉『知，接也』。」

20 注 舊本譌「恕」。顧云：「當從〈經〉作『𢜔』。」是也，今據正，下同。

21 注 句。

22 注 與〈上經〉「知，材也」義同，而體用則微別。畢云：「此釋〈經上〉『𢜔，明也』。」

▲案：「恕」當作「𢜔」。

23 注 句。

24 注 張云：「愛己非為用己也，愛馬為用馬也。愛所不用，則非己無愛也，未足明愛。愛所用，則非己亦愛也，愛足明也。言當觀仁於兼愛。」

▲案：張說是也。但疑「己」或當為「民」。「民」，唐人避諱闕筆，與「己」形近，因而致誤。《淮南子·精神訓》云：「聖王之養民，非求用也，性不能已」，此義或與彼同。

25 注 三字無義，疑「著」當為「者」，屬上讀，涉上文而誤作「著」，又并衍「若明」二字。畢云：「此釋《經上》『仁，體愛也』。言當觀仁於愛物。」

26 注 句。

27 注 畢云：「此釋《經上》『義，利也』。言意以為美，而施之又忘其勞。」張云：「芬，美也。而能，才也。」俞云：「『志』當作『者』，草書相似而誤。『能能』疊用無義，當作『而能利之，不能必用』。下文『孝以親為芬，而能能利親，不必得』，亦當作『而能利親，不能必得』，誤與此同。」

▲案：畢、張、俞說並非。此下「能」字，當讀如《詩》、《書》「柔遠能邇」之「能」。《漢書·百官公卿表》顏注云：「能，善也」，「能能利之」，言能善利之也。「志」字亦不誤，惟「芬」義不可通，疑當為「㤅」之誤。「芬」篆文作「岎」，與「㤅」形近。「不必用」，言不必人之用其義也。

28 注 句。

29 注 言賤者稱貴者為公，而自名也。張云：「公，君也。『名』當作『民』，古字通用。」

▲案：張說非是。

30 注 言貴賤之中復有敬慢之別。《荀子·不苟》篇云：「君子寬而不僈」，楊注云：「『僈』與『慢』同，怠惰也」。畢云：「僈，『慢』字異文。」

31 注 禮有貴賤尊卑等差之異。張云：「『論』讀為『倫』。」畢云：「此釋〈經上〉『禮，敬也』。」

32 注 句。

33 注 句。

34 注 句。

35 注 王引之云：「『善』疑當為『著』，形相似而誤也。言所為之事不著名，是躬行也；所為之事著名，是巧於盜名者也。」畢云：「此釋〈經上〉『行，為也』。言所為之事無善名，是躬行也；有善名，是巧於盜名也。」張云：「善名，求善其名也。所為求善名，其巧如為盜。」

▲案：畢、張說近是。「巧」疑當為「竊」，「竊」與「盜」文義正相貫。「竊」俗書作為「窃」，下半與「巧」相似，故譌。《大戴禮記．文王官人》篇「規諫而不類，道行而不平，曰巧名者也」，《逸周書》「巧」作「竊」，是其證。

36 注 句。

37 注 言待人以實，與己身無異。張云：「見其外而知其內」，亦通。

38 注 「不」字疑當作「必」。「玉服」，即佩服之玉。《周禮．玉府》「共王之服玉」，鄭眾注云：「服玉，冠飾十二玉」。《禮記．月令》「春服蒼玉，夏服赤玉，中央土服黃玉，秋服白玉，冬服玄玉」，鄭注云：

「凡所服玉，謂冠飾及所佩者之衡璜也」。《呂氏春秋．孟春紀》高注云：「服，佩也」。並此「玉服」之義，言其實充美則見於外者，若金聲玉服之昭著，即所謂「榮」也。《文選．西都賦》李注引《尚書大傳》云：「皆莫不磬折玉音，金聲玉色」，「玉服」與「玉色」義亦相近。張云：「金聲玉服，宣於外也。」畢云：「此釋〈經上〉『實，榮也』。」

39 注 句。

40 注 「亥」疑當為「孩」。《說文．口部》云：「咳，小兒笑也。古文作『孩』」。〈明鬼下〉篇云：「賊誅孩子」。「子亥」猶云「孩子」。弱子孩，謂小主也。言忠臣之強君，其跡若不利於小主，即《書．金縢》管叔流言，謂周公將不利於孺子之意。

41 注 「止」疑當為「正」。此言雖強君，而事君必以敬，此其所以為忠也。畢云：「此釋〈經上〉『忠，以為利而強低也』。」

▲案：「低」，「君」之誤。

42 注 句。

43 注 畢云：「此釋〈經上〉『孝，利親也』。言不以為德。」張云：「孝有不可必得者。」

▲案：「芬」疑亦「㤅」之誤。能能利親，亦謂能善而利之也。不必得，謂不必中親之意。《莊子．外物》篇云：「人親莫不欲子之孝，而孝未必愛」。畢、張說非。

44 注 句。

45 注 「不」，亦當為「必」之譌。

46 注 言告人以城上有金，視而果得之，明言必信也。畢云：「此釋〈經上〉『信，言合於意也』。」

47 注 句。

48 注 《漢書·司馬遷傳》云：「僕又佴之蠶室」，如淳云：「佴，次也。若人相次也」。此與《說文》「佴佽」之訓正合。言人相與、相遇，皆相佽比之意。衆㥫，未詳，疑「㥫」當為「揗」，同聲叚借字。《說文·手部》云：「揗，摩也」。言人衆相摩切。畢云：「此釋〈經上〉『佴，自作也』。字書無『㥫』字。」

49 注 當讀為「獧」，說詳〈經上〉。

▲案：經「作」疑是「仳」之誤。

50 注 畢云：「『台』一本作『治』。」顧云：「『台』讀當為『詒』。季本作『治』。」

▲案：顧說是也。《說文·言部》云：「詒，相欺詒也」。謂獧者不為欺人之言。下「為是」二字，蓋誤衍。

51 注 畢云：「此釋〈經上〉『謂，作嗛也』。」

52 注 疑當為「慊」。

53 注 「惟」當作「雖」，同聲叚借字。

54 注 舊本「䁥」上有「也」字。畢云：「一本作『知其思耳也』，是。此釋〈經上〉『廉，作非也』。」

▲詒讓案：〈經〉「廉」亦疑當為「慊」，《禮記．坊記》注云：「慊，恨不滿之貌也」。《孟子．公孫丑》篇「吾何慊乎哉」，趙注云：「慊，少也」。《淮南子．齊俗訓》高注云：「慊，恨也」。「眲」上別本無「也」字，是，今據刪。字書無「眲」字，別本作「思耳」，顧校季本同，亦非。以文義校之，當為「諰」之譌。《荀子．彊國》篇云：「雖然，則有其諰矣」，楊注云：「諰，懼也」。此「其眲」即《荀子》之「其諰」，與《論語》「慎而無禮則葸」之「葸」，聲義亦相近。此家上為文，言狷者則有所不為，慊者己雖或為非，而心常自恨，猶知懼也。

55 注 「弗」，吳鈔本作「不」，疑當依〈經〉作「所行」，言使他人作之，非身所親行也。畢云：「此釋〈經上〉『令，不為所作也』。」

56 注 句。

57 注 即〈經〉所謂「損己」。

58 注 即〈經〉所謂「益所為」。畢云：「此釋〈經上〉『任，士損己而益所為也』。言任俠輕財。」

59 注 句。

60 注 「命」猶「名」也，言因「敢」得名。張云：「人有敢亦有不敢，就其敢於此，則命之『勇』矣。」

61 注 畢云：「此釋〈經上〉『勇，志之所以敢也』，言勇憿。」

62 注 句。

63 注 句。

64 注 「與」，疑當作「舉」。言凡重者必就下，有力則能舉重以奮也。楊云：「以重力激之，使其下奮出，而至高遠，故曰『下與重奮』。」

▲案：楊讀非是。畢云：「此釋〈經上〉『力，刑之所以奮也』。」

65 注 句。

▲案：「刑」、「形」同。

66 注 「楹」，吳鈔本作「盈」。畢云：「『楹』當為『形』。」

67 注 畢云：「此釋〈經上〉『生，刑與知處也』。「商不可必」，言不可知量。」

▲詒讓案：「商」疑當為「常」，聲近而誤。言生無常，形與知合則生，離則死也。〈經〉「刑」亦與「形」同。

68 注 句。

69 注 張云：「即以夢說臥，或有闕文。」

▲案：此疑以「臥」、「夢」義易明，故述而不說。依張說，此釋〈經上〉「臥，知無知也。夢，臥而以為然也。」

70 注 句。

71 注 張云：「『惔』疑當為『憺』。」

▲案：張說是也，楊說同。《集韻．四十九敢》云：「『憺』或作『惔』。」《說文．心部》云：「憺，安也」。即〈經〉所謂「無欲惡」。依張說，此釋〈經上〉「平，知無欲惡也」。

72 注 句。

73 注 句。

74 注 畢云：「此釋〈經上〉『利，所得而喜也』，『害，所得而惡也』。」

75 注 句。

76 注 有，疑當讀為「又」，或當作「人治有南北」。言吾事治則自治其身，人治則當廣求之四方。亦求得之意。畢云：「此釋〈經上〉『治，求得也』。」

77 注 句。

78 注 《說文．心部》云：「忻，闓也」。《司馬法》曰：「善者忻民之善，閉民之惡」，即此義。張云：「若是者，其言可忻悅也。」

79 注 「督」，「篤」之借字。《書．微子之命》云：「曰篤不忘」。《左．僖十二年傳》云：「謂督不忘」，「督」即「篤」也。《爾雅．釋詁》云：「篤，厚也」。言使人厚於為善行。張以此句屬下說「誹」，云：「督，正也，人有惡，使人自正之」，恐非。畢云：「此釋〈經上〉『譽，明美也』。」

80 注 句。

81 **注** 「誹」、「譽」義相反，說不宜同，疑皆涉上而誤，下亦有脫文。畢云：「此釋〈經上〉『誹，明惡也』。」

82 **注** 《道藏》本、吳鈔本作「譽」，涉上而誤。

83 **注** 《春秋》文八年：「宋殺其大夫司馬，宋司城來奔」。《公羊傳》云：「司馬者何？司城者何？皆官舉也」。何休注云：「皆以官名舉言之」。《荀子‧儒效篇》亦云：「繆學襍舉」。

▲案：此「舉」，與《公羊》、《荀子》義正同。文名，言以文飾為名。又疑此篇「之」字多誤為「文」，此「文名」亦當作「之名」。之名，猶言「是名」，與「彼實」文相對，亦通。畢云：「此釋〈經上〉『舉，擬實也』。」

84 **注** 王引之云：「當作『故言也者，出諸口，能之民者也』。『出』字誤倒在下，『能』下又脫一字。『能』與『而』通，謂言出諸口而加之民也。〈繫辭傳〉曰『言出乎身，加乎民』。」

▲案：王說移易太多，似未塙。竊疑「口能」，即謂口之所能，猶〈經上〉云「言，口之利也」。「民」當為「名」之誤，後文云「聲出口，俱有名」。出名，亦謂言出而有名，猶〈經〉云「出舉也」。

85 **注** 「民」，疑亦「名」之誤。蓋言名與實不同。字書無「俿」字。《太玄經‧止》次七「車纍其俿」，范望注云：「俿，輪也」。

▲案：非此議。畢云：「『俿』，『虎』字異文。」

86 注 此義難通。「言也」下，疑當有「者」字。畢云：「『石』當為『實』。此釋〈經上〉『言，出舉也』。」

▲案：「實致」亦無義。「石」，疑「名」之誤，「猶」與「由」通，謂言因以名致之。

87 注 句。

88 注 《呂氏春秋．音律》篇高注云：「且，將也」。俞云：「此當讀『且』，句，『自前曰且』，句，『自後曰已』，句，『方然亦且』，句。蓋凡事，從事前言之或臨事言之，皆可曰『且』，如『歲且更始』之且，事前之且也。如『匪且有且』之『且』，毛《傳》曰『此也』，此方然之且也。惟從事後言之，則為已然之事，不得言『且』，故云『自後曰已』。」

89 注 畢云：「此釋〈經上〉『且，言然也』。」俞云：「『若石者也』，涉下句『君以若名者也』而衍，又誤『名』為『石』耳。」

▲詒讓案：「若石者也」疑當作「臣民也者」，乃約述經語以起下文，今本譌舛不可通，遂誤屬之上章耳。

90 注 句。

91 注 張云：「謂以臣萌名。」畢云：「此釋〈經上〉『君、臣，名通約也』。『名』，〈經上〉作『萌』，誤。」

▲案：〈經〉云「萌」，即「氓」字，不誤。此言君之名，對臣民而立，故云「以若名」。若，即指臣民也，畢說非。

92 注 「不」，疑當為「必」。言功之利民必合時宜，若夏衣而冬裘也。張云：「冬資葛，夏資裘，不待時而利。」

▲案：張說亦通。舊本重此七字。畢云：「疑衍」，張說同。

▲案：吳鈔本亦無，今據刪。畢云：「此釋〈經上〉『功，利民也』。」

93 注 疑當在下文，誤箸於此。

94 注 「殆」，疑當為「隸」之叚字。《說文．隶部》云：「隸，及也」。「姑」與「辜」通，言罪不必犯禁，惟害無罪，則及罪也。

95 注 此句上當有「賞」字。

96 注 句。

97 注 「上報下之功也」六字當在「罪不在禁」上，乃述〈經〉語，而未著說，今本貿亂不可通。畢云：「此釋〈經上〉『賞，上報下之功也；罪，犯禁也；罰，上報下之罪也』。」

98 注 《說文．人部》云：「侗，大皃」，又〈言部〉云：「詷，共也」，引《周書》云：「在夏后之詷」，今《書．顧命》「詷」作「侗」，《釋文》引馬融本，字義並與許同。《禮記．祭統》云：「同之言詷也」，是「同」、「侗」、「詷」三字並通，故此〈經〉作「同」，〈說〉作「侗」也。張云：「『侗』當作『同』。」

99 注 楹，疑亦「形」之誤。張云：「一楹也，二人俱見，俱謂之楹，是同也。」

▲案：張說亦通。

100 注 「事」，舊本作「是」，今據《道藏》本、吳鈔本正。似言猶眾人同事一君。此釋〈經上〉「同，異而俱於之一也」。

101 注 句。

102 注 舊本「久」上衍「今」字，「旦」譌「且」。王引之云：「上『今』字因下『今』字而衍，『且』當為『旦』。言古今異時，旦莫異時，而偏歷古今旦莫則久矣，故曰『久，古今旦莫』。故〈經上〉云『久，彌異時也』，彌，偏也。」

▲案：王校是也，顧、張校亦以「且」為「旦」，今並據刪正。

103 注 句。

104 注 顧云：「『家』字衍」，王校同。

▲案：「家」猶「中」也，四方無定名，必以家所處為中，故著家於方名之閒，非衍文也，今不據刪。畢云：「此釋〈經上〉『久，彌異時也。守，彌異所也』。」

105 注 句。

▲案：「守」，「宇」之誤。

106 注 言前雖或有不容尺之餘地，然此不容尺之外即為盡處，是有窮也。張云：「或不容尺，實也，雖未窮而有窮。」

107 注 張云：「莫不容尺，虛也，雖窮而無窮。」畢云：「此釋〈經上〉『窮，或有前，不容尺也』。」

108 注 吳鈔本作「靜」，誤。

109 注 「但」，疑當作「俱」。謂「盡」與「俱」義略同。止動，謂事無動靜皆然，即〈經〉所謂「莫不然也」。畢云：「此釋〈經上〉『盡，莫不然也』。」

110 注 句。

111 注 張云：「時有此二者，始則當其無久也。無久，久之始也。」

▲案：張說是也。此言「始」者，或時已歷久，而追溯其本；或時未歷久，而甫發其端，二者皆謂之始。但始必當無久時，若已有久，則不得為始也。《列子釋文》，引「始時」作「夫物」，疑誤，「无」並作「無」。畢云：「此釋〈經上〉『始，當時也』。」

112 注 句。

113 注 《列子．天瑞》篇亦有此文，《釋文》引此末有「也」字。畢云：「此釋〈經上〉『化，徵易也』。」孫星衍云：「《淮南．齊俗訓》云『夫蝦蟆為鶉，生非其類，唯聖人知其化』。」

▲詒讓案：《說文．黽部》云：「鼃，蝦蟆屬」，淮南書即本此。」《荀子．正名》篇云：「狀變而實無別而為異者，謂之化，有化而無別，謂之一實」。

114 注 舊本無「去」字，今依王校補。「兼之體」，即上文「二之一、尺之端」之義。兼者，合衆體；偏去，言於衆體中，損去其一體也。〈經上〉云「體，分於兼也」。亦即此義。

115 注 「存」上舊本脫「或」字。王引之云：「〈經上〉云『損，偏去也』，則此當云『損，偏去也者，兼之體也，其體或去或存，謂其去者損』，寫者脫誤耳。」張云：「一物兼二體，體一去一存。就其存者言則損矣。」

▲案：王校增「或」字，是也，今據補。謂其存者損，當如張說，「存」字非誤，今不據改。畢云：「此釋〈經上〉『損，偏去也』。」

116 注 當為「環」，詳〈經上〉。

117 注 畢云：「『昫』，〈經〉作『梋』。此釋〈經上〉『儇，梋秪』。」

▲詒讓案：「昫」當為「俱」，「民」當為「氐」，〈經〉作「儇，梋秪」。亦誤，說詳〈經上〉。

118 注 當作「𢉾」，詳〈經上〉。

119 注 句。

120 注 「貌」，吳鈔本作「皃」。《管子．宙合》篇云：「區者，虛也」。「區穴」猶云「空穴」，「區穴若」，猶言「若區穴」，文偶倒耳。「斯貌常」，疑當作「所視𢉾」。〈備城門〉篇「時令人行視封」，「視」今本亦誤作「貌」，可證。「常」、「𢉾」音近而誤。言雖有區穴，視之則𢉾而不見也。畢云：「此釋〈經上〉『庫，易也』。」

▲案：「庫」亦「庳」之誤。

121 注 句。

122 注 此義難通。「從」亦當作「徙」。《經》云：「動或徙」，與《經下》「宇，或徙」，二文正同，則是遷地之義。疑「偏祭」當作「偏際」，謂動則周偏所接之域。《經說下》云：「區宇不可偏舉」，「偏」、「徧」字亦通。詳〈非攻下〉篇。

123 注 《呂氏春秋．盡數》篇云：「戶樞不螻，動也」。張云：「瑟，蝨同。戶樞不蠹，動故也。」

▲案：依張說，「兎蝨」謂兎於蠹，義未塙。竊疑「兎瑟」當作「它蠶」，「它」即「蛇」正字，《說文．它部》云：「它，虫也。上古艸居患它，故相問無它乎？或作蛇，從虫。《干祿字書》「蠶，俗作『蚕』」」。「它蚕」與「兎瑟」，形近而譌。下文「兎蚓」，「兎」，亦即「它」字。〈耕柱〉篇「白若之龜」，「龜」，今本譌作「㲋」，龜亦从「它」也，皆可以互證。「戶樞」與「它蠶」，皆常動之物。畢云：「此釋〈經上〉『動，或從也』。」

124 注 句。

▲案：「從」亦「徙」之誤。

125 注 當，猶言「是」也。〈經上〉云：「辯勝，當」，即謂是者勝也。《淮南子．齊俗訓》云：「從牛非馬」，疑即此義。張云：「無久之不止，以不止為不止也，其理易見，故當牛非馬」，亦通。

126 注 「矢」，舊本譌「夫」。張云：「疑亦當為『人』。」王引之云：「『夫』當作『矢』，矢之過楹，久則止而不行，故曰『無久之不止，若矢過楹』。〈鄉射禮記〉曰『射自楹閒』。故以『矢過楹』為喻。」

▲案：王校是也，今據正。《莊子．天下》篇云：「鏃矢之疾，而有不行不止之時」，疑此義與彼略同。

127 注 《莊子．齊物論》篇云：「以馬喻馬之非馬，不若以非馬喻馬之非馬也」，疑即此義。或謂當作「當馬非牛」，亦無義可說。此與上云：「當牛非馬」二句，並與上下文不相家，而與後「彼，凡牛樞非牛」章文相近，或有錯誤。張云：「有久之不止，以不止為止也。其理難見，故當馬非馬」，亦通。

128 注 「梁」謂橋梁。若人過橋梁，不過不止也。張云：「人過梁，不止以求止也。」畢云：「此釋〈經上〉『止，以久也』。」

129 注 句。

130 注 「執」，《道藏》本、吳鈔本作「孰」，非。畢云：「『臺』疑『握』字。《說文》云：『𡁈，古文握』。握執，言執持必然者也。」

▲案：畢說是也。「握」古文，又見《淮南子．詮言訓》，今本亦誤「臺」。又〈俶真訓〉云：「臺簡以游太清」，高注云：「臺，猶『持』也」。《釋名．釋宮室》云：「臺，持也，築土堅高，能自勝持也」。《莊子．庚桑楚》篇云：「靈臺者有持，而不知其所持，而不可持者也」，《釋文》云：「靈臺，謂心有靈智，能任持也」，則「臺」似本有「持」訓，不破字亦可通。

131 **注** 張云：「弟兄一然一不然，是必不能必者也，若是者非必也，言必者，是絕無不然者也。」畢云：「此釋《經上》『必，不已也』。」

132 **注** 句。

133 **注** 「捷」，吳鈔本作「揵」。畢云：「一本作『楗』。」

▲案：顧校季本同。

134 **注** 捷，讀為「插」。《詩．小雅．鴛鴦》篇「戢其左翼」，《釋文》引《韓詩》云：「戢，捷也，捷其噣於左也」。《儀禮．鄉射禮》注云：「搢，插也」，《釋文》「插」作「捷」，是其證。「狂」當為「往」之誤。所插者，即重差之立表，亦即《考工記．匠人》之「置槷」是也。謂插表於地，「同長」即同高也。插一表於中，以測日出入之景，而規畫其端，更於景東西南北端，各立一表，而以中一表為心，外四表為邊，規畫其邊，周帀成圜形，則自圜邊為多綫以往湊中點，其長諸綫必正相等。此即「同長」、「相若」之義。亦詳〈經上〉。畢云：「此釋〈經上〉『平，同高也』，『同長，以正相盡也』，『中，同長也』。」

135 **注** 句。

136 **注** 畢云：「此釋〈經上〉『厚，有所大也』。言唯其大無所加，是所謂大也。」

▲案：畢說未允。此謂積無成有，其厚不可極也。與〈經〉文相反，而實相成。詳〈經下〉。

137 **注** 句。

138 注 寫，謂圖畫其象。《周髀算經》云：「笠以寫天」，趙爽注云：「寫，猶象也」。「攴」，吳鈔本作「支」，下同。「攴」、「支」義並未詳，疑當為「交」之誤。後〈備城門〉篇「薪食足以支三月以上」，「支」，今本誤「交」。此「交」誤作「攴」，猶彼「支」誤作「交」也。凡以規寫圜形，其邊綫周帀相湊，謂之交。或為直綫以湊圜心，中交午，成十字形，亦謂之交。《考工記．匠人》云：「為規識日出之景與日入之景」，鄭注云：「日出日入之景，其端則東西正也，又為規以識之者，為其難審也。自日出而畫其景端，以至日入，既則為規測景，兩端之內，規之，規之交乃審也。度兩交之間，中屈之以指臬，則南北正。」鄭說可證此「規寫交」之義。張云：「《說文》『攴，小擊也』。疑『攴』為法度之義，或「攴」為「及」字之誤，下同。」案張說並非是。畢云：「此釋〈經上〉『圜，一中同長也』。」

139 注 句。

140 注 「見攴」，疑亦當為「寫交」。矩寫交者，以矩寫方形，其邊綫周帀相湊，及隅綫相午貫，亦皆謂之交也。張云：「見、寫大同」，非是。畢云：「此釋〈經上〉『方，柱隅四讙也』。」

141 注 句。

▲案：「讙」當為「襍」之誤。

142 注 張云：「二尺與一尺，但相較一也。」畢云：「此釋〈經上〉『倍，為二也』。」

143 注 句。

144 注 張云：「若有同之，即非最前。」畢云：「此釋〈經上〉『端，體之無序而最前者也』。」

145 注 畢云：「此與下『閒』舊作『聞』，俱以意改。」

146 注 謂有物夾之。畢云：「此釋〈經上〉『有閒，中也』。」

147 注 句。

148 注 張云：「就其夾之而言，則謂有閒；就其夾者而言，則謂之閒。」

149 注 尺，與上文「前不容尺」之「尺」義同。謂凡物前盡處為端，後距端一尺為尺，更後盡處則為區穴，區穴謂空隙，若布帛裁削之縫際皆是也。此蓋以方制布幅為況，凡古布幅，皆廣二尺二寸，為衣，則削其邊各一寸縫之。《儀禮．喪服》賈公彥疏云：「整幅二尺二寸，凡用布為衣物及射侯，皆去邊幅一寸為縫殺」，是也。蓋方制從衡正等，去邊縫各寸，則幅止二尺，中半適一尺矣。

150 注 畢云：「『內』疑『穴』字。」張云：「如有物尺，前有區穴，後有端，端與區穴所夾非閒也，閒乃是區穴之內，但與區穴相及，故云『不及旁』。」

▲案：張讀「內」如字，不如畢校改「穴」之允。此似謂前有端，後有區穴，尺雖在其中，然與前後幅相連屬不絕，則不得為二者所夾也。或云「不」當為「必」，亦通。

151 注 如是者謂之「及」。

152 注 張云：「齊，等也。此中說『及』字之義，若論齊等之『及』，則區穴與端之所夾為中閒，穴內宜為旁。

惟不論齊等之及，乃夾者，但與區內相及也。」

▲案：張說亦未析。此似言所謂「不及旁」者，非不齊旁之謂及，止謂彼此相次，齊則盡其邊際，二者同而異也。畢云：「此釋〈經上〉『閒，不及旁也』。」

153 **注** 舊本脫「閒」字，王據〈經〉增，今從之。「纑」與「櫨」同，詳〈經上〉。

154 **注** 「櫨」為柱上小方木，兩櫨之閒，空虛之處，則無木。張云：「與夾者相及，則謂之閒。但就其虛處，則謂之纑。」

▲案：張依舊本為釋，恐非。畢云：「此釋〈經上〉『纑，閒虛也』。」

155 **注** 句。

156 **注** 言物必有盈其中者，乃成厚之體，無所盈則不成厚也。

157 **注** 此上下文雖多云「尺」，然此「尺」字實當作「石」，形近而誤。〈經說下〉「廢石於平地」，「石」亦譌「尺」，可證。此與下文，並以堅白石為釋。言堅白在石，同體相盈，則彌滿全體，隨在皆有堅，亦隨在皆有白，故云：「無所往而不得」，亦即所謂「相盈」也。畢云：「此釋〈經上〉『盈，莫不有也』。」

158 **注** 「二」，即謂「堅白」也。《公孫龍子．堅白論》篇云：「無堅得白，其舉也二；無白得堅，其舉也二」，此云「得二」，亦謂得白得堅分為二也。

159 **注** 「堅」下當有「白」字。

160 注 〈經說下〉云：「於石一也，堅白二也」，故云「得二」。蓋離堅白為二而異處，則堅非白，白亦非堅，是為「不相盈」，亦即為「相外」。若合而同體，則堅內含有白，白內亦含有堅，是為「不相外」。此義亦見《公孫龍子》。互詳〈經說下〉。畢云：「此釋〈經上〉『堅白，不相外也』。」

161 注 句。

162 注 言尺與尺相攖，則前尚有餘地，故兩俱不盡。

163 注 舊本「與」譌「無」，「俱」譌「但」。張云：「『無』疑當作『與』，『但』當作『俱』」，是也，今據改。〈經上〉云：「端，體之無序而最前者也」。是端前更無餘地，故相攖則兩俱盡。

164 注 「尺與」下，張云疑脫「尺」字。

▲案：張校與上文歧牾。此疑當有「端」字，誤錯箸於後。言尺與端相攖，則端盡尺不盡。

165 注 此言堅白雖殊而同託於石，性色相含，彌滿無閒，故其攖為相盡，即〈經說下〉堅白相盈之義。

166 注 言凡物兩體相攖，雖攖而各自為體，不能相含，是即不相盡也。

167 注 此與上下文不相屬，疑即上「尺與端」句之脫字，誤錯箸於此。畢、張、楊並讀「端」屬上為句。張云：「『尺與尺俱不盡』，則體相攖。『端與端俱盡』，則端相攖。『尺與尺或盡或不盡』，則端體並相攖。體之攖可盡，而端之攖不可盡。」

▲案：此讀恐非，張說亦未析。王讀「端仳」為句，尤誤。畢云：「此釋〈經上〉『攖，相得也』。」

168 注 畢云：「疑『似』字」，張校同。王引之云：「『仳』與『比』通。比者竝也。」
▲案：王說是也。《集韻．六至》云：「仳，及也」，與「比」義亦相近。
169 注 畢云：「『有』，一本作『目』。此釋〈經上〉『似，有以相攖，有不相攖也』。」
▲案：顧校季本，「有」亦作「目」。「后」，吳鈔本作「後」。〈經〉「似」，亦即「仳」之誤。
170 注 句。
171 注 「后」，畢本作「後」，吳鈔本作「厚」，非。無厚，似謂體極薄而相次比。或疑當作「無序」，見〈經上〉。言序次齊平，更無差等，而其體終不合并也。亦足備一義。張云：「無厚乃無閒。」畢云：「此釋〈經上〉『次，無閒而不攖攖也』。」
▲案：「攖攖」，當作「相攖」。
172 注 句。
173 注 《說文．貝部》云：「員，物數也」。《禮記．少儀》云：「工依於法，游於說」，鄭注云：「法，謂規矩尺寸之數。說，謂鴻殺之意」。張云：「意若規而為員，是法也。」畢云：「此釋〈經上〉『法，所若而然也』。」
174 注 若，猶「順」也。畢云：「此釋〈經上〉『佴，所然也』。」
175 注 此義難通。張云：「可彼可此謂之樞。」

▲案：張說肊定，不足據。「牛樞」，疑木名。《爾雅・釋木》云：「藲，荎」，郭注云：「《詩》曰『山有藲』，今之刺榆」。今《毛詩・唐風》「藲」作「樞」。「牛樞」疑即刺榆之大者。古艸木大者，多以「牛」為名，若《爾雅》「芺，牛蘄」、「終，牛棘」之屬是也。「牛樞」段「牛」為名，則非真牛，故曰「非牛」。

176 **注** 謂牛樞與牛，兩者實不同，則不足辯也。

177 **注** 疑當作「辯者，或謂之牛，或謂之非牛」。

178 **注** 「必」上畢本有「不」字，今據《道藏》本、吳鈔本刪。言兩辯相非，不能皆當，則必有一不當者也。

179 **注** 當犬，若上云「當牛」，「當馬」。言辯牛之是非而不當，不若謂狗為犬之當也。〈經說下〉云：「同則或謂之狗，其或謂之犬也。異則或謂之牛，牛或謂之馬也。俱無勝，是不辯也。辯也者，或謂之是，或謂之非。當也者勝也」，即此章之義。畢云：「此釋〈經上〉『攸不可，兩不可也。辯，爭彼也。辯勝，當也』。」

▲案：〈經〉「攸」即「彼」之誤。

180 **注** 句。

181 **注** 畢云：「『雗』即『難』異文」，張從之。

▲案：字書無「雗」字，畢說不知何據。此云難指難脯，義亦並不可通，竊疑並當為「蘄」之譌。〈耕柱〉

篇、〈備穴〉篇「蔪」並譌作「難」。〈經下〉篇「蔪」舊本或譌从「着」，故又譌从「養」也。「蔪」與「斫」義同，亦詳〈經下〉篇。「蔪指」謂斫手指，「蔪脯」謂斫乾脯也。

182 注 「文」，當為「之」之誤。

183 注 《史記・管蔡世家》索隱云：「離即罹，罹，被也。」

▲案：「離」，俗作「罹」，同。《詩・王風・兔爰》「逢此百罹」，《釋文》云：「罹，本亦作『離』」。離之，謂因欲而離患也。或疑「離」亦「蔪」之誤，上欲蔪屬意，下蔪之屬事也，亦通。

184 注 畢云：「騷，『臊』字假音，讀如《山海經》云：『食之已騷』。」

▲詒讓案：「騷之利害」，疑言「臭之善惡」。張云：「味之美否也。」

185 注 「騷」上疑脫「得」字。

186 注 畢云：「『廧』字，『牆』俗寫。」

▲詒讓案：《左傳・襄二十六年》「寺人惠牆伊戾」，《釋文》「牆」作「廧」。

187 注 俞云：「『力』字無義，疑『人』字篆書之誤。『趨之而得』為句，『人則弗趨也』為句。」

▲案：「力」疑當為「刀」。〈經說下〉亦云「王刀」，皆謂泉刀也。「趨之而得刀」句，言若有人言牆外有泉刀，趨之即得，而不信者則弗趨也。前說「信」云「不以其言之當也，使人視城得金」。此趨牆外得刀，與「視城得金」，語意正同。俞說未塙。

188 注 俞云：「蓋趨之則得利，而人以為利害未可知，止而弗趨，是以所疑止所欲也。」張云：「譬如食脯，不知其利害，則仍食之。譬如趨牆外，不知其利害，則弗趨。所疑同，而止、不止異，則不在於知明矣。」

189 注 張云：「指說〈經〉也。」畢云：「『𠐋』，『縣』字異文，讀如縣挂之類。」

▲詒讓案：「𠐋」，與《莊子．寓言》篇「無所縣其罪」之「縣」義同。郭象注云：「縣，係也」，言所為為欲所牽係，則知或有時而窮。

190 注 畢云：「『𢜔』，『悊』字異文，字書無此字。」張云：「即『智』字誤耳。」

▲案：張說是也，詳〈經上〉。《爾雅．釋器》云：「魚曰斮之」，即此蘄脯之義。

191 注 讀為「否」。

192 注 張讀作「所為與所不為相疑也」，云：「『不所』疑當作『所不』，『與』疑衍」。

▲案：張校亦通。

193 注 謂不暇審計而為之，所謂「縣於欲」也。畢云：「此釋〈經上〉『為，窮知而𠐋於欲也』」。大指言所知一事，必待為之而信，其利害否則懸於欲，不以疑而自止。」

194 注 句。

195 注 句。

196 注 句。

197 注 張云：「為衣以成為已，治病以亡為已。」

▲詒讓案：亡，猶言無病也。《漢書‧郊祀志》云「病良已」，注：「孟康云：已，謂病愈也」。畢云：「此釋〈經上〉『已，成、亡』。」

198 注 句。

199 注 句。

200 注 張云：「以令謂人，是之謂謂。方謂之，成不可必。」盧云：「《方言》『自關而西，秦、晉之間，凡志而不得，欲而不獲，高而有墜，得而中亡，謂之溼』，楊倞注《荀子》引作『濕』。此『濕』字與《方言》義同，他合反。」

▲案：《方言》雖有此義，然古書罕見，盧援以釋此，畢、張、楊並從之，似不甚塙。《荀子‧不苟》篇云：「窮則棄而儑」，楊注引《方言》「濕」為釋，《韓詩外傳》「儑」作「累」。洪頤煊謂《荀子》之「儑」，即《說文‧人部》云：「儽，垂皃，一曰嬾解。」乘覆也。

▲案：洪說甚是。《說文‧人部》又有「儡」字，云：「相敗也」。《老子》「儽儽兮其不足，以無所歸」，《釋文》云：「儽，一本作『儡』，敗也，欺也」。《淮南子‧俶真訓》云：「孔、墨之弟子，皆以仁義之術教導於世，而不免於儡其身」。蓋「儡」、「儽」聲義並相近。此書之「濕」當作「灅」。《荀子》之「儑」當作「儽」。經典凡从「畾」、「纍」，與从「㬎」字多相掍。「灅」即《說文》「儡」、「儽」之

段字。不必成偏，言雖使為之，而其事之成敗則未可必。「偏」與「成」，義正相對也。

201 注 「故也」下當有「者」字。此與〈經上〉「故，所得而後成」義同。言因此故而致彼如是，必所為已成，乃可為使也。張讀「濕」屬此句，云：「志而不得，而故使之，是之謂故，其事必欲成。」

▲案：張說未塙。畢云：「此釋〈經上〉『使，謂、故』。」

202 注 句。

203 注 句。

204 注 言物為萬物之通名。《荀子·正名》篇云：「故，萬物雖衆，有時而欲徧舉之，故謂之物。物也者，大共名也」，即此義。

205 注 張云：「物有是實，名以文之。文者實之加，故曰多。」

▲案：依張說，則經「名，達」下當有「多」字，恐非。竊疑「多」當作「名」，言名為實之文也。上文云：「舉，告以文名，舉彼實也」可證。或謂此文「多」與前文「名」，並當作「之名」，亦通。

206 注 句。

207 注 張云：「馬而命之馬，是類也。凡馬之實，皆得名之馬。」

▲案：張說是也。《荀子·正名》篇云：「有時而欲徧舉之，故謂之鳥獸。鳥獸也者，大別名也」，即此義。

208 注 句。

209 **注** 「臧」即「臧獲」之「臧」，詳後，〈大取〉篇，言於人之賤者而命為「臧」，則「臧」非人之通名，故曰「私」。張云：「人而名之『臧』，是私也。」

210 **注** 張云：「名止於是實，凡人不得名之。」

211 **注** 吳鈔本作「與」。畢云：「疑『字』。」張云：「當為『字』，物之有名如人之姓字。」

▲案：畢、張校是也。姓、字亦一人之私，與「臧」相似。依張說，此釋〈經上〉「名，達、類、私」。畢以「若姓字」三字屬下說，非。

212 **注** 「灑」，吳鈔本作「洒」，義並難通。命也，亦與〈經〉不相應。張云：「『灑』即『移』意。移狗而謂之犬，是猶其命也。」

▲案：張說未塙。以〈經〉推之，疑當作「鹿謂狗、犬，移也。」「灑」、「鹿」形近而誤。言移他名以謂此物，猶言指鹿為馬。楊讀「灑」屬上「若姓字」句，非是。

213 **注** 句。

214 **注** 謂正舉物名。上文云：「舉告以文名舉彼實也」。張云：「或謂之狗，或謂之犬，單舉之謂也」，未塙。

215 **注** 《說文．言部》云：「叱，訶也」。《漢書．儒林傳》王式曰：「何狗曲也」，顏注云：「意怒，故妄發言，言狗者，輕賤之甚也」。

216 **注** 謂以惡語相加。《說文．力部》云：「加，語相增加也。」《論語集解》引馬融云：「加，陵也。」畢云：「此釋〈經上〉『謂，移、舉、加』。」

217 注 句。

218 注 句。

219 注 《集韻·四十漾》云：「障，或作瘴。」

220 注 句。

221 注 畢云：「此釋〈經上〉『知，聞、說、親』。言所為知者有三，得之傳受是耳所聞也，非方土所阻是人所說也，身自觀之則親見也。」

222 注 句。

223 注 句。

224 注 句。

225 注 句。

226 注 畢云：「此釋〈經上〉『名、實、合、為』。」

227 注 句。

228 注 句。

229 注 句

230 注 畢云：「此釋〈經上〉『聞，傳、親』。」

231 注 句。

232 注 體，即〈經上〉「體分於兼」之義。「時」，疑當為「特」。特者，奇也。二者，耦也。特者止見其一體，二者盡見其衆體。「特」、「二」文正相對。畢云：「此釋〈經上〉『見，體、盡』。」

233 注 此與下文為目。楊依〈經〉校云：「疑『合』之訛。」

234 注 「兵」，吳鈔本作「力」，並未詳。

235 注 疑當作「反也」。「反」與「正」，上下文義相對。

236 注 「工」，疑「功」之省。〈大取〉篇云：「志功為辯」，又云：「志功不可以相從也」，是其證。

237 注 志功相合，為得其正。

238 注 「臧」疑當為「義」。

239 注 張云：「臧，人臣也。臧奉主命，無不宜為。」

▲案：張說未知是否。

240 注 句。

241 注 「聖」疑當為「宜」，或當為「正」。〈經上〉「正無非」，說亦作「聖」，可證。

242 注 依楊說，此釋〈經上〉「合，正、宜、必」。

243 注 張云：「此申言『兵立反中』，言仗兵者皆兩比，而無獨立，故以解合也。」

▲案：張以「仗」為兵杖，楊說亦然，皆穿鑿不足馮。以〈經〉文推之，疑「仗」當作「權」，艸書形近而譌。〈經說下〉「右權交繩」。「權」，今本誤「校」，與此相類。言兩權利害無所偏主。依楊說，此釋〈經上〉「欲正權利，且惡正權害」。

244 注 句。

245 注 張云：「『皁』，古只作『早』。」

▲詒讓案：「早」疑當為「甲」，後文「劍甲」字亦譌「早」，可證，說詳後。「臺」謂城臺、門臺，《詩·鄭風》「出其東門」，毛《傳》云：「闍，城臺也」。《禮記·禮器》云：「天子諸侯，臺門」。

246 注 言為甲以備戰，於城及宮門，為臺以備守，皆以求存為為也。張云：「以為而存。」

247 注 句。

248 注 言治病之為，求其亡。《左·成十年傳》「晉侯有疾，秦伯使醫緩為之」。《呂氏春秋·至忠》篇「文摯治齊王疾，曰：請以死為王」，高注云：「為，治也」。此即上文「已，為衣，成也。治病，亡也」之義。張云：「以為而亡。」

249 注 俞云：「《說文·貝部》『賣，衒也。讀若「育」』，今經典通以『鬻』為之。」張云：「互相為。」

250 注 畢云：「『霄』與『消』同。」

▲詒讓案：《爾雅．釋天》「雨霓為霄雪」，《釋文》「霄，本亦作『消』」。

251 注 張云：「莫之為而為。」

252 注 句。

253 注 張云：「有為而為。」

254 注 句。

255 注 張云：「『鼃買』未詳，或即『鼃鶉』，化亦為也。」畢云：「此釋〈經上〉『為，存、亡、易、蕩、治、化』。」俞云：「上文雖有『化，若鼃為鶉』之文，然『買』、『鶉』音義俱遠，形又不相似，『鼃』疑『賁』字之誤。上文云『買鬻，易也』。此云『賁買，化也』，文異而義同。」

▲案：俞改「鼃」為「賁」，則與上文義複，不足據。「買」疑當為「鼠」。《列子．天瑞》篇云：「田鼠之為鶉」，蓋古說鼃、鼠二者，皆能化為鶉。故上文既以鼃、鼠釋化，此又兼舉鼃、鼠二者，以盡其義。兩文雖異，而義實同也。「鼠」漢隸或作「[illegible]」，見〈仙人唐公房碑〉，與「買」形極相似，因而致誤。或云：「買」當為「䳟」，即「鶉」之省。亦可備一義。

256 注 句。

257 注 句。

258 注 句。

259 注 亦與〈經〉云：「體分於兼」義同。分體統含於兼體之內，故云：「不外於兼」。

260 注 句。

261 注 《說文．人部》云：「俱，皆也。」

262 注 句。

263 注 《說文．犬部》云：「種類相似，唯犬為甚」。楊云：「〈大取〉篇云『重同、具同、連同、同類之同、同名之同、丘同、鮒同、同是之同、同然之同、同根之同』。」畢云：「此釋〈經上〉『同，重、體、合、類』。」

264 注 句。

265 注 「必」讀為「畢」，古通用。張云：「名二而實又異。」

266 注 謂名實俱異，是較然為二物也。

267 注 句。

268 注 句。

269 注 句。

270 注 畢云：「此釋〈經上〉『異，二、不體、不合、不類』。舊脫『不體』『不』字。」

271 注 「交」，吳鈔本誤「於」。言同異各得其義，若下文有無多少之類。

272 注 疑當作「於富家食」。楊以「於」當〈經〉文之「放」，非是。

273 注 「恕」當作「𢘽」，與「知」通。

274 注 《周禮．小胥》鄭注云：「比猶校也。」

275 注 「免」當作「它」，即「蛇」之正字。前「它蠶」譌作「免瑟」，與此正同。「⿰虫刃」字亦見〈經說下〉，字書所無。楊云：「前文『免瑟』，此云『免⿰虫刃』，『瑟』、『⿰虫刃』通用。」又云：「『⿰虫刃』疑『蝨』字之訛，如韓咎與幾瑟爭立太子，《戰國策》作『幾瑟』，《史記》作『蟣蝨』。」

▲案：楊說非是。〈說下〉云：「⿰虫刃與瑟孰瑟」，則「蝨」與「瑟」不得為一字。彼「瑟」當亦「蠶」之譌。此云：「它⿰虫刃」，彼云：「⿰虫刃蠶」，則⿰虫刃似當為蛇蠶同類之蟲。竊疑「⿰虫刃」字即「螾」之別體，《後漢書．吳漢傳》李注引《十三州志》云：「朐䏰，其地下溼，多朐䏰蟲」，「䏰」音「閏」，即「螾」之音轉。「⿰虫刃」從「刃」為聲，猶以䏰亹螾也。《方言》云：「蚰蜒自關而東謂之䖡⿱衍虫，北燕謂之䖡蚭」，彼「䖡」字亦《說文》所無，與此「⿰虫刃」字形相近。疑「䖡蚭」亦當為「⿰虫刃蚭」。「⿰虫刃」、「螾」字同。「蚭」、「⿱衍虫」聲轉，傳寫譌作「䖡」，郭璞遂音為奴六反矣。「園」，疑當作「圜」，亦形之誤。「還」與「旋」同，蛇螾皆蜿蟺屈曲而行，故下云「去就」也。

276 注 彼此相背為去，相還為就。

277 注 此義難通，竊疑「鳥」當為「𧰼」，「折」當為「梗」。《干祿字書》云：「象通作𧰼」，〈北齊南陽寺碑〉「象」作「爲」，並與「鳥」形相近。「梗」、「折」偏旁亦略相類。象謂象人，即偶人也。《說文．人部》云：「偶，桐人也」。《越絕書》記吳王占夢云：「桐不為器用，但為俑，當與人俱葬」。《淮南子．繆稱訓》云：「魯以偶人葬，而孔子歎」，宋本許注云：「偶人，桐人也」。《周禮．冢人》言鸞車象人，鄭注引孔子謂為俑者不仁。《論衡．感虛》篇云：「廚中木象生肉足」，《史記．刺客傳》索隱引「象」作「鳥」，與此可互證。梗者，《戰國策．齊策》云：「有土偶人與桃梗相與語，土偶曰：子東國之桃梗也，刻削子以為人」。〈趙策〉又云：「土梗」、「木梗」。《史記．孟嘗君傳》，「桃梗」作「木偶人」，是木偶人謂之象人，或謂之俑，亦謂之梗，以桐為之，亦曰桐人。故云：「象梗用桐」。

278 **注** 此謂象人與生人不同者，一堅一柔也。《老子》云：「人之生也柔弱，其死也堅強，故堅強者死之徒，柔弱者生之徒」，即此堅柔之義。

279 **注** 吳鈔本作「蚤」，此義未詳。以意求之，疑當作「劍戈甲」。「戈」、「尤」形近而譌，篆文「早」作「𣅀」，從「甲」，故「甲」譌作「早」。言劍戈以殺人求其死，甲以衛人求其生，故下云「死生」也。此與《孟子》矢函、《韓子》矛盾之喻，語意略同。

280 **注** 《孟子．告子》趙注云：「處子，處女也。」《莊子．逍遙遊》釋文云：「處子，在室女也。」

281 **注** 言子則有母，長少相對為名。

282 **注** 言二色相勝。

283 注 句。

284 注 謂有四旁乃有中央，此與〈經上〉「有閒，中也，閒不及旁也」同義。

285 注 衍兩「行」字。

286 注 言人之論說、行為、學問、名實，四者各有是非之異。

287 注 未詳。

288 注 謂成與未成。

289 注 句。

290 注 「適」讀為「敵」，言相合俱、相耦敵。此與上文「若兄弟一然一不然者」義略同。

291 注 句。

292 注 身處為存，志往為亡，亡與忘通。此與〈經上〉「生，形與知處也」義略同。

293 注 句。

294 注 「霍」疑當為「虎」。〈經說下〉「霍」字四見，並同，說詳彼。「故」疑當為「叚」，「叚」與「假」同。此與〈經說下〉「狗假霍也，猶氏霍也」義略同。張云：「『姓』疑當為『性』」，非是。

295 注 句。

296 注 楊云：「〈經下〉有『賈宜則讎』語。」

▲詒讓案：已上並辨言語之同異，釋〈經上〉「同異交得放有無」。

297 注 句。

298 注 「超城」二字誤。「員止」，疑當為「負正」，《九章算術・方程》篇有「正負」。負，即下云「過五諾，若負」；正，即下云「正五諾」也。

299 注 謂彼謂而我從之。

300 注 《說文・去部》云：「去，人相違也」。謂口諾而意不從。

301 注 先已知之。

302 注 句。

303 注 相從一，相去二，先知三，是四，可五。《說文・言部》云：「諾，譍也」。言人之譍諾，其辭氣不同，隨所用而異，有此五者。

304 注 疑當作「五也」。「也」、「色」形近而誤，即所謂「五諾」也。下文「正五諾」云云，似當箸此下。

305 注 楊云：「〈小取〉篇『援也者，曰子然，我奚獨不可以然也』。」

▲詒讓案：此疑亦論諾之不同。張讀「援」屬下句，恐非。畢云：「此釋〈經上〉『諾，不一，利用』。」

306 注 執，謂人各執持一說。服，謂服從人之說也。《周禮・調人》，鄭注云：「成，平也」。「難成」，謂平議其是非難論定也。

307 注 此義難通。〈經〉有「說」字，〈說〉未見，疑「九」即「說」之壞字。《說文》「說」訓「言相說伺」。求執，即「相說伺」之意。此釋〈經上〉「服執說音利」。「音」，疑「言」之誤。

308 注 「擇」讀為「釋」。「釋」、「捨」古通，見〈節葬下〉篇。言取此法則捨彼法也。

309 注 畢云：「此釋〈經上〉『巧轉則求其故。法同則觀其同，法異則觀其宜』。」

▲案：「轉」、「傳」字通。

310 注 張校兩「心」字云：「疑當作『止』。」

▲案：張說是也。此言因人有不黑者，而禁其庌人之黑；因人有不愛者，而禁其愛人，二者皆不宜禁者也。皆釋經「止」字之義。

311 注 〈經說下〉釋「止」云：「彼以此其然也，說是其然也；我以此其不然也，疑是其然也」，義正同。依張、楊說，此釋〈經上〉「止，因以別道」。

312 注 而不非，而與如通。言聖人於人雖有所非，而非其所當非，則與無所非同。此釋〈經上〉「正無非」。

313 注 自此至篇末，似皆釋「五諾」正負之義，以〈經〉校之當屬上文「五也」之下，而傳寫貿亂，誤錯箸於末也。楊以此下並說〈經上〉「正，無非」，非是。

314 注 「皆」，疑當為「若」。於知，即上五諾之「先知」也。

315 注 句。

316 注 舊本譌「員」，今據吳鈔本正。負者，不正之謂。《列子．仲尼》篇「樂正子輿庰公孫龍說云，其負類反倫有如此者」。「負諾」，亦謂非正諾也。

317 注 「直」，疑當為「知」，聲轉而誤。上「正五諾」云知，此「過五諾」云無知，文正相對。此數句義難盡通，其大意似謂正者或已知，或有說，過者或未知，或無說。「五諾」，即上〈經〉所謂諾不一也。

318 注 即上〈經〉所謂「利用」。

319 注 言所譍出於自然。顧云：「此說五諾，當在〈經說下〉。」

▲案：〈經下〉無「五諾」，但有「五路」，亦與五諾不同，顧說未塙。

經說下第四十三 1

1 注 此篇以〈經下〉校之，文有闕佚，畢注疏繆殊甚，與〈經〉尤多不相應，今並依張氏，別為攷正。畢本句讀亦多舛誤，今不悉論。篇中論景鑒及升重、轉重諸法，與今泰西光、重學說略同，揅涉未深，以竢達者。

止，1 彼以此其然也，說是其然也；我以此其不然也，疑是其然也。2 謂四足獸，3

與生鳥與，[4]物盡與，[5]大小也。[6]此然是必然，則俱。[7]爲麋同名，[8]俱鬭，[9]不俱二，[10]二與鬭也。[11]包、[12]肝、[13]肺、[14]子，[15]愛也。[16]橘茅，[17]食與招也。[18]白馬多白，[19]視馬不多視，[20]白與視也。[21]爲麗不必麗，不必麗與暴也。[22]爲非以人，是不爲非，若爲夫勇不爲夫，爲屨以買衣爲屨，[23]夫與屨也。[24]二與一亡，[25]不與一在，[26]偏去[27]未。[28]有文實也，[29]而後謂之；[30]無文實也，則無謂也。[31]不若敷與美，[32]謂是，[33]則是固美也，[34]謂也，[35]則是非美，[36]無謂則報也。[37]見不見離，一二不相盈，廣脩、堅白。[38]舉不重，[39]不與箴，[40]非力之任也。[41]爲握者之觭倍，非智之任也。[42]若耳目異。[43]木與夜孰長，[44]智與粟孰多，[45]爵、[46]親、[47]行、[48]賈，[49]四者孰貴？[50]麋與霍孰高？[51]麋與霍孰霍？[52]蚓與瑟孰瑟？[53]偏，[54]俱一無變。[55]假，[56]假必非也而後假。[57]狗假霍也，猶氏霍也。[58]物或傷之，[59]然也。[60]見之，[61]智也。[62]告之，[63]使智也。[64]疑逢，[65]爲務則士，[66]爲牛廬者夏寒，[67]逢也。舉之則輕，廢之則重，非有力也。[68]沛從削，非巧也。[69]若石羽，[70]循也。[71]鬭者之敝也以飲酒，若以日中，[72]是不可智也。[73]愚也。[74]智與？[75]以已爲然也與？[76]愚也。[77]俱，[78]俱一，[79]若牛馬四足。[80]惟是，[81]當牛馬。[82]數牛，數馬，[83]則牛馬二；[84]數牛馬，[85]則牛馬一。[86]若數指，[87]指五而五一。[88]長宇，[89]徙而有處，宇。[90]宇，南北在旦有在莫，宇徙久。[91]無堅得白，必相盈也。[92]在堯善治，[93]自今在諸古也。自古在之今，則堯不能治也。[94]景，[95]光至景亡，[96]若在，[97]盡古息。[98]景，[99]二光夾一光，一光者景也。[100]景光之人煦若射。[101]下者之人也高，[102]高者之人也下。[103]足敝下光，[104]故成景於上；首敝上光，故成景於下。[105]在遠近有端與於光，[106]故景庫內也。[107]景，[108]日之光反燭人，[109]則景在日與人之間。[110]景，[111]木柂，[112]景短、大。[113]木正，[114]景長、小。[115]大小於木，[116]則景大於木，[117]非獨小也。[118]遠近臨正鑒，[119]景寡、[120]貌能、白黑、[121]遠近、柂正，[122]異於光鑒。[123]景當俱就，[124]去尒當俱。[125]俱用北。[126]鑒者之臭，[127]於鑒無所不鑒。景之臭無數，而必過正。[128]故同處，[129]其體俱，[130]然鑒分。[131]鑒中之內。[132]鑒者近中，[133]則所鑒大，[134]景亦大。[135]遠中，[136]則所鑒小，[137]景亦小。[138]而必正。[139]起於中，緣正而長其直也。[140]中之外，[141]鑒者近中，[142]則所鑒大，[143]景亦大；[144]遠中，[145]則所鑒小，[146]景亦小。[147]而必易，[148]合於中而長其直也。[149]鑒，鑒者近，則所鑒大，景亦大；[150]亣遠，[151]所鑒小，景亦小，而必正，[152]景過正。[153]故招負衡木，[154]加重焉，[155]而不撓，[156]極勝重也。[157]右校交繩，[158]無加焉而撓，極不勝重也。衡加重於其一旁，[159]必捶。[160]權重相若也，相衡，則本短標長。[161]兩加焉，重相若，[162]則標必下，[163]標得權也。[164]挈，有力也，[165]引，無力也，[166]不正，[167]所挈之止於施也。[168]繩制挈之也，若以錐刺之。[169]挈，[170]長重者下，[171]短輕者上，[172]上者愈得，[173]下下者愈亡。[174]繩直權重相若，[175]則正矣。[176]收，[177]上者愈喪，下者愈得，[178]上者權重盡，則遂挈。[179]兩輪高，[180]兩輪爲輲，[181]車梯也。[182]重其前，[183]弦其前。[184]載弦其前，[185]載弦其軲，[186]而縣重於其前，[187]是梯，[188]挈且挈則行。[189]凡重，[190]上弗挈，[191]下弗收，旁弗劫，[192]則下直。[193]扡，[194]或害之也。[195]汧[196]梯者不得汧，[197]直也。[198]今也廢尺於平地，[199]重不下，[200]無踦也。[201]若夫繩之引軲也，是猶自舟中引横也。[202]倚、倍、拒、堅，[203]䯌倚焉則不正。[204]誰并石、絫石耳。[205]夾寖者[206]法也。[207]方石去地尺，[208]關石於其下，[209]縣絲於其上，[210]使適至方石，[211]不下，[212]柱也。[213]膠絲去石，[214]挈也。[215]絲絕，[216]引也。[217]未變而名易，[218]收也。[219]買，[220]刀糴相爲賈。[221]刀輕則糴不貴，[222]刀重則糴不易。[223]王刀無變，[224]糴有變，[225]歲變糴則歲變刀。[226]若鬻子。[227]賈盡也者，盡去其以不讎也。[228]其所以不讎去，[229]則讎。[230]舌賈也宜不宜，[231]舌欲不欲。[232]若敗邦鬻室，[233]嫁子無子。[234]在軍不必其死生，聞戰亦不必其生。[235]前也不懼，[236]今也懼。[237]或，[238]知是之非此也，[239]有知是之不在此也，[240]然而謂此南北，[241]過而以已爲然。[242]始也謂此南方，故今也謂此南方。[243]智論之，[244]非智無以也。[245]謂，[246]所謂，[247]非同也，則異也。同則或謂之狗，其或謂之犬也。[248]異則或謂之牛，牛或謂之馬也。[249]俱無勝，[250]是不辯也。[251]辯也者，或謂之是，或謂之非，當者勝也。[252]無讓者酒，[253]未讓，[254]始也，不可讓也。[255]於石一也，堅白二也，[256]而在石。[257]故有智焉，有不智焉，可。[258]有指，[259]子智是，[260]有智是吾所先舉，[261]重。[262]則子智是，而不智吾所先舉也。[263]是一。[264]謂有智焉、有不智焉也。[265]若智之，則當指之智告我，則我智之。[266]兼指之，以二也。[267]衡指之，參直之也。[268]若曰必獨指吾所舉，毋舉吾所不舉，[269]則者固不能獨指。[270]所欲相不傳，[271]意若未校。[272]且其所智是也，[273]所不智是也，[274]則是智、是之不智也，惡得為一？[275]謂而有智焉、有不智焉。[276]所，春也，[277]其執固不可指也。[278]逃臣不智其處，[279]狗犬不智其名也。[280]遺者，巧弗能兩也。[281]智，[282]智狗；[283]重，[284]智犬。[285]則過，[286]不重則不過。[287]通，問者曰：[288]「子知䫛乎？」[289]應之曰：「䫛何謂也？」彼曰：「䫛施」，[290]則智之。[291]若不問䫛何謂，徑應以弗智，[292]則過。[293]且應必應，[294]問之時若應，[295]長應有深淺。[296]大常中在，[297]兵人，[298]長所。[299]室堂，[300]所存也；[301]其子，[302]存者也。[303]據在者而問室堂，[304]惡可存也？[305]主室堂而問存者，孰存也？[306]是一主存者以問所存，[307]一主所存以問存者。[308]五合，[309]水土火，[310]火離然。[311]火鑠金，火多也。金靡炭，[312]金多也。[313]合之府水，[314]木離木。[315]若識麋與魚之數，惟所利，無欲惡。[316]傷生損壽，說以少連，[317]是誰愛也？嘗多粟，或者欲不有能傷也，[318]若酒之於人也。[319]且恕人利人，[320]愛也，則唯恕弗治也。[321]損飽者去餘，[322]適足不害，能害飽，[323]若傷麋之無脾也。[324]且有損而后益智者，[325]若瘧病之之於瘧也。[326]智以目見，而目以火見，而火不見。[327]惟以五路智久不當。[328]以目見，[329]若以火見。火，[330]謂火熱也，非以火之熱。[331]我有若視曰智。[332]雜所智與所不智而問之，則必曰：「是所智也，是所不智也。」取去俱能之，[333]是兩智之也。[334]無，[335]若無焉，[336]則有之而后無。[337]無天陷，[338]則無之而無。[339]擢疑[340]無謂也。[341]臧也今死，而春也得文文死也可。[342]且，[343]猶是也。[344]且然，[345]必然。[346]且已，[347]必已。[348]且用工而後已者，必用工而後已。[349]均，[350]髮均縣，[351]輕重而髮絕，不均也。均[352]，其絕也莫絕。[353]堯霍，[354]或以名視人，或以實視人。[355]舉友富商也，是以名視人也。指是臛也，[356]是以實視人也。[357]堯之義也，是聲也於今，[358]所義之實處於古。[359]若殆於城門與於臧也。[360]狗，[361]狗，犬也，謂之殺犬，可，[362]若兩腗。[363]使，[364]令使也。[365]我使我，我不使亦使，我。[366]殿戈亦使，殿不美亦使，殿。[367]荊沇，[368]荊之貝也。則沈淺非荊淺也。[369]若易五之一，[370]以楹之摶也，見之，[371]其於意也不易，[372]先智意相也。[373]若楹輕於秋，[374]其於意也洋然。[375]段、椎、錐俱事於履，可用也。[376]成繪屨過椎，[377]與成椎過繪屨同，[378]過件也。[379]一，[380]五有一焉，一有五焉，十二焉。[381]非斮半，[382]進前取也。[383]前，則中無為半，[384]猶端也。[385]前後取，則端中也。[386]斮必半，毋與非半，[387]不可斮也。[388]可無也，已給，則當給不可無也。[389]久有窮無窮。[390]正九，[391]無所處而不中縣，摶也。[392]偏宇不可偏舉，[393]字也。[394]進行者先敷近，後敷遠。[395]行者行者，[396]必先近而後遠。[397]遠近，脩也；先後，久也。[398]民行脩必以久也。[399]一方盡類，俱有法而異，或木或石，不害其方之相合也。盡類猶方也，[400]物俱然。[401]牛狂與馬惟異，[402]以牛有齒、[403]馬有尾，[404]說牛之非馬也，不可。[405]是俱有，[406]不偏有、偏無有。[407]曰[408]「之與馬不類，[409]用牛有角、[410]馬無角，[411]是類不同也。」若舉牛有角、馬無角，以是爲類之不同也，是狂舉也。[412]猶牛有齒、馬有尾。或不非牛而非牛也，可[413]則或非牛或牛而牛也，可。[414]故曰：「牛馬非牛也」，未可，[415]「牛馬牛也」，未可。[416]則或可或不可，而曰：「牛馬牛也未可」亦不可。[417]且牛不二，馬不二，而牛馬二。[418]則牛不非牛，[419]馬不非馬，[420]而牛馬非牛非馬，[421]無難。[422]彼，[423]正名者彼此，[424]彼此可。[425]彼彼止於彼，[426]此此止於此，[427]彼此不可，[428]彼且此也，[429]彼此亦可，[430]彼此止於彼此，若是而彼此也，則彼亦且此此也。[431]唱無過，[432]無所周，[433]若粺。[434]和無過，[435]使也，[436]不得已。[437]唱而不和，是不學也。[438]智少而不學，必寡。[439]和而不唱，是不教也。智而不教，[440]功適息。[441]使人奪人衣，罪或輕或重；使人予人酒，或厚或薄。[442]聞在外者，所不知也。[443]或曰：「在室者之色若是其色」。[444]是所不智若所智也。[445]猶白若

黑也，[446]誰勝？[447]是若其色也。[448]若白者必白。今也智其色之若白也，故智其白也。[449]夫名
以所明正所不智，[450]不以所不智疑所明。[451]若以尺度所不智長。[452]外，[453]親智也；[454]室中，[455]
說智也。[456]以誖，[457]不可也。[458]出入之言可，[459]是不誖，則是有可也。[460]之人之言不可，[461]
以當，[462]必不審。[463]惟，[464]謂是霍，可，[465]而猶之非夫霍也，[466]謂彼是是也。[467]不可謂者，
毋惟乎其謂。[468]彼猶惟乎其謂，[469]則吾謂不行。[470]彼若不惟其謂，[471]則不行也。[472]無南者，[473]
有窮則可盡，[474]無窮則不可盡。[475]有窮無窮未可智，[476]則可盡不可盡不可盡[477]未可智。[478]人之
盈之否未可智，[479]而必人之可盡[480]不可盡亦未可智。[481]而必人之可盡愛也，[482]誖。[483]人若不盈
先窮，[484]則人有窮也。[485]盡有窮無難。[486]盈無窮，[487]則無窮盡也，[488]盡有窮無難。[489]不二智其
數，[490]惡智愛民之盡文也？[491]或者遺乎其問也？[492]盡問人則盡愛其所問，[493]若不智其數而智
愛之，盡文也無難。[494]仁，仁愛也。[495]義，利也。愛利，[496]此也。[497]所愛所利，[498]彼也。[499]愛
利不相爲內外，[500]所愛利亦不相爲外內。[501]其爲仁內也、義外也，[502]舉愛與所利也，[503]是狂
舉也，[504]若左目出右目入。[505]學也，以爲不知學之無益也，故告之也，是。[506]使智學之無益
也，[507]是教也，以學爲無益也教，誖。[508]論誹，[509]誹之可不可，[510]以理之可誹，[511]雖多誹，[512]
其誹是也；[513]其理不可非，[514]雖少誹，[515]非也。[516]今也謂多誹者不可，是猶以長論短。[517]不

誹，[518]非己之誹也。[519]不非誹，[520]非可非也。[521]不可非也，[522]是不非誹也。[523]物，甚長甚短，[524]莫長於是，[525]莫短於是，[526]是之是也，[527]非是也者，莫甚於是。[528]取高下以善不善爲度，不若山澤。[529]處下善於處上，[530]下所請上也。[531]不是，[532]是則是且是焉。今是文於是，而不於是，[533]故是不文。是不文則是而不文焉。今是不文於是，而文與是，[534]故文與是不文同說也。[535]

1 注 句。

2 注 張云：「彼以為然而說之，是一然也；我以為不然而疑之，是又一然也，不可止也，故宜以類。」▲案：張說未塙。《左傳．哀十二年》杜注云：「止，執也」。謂彼此然不，各執一辭，即〈經〉所謂類行也。依張、楊說，此釋〈經下〉「止，類以行人，說在同」。「人」即「之」之譌。

3 注 《爾雅．釋鳥》云：「四足而毛謂之獸」。此謂獸為四足毛物之大名。

4 注 畢、張並讀「與生鳥」句，義不可通。疑當作「與牛馬異」，下三字並形誤。此謂牛馬為四足獸之種別，下云「若牛馬四足」。

5 注 句。

6 注 「與」，亦當作「異」。《莊子．天下》篇「惠施曰：大同而與小同異，此之謂小同異；萬物畢同畢異，此之謂大同異」。此云「物盡異」，即謂萬物畢異也。蓋物為總名，大也，獸為四足動物之專名，小也。猶

《荀子．正名》篇以萬物為大共名，鳥獸為大別名是也。然牛、馬復為獸類之種別，是又獸為四足之大名，牛、馬為四足之小名。明大小無定，隨所言而物盡異也。此與〈經下〉文「物盡同名」亦正相對。畢讀「物盡」句，張云：「與」疑衍，或三「與」字並音「餘」，皆非是。此釋〈經下〉「駟異說，推類之難，說在之大小」。〈經〉「駟異說」當作「四足牛馬異說」。「在」下蓋脫「名」字。

7 注 謂同物同名，即《莊子》所謂小同。〈經上〉云：「同，異而俱於之一也」。

8 注 「為」疑當為「如」，艸書相似而誤。「麋」，舊本誤「糜」，今據《道藏》本、吳鈔本正。謂若是麋，則其名盡同。又疑「為」當為「馬」，馬、麋同為四足獸也。亦足備一義。此釋〈經下〉「物盡同名」。張、楊讀「則俱為糜」句。張云：「糜，靡同」，楊云：「謂糜爛也」，並非。

9 注 顧讀句。

10 注 張云：「有二人然後鬬，然可云『俱鬬』，不可云『俱二』。」

11 注 「二」，舊本誤「三」，顧改為「二」，云：「『三』字誤」。

▲案：顧校是也，張校同，今據正。以下並廣推物同名之說。〈經說上〉云：「俱處於室，合同也」。言二人相合斯謂之俱，若俱鬬，雖是二人，然是不相合之俱，故云「不俱二」，與下文云「俱一」義略同。此釋〈經下〉「二與鬬」。

12 注 疑當作「色」。

13 注 句。

14 注 句。

15 注 句。

16 注 張云：「四者俱人所愛，而所以愛者異。」

17 注 吳鈔本作「茆」。

18 注 張云：「茅亦可食，而巫以茅招神，不與橘同食。《周禮．司巫》云『旁招以茅』。」

▲案：張說亦通，但此文與同名不相應。竊疑此「橘」當為「楙」，《爾雅．釋木》云：「楙，木瓜」。《毛詩．衛風．木瓜》傳云：「木瓜，楙木也，可食之木」。《說文》「楙」从林，矛聲，與「橘」上半形相近，聲類與「茅」同。此謂二字同音，而一以食，一以招，同音異實也。「招」，《道藏》本作「抬」，誤。畢云：「已上釋〈經下〉『愛，食與招』。」

19 注 句。

20 注 視馬，蓋言馬之善視者。此謂白馬、視馬，語意異而辭例同。張云：「『視馬』即盼馬。〈小取〉篇云『之馬之目盼，則為之馬盼』。」

▲案：張說非是，詳〈小取〉篇。

21 注 畢云：「已上釋〈經下〉『白與視』。」

22 注 此文難通。「麗與暴也」上，疑衍「不必」二字。張云：「暴，惡也。為麗者不必麗也，雖不必麗，然非暴也。」

▲案：張讀下「為非」二字屬此，非是，其說亦恐未塙。楊云：「《公孫龍子·通變論》『黃其馬也，其與類乎。碧其雞也，其與暴乎！暴則君臣爭而兩明也。兩明者，昏不明，非正舉也。非正舉者，名實無當，驪色章焉』。」

▲案：楊據公孫龍書證此「與暴」之義，亦未知當否。若然「麗」亦或即「驪」之譌文，但彼書「與類」、「與暴」，義並難通，而此上下文並以某與某相對為文，則與彼書又似不相應。疑未能明，姑從蓋闕。

23 注 吳鈔本首「履」字上無「為」字，誤。此疑當作「若為夫以勇不為夫，為屨以買不為屨」，蓋為非以人是不為非者，凡己為非理之事為非，議人所為之非亦為非，今庰人之非，則非其自為非。〈經下〉云：「非誹者誖」，即此「非」字之義。若為夫以勇不為夫者，上夫為勇夫之夫，下夫為夫婦之夫。言以勇侜夫，則非為夫婦之夫。為屨以買不為屨者，言為屨而買之於人，則非其所自為也。此並論異意同辭，三句文例略同，可以互校。今本「為夫」下脫一「以」字，不為屨「不」又譌「衣」，遂不可通。楊云：「《韓非子·詭使》篇『而輕刑法，不避刑戮死亡之罪者，世謂之勇夫』。」張云：「『勇』當為『男』，若名為夫，則凡男子不得為夫。」

▲案：張說非是。

24 注 畢云：「已上釋〈經下〉『麗與，夫與屨』。『履』同『屨』。」

▲詒讓案：經「麗與」下，疑脫「暴」字。

25 注 句。

26 注 此言分一體為二，一既化二，即為無一。《公孫龍子．通變》篇云：「曰二有一乎？曰二無一」，即此義。

27 注 下疑脫「之」字。言分一體為二偏，則可去其一偏也。此釋〈經下〉「一，偏棄之」。

28 注 此字疑衍，似即上句「之」字之譌，或云當屬上句，云「偏去未」，謂或去、或未去也。〈經說上〉云：「難宿，成未也」，亦通。

29 注 張云：「文實猶名實。」

▲案：張說是也。〈經說上〉云：「舉，告以文名，舉彼實也」，是其證。或謂「文」並當為「之」，之，猶此也，亦通。

30 注 句。

31 注 謂有名實始有所謂，無名實則無所謂。大恉與《公孫龍子．名實》篇所論略同。

32 注 張讀「不若敷與」句，云：「敷與，氾與也。〈經〉所謂『因』。」

▲案：張說亦難通，「不」字疑衍。「敷與美」，疑當作「假與義」。〈經下〉云「使，殷、美」，亦似當作「使，假、義」也。漢〈衡方碑〉「假」作「儌」，魏〈高湛碑〉「假」作「倣」，與「敷」、「殷」並相似。此言有名實可謂，則與類相比附，是謂之義。無名實可謂，則當假借他物以謂之，是謂之假，即後文

「假必非也」之義。

33 注 句。

34 注 「美」，疑亦「義」之誤。

35 注 疑當讀為「他」。

36 注 疑亦當作「義」，非義，即所謂假也。

37 注 「報」與「美」文相偶，疑即上文之「敷」，亦當為「假」之譌。或云「報」與「反」義同。〈經下〉云：「唯吾謂非名也則不可，說在仮」，是也。又疑「報」或當作「執」，言我無謂，則彼將堅執其說。〈經說上〉云：「臺執」，又云「執服難成」，三說並通，未知孰是。此釋〈經下〉「謂而固是也，說在因」。

38 注 「脩」，舊本譌「循」，今據俞校正。此言若堅白在石，見白不見堅，見堅不見白。白一也，堅二也，二者離則不能相盈。相盈猶相函含也。若離者合之，則無不相盈。如廣脩本為二，而從衡相函則為一。堅白亦為二，而色性相含則為一。此皆二而一者也。此釋〈經下〉「不可偏去而二，說在見與俱、一與二、廣與循」。「循」即「脩」之譌。《公孫龍子．堅白》篇云：「堅白石三，可乎？曰：不可。曰：二，可乎？曰：可。曰：何哉？曰：無堅得白，其舉也二；無白得堅，其舉也二。曰：得其所白，不可謂無白；得其所堅，不可謂無堅。而之石也之於然也，非三也？曰：視不得其所堅而得其所白者，無堅也，拊不得其所白而得其所堅者，無白也。曰：天下無白，不可以視石；天下無堅，不可以謂石。堅、白、石不相外，藏三可乎？曰：有自藏也，非藏而藏也。曰：其白也，其堅也，而石必得以相盈，其自藏柰何？曰：得其白，得其堅，見與不見離。一二不相盈，故離。離也者，藏也。曰：石之白，石之堅，見與不見，二與三，若廣脩而相盈也。其非舉乎？曰：循石，非彼無石，非石無所取乎白石。不相離者，固乎然，其無已！曰：於石，一也；堅白，二也，而在於石。故有知焉，有不知焉；有見焉，有不見焉。故知與不知相與離，見與不見相與藏。藏故，孰謂之不離？」即此書之義。

39 注 言無重不舉。

40 注 畢云：「疑當云『不舉箴』。」

▲詒讓案：「箴」即「鍼」之叚字。《一切經音義》引《字詁》云：「鍼，又『針』、『箴』二形，今作『針』」。《說文·金部》云：「鍼，所以縫也」。

41 注 言箴之舉與不舉，於力無與，即下文「舉之則輕，廢之則重，非有力也」之義。

42 注 俞云：「字書無『頠』字，疑『觪』字之誤。《玉篇·角部》『觪，女卓切，握也』。」

▲案：俞說非是。「頠」當為「觭」，形近而誤，其讀當為「奇」。《周禮·大卜》杜子春注云：「觭，讀為『奇偶』之『奇』」，《說文·角部》云：「觭，角一俛一仰也」，《莊子·天下》篇云：「觭偶不仵」，《經上》云：「倍，為二也」，觭倍者，觭為一，倍為二，與「觭偶」義同。或云「倍」即「偶」之譌，亦通。此言握物，而使人射其奇偶之數，雖或億中，不足以為智，故云：「非智之任也」。

43 注 謂視聽殊用，各有所不能。依張說，此釋〈經下〉「不能而不害，說在害」。

44 注 張云：「木長非夜長。」

45 注 張云：「智多非粟多。」

46 注 謂貴爵。

47 注 貴其所親者。

48 注 德行之貴。

49 注 賈直之貴。

50 注 吳鈔本脫此字，非。張云：「各貴其貴也。」

51 注 「霍」，吳鈔本作「藿」，此字篇中四見，此與「麋」同舉，下文又與「狗」同舉，則必為獸名。以字形校之，疑當作「虎」。俗書「虎」、「霍」二字，上半形相近。〈旗幟〉篇「虎旗」譌作「雩旗」，可以互證。《史記．楚世家》：「西周武公曰：若使澤中之麋，蒙虎之皮，人之攻之，必萬於虎矣」。張云：「『霍』疑當為『雈』，麋，獸之高者；雈，鳥之高者。」

▲案：張說亦通。

52 注 此句疑涉上文衍。

53 注 張云：「蚼，蓋蟲名，『瑟』、『蝨』同。言麋不可以為雈，蚼不可以為瑟，各異類。」

▲案：張說未塙。「蚔」即「蚓」之異文。第一「瑟」字疑當作「蠶」，並詳〈經說上〉篇。第二「瑟」字疑當為「長」，涉上譌文而又譌。或謂此當作「蛇與龜孰長」？《莊子．天下》篇云：「龜長於蛇」，於義得通。但〈經說上〉云「兒瑟」，又云：「兒蚔」，以文義校之，「兒」當為「它」，則「蚔」不得又為「蛇」字。或說不可通於彼也。此皆言輕重、多少、長短、貴賤之迥異者，不足相比。依張說，此釋〈經下〉「異類不吡，說在量」。「吡」、「仳」同。

54 注 句。

55 注 偏者一之分，分之則偏，合之則一，所謂「俱一」也。然分合雖不同，而一全體，一半體，無增減，故云「無變」，即〈經〉云無加少也。張云：「俱一，各有其一也。無變，故也。」

▲案：張未憭「俱一」之義，說詳後。依張說，此釋〈經下〉「偏去莫加少，說在故」。

56 注 吳鈔本此字不重。

57 注 《說文．人部》云：「假，非真也」。〈小取〉篇云：「假者，今不然也。」

58 注 「霍」亦並當為「虎」。張云：「疑亦『隺』字」，非是。此言狗假虎名，猶「以虎為氏」也。古名禽獸草木，亦通謂之「氏」。《大戴禮記．勸學》篇云：「蘭氏之根」、「懷氏之苞」是也。依張說，此釋〈經下〉「假必誖，說在不然」。

59 注 句。

60 注 即〈經〉云：「物之所以然」也。

61 注 句。

62 注 即〈經〉云：「所以知之」也。張云：「智，讀為『知』。」

63 注 句。

64 注 即〈經〉云：「所以使人知之」也。「告」，舊本譌「吉」。王引之云：「『吉』當為『告』。『智』與『知』同，欲使知之，故告之也。下文曰『告我則我智之』。」

▲案：王校是也，張校同，今據正。物或傷之，即〈經〉所謂「病」也。見之則知其病，告之則使人知其病。依張說，此釋〈經下〉「物之所以然，與所以知之，與所以使人知之，不必同，說在病」。

65 注 此述〈經〉，與下為目。畢云：「舊作『蓬』，下同，以意改。」

66 注 此語難通。以意求之，疑「務」當讀為「鍪」。《荀子．哀公》篇「務而拘領」，《淮南子．氾論訓》「務」作「鍪」，是其例。《說文．虘部》云：「𧇙，土鍪也」，〈金部〉云：「鍪，鍑屬也」。《禮記．內則》孔疏引《隱義》云：「堥，土釜也。」「鍪」、「堥」字通。「士」當為「土」，形近而譌。《史記．殷本紀》「相土」，《周禮．校人》注引《世本》作「相士」。言土壤至賤，而為鍪者或用土為之。明物無貴賤，逢所便利也。

67 注 《說文．广部》云：「廬，寄也。秋冬去，春夏居」。此牛廬蓋以養牛，若馬之庌。《周禮．圉師》「夏庌馬」，鄭注云：「庌，廡也。廡所以庇馬涼。」《吳子．治兵》篇云：「夏則涼廡」，蓋牧馬牛者並有之。凡為廬者欲其暖，而庌則取其夏寒，此即〈經〉「逢」字之義。

68 注 《公羊．宣八年傳》云：「去其有聲者，廢其無聲者」，何注云：「廢，置也」。此與前舉「箴」之喻同。

69 注 張云：「『沛』當作『柹』，木之見削而下者。」

▲案：張校是也。《說文．木部》云：「柹，削木札樸也」，隸變作「柿」。言木柿從所削，不足為巧也。

70 注 此未詳其說。《莊子．天下》篇云：「若羽之旋，若磨石之隧」，此或與彼同，蓋亦循從自然之義。

71 注 「循」，舊本譌「楯」，今依〈經下〉改。《說文．彳部》云：「循，行順」，此亦當詁為順，與「柿從削」之從義同。

72 注 「日中」謂市也。《易．繫辭》云：「日中為市」，市以日中時為最盛，即《周禮．司市》所謂「大市日昃而市」，故因謂市為日中，猶嫁娶之禮用昏，因謂之昏也。古市朝，或謂之日中之朝。《晏子春秋．外篇》云：「刑死之罪，日中之朝，君過之則赦」，即司市之國君過市，則刑人赦，是其證也。凡飲酒及市，皆易啓爭鬬，故下云「不可知也」。

73 注 「智」、「知」通，下同。

74 注 依〈經〉當作「遇也」，「愚」、「遇」聲之誤。

75 注 句。

76 **注** 句。

77 **注** 依〈經〉當作「過也」，蓋「過」涉上文而譌為「遇」，又譌為「愚」。下文云：「過而以已為然」，可證。「過」，謂已過之事。言或固知之，抑或本不知，而以已然之事推之。此釋〈經下〉「疑，說在逢、循、遇、過」。張以「舉之則輕」以下至此，為釋〈經〉「合，與一，或復否，說在拒」，非是。

78 **注** 句。

79 **注** 〈經上〉云：「同，異而俱於之一也」。又〈經說上〉云：「俱處於室，合同也」。言合者則為一。

80 **注** 牛馬者，散名而兼言之也。四足者，大名而通言之也。兼與通言皆為一。上文云「謂四足獸，與牛馬異」，即其義。張云：「牛馬四足，足各一也」，非是。

81 **注** 句。

82 **注** 「惟」，〈經〉同，亦當作「唯」。謝希深《公孫龍子注》云：「唯，應辭也。」

▲案：唯是，言應者則為是，或牛或馬，名實相符，則此呼而彼應，是名當其物也。〈經說上〉云：「當牛非馬」，又云：「當馬非馬」。《公孫龍子．名實》篇亦有唯當之論，與此義同，詳後。

83 **注** 句。

84 **注** 句。

85 **注** 句。

86 注 俞云：「數牛，數馬，則牛馬二，謂分牛、馬而數之也。數牛馬，則牛馬一，謂合牛馬而數之也。畢讀『惟是當牛馬數』為句，失之。」

87 注 句。

88 注 張云：「指有五，五而俱為指，五還為一。」

▲案：張說非是。此言合數之，為五指，分數之則為一指者五也。亦「俱一」與牛馬二、一之義。依張說此釋《經下》「物一體也，說在俱、一惟是」。

89 注 此述《經》文，畢讀「長」屬上句，非。

90 注 《莊子．庚桑楚》篇云：「有實而無乎處者，宇也。有長而無本剽者，宙也」。《文子．自然》篇「老子曰：往古來今謂之宙，四方上下謂之宇」。《淮南子．齊俗訓》、《莊子．齊物論》釋文引《尸子》，又〈庚桑楚〉釋文引《三蒼》，說並同。宇者，彌亙諸方，其位不定，各視身所處而為名。若處中者，本以南為南，叚令徙而處北，則復以中為南，更益向北，則鄉所為北者亦轉而成南矣。四方隨所徙而易，並放此。然方位雖屢徙不同，而必實有其處，故云「徙而有處」。《莊子》云「無乎處者」，則據其轉徙無常者言之，與此文義不相硋也。

91 注 「旦」，舊本譌「且」。王引之云：「〈經說上〉云『宇，東西南北』，此不當言南北而不及東西，蓋有脫文。『且』當為『旦』，有讀為『又』。此言宇徙則自南而北，自東而西，歷時必久，屢更旦莫，故云『宇徙久』，又云『在旦又在莫』。〈經說上〉云『久，古今旦莫』，是也。」畢云：「已上釋〈經下〉『宇或徙，說在長宇久』。」

▲案：王說是也。但此云「宇南北」，乃約舉之詞，王疑其不當不及東西，非也。後文〈說〉或云：「然而謂此南北」，與此文例正同。

92 注 此即堅白石之論。謂視之但見石之白，不見石之堅，而堅之性自含於白之中，故云「必相盈也」。又疑「必」當為「不」，即〈說上〉「堅白異處不相盈」之義，亦通。此義皆見《公孫龍子．堅白論》篇，並詳上篇。此釋〈經下〉「不堅白，說在。無久與宇。堅白，說在因」。〈經〉及〈說〉似皆未全。

93 注 「在」，疑當作「任」，下同。任，猶舉也。張云：「在，察也」，亦通。

94 注 言堯不能治今世之天下。下文云「堯之義也，是聲也於今，所義之實處於古」，亦即此義。此釋〈經下〉「在諸其所然、未者然，說在於是推之」。「在」，疑亦「任」之誤。「未者然」三字，疑當作「諸未然」，文亦有脫誤。

95 注 俞讀句。

96 注 俞讀句。

97 注 俞讀句。

98 注 俞云：「句首『景』字，舉〈經〉文而說之。『光至景亡』者，謂所以有景由無光也。下文曰『足敝下光，故成景於上；首敝上光，故成景於下』，是也。光之所至，則景亡矣。『若在，盡古息』，又與上句反復相明。言景若在，則光盡古息也。盡古，猶『終古』也。《考工記》『則於馬終古登阤也』，《莊子．大宗師》篇『終古不忒』，是『終古』為古人恒言。《釋名．釋喪制》曰『終，盡也』，故終古亦曰盡古也。畢讀皆誤。」

▲案：「若在盡古息」，「息」當訓為「止」，即《經》「不徙」之義，亦即《莊子．天下》篇所謂「飛鳥之景未嘗動也」，司馬彪亦據此釋之。大意蓋謂有光則景亡，有景則光蔽，若其景在，則後景即前景，盡古常息止於是，形雖動而景若止而無改也。畢讀「景光至」句，「景亡若在」句，張云：「光之所至謂之景」，並誤。俞說得之，而以「息」為「亡」，則與〈經〉不合。殷家儁云：「光至，謂光複過物徑也。至，極也，影止漸不見也。」

▲案：殷訓至為極，亦非是。此釋〈經下〉「景不徙，說在改為」。

99 注 句。

100 注 謂若日在東而西縣鑒，鑒受日光，反射人而成景，是日光與鑒光為二，而人景在日與鑒之間，是即二光共夾之也。張云：「二光日與人也，夾之光是為景。」

▲案：張說似失其義。

101 注 「之」猶「與」也。言景光與人參相射。《說文．火部》云：「煦，蒸也。一曰赤皃」。又〈日部〉云：

「昫，日出溫也」。楊謂「煦」、「昫」通，近是。蓋謂如日出時之光四射也。張云：「景者，光所為之人也，煦然而至若射。」

▲案：張說未塙。此釋〈經下〉「住景二，說在重」。「住」，疑當作「位」，讀為「立」。

102 注 張云：「高猶上也，景在下者，其人在上。」

103 注 張云：「景在上者，其人在下。」

104 注 張云：「『敝』讀曰『蔽』。」

105 注 陳澧云：「此解窪鏡照人，影倒之故也。」劉嶽雲云：「即西法所謂射光角與回光角相等，由交點射景入壁，故令景倒也。」

▲詒讓案：此即塔影倒垂之義。詳〈經下〉。此釋〈經下〉「二，臨鑑而立，景到，多而若少，說在寡區」。「寡」，疑「空」之誤，即謂窪鏡中為圓空也。但〈說〉無多少寡區之義。又〈經〉此條在前「宇或徙，說在長宇久」條後，與說敘次不合。竊疑此當並屬下條，以下經亦有景到之文也。而「二臨鑑景到」一經，〈說〉或已不存。此篇文本多脫譌，疑未能定也。

106 注 此疑即格術之義。端即沈括艣臬之喻。「與於光」，謂礙光線之射，亦詳〈經下〉。

107 注 畢云：「『𢉦』，舊作『庫』，盧以意改。」

▲案：盧校是也。謂景障於內，即光學家所謂約行綫交聚處不見物是也。殷氏謂「景庫」謂聚光點，非是。此

釋〈經下〉「景到，在午有端與景長，說在端」。

108 **注** 句。

109 **注** 句。

110 **注** 張云：「所謂二光夾一光。」劉云：「此釋回光之理，如人依鑑立，日射鑑上，若人與日之間有壁，其距鑑與日距鑑交角等，則人必成景於上。若其間無壁，則回光綫成景極長，而射於無量遠空界中。凡海與沙漠，恒見樓臺人物之象，即此理。然雖無量遠空界中，仍為景在人與日之間也。」

▲詒讓案：日照於東則人景在西，今以西鑒之光反燭人成景，則景又在東矣，故云「在日與人之間」。此釋〈經下〉「景迎日，說在摶」。「摶」疑「轉」之誤。

111 **注** 句。

112 **注** 「柂」，「迤」之叚字，詳〈經下〉，《道藏》本作「杝」。畢云：「猶言木斜。」殷云：「木，即謂立杜也。」

113 **注** 斜近地，故景短，陰景濃，光不內侵，故大。殷云：「木，即謂立杜也。短，淡也。大，光複多也。淡者雖長，而視之如短，不清故也。」

▲案：殷說與文義相迕，不可從。

114 **注** 句。

115 注 正遠地，故景長。光複映射，景界不清，故小。殷云：「正則長，近根則清也。小，光複小也」，亦非是。

116 注 疑當作「光小於木」。

117 注 鄭復光云：「光與物大小相等，其景雖遠，相等而無盡。物大光小，則景漸遠漸大而無量。」

118 注 「獨」，疑當作「猶」。言景不與木同。張云：「承上言大小，非與景為大小，乃於木為大小。言景有時大於木，非獨小於木也」，亦通。畢云：「已上以表言。」

119 注 疑當作「臨鑑立前」。〈經〉云：「臨鑒而立」。

120 注 疑當作「景多寡」，屬下讀。張云：「正臨鑑者景則寡，遠近皆然。寡亦小義。」

▲案：張說未塙。

121 注 「貌」，吳鈔本作「皃」。張云：「能，『態』字。」

▲案：張說是也。〈備城門〉篇「態」作「能」，此又「能」之省。劉云：「此論因光見色之理也。」

122 注 句。

123 注 此家上「多寡」以下，言光之所照與鑒之受光，各因物而異。張云：「此言非獨長短、大小，即貌態、白黑，亦遠近、柂正，則光鑒各異。」

▲案：張說未允。此釋〈經下〉「景之小大，說在地缶遠近」。「地」即「柂」之誤。

124 注 疑當作「景就當俱」，與下「去當俱」文正相對。「就」謂漸近，綫景不一而同為約行也。

125 注 「去」謂漸遠，綫景不一而同為迻行也。畢云：「『尒』疑『亦』字。」

126 注 疑當作「由比」，言俱之義猶比也。

127 注 張云：「『臬』字未詳，義當作『道』字解。」殷云：「『臬』之為言蓄也。」

▲案：張、殷說並不塙。「臬」疑並當作「具」，「具」與「俱」通，〈大取〉篇亦云「具同」。

128 注 此言鑒者不一，則景亦無數。必過正，似謂光綫必穿交點而過。殷云：「正則當限之內，體正而明也。過正則影倒，而線迻行矣。」

▲案：殷說亦通。劉云：「言光線必正行也」，恐非。

129 注 張云：「同一處。」

130 注 〈經說上〉云：「俱處於室，合同也」。張云：「物體又同。」

131 注 謂中內外景遠近大小正易不同。張云：「然而鑒有分。」

132 注 句。

133 注 句。

134 注 「大」上，吳鈔本有「者」字。

135 注 句。

136 注 句。

137 注 句。

138 注 陳云：「此謂突鏡也。」

▲案：陳說近是。凡突鏡，邊容下而中高處，其面微平，故有內外界。「中之內」，謂平面之內也。劉云：「近中、遠中，指人距鏡中心言，據此，仍當為凹面鏡也」，亦通。殷云：「『中』謂交於中綫」，恐非是。

139 注 張云：「大小皆正不斜。」

140 注 謂中之內其景必起於中心，緣其正而外射為長直線也。張云：「所以正者，由其景起於中，景緣鑒之正而長與人相直故也。」

▲案：張訓「直」為「參直」之義，恐非。楊云：「長，進也。直者，準直，謂光綫也。謂遠物象起於前限，緣正影透鏡而進，其光綫交合於後限，所謂斂行者是也。」

▲案：楊訓「長」為「進」，尤誤。所說光理亦未必與此合，姑存以備攷。

141 注 謂突鏡平面之外近邊低仄處。

142 注 張云：「雖中之外，亦以中為節。」

143 注 句。

144 注 句。

145 注 句。

146 注 句。

147 注 景亦近大遠小，與「中之內」同。

148 注 鏡側，邪面既不平，則光綫邪射其景亦易。「易」即邪也。張云：「大小皆斜不正。」楊云：「易，變也，正之反也。」

▲案：楊說非是。

149 注 舊本「合於」下無「中」字。王引之云：「『於』下蓋脫『中』字。上文云『必正，起於中，緣正而長其直也』。此亦當云『易合於中』。」

▲案：王校是也，今據補。楊校增「中」、「緣」、「易」三字，亦近是。此謂突鏡當中之外，其景雖邪而仍與中相應，緣其邪而旁射為長直綫也。張云：「而長，所長也。中之外得景必斜，然合於正之長者也，亦以直對故也。」

▲案：張說未塙。殷云：「凡以一凸窺物收光，限內之影為正象，限外之影為變象。即此。至以又一凸窺前凸象，兩限相入者，兩凸限內之影同。兩限相切與相離者，兩凸限內之影異。其理亦猶是也。」楊云：「謂斂行綫合於後限，緣變影直進而散其光綫，淺至於無窮，所謂『侈行』者是也」。

▲案：殷、楊說略同，所釋光理於此亦未必合，姑存以備考。此釋〈經下〉「鑑位，景一小而易，一大而缶，說在中之外內」。〈經〉此後有「鑑團，景一」一條，無〈說〉。又此二條並在前「不堅白，說在。無久與

宇，說在因」之前，與〈說〉敘次亦不合，並傳寫之誤。

150 **注** 劉云：「近、遠，指人距鑑面言。」

151 **注** 「亣」，舊本作「亦」。張云：「衍。」王引之云：「『亦遠』當作『亣遠』。『亣』，古『其』字，與『亦』相似，又因上下文『亦』字而誤。」

▲案：王校是也，今據正。此對上文「鑒者近」言之。

152 **注** 即發光點與受光處，距遠景小，距近景大之義。詳〈經下〉。

153 **注** 以上與上文略同，張以下「故」字屬此讀，亦通。此釋〈經下〉「天而必正，說在得」。「天」即「大」之誤。畢云：「已上以鏡言。」

154 **注** 張云：「招，直木也。〈親士〉篇曰『招木近伐』。」

▲案：張說未塙。「招」當為「橋」，聲近字通。〈親士〉篇「招木」亦當為「喬木」。〈曲禮〉云：「奉席如橋衡」，鄭注云：「橋，井上㨮槔，衡上低昂」。孔疏云：「衡，橫也」。《說苑．文質》篇云：「為機，重其前輕其後，命曰橋」。《莊子．天地》篇云：「鑿木為機，後重前輕，其名為槔」，《釋文》云：「槔，本又作『橋』」。《吳越春秋．句踐陰謀外傳》作「頡橋」。《淮南子．主術訓》云：「今夫橋直植立而不動，俛仰取制焉」。彼以「橋」為直，明與「衡」橫別。高注云：「橋，桔皐上衡也，植柱權衡者」。高并「橋」與「衡」為一，非。

155 注 畢云：「『加』，舊作『如』，以意改。」

156 注 言平而不偏撓。

157 注 畢云：「極，謂權也。」張云：「勝重之至。」

▲案：古書無訓「極」為「權」者，畢說不足據。張訓「極」為「至」，亦非。「極」當即上文之「衡木」。《說文．木部》云：「極，棟也」。屋棟為橫木，引申之，凡橫木通謂之極。《漢書．枚乘傳》云：「單極之紌斷幹」。顏注引孟康云：「西方人名屋梁為『極』，單，一也。一梁謂井鹿盧也。言鹿盧為綆索，久鍥斷井幹也。」枚云「單極」，與此「極」正同，謂桔皐上之一衡木也。汲綆繫於其上，故久鍥而斷井幹。孟說以為「井鹿盧」，未塙。而以屋梁況「極」，則不誤。「極勝重」者，言加重於一偏，「而不撓」者，因衡木前重能勝之也。

158 注 張云：「徐鍇《說文繫傳》曰：『校，連木也』。交繩連木。右，未詳。或者『校』為急疾。《考工記》云『釋之則不校』，謂以右手校繩而急之。」

▲案：張說未塙。「校」疑「權」之譌，艸書相近。交繩，疑謂繫權之繩與他繩相交絓。

159 注 句。

160 注 畢云：「此『錘』字假音。陸德明《考工記音義》云『直偽反。劉直危反』。」張云：「衡，稱也；捶，偏下也。」

161 注 畢云：「標，猶杪末也。」楊云：「《管子》『大本而小標』。《廣雅·釋詁》『標，末也』。」

162 注 句。

163 注 此即下文「長重者下」之義。張云：「使兩頭各加重，雖相若，而標必下。」

164 注 張云：「以其長，故得權也。」

▲詒讓案：謂標長，故偏得其權之重。此釋〈經下〉「貞而不撓，說在勝」。「貞」即「負」之誤。

165 注 《說文·手部》云：「挈，縣持也」，「提，挈也」。張云：「挈，自上挈之。」

166 注 張云：「引，自下引之。」

167 注 畢云：「舊作『心』，以意改。」

168 注 疑當作「正於柂也」。於，猶「如」也。如，猶「與」也。見王引之《經傳釋詞》。「施」與「迤」、「柂」，並同，謂邪也。詳〈經下〉。「正於柂」，猶言「正與邪」也。

169 注 疑擬繩直之形。

170 注 謂上挈之，此與下云「收」，並述〈經〉而釋之。

171 注 句。

172 注 張云：「挈，衡上之繩，所以挈衡者，過長，則重者將下；過短，則輕者將上。此上下謂衡低昂。」

173 注 句。

174 注 張云：「次『下』衍。上，衡也，上得，物重也。下，權也，下亡，權失重也。挈長短之弊。」

▲案：張說是也。謂上昂之力愈增，則下低之力愈失。

175 注 句。

176 注 畢云：「『正』，舊作『心』，以意改。」張云：「當其權不長不短。」

177 注 張云：「收，權之繩也。」

▲詒讓案：《廣雅．釋詁》云：「收，取也」。謂下引之。

178 注 張云：「物輕則衡失其重，是為上喪。權之勢將得其重，是為下得。」

179 注 張云：「『上者權重盡』，謂全無物。『遂挈』者，權將內遂，著挈乃止。」

▲案：張說未塙。此謂下收之有力。「遂」、「隊」通，見〈法儀〉篇。蓋謂權重盡，則標仰，隊其所挈。畢云：「已上以權衡言。」鄒伯奇云：「此一段升重法也。」依張、楊說，此釋〈經下〉「契與枝板，說在薄」。

▲案：當作「挈與收，說在權」。

180 注 當云「為高」。

181 注 四輪高卑不同，故車成梯形也。畢云：「〈襍記〉云『載以輲車』，鄭注云『輲讀為「輇」，或作輇』。《說文》云：『輇，蕃車下庳輪也』。又鄭注《既夕記》云『許叔重說有輻曰輪，無輻曰輇』。」張云：「輪高而輇卑。」

182 注 古乘載車皆兩輪而平，此四輪而前高後低，是為車梯。依下文，蓋假為斜面升重之用。據《史記集解》引服虔說，以軒車為雲梯，則人升高或亦用之矣。

183 注 縣重於前，蓋以助升重之力，其一端繫於所升之物，所以挈之也。

184 注 畢云：「弦，直也。」

▲案：畢說難通。「弦」，疑當作「引」，隸書「弦」、「引」形近。《隸釋．漢陳球碑》「引」作「弖」。《廣韻．十六軫》云：「引，𢎗同」，並其證。既縣重，更於車前別以繩引之，欲使所升之重物自斜面漸進而上也。或云當作「引其後」，文義較遜。

185 注 此申言之，或涉上下文而衍。

186 注 「弦」亦當作「引」，下云：「繩之引軲」可證。畢云：「《玉篇》云：『軲，古胡切』。《廣雅》云：『軲，車也』。曹憲音『枯』，又音『姑』。案『軲』、『轂』音相近，疑『轂』字異文。」

▲案：畢說未塙。「軲」以字形校之，頗與「軸」相近，而以聲類求之，則疑當為「前胡」之叚字。《周禮．大行人》侯伯「立當前侯」，注「鄭司農云：前侯，駟馬車轅前胡，下垂拄地者」，是也。胡在車前，與此上文正合，義為長也。此與下句亦申言「重其前」、「引其前」之義。

187 注 句。

188 注 畢云：「舊作『埲』，據上文改，下同。」

189 注 疑當作「挈且引則行」。「行」謂重物上升無所阻滯，與車行異也。

190 注 句。

191 注 《說文》所謂「縣持」。

192 注 「劫」，疑「抾」之借字。《廣雅．釋言》云：「抾，挹也」，與「引」義略同。

193 注 張云：「其著於下也必直。」

▲詒讓案：「直」與「正」義同，言其重心必就下而正。

194 注 句。

195 注 張云：「『拕』與『柂』同，不直也。或害之，乃不直。」

▲案：張說是也。「拕」即前「木柂」之「柂」，言重物不挈之、收之、劫之，則下必正；其不正者，必或挈、或收、或劫，害之也。

196 注 言拕則重勢偏下，而流不得止也。畢云：「《公羊傳．桓十年》有云『沶血』，陸德明《音義》云『古「流」字』。」

197 注 畢云：「舊作『汴』，據上改。」

▲案：吳鈔本正作「沶」，不誤。張云：「當作『下』」，非。

198 注 言梯雖邪而重物不下流者，以其挈引之，而無異直升也。

199 注 張云：「廢，置也。置一尺之物於平地。」

▲詒讓案：「尺」疑當為「石」，下云「并石」、「絫石」，是其證。

200 注 「下」即流也，或當為「泝」之譌。

201 注 畢云：「《玉篇》云『䠙，蒲唐切，踉䠙欲行貌』。《正字通》以為『腿』字之俗。」張云：「『䠙』當作『旁』，雖重不下柂，以平地無旁空缺處也。此解〈經〉『廢材』。」

▲案：「䠙」字之義與此文無會，《正字通》尤俗冊不足據也。張讀為「旁」亦難通。此疑當為「踦」之形誤。《戰國策》云：「必有踦重者矣」。言廢石於平地，則雖重而必不流者，以其無偏踦也，故云「無踦」。又案「廢尺」與「廢材」義同，而非釋〈經〉「廢材」之義，張說亦誤。

202 注 張云：「以繩引車，必從旁引，猶舟中橫引岸上之物，兩旁有空缺處，必下矣。」

▲案：張說非是。《說文·木部》云：「橫，闌木也」。此蓋以為舟前橫木之名。《廣雅·釋水》云：「輪謂之桄」。《集韻·十一唐》云：「桄，舟前木也」。《一切經音義》云：「桄，古文『橫』同」。是二字音近字通。言車梯之引其軲與舟中引其橫，皆藉引之力也。

203 注 「堅」當作「掔」。《說文·手部》云：「掔，固也」。又與「牽」通，見〈迎敵祠〉篇。言相依倚，相倍負，相楷拒，相掔引。

204 注 畢云：「唐、宋字書無『⿰身出』字，《正字通》云『俗字。舊注音「嗔」，走貌』。」

▲詒讓案：此字未詳，疑當為「邪」。《隸釋．漢戚伯著碑》「邪」作「⿰身阝」。變「牙」為「身」，變「邑」為「巳」，與「出」相似，因而致誤。

205 注 此義難通。畢讀「誰竮」句，云：「『竮』，『并』字異文，已上以車制言」，張讀同。鄒，云：「此一段轉重法也。」案《集韻．十五青》及《類篇．立部》並以「竮」為「𡡉」之或體，與此文義無會。畢說近是，而句讀則非。「誰」與「唯」通，言唯石與石相合并重絫，則邪倚而不正，以其無挈引之故也。若車梯前有挈引之力，則雖邪倚，而引物升轉，不患其不正而流也。此釋〈經下〉「倚者不可正，說在剃」。「剃」即「梯」之譌。車梯用以升重，非正車制也，畢說非。

206 注 畢云：「『⿱宀帚』，『寑』字省文。」

▲詒讓案：《說文．宀部》「寑，籒文省人作⿱宀⿱彐又」。此又省又作「⿱宀帚」。《集韻．四十七寑》云：「寑，古作『⿱宀帚』」。

207 注 張云：「當謂匠人作室絫石之法。」

▲案：張說未塙。「法」疑當為「柱」。《說文．木部》云：「柱，楹也」。通言之，柱、楹同；析言之，堂上兩柱謂之楹，房室及牆序閒依壁而立者謂之柱。夾寢，即謂夾寢室也。

208 注 疑謂柱下質礎。張云：「石高尺也。」

209 注 方石之下，別以石為關。張云：「又一石也。」

210 注 張云：「絲，繩也。」

211 注 句。

212 注 句。

213 注 《爾雅．釋言》云：「榰，柱也」。謂石柱絲，絲故不下。

214 注 張云：「膠，著也。去石，縣石而使去下方石也。」

215 注 謂上提挈其絲。張云：「絲所以能縣石，是有挈之者。」

216 注 句。

217 注 張云：「從下引之，即絕。」

▲詒讓案：此釋〈經下〉「推之必往，說在廢材」。「推」、「往」即「柱」、「住」之誤。

218 注 句。

219 注 「收」，依〈經下〉當為「仮」。「仮」、「反」字同。言刀與糴輕重貴賤相反。張以此二句屬上節，誤。

220 注 畢讀「買刀」句，誤。

221 注 《說文．人部》云：「糴，市穀也」。畢云：「『刀』謂泉刀。」

222 注 句。

223 注 張云：「易，輕也。刀輕則賤其糴以稱輕；刀重則貴其糴以稱重，所謂『反賈』。」

224 注 張云：「王者所鑄，故曰『王刀』。」

225 注 句。

226 注 張云：「以糴權刀，則刀亦變。」

▲案：張說是也。此言糴之貴賤，每歲不同，則刀之重輕亦隨而變。依張、楊說，此釋〈經下〉「買無貴，說在仮其賈」。

227 注 張讀屬上節，誤。

228 注 「其」下，據下文亦當有「所」字，言其所以不讎者，為予賈未盡其數也，若盡其數，則其所以不讎者盡去矣。

229 注 句。

230 注 句。

231 注 謂讎者之正賈有宜不宜。

232 注 謂所讎者有欲不欲，以意為正。張云：「買者賣者相宜，謂讎也。買者欲賤，賣者欲貴，是賈也」，亦通。

233 注 《國語．越語》云：「身斬妻子鬻。」

234 注 疑申論無「不讎」之義。依張說，此釋〈經下〉「賈宜則讎，說在盡」。

235 注 當作「其死生」，或當作「在軍不必其生，聞戰亦不必其死」。在軍，謂方出師而兵未接。聞戰，則聞其已接戰也。

236 注 張云：「前，在軍。」

237 注 張云：「今，聞戰。」

▲案：依張、楊說，此釋〈經下〉「無說而懼，說在弗心」。「心」即「必」之誤。

238 注 「或」即「邦域」正字，故下云「謂此南北」。前〈經下〉云「宇或徙」，〈說〉云「宇南北」，與此義正同。彼「宇或」亦即「宇域」也，詳前。

239 注 謂南或非南，北亦非北。

240 注 張云：「『有』讀曰『又』。」

▲案：張說是也。謂南北在彼在此，名實無定，即「宇或徙」之義。《公孫龍子．名實》篇云：「夫名實謂也，知此之非此也，知此之不在此也，則不謂也」。與此〈經〉名實義亦同。

241 注 即「宇南北」之義。

242 注 此謂以身所在之域為中，儻過此而北則前日所在之域轉謂之南，自此以前，每進益北，則所過成南。若由中過南，則南轉成北，所過亦然。故云「過而以已為然」。《莊子．天下》篇「惠施曰：我知天下之中央，燕之北、越之南是也」，《釋文》引司馬彪云：「天下無方，故所在為中」，即此義也。

243 注 言始與今所謂南方者，過而屢變，即「過而以已為然」之義也。依張說，此釋〈經下〉「或，過名也，說在實」。

244 注 張云：「『智』讀曰『知』，知而後有論。」

245 注 疑有脫誤。依張說，此釋〈經下〉「知之，否之，足用也，諄，說在無以也」。〈經〉文亦有訛脫。

246 注 句。

247 注 舊本「所」譌「非」，今據道藏本、吳鈔本正。

248 注 張云：「狗犬之謂同。」

249 注 下「牛」字疑當為「亣」，與上句文例同。張云：「牛馬之謂異。」楊云：「《呂氏春秋．審分》篇『以牛為馬，以馬為牛，名不正也』。」

250 注 句。

251 注 謂是非兩同，無以相勝，則不成辯。《莊子．齊物論》云：「是若果是也，則是之異乎不是也，亦無辯。然若果然也，則然之異乎不然也，亦無辯」，即其義。

252 注 畢本「當」下有「也」字，今據《道藏》本、吳鈔本刪。張云：「既云『當』，是勝也。」

▲詒讓案：言是非互見，得其當則勝也。依張說，此釋〈經下〉「謂辯無勝，必不當，說在辯」。

253 注 謂凡賓主獻酬之酒，於禮無讓。

254 注 句。

255 注 依張、楊說，此釋〈經〉「無不讓也，不可，說在始」。

▲案：「未讓，始也」，疑當作「不讓，殆也」。「殆」、「始」形近而誤，〈經〉同。凡相近而不讓謂之「殆」，後文「若殆於城門與於臧也」九字，文無所屬，疑本在此下而誤錯於彼，說詳後。

256 注 張云：「堅與白，二。」

257 注 謂堅白含於石體之中，即〈經〉所謂「存」也。

258 注 顧云：「『智』即『知』字。」

▲詒讓案：「故」下疑脫「謂」字，以下『智』並與『知』通。此謂「石一」，而知堅者不知白，知白者不知堅。文亦見《公孫龍子．堅白》篇，說詳前。依張、楊說，此釋〈經下〉「於一有知焉，有不知焉，說在存」。

259 注 謂有所指也。《公孫龍子．指物論》篇有「非有非指」之說，與此似異。

260 注 句。

261 注 句。

262 注 張云：「『有』讀曰『又』。」

▲案：張說是也。以下文校之，疑當作「子智是，有智吾所無舉，是重」，「旡」、「先」形近而譌。「子知是」是其一，又并「知吾所無舉」，是其重也。「吾所旡舉」即下文所云「吾所不舉」。「是重」與下文「是一」文亦正相儷。「重」謂二名一實，下文所謂「智，智狗；重，智犬」是也。「子智是」，若知狗。

「智吾所無舉」，若因狗知犬。重，則若狗犬同類也。

263 注 「先」，亦「旡」之譌。

264 注 對上「重」及下「二」、「三」言之，謂唯知其一，若知狗而不知犬。

265 注 謂知其一，而不知其二是一，猶上〈經〉云「於一，有知焉，有不知焉」也。

266 注 張云：「若果知之，則當指子之所知告我，則我知子之所知矣。」

267 注 謂「并吾所旡舉」者而指之，若指狗則兼指犬，指一而所指二也。

268 注 「參」、「三」同。〈經〉云：「二棻」，「棻」亦「參」之誤。「二參」即「二三」也，言從衡指之，則參相直，以一兼二，參直為三也。張云：「直，當也。」

269 注 「毋舉吾」下，吳鈔本有「之」字。吾所舉者一也，所不舉者二與三也。

270 注 張云：「『則』下有脫字，或是『二』字，或是『三』字。」

▲案：張說未知是否。今以文義推之，「則」下疑當脫「指」字。言於此有二物，或同類，或同處，今特指此物，勢必兼直彼物，故不能獨指，即〈經〉所謂「不可逃」也。又《莊子·天下》篇云：「指不至，至不絕」，疑亦即此節之義。蓋若甲乙同處，欲指甲而勢不能不兼直乙，既兼直乙，則所指不得謂專至甲，亦不能與乙絕也。故云「不至」、「不絕」。《釋文》引司馬彪說，殊誤。

271 注 張云：「所欲言不相傳。」

▲詒讓案：「相」，疑亦「指」之誤。意所欲指者一物，今兼直二三，則不能明傳其所欲矣，與《莊子》「指不至」語意同。

272 注 張云：「校，悦也。不快人意。」

273 注 張云：「有所知。」

274 注 張云：「有所不知。」

275 注 是智者，所已知也；是之不智者，所未知也，則不能并為一矣。

276 注 疑亦當有「也」字。依張、楊說，此釋〈經下〉「有指於二，而不可逃，說在以二絫」。

277 注 未詳。張云：「下云『臧也今死，而春也得文』，則春為人，疑不能決。」

278 注 張云：「『執』疑當為『埶』，與『勢』同。」

▲案：張校是也。「埶」即古「勢」字。徐鉉《說文新附》云：「勢，經典通用『埶』」。〈禮運〉「在埶者去」，鄭注云：「埶，埶位也」，《釋文》云：「埶，本亦作『勢』」。後〈魯問〉篇亦以「埶」為「勢」，今本並誤「執」，可證。

279 注 不知其所匿之處。

280 注 若韓盧、宋鵲。

281 注 張云：「皆不可指。遺者，義宜為失亡者。『巧弗能兩』，未詳。」

▲詒讓案：「兩」疑當為「网」，或作「罔」。《孟子．公孫丑》篇「以罔市利」，趙注云：「罔羅而取之」。「网」與「兩」形近而誤。言人偶有遺物，雖使至巧罔羅索取之，不能必得也。依張說，此〈釋經〉「所知而弗能指，說在春也、逃臣、狗馬、貴者」。

▲案：「貴」即「遺」之譌。

282 注 句。

283 注 吳鈔本「智」下衍「者」字。

284 注 句。

285 注 〈經說上〉云：「二名一實，重同也」。義詳前。

286 注 依〈經〉當作「不智則過」，今本脫二字。張云：「既知狗又知犬，而不知狗之即犬，則過。」

287 注 不重則名實迴異，宜其不知，故不過。依張說，此釋〈經〉「知狗而自謂不知犬，過也，說在重」。

288 注 「通」，即〈經〉云「通意」，言問以通其意恉也。

289 注 畢云：「『⿺凡西』當為『⿺凡亯』，即『驘』省文。」

▲詒讓案：《說文．馬部》云：「驘，驢父馬母者也，从馬，𦝠聲，或从𦝠作『騾』」。此蓋从𦝠省聲，而以「亯」為「西」，則傳寫之譌。

290 注 句。

291 注 「施」，疑當作「也」，謂告以蠃之名物。張云「蓋即蠃螔」，繆。

292 注 句。

293 注 不問蠃何謂，而徑應以弗知，則不知而復無求知之意，人將不復告，是終於不知矣，故謂之「過」。

294 注 此義難通，疑當作「且問必應」，涉下而誤耳。

295 注 句。

296 注 「長」，疑當作「其」，形近而誤。深，若應之曰「蠃何謂」；淺，若徑應以「弗知」，是也。此釋〈經下〉「通意後對，說在不知其誰謂也」。

297 注 「大」，《道藏》本、吳鈔本作「天」，以文義推之，疑當作「人」。畢云：「據下文，『常』當為『堂』。」

298 注 句。

299 注 「長」，吳鈔本作「常」，非。此疑當作「其人，其所」。今本兩「其」字譌「兵」、「長」二字，遂不可通。

300 注 句。

301 注 此謂其所。

302 注 「其」，疑當為「某」之譌，後〈旗幟〉篇云：「建旗其署曰某子旗」。

303 注 此謂其人。

304 注 張云：「『在』當為『存』。」

▲案：「在」、「存」義同，似不必改。

305 注 當作「惡所存也」。上云「堂室，所存也」，下云「主存者以問所存」，並其證。言問存者以在室或在堂也。

306 注 言問在室堂者為何人也。

307 注 句。

308 注 依楊說，此釋〈經下〉「所存與者，於存與孰存」。

▲案：〈經〉「者」上脫「存」字。

309 注 謂五行相合。

310 注 疑當作「木生火」。張云：「五行自相合者，水土火。金待火而合，木待金而合。」

▲案：張說未知是否。

311 注 此言火離木而然。《易．離．彖傳》云：「離，麗也。」《莊子．外物》篇云：「木與木相靡則然。」張云：「火出於石而然於木，離其本」，未塙。

312 注 靡，「䃺」之叚字。《說文．石部》云：「䃺，石磑也」，「研，䃺也」，言金能䃺研炭，使消散。

313 注 張云：「所謂無常勝。」

314 注 《道藏》本、吳鈔本作「木」，非。畢云：「府，疑同『腐』。」張云：「水無不合。」

▲案：畢、張說並未塙，此疑當作「合之成水」。言金得火則銷鑠而成水。《莊子・外物》篇云：「金與火相守則流」，是也。

315 注 張云：「木必相離。」

▲案：張說亦難通。疑當作「木離土」，「離」亦與「麗」同義。《易・離・彖》云：「百穀艸木麗乎土」。此釋〈經下〉「五行毋常勝，說在宜」。

316 注 「無欲惡」，猶言「無愛憎」，槖魚以共膳羞。惟所利，謂惟所共，無偏嗜，即〈經〉所謂「宜」也。

317 注 「說」，吳鈔本作「設」，此義難通。疑「連」當作「適」，謂節嗇以養性也。下云「適足不害」，亦其證。《呂氏春秋・適音》篇云「和心在於行適」，高注云：「適，中適也」。

318 注 疑當作「或者欲有不能傷也」。言多粟而或欲有之，然徒欲不足為益損也。

319 注 言酒無益於人，損之為宜。

320 注 「怨」，吳鈔本作「恕」，下句仍作「怨」。

321 注 「唯」，舊本作「惟」，今據吳鈔本改。徒知不足為益損。或云「唯」與「雖」通，「治」疑當為「給」，言知愛利人，而力不可偏給，亦不足為益損也。亦通。依張說，此釋〈經下〉「無欲惡之為益損也，說在宜」。

322 注 言損去其多餘者。

323 注 「能」與「而」通。「害飽」，疑當作「飽害」。言若食適足，不害於人，而過飽乃為害。

324 注 「脾」讀為「髀」。《少牢饋食禮》云「腊用麋」，又云「髀不升」，鄭注云：「近竅，賤也」。古文「髀」皆作「脾」，此與古文《禮》正同。言麋以共祭而髀不登於祭俎，故傷麋雖無髀，無害於為腊以共祭，亦損而不害之意。

325 注 「智」字疑衍。

326 注 畢云：「『⿸疒虎』即『瘧』省文。《說文》云『瘧，熱寒休作』。今經典省『几』，此省『E』，一也。『E』即『爪』字。」

▲詒讓案：《廣雅．釋詁》云：「⿸疒虎，病也。」此「⿸疒虎」或當為「瘧」之省文。下「之」字當作「人」，言人患瘧者，以病損為益也。此釋《經下》「損而不害，說在餘」。

327 注 《公孫龍子．堅白論》篇云：「且猶白以目，以火見，而火不見，則火與目不見而神見，神不見而見離」。彼文「以目」下蓋脫「見目」二字，義與此正同。《莊子．天下》篇「辯者曰：目不見」，亦即此義也。

328 注 未詳。此釋《經》「知而不以五路，說在久」。

329 注 下當脫「火」字。

330 注 句。

331 注 言火雖熱而所見者光也，非以其熱。《莊子．天下》篇云「火不熱」，此即其義。《淮南子．詮言訓》許注云：「公孫龍以白馬非馬、冰不寒、炭不熱為論」，彼「炭」疑亦「火」之誤。此釋〈經下〉「必熱，說在頓」。「必」即「火」之誤，下又脫「不」字。

332 注 「智」並與「知」通。張云：「有如視一物而曰知。」

333 注 張云：「取所知。去所不知。」

334 注 依張說，此釋〈經下〉「知其所以不知，說在以名取」。

335 注 句。

336 注 句。

337 注 「后」，吳鈔本作「後」。無焉，「焉」疑當作「馬」。馬為物名，必先有馬，乃可言無馬也。

338 注 句。

339 注 張云：「天陷未詳，或謂天所缺者。」

▲案：張說未塙。「天」疑當作「失」，戒人無失陷為虛言，則先未有此事而豫相敕戒，亦可言無，所謂不必待有也。依張說，此釋〈經下〉「無不必待有，說在所謂」。

340 注 「擢」當為「擢」，詳〈經下〉。

341 注 未詳。

342 **注** 此義不可通。「春也」與「藏也」對舉，疑「春」當為家養之「養」，形近而誤。「得文」疑當作「得之」。大意似謂亡臧而得養，略足相當。但文尚有譌脫，不能盡解。此釋〈經下〉「擢慮不疑，說在有無」。「擢」亦「摧」之誤。

343 **注** 句。

344 **注** 此引申比況之義。《詩．周頌．載芟》「匪且有且，匪今斯今」，毛《傳》云：「且，此也」，孔《疏》云：「且亦今時」。此云「猶是也」，與此今義相近。張云：「且，未然之辭，亦方然，故曰『猶是也』」，是如此也。」

▲案：張說亦通。

345 **注** 句。

346 **注** 舊本作「且且必然」，吳鈔本作「且必然」。王引之云：「『且且必然』當作『且然必然』，以下三句文義例之，可知。」

▲案：王校是也，張校同，今據正。〈經說上〉云：「自前曰且，自後曰已，方然亦且」，此即「方然」之義。言且之為言，雖尚未然，而事勢湊會，必將至於是。

347 **注** 句。

348 **注** 句。

349 注 舊本「必用工」下脫「而」字。王引之云：「『後』上，亦當有『而』字。」

▲案：王校是也，今據補。「用工」猶言從事也。此釋〈經下〉「且然不可正，而不害用工，說在宜歐」。「宜歐」，疑當作「害區」。

350 注 句。

351 注 句。

352 注 句。

353 注 舊本「輕」下脫「重」字。孫星衍云：「《列子．湯問》篇云『均，髮均縣，輕重而髮絕，髮不均也。均也，其絕也莫絕』，張湛注云：『髮甚微脃而至不絕者，至均故也。今所以絕者，猶輕重相傾，有不均處也。若其均也，寧有絕理？言不絕也』。今『輕』下脫『重』字。『均其絕也』句，『均』下無『也』字。」

▲案：孫校是也。畢亦據補「重」字，今從之。依張、楊說，此釋〈經下〉「均之絕不，說在所均」。

354 注 此二字為下文發耑，篇中「霍」字屢見，以義推之，似並當為「虎」之譌，然於此文不合。畢云：「據下文作『臛』」，張從之，未知是否。

355 注 張云：「『堯』者名，『臛』者實。」

356 注 「臛」或當同上作「霍」。

357 注 「視」與「示」通。舉友之富商以告人，是示以名也。指臛以示人，是示以實也。

358 注 張云：「名生於今。」

359 注 言堯之義施於當時不能及今，即〈經〉「異時」之義。此釋〈經上〉「堯之義也，生於今而處於古，而異時，說在所義」。「生」疑當為「任」。

360 注 此九字上下文無所屬，張并上「堯霍」為一條，云：「城門，守門者，臧，僕也。『城門』舉實，『臧』舉名」。其說殊迂曲。審校文義，疑當在上文「無讓者酒，未讓，始也，不可讓也」之下，皆釋〈經下〉「無不讓也，不可」之義。凡古人行禮，賓主入門必讓，若與人同入城門，而相殆，則無為讓。臧為賤人，不足與為禮，則不必讓也。《荀子．榮辱》篇云：「巨涂則讓，小涂則殆」，楊注云：「殆，近也」。此殆異於「讓」之義。又案「殆」與「逮」聲義相近，《毛詩．小雅．巷伯》傳云：「柳下惠嫗不逮門之女」，「殆於城門」即「逮門」，謂近而相及不爭先也。

361 注 句。

362 注 以〈經〉文校之，當作「而殺狗謂之殺犬，不可」。《莊子．天下》篇云：「狗非犬」，成玄英疏云：「狗之與犬，一物兩名，名字既空，故狗非犬也。狗、犬同實異名，名實合，則彼謂狗，此謂犬也；名實離，則彼謂狗，異於犬也。墨子曰：狗，犬也，然狗非犬也」。

▲案：此〈經〉云「殺狗非殺犬」，亦即名實離之義。然成引〈經〉語，亦有刪佚，非其元文。

363 注 未詳。《集韻．十五灰》云：「脂脕，腫大皃」，非此義。「脕」疑當為「腢」。《儀禮．士喪禮》鄭注云：「腢，肩頭也。」《說文·骨部》云：「髃，肩前也。」楊云：「『䐊』疑『脾』字之誤。」

▲案：依楊說，則當亦「髀」之叚字，見前。此言同一體而有左右之異，以喻狗犬同物而異名也。依張、楊說，此釋〈經下〉「狗，犬也。而殺狗非殺犬也，可，說在重」。

364 **注** 句。

365 **注** 此與〈經說上〉「使，令謂，謂也」，文例同。張云：「訓『使』義。」

366 **注** 此義難通。張云：「殿，自為之也，亦得為使，故言使不使皆使。」

▲案：張改〈經〉「使、殷、美」「殷」為「殿」，故其說如此，然義甚牽強，恐不足據。審校文義，此「我」字或當〈經〉之「美」字，疑並當為「義」。蓋兩文皆誤，而一存其上半，一存其下半也。此似當云：「義使使，義不使亦使，義」。言義者使令之，使乃其正也。以義使之為使，以義不使之亦為使，不使謂禁止之也，末「義」字總釋上語。

367 **注** 楊云：「〈經〉作『殷』，〈說〉作『殿』。」張云：「殿戈，殿軍也。」

▲案：張說未塙。此「殿」字當〈經〉之「殷」字，兩文似皆誤，無可推校。意必求之，疑「殿」並當為「假」，「戈」與「美」並當為「義」。似云「假義亦使，假不義亦使，假」。言假者假設之，使非其正也。以假設合義為使，假設不合義亦為使也。末「假」字亦總釋上語。此肊說，無可質證。而前云「不若敷與美」，「敷美」似亦「假義」之譌。綜校諸譌文，約略相類，聊復箸之。依張、楊說，此釋〈經下〉

「使，殷、美，說在使」。

368 **注** 句。

369 **注** 「沈」當為「沆」。《說文·水部》云：「沆，大澤也」。徐鍇《繫傳》引《博物志》云：「停水東方曰都，一名沆」。《太平御覽·地部》引《述征記》云：「齊人謂湖曰沆」。《水經·巨馬河》篇「督亢澤」注引《風俗通》云：「沆，漭也。言乎淫淫漭漭無崖際」，今本《風俗通義·山澤》篇「沆」作「沈」，又云：「沈澤之無水，斥鹵之類也」，並形之誤。《漢書·刑法志》「山川沈斥」，荀悅《漢紀》「沈」作「坑」。「坑」與「沆」字正同。蓋「沆」為藪澤，此「荊沆」即荊之沆澤。「荊之貝」，當作「荊之有」。言沆在荊，則沆即為荊之所有也。然沆包於荊疆域之中，則沆雖淺狹，無害於荊之廣大，故曰「沆淺非荊淺」。依張說，此釋《經下》「荊之大，其沈淺也，說在具」。案「具」亦「有」之誤。

370 **注** 「之」猶「與」也，下同。張以五字屬上，非。

371 **注** 摶，即《備城門》篇之「柴摶」、「積摶」，蓋聚束柴木之名。此言楹大而摶小，若以五易一，多少之數不相當也。

372 **注** 蓋謂意度之，則知其不當易。

373 **注** 「先智」，以《經下》校之疑當作「旡智」。《說文》「旡，古文奇字」。「旡」與「先」形近而誤。「旡智」即《經》云「無知」也。「相」下疑有脫字。

374 注 「秋」當讀為「萩」，《說文．艸部》云：「萩，蕭也」。《左傳》「伐雍門之萩」，《釋文》「萩」作「秋」。彼「萩」為「楸」之叚字，與此義異，而或作「秋」，則可互證。此亦喻輕重之失當，與「楹之摶」同意。

375 注 未詳。此釋〈經下〉「以檻為摶，於以為無知也，說在意」。「檻」即「楹」之誤。

376 注 吳鈔本「段」作「斷」，「事」作「視」，並誤。《說文．殳部》云：「段，椎物也」，〈木部〉云：「椎，擊也，齊謂之終葵」，〈金部〉云：「錐，銳也」。《詩．大雅．公劉》「取厲取碫」，毛傳云：「碫，段石也」。《說苑．雜言》云：「干將鏌鋣，以之補履，曾不如兩錢之錐」。

377 注 「繪」疑當為「繒」，「過」當為「遇」，下同。《說文．糸部》云：「繒，帛也」。古為屨，冬皮夏葛，蓋亦或以繒帛為之。

378 注 句。

379 注 「仵」，字書無此字，《道藏》本作「仵」，吳鈔本同。畢云：「『仵』當為『舛』異文。」張云：「依〈經〉當作『仵』。」

▲案：張校是也，「仵」與「啎」同。「過」，〈經〉同，亦當作「遇」。《史記．天官書》云：「逢俉化言」。《說文．午部》云：「啎，逆也」，〈夊部〉云：「夆，啎也」。《爾雅．釋詁》云：「遘、逢、遇，遌也。」《漢書敘傳》鄧展注，引作「遻，逢遇也」。「遇」、「逢」義同。「啎」、「遌」、「遇」、

「逆」音並相轉，「仵」、「啎」、「寤」聲相近。「遇仵」猶言「逢啎」、「夆牾」，亦猶言「逆牾」也。此謂繒為作履屨之材，段、椎、錐為作履屨之器，材與器兩者遇仵以成履屨，相須而為用也。此釋〈經下〉「意未可知，說在可用，過仵」。

380 注 句。

381 注 張云：「五析之，則有一者五，是一少於二也。建一以為十，則一有五者二，是多於五也。建一為十，累一為二。」

▲詒讓案：「十二焉」，疑當作「十，二五焉」，謂一十有二五也。依張、楊說，此釋〈經下〉「一少於二，而多於五，說在建」。

▲案：「建」疑「進」之誤。

382 注 斮，「櫡」之別體，此疑當作「斮非半」，即約〈經〉云「非半弗斮」也，而反辭以明其義。

383 注 非半而斮之，則每斮前進也。

384 注 言半者，必前後之中，進前取，盡其端，則中無所謂半。

385 注 「端」即前也。〈經上〉云：「端，體之無序而最前者也」。此言雖取中●之，終必前極其端。

386 注 前後端之中，即所謂「半」。

387 注 「毋」，吳鈔本作「無」。

388 注 盡其端則無半，不復可斱。《莊子．天下》篇云：「一尺之捶，日取其半，萬世不竭」，《釋文》引司馬彪云：「若其可析，則常有兩；若其不可析，其一常在，故曰萬世不竭」，即此義也。依張、楊說，此釋〈經下〉「非半弗斱，則不動，說在端」。

389 注 張云：「給，具也。嘗已具之，則當具之。」

▲案：張說未塙。此以〈經〉校之，疑當作「已然，則嘗然不可無也」。「然」與「給」艸書形近而誤。凡事之言已然者，即嘗然。今雖無，而昔之為有，則審矣。故云：「不可無」。猶〈經〉云「不可去」也。依張、楊說，此釋〈經下〉「可無也，有之而不可去，說在嘗然」。

390 注 此五字與上下文皆不屬，張、楊並屬上為一章，以〈經〉校之，亦不相應，疑當在後「民行脩必以久也」之下，而誤錯在此。

391 注 畢云：「一本作『凡』。」

▲案：顧校季本亦作「凡」，今以文義校之，當是「丸」之形誤，謂正圜之丸。下云「摶」即圜丸之形也。

392 注 「摶」，《道藏》本、吳鈔本作「摶」，非。《考工記》云：「直者中縣」。「正丸」即立圜，隨所轉側，而其中綫必正直，故云「無所處而不中縣」，即〈經〉「不可搖」之意。依張、楊說，此釋〈經下〉「正而不可擔，說在摶。」

▲案：「擔」即「搖」之誤。

393 注 「傴」、「區」，「偏」、「徧」，並聲同字通。

394 注 「字」當作「宇」。

395 注 敷，猶「布」也，詳〈經下〉。

396 注 張云：「誤重。」

397 注 依張說，此釋〈經下〉「宇進無近，說在敷」。

398 注 「遠」下，舊本有「脩」字。俞云：「上『脩』字衍文。『遠近脩也，先後久也』，相對為文。以地之相去言曰脩，以時之相去言曰久。」

▲案：俞說是也，今據刪。「脩」，吳鈔本並作「修」，「脩」叚字。

399 注 依張說，此釋〈經下〉「行循以久，說在先後」。

▲案：「循」即「脩」之誤。

400 注 舊本「一方盡類」並作「一方貌盡」，「合」作「台」，「盡類猶方也」作「盡貌猶方也」。吳鈔本下「貌」字作「皃」。張云：「『台』當為『召』。」王引之云：「當作『一方盡類，或木或石，不害其方之相合也。俱有法而不異，盡類猶方也』。一方盡類者，一，同也，言同具方形則其方盡相類也。隸書『類』、『貌』相似，故『類』誤為『貌』，又誤倒於『盡』字上耳。或木或石，不害其方之相合也者，言物之方者，雖有方木、方石之異，而不害其方之彼此相合也。作『台』者，字之誤耳。俱有法而不異，盡類猶方也者，言其法同，則彼此盡相類，亦猶方與方之盡相類也。傳寫者上下錯亂，又脫『不』字耳。『一方盡類』云云，則〈經下〉所謂『一法者之相與也，盡若方之相合也』。」

▲案：王校改「貌盡」並為「盡類」，「台」為「合」，是也，今並據正。《呂氏春秋．別類》篇云：「小方，大方之類也」，即此「一方盡類」之義。但「俱有法而異」句，似不必移。蓋上言「一方盡類」，明其方之同。下言「俱有法而異」，明同方之中仍有異也。「盡類猶方也」，「猶」與「由」通，言其所以盡相類者，由於同方也。

401 **注** 此釋〈經下〉「一法者之相與也盡，若方之相合也，說在方」。「盡」下亦當有「類」字。

402 **注** 張云：「『牛狂』當作『狂牛』。」俞云：「『狂』與『惟』皆『性』字之誤。」

▲案：張校非是，俞校以「狂」為「性」是也。《呂氏春秋．壅塞》篇云：「牛之性不若羊，羊之性不若豚」，高注云：「性猶體也」。俞謂「惟」亦為「性」，則非。以《公孫龍子》校之，當作「牛性與馬雖異」。「雖」，公孫龍書作「唯」，並與「惟」通。言牛馬性雖異，然其所以異者，不在齒與尾也。詳後。

403 **注** 句。

404 **注** 句。

405 **注** 俞云：「此言牛性與馬性異，非徒以牛有齒、馬有尾為別也。」

406 **注** 張云：「牛亦有尾，馬亦有齒。」

▲詒讓案：《大戴禮記．易本命》云：「戴角者無上齒，無角者膏而無前齒」，蓋牛有下齒，馬有後齒也。《公孫龍子．通變》篇謂牛無尾者，以其有尾而短耳，非實無尾也。

407 **注** 句。

408 **注** 盧云：「當有『牛』字。」

409 **注** 句。

410 **注** 舊本「角」上脫「有」字，盧云：「『用牛』當為『牛有』。」王引之云：「『用』非誤字，用者，以也，以牛有角、馬無角，說牛與馬之不類，故云『曰牛與馬之不類，用牛有角馬無角也』。下文『若舉牛有角，馬無角，以是為類之不同也，是狂舉也』。以，亦『用』也。上文『以牛有齒、馬有尾，說牛之非馬也，不可』，文義亦同，則『用』非誤字可知。但可云『用牛』下脫『有』字耳。」

▲案：王校是也，張校同，今據增。

411 **注** 句。

412 **注** 《公孫龍子》亦有「正舉」、「狂舉」之文。以意求之，蓋以舉之當者為正，不當者為狂。此書經說通例，凡是者曰正、曰當，非者曰狂、曰亂、曰誖，義與公孫龍書略同。此疑當作「以是為類之同也，是狂舉也。」今本涉上文而衍一「不」字，則不得為狂舉矣。

413 **注** 此言有齒之嘼與牛相類，或不得謂非牛，而實非牛也。若《爾雅．釋嘼》牛屬犘牛、犦牛之類。

414 注 疑當作「則或非牛而牛也，可」。言或有非牛而與牛相類，則亦可謂之牛也。

415 注 此言兼舉牛、馬，則不得謂非牛，猶《公孫龍子》云：「羊言牛非馬」。張云：「曰牛馬，豈得非牛？」

416 注 此亦兼舉牛、馬，既兼有馬，則又不可竟謂是牛。張云：「曰牛馬，豈得謂牛？」

417 注 言可、不可兩說未定，則竟虖謂牛馬之為牛者未可，亦非也。張云：「有可者，今但言未可，是亦不可，三皆不辯其兼，故不可」。

418 注 前云「數牛、數馬，則牛馬二；數牛馬，則牛馬一。」

419 注 張云：「專牛則牛。」

420 注 張云：「專馬則馬。」

421 注 句。

422 注 張云：「兼牛馬，則非牛非馬，是則無可難矣。」

▲案：張說是也。此即〈經〉云：「說在兼」之義。《荀子．正名》篇云：「『有牛馬非馬也』，此惑於用名以亂實者也。」《公孫龍子．通變》篇云：「牛與羊唯異，羊有齒，牛無齒，而牛之非羊也、羊之非牛也，未可。是不俱有而或類焉。羊有角，牛有角，牛之而羊也、羊之而牛也，未可。是俱有而類之不同也。羊、牛有角，馬無角；馬有尾，羊、牛無尾，故曰『羊合牛非馬』也。非馬者，無馬也。無馬者，羊不二，牛不二，而羊牛二，是而羊而牛非馬可也。若舉而以是，猶類之不同。若左右，猶是舉。牛、羊有毛，雞有羽。

謂雞足一，數足二，二而一故三；謂牛、羊足一，數足四，四而一故五。牛、羊足五，雞足三，故曰『牛合羊非雞』。非，有以非雞也。與馬以雞寧馬，材不材，其無以類，審矣！舉是謂亂名，是狂舉」，即此書之義。但兩書文義皆宂復奧衍，不可盡通耳。依張、楊說，此釋〈經下〉「狂舉不可以知異，說在有不可。牛馬之非牛，與可之同，說在兼」。

423 注 句。

424 注 謂言當其名。

425 注 句。

426 注 張云：「定彼為彼。」

427 注 張云：「定此為此。」

▲詒讓案：此謂彼此之名有定，故可。

428 注 句。

429 注 疑當云：「彼且此也，此亦且彼也」。此謂彼此之名無定，故不可。

430 注 此言彼此在有定無定之間。張云：「統言彼此，則彼亦此，故可。」

431 注 「此」字，吳鈔本不重。張云：「定以為彼此，則我此此而彼彼，彼亦且此此而彼彼，故不可。」

▲案：張說未塙。此似申上「彼此亦可」之義。疑當作「則彼亦且此，此亦且彼也」。今本脫三字。《公孫龍

子·名實》篇云：「正其所實者，正其所名也。其名正，則唯乎其彼此焉。謂彼而彼不唯乎彼，則彼謂不行；謂此而此不唯乎此，則此謂不行。其以當為當也，不當而亂也。故彼彼當乎彼，則唯乎彼，其謂行彼，此此當乎此，則唯乎此，其謂行此。其以當而當也，以當而當，正也。故彼止於彼，此止於此，可。彼此而彼且此，此彼而此且彼，不可」，即此章之塙詁。又《莊子·齊物論》篇云：「物無非彼，物無非是，自彼則不見，自知則知之，故曰彼出於是，是亦因彼」，又云：「是亦彼也，彼亦是也。彼亦一是非，此亦一是非。果且有彼是乎哉？果且無彼是乎哉？」亦與此義略同。畢云：「已上釋〈經下〉『循此與彼此同，說在異』。」

▲案：〈經〉有譌。

432 注 即下云「唱而不和」。「過」，疑當作「遇」，「遇」與「偶」通，下同。

433 注 疑當為「用」之誤。謂所唱不足用，即「唱而不和」之意。

434 注 當為「稗」，《說文·禾部》云：「稗，禾別也」。此喻無所用，若荑稗。

435 注 即下云「和而不唱」。

436 注 謂人不唱使然。

437 注 明非和者之過。

438 注 唱者為教，則和者為斆，故不和為不學也。

439 注 「必」上有脫文。楊云：「疑脫『功』字。」

440 注 畢云：「『智』下當有『少』字。」

▲詒讓案：疑當作「智多而不教」，與上文「智少而不學」正相對。

441 注 張云：「我有知而不以告人，則功息絕矣。」

442 注 句首疑脫一字。此蓋喻不和不唱之無功。依張、楊說，此釋〈經下〉「唱和同患，說在功」。

443 注 謂在外而聞有人在室，不知其人若何。

444 注 言告以在室者之色，與在外者相若。

445 注 以下「智」並與「知」同。所不知，謂在室者；所知，謂在外者。

446 注 若，猶與也，《儀禮．燕禮》云：「冪用綌若錫」。言問其色白與黑。

447 注 勝，猶言「當」。上文云：「當者勝也」。謂兩舉白黑，未知孰勝。

448 注 「是若」疑倒，言告以色若是。

449 注 張云：「若正而言之，色若此白者，彼物必白，則知其色之若白，可以知其白矣。」

450 注 「名」，吳鈔本作「明」，誤。張云：「正物名。」

451 注 句。

452 注 言以所明正所不知，若不知物之長，而以尺度之也。畢、張並讀「長外」為句，大誤。

453 注 句。

454 注 句。

455 注 句。

456 注 此與〈經說上〉云：「知，方不㢓，說也。身觀，親也」，義同。言在外之色為親見而知，以室中之色若在外之色，則聞人之說而後知也。畢云：「已上釋〈經下〉『聞所不知若所知，則兩知之，說在告』。」

457 注 以誖，猶言「以為誖」。「誖」即「非」也，與下「以當」文義正相對。

458 注 言以人之言為誖者，必其言之不可信者也。

459 注 以下文校之，「出入」當作「之人」，形近而誤。

460 注 有可信者，即不得盡庨為誖。

461 注 句。

462 注 句。

463 注 「審」，疑亦當作「當」。言以不可為當，是必不當也，此即《公孫龍子》「以當為當，不當而亂」之義。依張說，此釋〈經下〉「以言為盡誖，誖，說在其言」。

464 注 句。

465 注 「惟」，當依〈經〉作「唯」。「霍」，疑亦「虎」之誤，下並同，說詳前。唯，應辭也，此言段物為名，若謂之為虎也，而彼應之曰「唯」，則可。上文云「惟是當牛馬」，彼「惟」亦「唯」之段字，與此義可互證。〈經〉以非名為不可，明是名則可。《莊子．寓言》篇云：「與己同則應，不與己同則反。同於己為是是，異於己為非非」。

466 注 言彼雖非真虎，而既唯我所謂，則是謂之可者也。

467 注 謂所謂與其名相應。

468 注 言凡不可謂者，必無人唯我之所謂。

469 注 句。

470 注 當作「則吾謂行」，此衍一「不」字。

471 注 句。

472 注 此即《公孫龍子》「謂彼而彼不唯乎彼，則彼謂不行；謂此而此不唯乎此，則此謂不行」之義。依張說，此釋〈經下〉「唯吾謂，非名也則不可，說在仮」。

473 注 盧云：「『南』當讀如『難』，上下文俱有『無難』之語。」

▲案：盧說非也。張讀屬上節，亦誤。此「南」即指「南方」。無南，猶言「南無窮」也。古者中國所治地，南不盡南海。又天官家不知有南極，故於四方獨以南為無窮。《莊子．天下》篇「惠施曰南方無窮而有窮」。蓋名家有持此義者。

474 注 句。

475 注 句。

476 注 「智」與「知」同，下並同。

477 注 畢云：「此三字疑衍。」

478 注 「可」，吳鈔本作「有」，誤。

479 注 次「之」字疑衍。謂人在四方，盈否未知。

480 注 句。

481 注 當作「人之可盡不可盡亦未可智」。此涉上文而脫「人之可盡」四字。

482 注 疑當作「而必人之不可盡愛也」，今本脫「不」字。「盡愛」，即兼愛之說。故〈經〉云：「無窮不害兼」。

483 注 言持此論者不可也。蓋謂人不可盡愛，則有害於兼愛之說，故墨子非之。

484 注 「先」當作「無」，亦「无」之誤。

485 注 謂人若不能盈無窮，既不能盈，則是有窮也。

486 注 張云：「我愛盡於有窮，不足以難兼也。」

487 注 句。

488 注 謂人若盈無窮，則無窮既可盈，即界有盡也。

489 注 以上六句，皆難「人不可盡愛」之說。依張說，此釋〈經下〉「無窮不害兼，說在盈否知」。

490 注 張云：「『二』衍。」

▲案：疑當為「不一一」。

491 注 「文」，當作「之」，下同。吳鈔本重「盡」字，衍。張云：「『文』衍」，非。

492 注 「問」，舊本譌「門」，今據《道藏》本正。言慮所問有所遺忘，則雖愛民不能盡其數。張云：「『門』、『問』皆『明』字之譌」，非是。

493 注 言於心無不愛。

494 注 依張說，此釋〈經下〉「不知其數而知其盡也，說在明者」。

▲案：「明」疑即「問」之誤。

495 注 張校謂次「仁」字衍，今案首「仁」字疑述〈經〉為目，則無衍文。又疑或當作「仁，愛人也」。古「人」、「仁」字通。

496 注 句。

497 注 言愛利心在於己，明其同在內。

498 注 句。

499 注 言所愛所利惠加於人，明其同在外。

500 注 張云：「俱內。」

501 注 吳鈔本作「內外」。張云：「俱外。」

502 注 「為」、「謂」字通。此見《孟子．公孫丑》篇告子語，《管子．戒》篇亦云：「仁從中出，義由外作」。

503 注 偏舉所愛之在此，故云「內」。偏舉所利之在彼，故云「外」。

504 注 詳後。

505 注 舊本脫「出」字，今據《道藏》本、吳鈔本補。「若」，吳鈔本作「叵」，誤。此亦狂舉之類。張云：「仁義之於人，若二目不可分外內」。

▲案：張說是也，但其本亦脫「出」字，又讀「入」字屬下「學也」，蓋誤。依張說，此釋〈經下〉「仁義之為外內也，內，說在仵顏」。〈經〉亦有誤。

506 注 張云：「告，教也。以學也故教，是也。」

507 注 「智」亦與「知」同。

508 注 此言學或有益或無益，故教亦有是有否，否則誖矣。張云：「使知學之無益也而教，則是以學之無益教矣，則誖也。」

▲案：張說是也。依彼說，此釋〈經下〉「學之益也，說在誹者」。

▲案：〈經〉「益」上當有「無」字，「誹」疑「誖」之誤。

509 注 謂誹議人，宜論其所誹之當否。

510 注 句。

511 注 張云：「當為『非』。」

512 注 句。

513 注 句。

514 注 王校作「誹」，未塙。

515 注 句。

516 注 王引之云：「當作『論誹之可不可，以理之可誹不可誹。理之可誹，雖多誹，其誹是也；其理不可誹，雖少誹，非也』。今本『論誹』下衍『誹』字，『以理之可誹』下脫『不可誹理之可誹』七字，『其理不可誹』『誹』又譌作『非』。」

▲案：審校文義，似無脫誤，王校並未塙。

517 注 言誹有可否，不容概以多誹者為非，若短長各有所宜，不可相論也。依張說，此釋〈經下〉「誹之可否，不以衆寡，說在可非」。

518 注 依〈經〉當作「非誹」，謂非其好誹議人者。

519 注 言庰誹者之非，是謂非誹。

520 注 句。

521 注 即上云「以理之可非」。

522 注 謂人實有非而我非之，是非其所可非也。我所非自當，則人不可序我為非矣。

523 注 言凡誹人，而或議其非者，為其有妄誹，實有可非也。若所誹不妄，則不可非，是不當非其所誹也。依張說，此釋〈經下〉「非誹者諄，說在弗非」。「諄」，「誖」之誤。

524 注 句。

525 注 張云：「故曰『甚長』。」

526 注 張云：「故曰『甚短』。」

527 注 是，即「莫長於是，莫短於是」之「是」。張云：「如是者是甚也。」

528 注 言若非是者，則不得為甚長甚短。「莫甚」上，疑脫「非」字。張云：「非是者，莫得以為甚。」

▲案：張說未塙。依楊說，此釋〈經下〉「物甚不甚，說在若是」。

529 注 句。

530 注 句。

531 注 「請」，當作「謂」。言因下見上，則所謂上者，但微高於下而已，不必如山與澤之高下縣絕。《莊子·天下》篇「惠施曰：天與地卑，山與澤平」，《荀子·正名》篇亦云：「山淵平」，並此意也。此釋〈經〉「取下以求上也，說在澤」。

532 注 此約舉經文為目。「不」，讀如「否」。

533 注 「文」，當作「之」，下並同。「不」下亦當有「之」字。

534 注 此句與上云「今是文於是而不於是」句正相對，則「而文與是」當作「而是文於是」。「是文」，皆即「是之」之誤。上文「而不於是」又當作「而不之於是」。傳寫互有脫字耳。

535 注 此節文譌脫難通，參互推校，大意以「是」與「不」對舉，「是文」與「不文」對舉。凡「不」字並當讀為「否」，「文」字疑並「之」字之誤。餘並未詳。依張、楊說，此釋〈經下〉「是是與是同，說在不州」。〈經〉亦有脫誤。

經上篇旁行句讀[1]

1 注 畢氏新攷定本，今重校正。畢云：「本篇云讀此書旁行。今依錄為兩截，旁讀成文也。」

故，所得而後成也。　　止，以已同。久也。

體，分於兼也。　　必，不已也。

知，材也。
慮，求也。
知，接也。
恕，「知」同。畢、張、楊本並作「恕」，誤。明也。
仁，體愛也。
義，利也。
禮，敬也。
行，爲也。
實，榮也。
忠，以爲利而強低當作「君」。也。
孝，利親也。
信，言合於意也。
佴，自作疑當作「仳」。也

平，同高也。
同，長以缶古「正」字。相盡也。
中，同長也。
厚，有所大也。
日中，缶南也。無說。
直，參也。無說。
圜，一中同長也。
方，柱隅四讙當作「襍」。也。
倍，爲二也。
端，體之無序而最前者也。
有閒，中也。
閒，不及旁也。
纑，「櫨」通。閒虛也。

䛥，「狷」通。作嗛也。

廉，疑當作「慊」。作非也。

令，不爲所作也。

任，士損己而益所爲也。

勇，志之所以敢也。

力，刑「形」同。之所以奮也。

生，刑同「形」。與知處也。

臥，知無知也。

夢，臥而以爲然也。

平，知無欲惡也。

利，所得而喜也。

害，所得而惡也。

治，求得也。

盈，莫不有也。

堅白，不相外也。

攖，相得也。

似，當作「仳」。有以相攖，有不相攖也。

次，無間而不攖當作「相」。攖也。

法，所若而然也。

佴，所然也。

說，所以明也。無說。

攸，疑當作「彼」。不可，兩不可也。

辯，爭彼也。辯勝，當也。

爲，窮知而懸於欲也。

已，成、亡。

使，謂、故。

譬，明美也。

誹，明惡也。

舉，擬實也。

言，出舉也。

且，言然也。

君、臣、萌，「氓」通。通約也。

功，利民也。

賞，上報下之功也。

罪，犯禁也。

罰，上報下之罪也。

同，〈說〉作「侗」。異而俱於之一也。

久，彌異時也。宇，彌異所也。

名，達、類、私。

謂，移、〈說〉作「命」，誤。舉、加。

知，聞、說、親。

名、實、合、爲。畢、張、楊並合前爲一經，誤。

聞，傳、親。

見，體、盡。

合，〈說〉作「古」，誤。𤴓、宜、必。

欲𤴓權利，且疑衍。惡𤴓權害。

爲，存、亡、易、蕩、治、化。

同，重、體、合、類。

異，二、不體、不合、不類。

同異交得，放〈說〉作「恕」，疑當作「知」。有無。

聞，耳之聰也。無說。

窮，或有前，不容尺也。

盡，莫不然也。

始，當時也。

化，徵易也。

損，偏去也。

大益。無說。

儇，稘秪。〈說〉作「儇昫民」。案：當作「環俱氐」。

庫，當作「庳」。易也。

動，或從當作「徙」。也。

讀此書旁行。此校語誤入正文。楊云：「五字當是後人所加，適在『缶無非』三字之上列。」

循所聞而得其意，心之察也。無說。

言，口之利也。

執所言而意得見，心之辯也。無說。

諾，不一利用。

服執說。音「利」。疑當作「言利」，二字乃正文，誤作小注。畢、張、楊以「服執說巧轉則求其故大益」爲一經，誤。

巧轉依〈說〉當作「傳」。則求其故。

法同則觀其同。

法異則觀其宜。

止，因以別道。

缶無非。畢、張並以三字與上校語爲一，誤。

經下篇旁行句讀[1]

1 注 畢本無，今依張氏弢定本重校正。

止，類以行人，疑當作「之」。說在同。

駟疑當作「四足」。異說，張以三字屬下列「孰存」下，疑非。推類之難，說在疑脫「名」字。之大小。

物盡張以二字屬前經，誤。同名，二與鬬，愛，食與招，白與視，麗與，依〈說〉當有「暴」字。夫與履。〈說〉作「屨」。

一，偏棄〈說〉作「去」。之。

謂而固是也，說在因。

不可偏去而二，說在見與俱、一與二、廣與循。當作爲「脩」。張以「物盡同名」以下四經合爲一，誤。

所存與當有「存」字。者，於存與孰存。

五行無常勝，說在宜。

無欲惡之爲益損疑當作「無益損」。也，說在宜。

不能而不害，說在害。

異類不吡，「仳」同。說在量。

偏去莫加少，說在故。

假必誖，說在不然。

物之所以然，與所以知之，與所以使人知之，不必同，說在病。

疑，說在逢、循、遇、過。張以三字屬下，誤。

合與一，或復否，說在拒。無說。

物一體也，說在俱一、惟「唯」同。是。

宇或「域」正字。徙，說在長宇久。

損而不害，說在餘。

知〈說〉作「智」，通。而不以五路，說在久。有誤。

必熱，依〈說〉當作「火不熱」。說在頓。疑當作「覩」。

知〈說〉作「智」，通，下同。其所以不知，說在以名取。

無不必待有，說在所謂。

擢疑當作「推」。慮不疑，說在有無。

且然，不可正，而不害用工，說在宜歐。疑當作「害區」。張以「歐」屬上列「物一體也」，誤。

均之絕不，不，「否」通。說在所均。

堯之義也，生疑當作「任」。於今而處於古，而異時，說在所義。

二，張以此字屬下列「所義」下，誤。臨鑑而立，景到，多而若少，說在寡疑當作「空」。區。〈說〉在「住景二」條後。以下三經皆說鑑，當與說景諸條類列，疑皆傳寫亂之。張云：「此行當作『無久與宇堅白，說在因』。」案：張校以下五經互易，未知是否，姑箸之以備攷。

鑑位，「立」同。景一少而易，一大而缶，說在中之外內。說在「景之小大」條後，亦傳寫之誤。張云：「此行當『臨鑑而立，景到，多而若少，說在寡區』。」

鑑團景一。無說。下有脫字。

不堅白，說在。下有脫字。張并前爲一經，誤。又云：「此行當『鑑位，景一小而易，一大而缶，說在中之外內』。」

無久與宇。堅白，說在因。張云：「此行當『鑑團景一，不堅白，說在』。」

在諸其所然未者然，疑當作「諸未然」。說在於是推之。

狗，犬也，而殺狗非殺犬也，可，說在重。

使，殷、美，疑當作「使叚義」。說在使。

荊之大，其沈當作「沆」。淺也，說在具。說作「具」，疑當作「有」。

以檻當作「楹」。爲摶，於以爲無知也，說在意。

意未可知，〈說〉無此義，疑有脫誤。說在可用、過當作「遇」。仵。〈說〉作「件」，誤。張以「以檻爲摶」以下三經合爲一，誤。

景不徙，說在改為

住疑當作「位」，「位」、「立」字通。景二，說在重。

景到，在午有端與景長，說在端。

景迎日，說在摶。疑當作「轉」。

景之小大，說在地當作「杝」。缶遠近。

天依〈說〉當作「大」。而必正，說在得。

貞依〈說〉當作「負」。而不撓，說在勝。

契「挈」通。與枝當作「收」。板，疑當作「仮」，或涉上衍。說在薄。

倚者不可正，疑當作「止」。說在剃。當作「梯」。

一少於二，而多於五，說在建。疑當作「進」。

非半勿斱，則不動，說在端。

可無也，有之而不可去，說在嘗然。

缶而不可擔，當作「搖」。說在摶。

宇進無近，說在敷。

行張以此字屬上經，誤。循依〈說〉當作「脩」。以久，說在先後。

一張以此字屬上經，誤。法者之相與也盡，依〈說〉當有「類」字。若方之相合也，說在方。

狂舉不可以知異，說在有不可。

牛馬之非牛，與可之同，說在兼。張并前為一經，誤。

循此循此與彼此同，說在異。

推依〈說〉當作「柱」。之必往，疑當作「住」。說在廢材。

買無貴，說在仮「反」同。其賈。

賈宜則讎，說在盡。

無說而懼，說在弗心。當作「必」。

或「域」正字。過名也，說在實。

知之，否之，足用也，諄，疑當作爲「誖」。說在無以也。

謂辯無勝，必不當，說在辯。

無不讓也，不可，說在始。疑作「殆」。

於一有知〈說〉作「智」，通，下同。焉，有不知焉，說在存。

唱和同患，說在功。

聞所不知，若所知，則兩知之，說在告。

以言爲盡誖，誖，說在其言。

唯吾謂，非名也則不可，說在仮。

無窮不害兼，說在盈否知。

不知其數而知其盡也，說在明疑當作「問」。者。

不知其所處，不害愛之，說在喪子者。無說。

仁義之爲內外也，內，疑當作「非」。說在仵顏。有誤。

學之依〈說〉疑當有「無」字。益也，說在誹依〈說〉疑當作「誖」。者。

有指於二，而不可逃，說在以二絫。當作「參」。

所知而弗能指，說在春字誤。也、逃臣、狗犬、貴〈說〉作「遺」。者。

知〈說〉作「智」，通，下同。狗而自謂不知犬，過也，說在重。

通意後對，說在不知其誰謂也。

誹之可否，不以衆寡，說在可非。

非誹者諄，當作「誖」。說在弗非。

物甚不甚，說在若是。

取下以求上也，說在澤。

是是與是同，說在不州。有誤。張幷前爲一經，誤。

卷十一

題解

本卷包括〈大取〉、〈小取〉、〈耕柱〉三篇，〈大取〉之所以「大」是談墨家的核心思想，重要思想；包括了兼愛與差等之愛的比較，實踐兼愛時的利害權衡，以及推理的要素，有故、理、類三個核心概念。此外，包含對墨家「兼愛」之申論，指出兼愛不只是愛當時的人，連古代的人、以及未來的人，都是所愛的對象。〈大取〉篇的文字不易閱讀，其中有一些譌誤，校勘與詮釋都有一定之難度。

〈小取〉之所以「小」主要談的是達成墨學目標的論辯方法，相對於目標的價值優先性而言為「小」。〈小取〉篇的基本結構在於：名、辭、說、辯，用名稱反映事物的性質，用言辭表達思想的內涵，用推論揭示變化的原因或道理，進而透過不同辯說方法達成說服對方之目的。其中不同的辯說方法包括：辟、侔、援、推。在侔式推論中還有：是而然、是而不然、不是而然、一周一不周、一是一非等規則。這是一篇相當有系統的辯說論文，讓我們看到墨家如何建立出推論的規則。

〈耕柱〉篇則為墨家語錄，其編排方式與《論語》、《孟子》相同，是墨子與弟子之間的問答，另一部分記錄了墨子與儒家之徒的辯論。「耕柱」的篇名取自第一單元事例的人物名稱，耕柱是墨子的弟子。本篇有許多對話單元，雖然各段落之間並無思想上的關連，但我們從墨子與其弟子、儒家之徒的對話內容中，可以了解墨子及其弟子的思想，墨子在教學上的態度，以及墨子在回應提問者問題時的論辯方法，如辟、援、推的實例運用。

例如：以「童子之為馬，足用而勞」這一段來看，說明了發動戰爭的情況，就像孩童們在玩騎馬打仗一般，所謂的「馬」其實只是孩童自己的腳在跑，徒勞無益；用的就是〈小取〉篇中的「辟」式推論——「舉他物以明之」的方法來進行說理。在墨子的譬喻中，指出戰爭所造成的「生產停滯」，是有害天下人的，不論對攻人之國或被攻之國的百姓都是無益的。

此外，本篇多為墨子弟子與墨子的對話，見於〈耕柱〉篇墨子的弟子有：耕柱子、高石子、管黔敖、治徒娛、縣子碩等人。

大取第四十四[1]

1 **注** 畢云：「篇中言「利之中取大」，即「大取」之義也。意言聖人厚葬，固所以利親，盛樂，固所以利子，而節葬、非樂則利尤大也，墨者固取此。」

▲案：畢說非也。此與下篇亦《墨經》之餘論，其名〈大取〉、〈小取〉者，與「取譬」之「取」同。〈小取〉篇云：「以類取，以類予」，即其義。篇中凡言「臧」者，皆指「臧獲」而言。畢竝以「葬親」為釋，故此亦有「厚葬」、「節葬」之說，並謬。此篇文多不相屬，蓋皆簡札錯亂，今亦無以正之也。

天之愛人心，薄於聖人之愛人也；[1]其利人也，厚於聖人之利人也。大人之愛小人也，薄於小人之愛大人也；[2]其利小人也，[3]厚於小人之利大人也。以臧爲其親也而愛之，[4]非愛其親也；[5]以臧爲其親也而利之，[6]非利其親也。以樂爲利其子，而爲其子欲之，[7]愛其子也；以樂爲利其子，而爲其子求之，非利其子也。[8]

1 注 畢云：「言天地之大，人猶有憾。」

2 注 畢云：「言不如小人之姑息。」

3 注 吳鈔本無此字。

4 注 畢云：「《說文》云『葬，臧也』，即『藏』字正文，謂葬親。」顧云：「臧，賤稱也，篇內同義，亦互見〈小取〉篇。」

▲案：顧說足正畢說之謬。此「臧」即「臧獲」之「臧」，詳〈小取〉篇。言臧善事吾親，因而愛利之也。

5 注 「非」字疑衍，此篇多以一是一非相對言之。

6 注 吳鈔本「為」下有「利」字，疑衍。「利之」，謂資給之。

7 注 樂，謂音樂。畢云：「當有『非』字」，誤。

8 注 疑當作「非求其子也」。畢云：「此辯葬之非利親，樂之非利子，即『節葬』、『非樂』之說也。」

▲案：畢說謬。

於所體之中而權輕重，之謂權。[1]權非爲是也，非非爲非也。[2]權，正也。[3]斷指以存擘，[4]利之中取大，害之中取小也。害之中取小也，[5]非取害也，取利也。其所取者，人之所執也。[6]遇盜人，而斷指以免身，利也；其遇盜人，害也。[7]斷指與斷腕，[8]利於天下相若，無擇也。死生利若，一無擇也。[9]殺一人以存天下，非殺一人以利天下也。[10]殺己以存天下，是殺己以利天下。於事爲之中而權輕重，之謂求。求爲之，非也。[11]害之中取小，求爲義，非爲義也。[12]爲暴人語天之爲是也而性，[13]爲暴人歌天之爲非也。諸陳執既有所爲，而我爲之陳執，執之所爲，因吾所爲也；若陳執未有所爲，而我爲之陳執，陳執因吾所爲也。暴人爲我爲天之以人非爲是也而性。[14]不可正而正之。[15]利之中取大，[16]非不得已也；害之中取小，不得已也。所未有而取焉，是利之中取大也；於所既有而棄焉，是害之中取小也。

1 注 吳鈔本作「於所體輕重之中，而權其輕重，之謂權。」

▲案：「其」字疑當有。《文選．運命論》李注引《尸子》云：「聖人權福則取重，權禍則取輕。」

2 注 俞云：「當作『非為非也』，衍一『非』字。」

▲案：當作「亦非為非也」，上「非」字，乃「亦」之誤，無衍文。

3 注 〈經上〉篇云：「欲正權利，惡正權害。」

4 注 《意林》引作「脛」。畢云：「此『捥』字正文，舊作『[illegible]』，誤。《說文》云：『掔，手掔也』。揚雄曰：『掔，握也，從手，臤聲』。鄭注〈士喪禮〉云：『手後節中也，古文「掔」作「捥」』。」

5 注 畢云：「當為『者』。」

6 注 言為人所持執，不能自免。

7 注 《淮南子·說山訓》云：「斷指而免頭，則莫不利為也。故人之情，於利之中，則爭取大焉，於害之中，則爭取小焉」，意本於此。

8 注 畢云：「《玉篇》云：『腕，烏段切，手腕，亦作「捥」。』案『捥』、『腕』皆『掔』字之俗。」

9 注 當作「非無擇也」，謂必舍死取生。

10 注 此對下「是殺己以利天下」為文，當作「非殺人以利天下也」，「一」字涉上而衍。

11 注 疑當作「非為之也」，脫二字。

12 注 此疑當接後「不可正而正之」句。

13 注 句。

14 注 此文多譌脫，「為是也而性」語，前後兩見，疑「性」並當作「惟」，「惟」與「唯」通。〈經下〉篇云：「物一體也，說在俱一、惟是。」〈說〉云：「惟是，當牛馬」，「惟是」亦即「唯是」，謂言是則應之也。此義似與彼同，而上下文仍難通。

15 注 上云：「權，正也。」言於不可正之中，而權其正。

16 注 此節疑當接上文「非為義也」下。

義可厚，厚之；義可薄，薄之，謂倫列。[1]德行、君上、老長、親戚，此皆所厚也。爲長厚，不爲幼薄。[2]親厚，厚。[3]親薄，薄。[4]親至，薄不至。[5]義，厚親不稱行而顧行。[6]爲天下厚禹，爲禹也。爲天下厚愛禹，[7]乃爲禹之人愛也。[8]厚禹之加於天下，[9]而厚禹不加於天下。[10]若惡盜之爲加於天下，[11]而惡盜不加於天下。[12]愛人不外己，己在所愛之中。[13]己在所愛，愛加於己。倫列之愛己，愛人也。[14]聖人惡疾病，[15]不惡危難。[16]正體不動，[17]欲人之利也，非惡人之害也。[18]聖人不爲其室臧之，故在於臧。[19]聖人不得爲子之事。[20]聖人之法，死亡親，[21]爲天下也。厚親，分也，以死亡之，[22]體渴興利。[23]有厚薄而毋倫列之興利，爲己。[24]

1 注 「謂」上，當重『之』字。《戰國策．宋策》高注云：「倫，等也。」〈服問〉鄭注云：「列，等比也」。

2 注 句。

3 注 厚其近親。

4 注 薄其遠親。

5 注 言有至親，無至薄。

6 注 「顧」當為「類」。後云：「厚親不稱行而類行，其類在江上井」，即釋此節。「行」，謂德行。

7 注 此句「厚」字疑衍。

8 注 「人愛」二字疑倒。

9 注 據下文，「之」下當有「為」字，言所以厚愛禹者，為其德加於天下。畢云：「言禹之厚德及天下」，非。

10 注 言所厚止於禹身，不徧及天下。

11 注 言惡盜，為其害及天下。畢云：「言盜之惡行及天下」，非。

12 注 言所惡止於盜身，不徧及天下。

13 注 言己亦猶是人也。

14 注 言愛己亦可謂之愛人。此下疑當接後「臧之愛己，非為愛己之人也」句。《荀子．正名》篇云：「聖人不愛己，此惑於用名以亂名者也。」

15 注 畢云：「言自重其身。」

16 注 畢云：「言為人則不避艱險。」

17 注 疑當作「四體不勤」。

18 注 畢云：「言欲存其身以利人，非惡人之以危難害己。」

19 注 此義難通，畢云：「言藏富在下」，非。

20 注 似言聖人事親，愛無窮而事必有所盡。

21 注 「亡」、「忘」通。謂親死而忘之，即薄喪之義。

22 注 句。

23 注 此即〈節葬下〉篇「疾從事」之意。畢云：「《說文》云：『渴，盡也』，『竭，負舉也』，今經典多以『竭』為『渴』。此云云者，謂盡其利以厚喪也。」

▲案：畢說非是。

24 注 此下疑當接下「天下之利」句。

語經：[1]語經也，[2]非白馬焉，[3]執駒焉說求之，[4]舞說非也。[5]漁大之舞大，[6]非也。[7]三物必具，然後足以生。[8]

1 注 畢云：「意言聖人厚葬之說，為自厚其親，語其經耳。經猶云正，非必欲天下人如是也，故下辨之。」

▲案：「語經」者，言語之常經也，此總目下文，畢說非。

2 注 當為「者」，畢云：「『也』同『者』」，非。

3 注 此即白馬非馬之說，公孫龍子有〈白馬論〉，詳〈小取〉篇。

4 注 畢云：「案《列子．仲尼》云：『公子牟曰：白馬非白，形名離也，孤犢未嘗有母，非孤犢也』，似與此意同。『執駒焉說求之舞』，似當云『執駒馬說求之無母』，即孤犢之論乎？」

▲案：《莊子．天下》篇云：「孤駒未嘗有母」，白馬孤駒，蓋名家常語，所謂「語經」也。「說求之」上，疑脫「有」字，與下「無說」文相對，畢說非其恉。

5 注 「舞」，當從畢校為「無」之誤，而句讀則非。

6 注 疑當作「殺犬之無犬」。〈經下〉云：「狗，犬也，而殺狗非殺犬也，可」，即此義。「殺」，俗作「煞」，釋慧苑《華嚴經音義》云：「漁，《聲類》作『魰』」，二形相近而譌。

7 注 所謂無說。

8 注 必，與「畢」通。此下疑當接後「以故生，以理長，以類行也者」句。三物，即指故、理、類而言之，謂辭之所由生也。

臧之愛己，[1]非爲愛己之人也。[2]厚不外己，[3]愛無厚薄，舉己，非賢也。[4]義，利，不義，害。[5]志、功爲辯。[6]

1 注 此節疑當接上文「愛己愛人也」下。

2 注 言臧自愛其身，非為愛己之為人也。

3 注 「厚」下當有「人」字，上文云：「愛人不外己。」

4 注 「舉」，當作「譽」。

5 注 句。

6 注 「志」，舊本作「之」，今據《道藏》本、吳鈔本正。下文云：「志、功不可以相從也。」

有有於秦馬，[1]有有於馬，[2]也智來者之馬也。[3]

1 注 疑當作「有友於秦焉。」

2 注 疑當作「有友於□焉。」

3 注 未詳。

愛衆衆世，與愛寡世相若。[1]兼愛之有相若。[2]愛尚世與愛後世，[3]一若今之世人也。[4]鬼，非人也，兄之鬼，兄也。[5]天下之利驩。[6]聖人有愛而無利，俔日之言也，[7]乃客之言也。天下無人，子墨子之言也。[8]猶在。[9]

1 注 兩「世」字，畢竝以意改作「也」，王校從之。王引之云：「『愛衆衆也』，下『衆』字衍，當作『愛衆也與愛寡也相若』。又案下文『凡學愛人』與『小圜之圜』云云，文義不相屬，疑當在『愛衆也』上。『凡學愛人』乃統下文之詞，『愛衆也』云云，則承上句而詳言之也，古書錯簡耳。」

▲案：此當作「愛衆世與愛寡世相若」。「衆世」、「寡世」，以廣陝言。下文「尚世」、「後世」，以古今言，文自相對。「凡學愛人」句，亦非此處錯簡。畢、王校竝未允。

2 注 有，與「又」通。

3 注 王云：「尚，與『上』同。」

4 注 王引之云：「『今之世人』，當作『今世之人』。『今世』與『尚世』、『後世』，相對為文也。」

5 注 王引之云：「『鬼非人也』，當作『人之鬼非人也』，寫者脫去『人之』二字耳。〈小取〉篇云『人之鬼，非人也，兄之鬼，兄也』，是其證。」

▲案：無「人之」二字，義自可通，今不據增。

6 注 驩，猶「悅」也。〈天志中〉篇云：「今有人於此，驩若愛其子，竭力單務以利之。」此疑當接上「興利為己」句。

7 注 《說文．人部》云：「俔，譬諭也，一曰閒見。」《爾雅．釋言》云：「閒，俔也。」

▲案：「俔」有「閒」訓，此疑亦當與「閒」義同。《方言》云：「閒，非也。」《孟子．離婁》篇云：「政不足閒也。」俔閒蓋謂駮難相非，故下云：「乃客之言」。「日」，疑當作「曰」。或疑當為「儒者之言」。「儒」，俗作「偄」，與「俔」相似而誤。亦通。

8 注 「無人」，即兼愛之義。言人己兩忘，則視人如己矣。「子墨」下，舊無「子」字，今據吳鈔本補。

9 注 似言害捨〈大取〉小，然其害猶在。上疑有脫文。

不得已而欲之，非欲之也。[1]非殺臧也。[2]專殺盜，非殺盜也。凡學愛人，[3]

1 注 舊本重「非欲之」三字。畢云：「一本無」。

▲案：顧校季本亦無，今據刪。此即前害之中取小，不得已也之義。疑當在上文「是害之中取小也」下。

2 注 王引之云：「『非殺臧也』上有脫文，以下二句例之，當云『專殺臧，非殺臧也。』」

3 注 「學」，當為「譽」。前云「譽己非賢也」，後又云「愛人非為譽也」，此句或當接後「利人也，為其人也」句。

小圜之圜，與大圜之圜同。方至尺之不至也，[1]與不至鍾之至不異，[2]其不至同者，遠近之謂也。

1 注 「方」，當為「不」。

2 注 「鍾」，當為「千里」二字。「之至」，當作「之不至」，謂尺與千里，遠近異，而其為不至則同。故下云「遠近之謂」。今本「千里」二字，誤合為「重」字，校者又益「金」為「鍾」，遂不可通。《續漢書．五行志》童謠以「董」字為「千里草」，與此可互證。

是璜也，[1]是玉也。[2]意楹，非意木也，意是楹之木也。意指之人也，非意人也。[3]意獲也，[4]乃意禽也。[5]志、功，不可以相從也。[6]

1 注 畢云：「《說文》云：『璜，半璧也』。」

2 注 此與上「是」字，疑竝當作「意」。

3 注 王引之云：「當作『意人之指，非意人也』，意，度也，言所度者人之指，非度人也。下文云『一指，非一人也』，是其證。」

4 注 《說文．犬部》云：「獲，獵所獲也。」

5 注 俞云：「『乃意禽也』，當作『非意禽也』，與上文『非意木也』、『非意人也』一律。」

▲詒讓案：「乃」字不誤，此與上文反正相對，言獵者之求獲，欲得禽也。

6 注 「志」，即意求之也。「功」，謂求而得之。

利人也，爲其人也。[1]富人，[2]非爲其人也。[3]有爲也以富人。[4]富人也，治人有爲鬼焉。[5]爲賞譽利一人，非爲賞譽利人也。亦不至無貴於人。[6]智親之一利，[7]未爲孝也，亦不至於智不爲己之利於親也。[8]

1 注 畢云：「『為』，一本作『非』。」

2 注 言譽人之富。

3 注 畢云：「舊二字倒，一本如此。」

4 注 言有所為，以使人富。

5 注 言治人之事，兼有事鬼，若祭祀之類。

6 注 「無貴」，疑當作「無賞譽」。言賞譽雖不能徧及人，亦不至因此遂不用賞譽也。

7 注 畢云：「智，同『知』。」

8 注 言雖不足為孝，亦不至於明知己之有利於親，而不為之。

智是之世之有盜也，[1]盡愛是世。[2]智是室之有盜也，不盡是室也。[3]智其一人之盜也，不盡是二人。[4]雖其一人之盜，苟不智其所在，盡惡其弱也。[5]

1 注 上「之」字當衍，吳鈔本無。下「之」字蓋「世之」二字誤倒，校者又於下增一「之」字，遂致複出。

「盜」，當作「人」，涉下而誤。

2 注 俞云：「當作『智是世之有盜也，不盡是世』，下文『智是室之有盜也，不盡是室也』，可證。」

▲案：俞校未塙，以文義推之，當作「智是世之有人也，盡愛是世」，即兼愛之義。

3 注 「不盡」下，以下文推之，當有「惡」字。

4 注 畢云：「『二』當為『一』。」

▲詒讓案：當作「不盡惡是人」，此脫「惡」字，衍「二」字耳。

5 注 「弱」，疑當為「朋」，形近而誤。言盜雖止一人，然不能審知其誰某，則盡惡其朋黨也。

諸聖人所先爲，人欲名實。[1]名實不必名。[2]苟是石也白，[3]敗是石也，[4]盡與白同。[5]

是石也唯大，[6]不與大同，[7]是有便謂焉也。[8]以形貌命者，必智是之某也，[9]焉智某也。[10]不可以形貌命者，唯不智是之某也，[11]智某可也。諸以居運命者，[12]苟人於其中者，皆是也，[13]去之，因非也。諸以居運命者，若鄉里齊、荊者，皆是。諸以形貌命者，若山丘室廟者，皆是也。

1 注 「欲」，疑「效」之誤。

2 注 疑當作「實不必名」，上「名」字誤衍。

3 注 句。

4 注 「敗」，當為「取」。

5 注 言白石之白皆同。

6 注 「唯」、「雖」通，吴鈔本作「惟」。

7 注 言大石之中，仍有大小之異。

8 注 「便」，疑當為「使」。

9 注 「貌」，吴鈔本作「皃」，下同。

10 注 焉，猶「乃」也。

11 注 唯，亦與「雖」通。

12 注 《爾雅．釋詁》云：「運，徙也。」畢云：「居運，言居住或運徙。」

13 注 「人」，當作「入」。入是、去非，文正相對。

智與意異。[1]重同，[2]具同，[3]連同，[4]同類之同，[5]同名之同，丘同，[6]鮒同，[7]是之同，[8]然之同，同根之同。[9]有非之異，有不然之異。有其異也，爲其同也，爲其同也異。[10]一曰乃是而然，[11]二曰乃是而不然，三曰遷，[12]四曰強。[13]子深其深，淺其淺，益其益，尊其尊。[14]察次山比因至，優指復。[15]次察聲端名，因請復。[16]正夫辭惡者，人右以其請得焉。[17]諸所遭執而欲惡生者，人不必以其請得焉。[18]

1 注 舊本脫「異」字，今據吳鈔本補。上文辨「智」、「意」二者之文甚詳。

2 注 《經說上》云：「二名一實，重同也。」

3 注 「具」，當為「俱」。《經說上》云：「俱處於室，合同也。」

4 注 《國語．楚語》韋注云：「連，屬也。」

5 注 《經說上》云：「有以同，類同也。」

6 注 「丘」與「區」通，詳〈經下〉篇。謂同區域而處。

7 注 「鮒」、「附」通。《史記·魏世家》「屈侯鮒」，《說苑·臣術》篇「鮒」作「附」。《周禮·大司徒》鄭注云：「附，麗也」。

8 注 畢云：「一本又有『同』字。」

9 注 此四字疑當在前「同名之同」下。此下文「有非之異，有不然之異」二句，正與上文「是之同，然之同」相對，明不當以此句廁其閒也。

10 注 此下疑當接下「長人之異，短人之同」一節。

11 注 吳鈔本作「是」。

12 注 昔是而今不然。

13 注 貌是而情不然。

14 注 以上似竝辨辭氣之異同。俞云：「『尊』，當讀為『剸』。《說文·刀部》『剸，減也』。『剸』有減損之義，故與『益其益』對文成義。」

▲案：俞說是也。《後漢書·光武十王傳贊》「沛獻尊節」，李注引《禮記》「恭敬尊節」，今〈曲禮〉作「撙節」。「尊」、「撙」、「剸」，聲類竝同。

15 注 句。

16 注 此文脫誤不可校，以意推繹，兩「次」字，疑皆當作「次」，即「盜」之壞字。一「優」字，二「復」字，皆「得」之誤。「請」讀為「情」。「請復」，即下文之「請得」也。審校文義，疑首句當作「察盜止此室因指得」，次句當作「察盜聲端名因情得」。上云：「智是室之有盜也，不盡是室也」，言察盜之止於是室，乃因人指而得之。若察盜之聲，而得其名，則因簡其情，而得之也。大恉蓋如是。今本「止此室」，譌為「山比至」，而以「至」字倒著「因」下，又涉「復」字而衍一「優」字，「察次」復倒作「次察」，遂無從諟正矣。「端名」，亦難通，疑「端」當為「揣」之誤。

17 注 「正」，當為「匹」。「右」，疑「有」之誤。「有」與「或」義同，「請」亦讀為「情」，下同。此以簡獄為喻也。「辭惡」，謂不受惡。《左．宣二年傳》「趙盾為法受惡」，杜注云：「為法受屈」，與此義可相證。言匹夫雖賤，而不肯受屈，必欲自明其志，則可以得其情實。

18 注 惡生，謂樂於就死也。言遭囚執而不求生，則雖有屈抑而不欲自明，故不能必得其情實也。

聖人之附瀆也，[1]仁而無利愛，[2]利愛生於慮。[3]昔者之慮也，非今日之慮也；昔者之愛人也，非今之愛人也。愛獲之愛人也，生於慮獲之利，[4]慮獲之利，非慮臧之利也，[5]而愛臧之愛人也，乃愛獲之愛人也。[6]去其愛而天下利，弗能去也。[7]昔之知牆，非今日之知牆也。[8]貴爲天子，其利人不厚於正夫。[9]二子事親，[10]或遇孰，或遇凶，[11]其親也相若。[12]非彼其行益也，非加也。[13]外執無能厚吾利者。[14]藉臧也死而天下害，吾持養臧也萬倍，吾愛臧也不加厚。[15]

1 注 「附」，《道藏》本、吴鈔本並作「拊」。畢云：「『瀆』字未詳。」

2 注 「而」，吴鈔本作「人」。

3 注 謂以仁待人，而無私愛利之心。凡愛利，皆生於自私之心，不足為仁也。〈經說上〉云：「慮也者，以其知有求也。」

4 注 謂因賴其利而愛之。

5 注 臧、獲異人，故所慮與所利不同。舊本無下「慮獲之利」四字，王引之云：「『生於慮獲之利』下，當更有『慮獲之利』四字，『慮獲之利，非慮臧之利也』、『而愛臧之愛人也，乃愛獲之愛人也』，相對為文。」

▲案：王說是也，今據增。

6 注 言所愛雖異，其為愛人則同。臧、獲統於人之內也。

7 注 疑當作「弗能不去也」。言去一人而利天下，雖在所愛，不能不去也。

8 注 蘇云：「『牆』，疑當作『臧』。」俞云：「『牆』字不可通，乃『嗇』字之誤。《呂氏春秋．情欲》篇『論早定則早知嗇』，〈先己〉篇『嗇其大寶』，高注竝曰：『嗇，愛也』。『昔之知嗇，非今日之知嗇』，猶上文云『昔者之愛人也，非今之愛人也』。」

▲案：蘇說近是。此下疑當接後文「藉臧也死，而天下害」句。

9 注 顧云：「『正』，當作『匹』。」俞校同。

▲案：顧校是也。此書「匹夫」字，多譌作「正夫」，詳〈節葬下〉篇。此言利人之心，貴賤所同。蘇云：「『正』讀如『征』」，誤。

10 注 此上，疑當接上文「義厚親不稱行而類行」下。

11 注 「孰」，《道藏》本、吳鈔本，竝作「熟」。畢云：「言歲孰、歲凶。」

12 注 言不以孰凶而事親有厚薄。

13 注 疑當作「非彼其行益加也」。

14 注 「執」，疑「埶」之譌。謂外物不能使吾利親之心加厚。

15 注 藉，「即」叚借字。首句「臧」字，舊本誤「藏」，今據吳鈔本正。「持養」，義詳〈非命下〉篇。言假令臧死而害及天下，則吾之持養之也當萬倍，然為天下去害，非愛臧加厚也。

長人之異，短人之同，其貌同者也，[1]故同。[2]指之人也與首之人也異。[3]人之體，非一貌者也，故異。將劒與挺劒異，[4]劒以形貌命者也，其形不一，故異。楊木之木與桃木之木也，同。諸非以舉量數命者，敗之盡是也。[5]故一人指，非一人也；是一人之指，乃是一人也。[6]方之一面，非方也；[7]方木之面，方木也。

1 注 「貌」，吳鈔本作「皃」，下竝同。

2 注 俞云：「『長人之異，短人之同』，當作『長人之與短人也同』，下二句正釋「長人」、「短人」所以同之故也。下文曰『指之人也與首之人也異，人之體非一貌者也，故異。將劍與挺劍異，劍以形貌命者也，其形不一，故異』，竝與此文一律，可證。」

3 注 首之人，謂以首向人。

4 注 將，「𢪏」之借字。《說文·手部》云：「𢪏，扶也」「挺，拔也。」

5 注 「敗」，疑亦當為「取」，形近而誤。此言不以量數舉者，若一人為人，百人亦為人，故云「取之盡是也」。

6 注 王引之云：「『故一』下，衍『人』字。『一人之指』上，衍『是』字。當作『故一指，非一人也；一人之指，乃是一人也』。」

7 注 言「方幂」與「方周」、「方體」不同。

以故生，[1]以理長，以類行也者。[2]立辭而不明於其所生，忘也。[3]今人非道無所行，[4]唯有強股肱，而不明於道，[5]其困也，可立而待也。夫辭以類行者也，立辭而不明於其類，則必困矣。故浸淫之辭，[6]其類在鼓栗。[7]聖人也，爲天下也，其類在于追迷。[8]或壽或卒，其利天下也指若，[9]其類在譽石。[10]一日而百萬生，愛不加厚，[11]其類在惡害。[12]愛二世有厚薄，而愛二世相若，[13]其類在蛇文。[14]愛之相若，擇而殺其一人，[15]其類在阬下之鼠。[16]小仁與大仁，行厚相若，[17]其類在申。[18]凡興利除害也，[19]其類在漏雍。[20]厚親不稱行而類行，[21]其類在江上井。不爲己之可學也，[22]其類在獵走。愛人非爲譽也，其類在逆旅。[23]愛人之親，若愛其親，[24]其類在官苟。[25]兼愛相若，一愛相若，[26]一愛相若，[27]其類在死也。[28]

1 注 「以」上，當有「夫辭」二字，下文可證。《廣雅．釋詁》云：「故，事也」。此疑當接上「語經」節下。

2 注 二字當乙。蘇云：「據下文，當作『辭以類行者也』」，非。

3 注 顧云：「忘，當為『妄』。」

4 注 「道」與「理」同。此釋「以理長」之義。言不循道，則辭不可行。

5 注 「唯」與「雖」通。

6 注 《文選·洞簫賦》李注云：「浸淫，猶漸冉，相親附之意也。」

7 注 「在」下，吴鈔本有「於」字，此文有譌。蘇云：「此下言『其類』者十有三，語意殊不可曉，疑皆有說以證明之。如《韓非·儲說》所云者，而今已不可考矣。」

8 注 畢云：「言能追正迷惑。」

▲案：以下竝釋「以類行」之義，而文多難通。畢以意說之，皆不甚塙。今無可質證，姑存以備攷。

9 注 畢云：「言其指相若。」蘇云：「『指』，當作『相』。」

10 注 畢云：「疑『譽名』，言聖人有壽有不壽，其利天下同，則譽在也。」

▲案：畢說未塙，疑當作「礜石」，《說文·石部》云：「礜，毒石也」。《山海經·西山經》云：「礜石可以毒鼠」，郭璞注云：「今礜石殺鼠，蠶食之而肥」。此言礜石害鼠，而利於蠶，以況或壽或卒之利害不同也。

11 注 此疑釋「藉臧也死，而天下害」一節之義。

12 注 畢云：「言意多所愛而不行者，畏難之故。」

13 注 「二」，當為「上」字之誤。《說文》古文上作「二」，與「二」形相似。「上世」與「尚世」義同。此釋上文「愛尚世與愛後世，一若今之世人也。」

14 注 此文有譌，洪云：「『文』，當作『玄』，『玄』即『蚿』字之省。《莊子·秋水》篇『夔憐蚿，蚿憐蛇』，亦取相愛為義。」

▲案：洪說未塙。

15 注 畢云：「言愛二人同，擇而殺其一。殺，減也。」

▲案：此似釋上文「殺一人以存天下，非殺一人以利天下」一節之義。畢說失之。

16 注 「阬」，舊本譌「院」，今據《道藏》本、吳鈔本正。《爾雅．釋詁》云：「阬，虛也。」得鼠則殺之，為其害物也。

17 注 「大仁」，舊本作「大人」，今從吳鈔本。「仁」與「人」通。此似釋上文「大人之愛小人也」一節之義。

18 注 有譌脫。

19 注 上文云「興利為己」，此疑釋其義。

20 注 吳鈔本作「厚甕」，疑「扁甕」之譌。王云：「『雍』與『甕』同，〈井．九二〉『甕敝漏』，《釋文》『甕』作『雍』。〈北山經〉『縣雍之山』郭璞曰『音汲甕』，《水經．晉水》篇作『縣甕』。《漢紀．孝成紀》『申徒狄蹈甕之河』。《漢書．鄒陽傳》『甕』作『雍』。」

▲案：王說是也。此似言甕之害在於漏，去其漏，則得汲水之利也。

21 注 此釋上文「義可厚厚之」一節之義。

22 注 「學」，疑「譽」之誤。上文云「譽己非賢也」，此或釋其義。

23 注 言因求利而愛人，此釋上文「為賞譽利一人」一節之義。

24 注 此疑釋上文「以臧為其親也」一節之義。

25 注 有譌。

26 注 言愛一人與兼愛衆人同。

27 注 四字重出，當是衍文。此疑釋上文「愛衆衆也」一節之義。

28 注 畢云：「一本作『虵』。」

▲案：顧校季本，亦作「虵」。此文有譌。

小取第四十五

夫辯者，將以明是非之分，審治亂之紀，明同異之處，察名實之理，處利害，[1]決嫌疑。[2]焉摹略萬物之然，[3]論求羣言之比，以名舉實，[4]以辭抒意，[5]以說出故，以類取，以類予。[6]有諸己不非諸人，無諸己不求諸人。

1 注 《國語．魯語》云：「智者處物」，韋注云：「處，名也。」《淮南子．說林訓》云：「見之明白，處之如玉石。」

2 注 句。

3 注 《說文·手部》云：「摹，規也。」《淮南子·本經訓》高注云：「略，約要也。」俞正燮云：「摹略，即今言之『模量』，古言之無慮。」俞云：「『然』字無義，疑當作『狀』，『狀』誤為『肰』，因誤為『然』。」

4 注 〈經說上〉云：「舉，告以文名，舉彼實也。」

5 注 《史記·平原君傳》集解引《別錄》「鄒衍曰：辯者抒意通指，明其所謂」。《漢書·劉向傳》「一抒愚意」，顏注云：「抒，謂引而泄之也」。畢云：「『紀』、『理』、『疑』、『比』、『意』為韻，古四聲通。」

6 注 畢云：「『故』、『取』、『予』為韻。」

或也者，不盡也。[1]假者，今不然也。[2]效者，爲之法也；所效者，所以爲之法也。故中效，[3]則是也；不中效，則非也，此效也。辟也者，[4]舉也物而以明之也。[5]侔也者，比辭而俱行也。[6]援也者，曰「子然，[7]我奚獨不可以然也？」[8]推也者，以其所不取之，同於其所取者，予之也。[9]是猶謂也者同也，吾豈謂也者異也。

1 注 《易·乾·文言》云：「或之者，疑之也。」

2 注 畢云：「假設，是尚未行。」

3 注 畢云：「中，去聲。」

4 注 畢云：「『辟』同『譬』。《說文》云：『譬，諭也』。諭，古文『喻』字。」

5 注 畢云：「舉也，『也』字疑衍。」王云：「『也』非衍字，『也』與『他』同，舉他物以明此物，謂之『譬』。故曰『辟也者，舉他物而以明之也』。《墨子》書通以『也』為『他』，說見〈備城門〉篇。」

▲案：王說是也，《潛夫論·釋難》篇云：「夫譬喻也者，生於直告之不明，故假物之然否以彰之」。《荀子·非相》篇云：「談說之術，分別以喻之，譬稱以明之」。

6 注 《說文·人部》云：「侔，齊等也」。謂辭義齊等，比而同之。

7 注 句。

8 注 《說文·手部》云：「援，引也」。謂引彼以例此。

9 注 《淮南子·本經訓》高注云：「推，求也」。此云「取」，與「求」義同。謂所求者在此，所不求者在彼，取彼就此，以得其同。所謂「予之也」。

夫物有以同而不，[1]率遂同。[2]辭之侔也，[3]有所至而正。[4]其然也，有所以然也。其然也同，[5]其所以然不必同。[6]其取之也，有所以取之。[7]其取之也同，[8]其所以取之不必同。[9]是故辟、侔、援、推之辭，[10]行而異，轉而危，[11]遠而失，[12]流而離本，[13]則不可不審也，不可常用也。故言多方，[14]殊類異故，則不可偏觀也。[15]

1 注 不，讀為「否」。

2 注 「率」、「遂」聲近義同。《廣雅．釋詁》云：「率，述也」。「率」、「遂」、「述」古並通用。〈耕柱〉篇云：「古之善者不遂」，「遂」即「述」也。〈明鬼下〉篇「率徑」，〈月令〉作「徑術」。鄭注謂即《周禮．匠人》之「遂徑」，竝其證也。

3 注 畢云：「『之侔』，一本作『侔之』。」

▲案：顧校季本，亦作「侔之」。

4 注 疑當作「止」。

5 注 句。

6 注 「其然也同」，舊本脫上三字。王引之云：「『同其所以然不必同』，當作『其然也同，其所以然不必同』，承上文其然與所以然言之也。下文『其取之也同，其所以取之不必同』，文義正與此合，寫者脫去上三字耳。」

7 注 舊本無「所」字，王引之云：「『以』上當有『所』字。下文『其所以取之不必同』，即承此言之也。上文『其然也，有所以然也』，文義正與此合。寫者脫『所』字。」

▲案：王校是也，今據增。

8 注 句。

9 注 句。

10 注 畢云：「譬也，侔也，援也，推也，即上四者。」

11 注 俞云：「危，讀為『詭』。《漢書．天文志》『司詭星出正西』，《史記．天官書》『詭』作『危』。是『危』、『詭』古字通『行而異，轉而詭』，『詭』亦『異』也。」

12 注 句。

13 注 句。

14 注 《莊子．天下》篇「惠施多方」。《呂氏春秋．必己》篇高注云：「方，術也。」

15 注 偏，與「徧」通。下同。

夫物或乃是而然，或是而不然。或一周而一不周，[1]或一是而一不是也，不可常用也。故言多方，殊類異故，則不可偏觀也。非也。[2]白馬，馬也；乘白馬，乘馬也。[3]驪馬，馬也；[4]乘驪馬，乘馬也。獲，人也；愛獲，愛人也。臧，人也；愛臧，愛人也。[5]此乃是而然者也。獲之親，[6]人也；獲事其親，非事人也。其弟美人也；愛弟，非愛美人也。[7]車，木也，乘車；非乘木也。船，木也；人船，[8]非人木也。盜人，人也；多盜，非多人也；無盜，非無人也。奚以明之？惡多盜，非惡多人也；欲無盜，非欲無人也。[9]世相與共是之。若若是，則雖盜人人也，[10]愛盜非愛人也，不愛盜非不愛人也，殺盜人非殺人也，[11]無難盜無難矣。[12]此與彼同類，世有彼而不自非也，墨者有此而非之，無也故焉，[13]所謂內膠外閉，[14]與心毋空乎，[15]內膠而不解也。此乃是而不然者也。[16]且夫讀書，非好書也。[17]且鬬雞，非雞也；[18]好鬬雞，好雞也。且入井，非入井也；止且入井，止入井也。且出門，非出門也；止且出門，止出門也。[19]若若是，且夭，非夭也，壽夭也。[20]有命，非命也；非執有命，非命也。無難矣。此與彼同類，[21]世有彼而不自非也，墨者有此而罪非之，[22]無也故焉，[23]所謂內膠外閉，與心毋空乎，內膠而不解也。此乃是而不然者也。[24]愛人，待周愛人，而後爲愛人。不愛人，不待周不愛人，不周愛，因爲不愛人矣。[25]乘馬，不待周乘馬，然後爲乘馬也。有乘於馬，因爲乘馬矣。逮至不乘馬，待周不乘馬，而後爲不乘馬。此一周而一不周者也。[26]居於國，則爲居國，有一宅於國，而不爲有國。桃之實，桃也。棘之實，非棘也。[27]問人之病，問人也；惡人之病，非惡人也。人之鬼，非人也；兄之鬼，兄也。祭人之鬼，非祭人也；[28]祭兄之鬼，乃祭兄也。之馬之目盼，[29]則為之馬盼；[30]之馬之目大，而不謂之馬大。[31]之牛之毛黃，則謂之牛黃；之牛之毛衆，而不謂之牛衆。一馬，馬也；二馬，馬也。馬四足者，一馬而四足也，非兩馬而四足也。一馬，馬也。[32]馬或白者，[33]二馬而或白也，非一馬而或白。此乃一是而一非者也。

1 注 「周」，舊本竝作「害」，王引之云：「兩『害』字，俱當作『周』，隸書『周』字與『害』相似，故誤為『害』，下文『此一周而一不周者也』，與此相應，字正作『周』。」

▲案：王說是也，今據正。

2 注 王引之云：「此本作『或一是而一非也』，當以『非也』二字，接『或一是而一』下。其『不可常用也』以下三句，則因上文而衍。『不是也』三字，又後人所增。蓋後人不知『不可常用』云云，為衍文之隔斷正文者，又不知『非也』二字，本與『或一是而一』作一句，乃足以『不是也』三字耳。下文云『此乃一是而一非者也』，與此相應，當據以刪正。」

3 注 畢云：「張湛注《列子》云：『〈白馬論〉曰，馬者所以命形也，白者所以命色也，命色者非命形也』。」

▲詒讓案：張本《公孫龍子》文。

4 注 《說文・馬部》云：「驪，馬深黑色。」

5 注 畢云：「《方言》云『「臧」、「獲」，奴婢賤稱也。荊、淮、海、岱，雜齊之間，罵奴曰「臧」，罵婢曰「獲」。齊之北鄙，燕之北郊，凡民男而婿婢，謂之「臧」，女而婦奴，謂之「獲」，亡奴謂之「臧」，亡婢謂之「獲」』。王逸注《楚辭》云：『臧，為人所賤繫也；獲，為人所係得也。或曰：臧，守藏者也；獲，主禽者也。』」

6 注 舊本作「視」。畢云：「當為『事』。」王引之云：「畢說非也。『視』乃『親』字之譌，『獲之親，人也。獲事其親，非事人也』。兩『親』字上下相應，猶下文云『其弟美人也，愛弟，非愛美人也』，兩『弟』字亦上下相應。」

▲案：王說是也，今據正。

7 注 畢云：「言使其弟有美容，而愛弟者，非以容也。」

8 注 畢云：「當為『乘船』。」蘇云：「『人』，當為『入』之誤。」

9 注 畢云：「此所謂辯名實之理。」

10 注 衍一「人」字。

11 注 「盜」下「人」字衍。《荀子．正名》篇云：「『殺盜非殺人也』，此惑於用名以亂名者也。」

12 注 據下文，疑衍「盜無難」三字。

13 注 舊本「故」在「也」上，王引之云：「『無故也焉』當作『無也故焉』。『也故』，即『他故』。下文云『此與彼同類，世有彼而不自非也，墨者有此而非之，無也故焉』，文正與此同，今本『也故』二字倒轉，則義不可通。」

▲案：王校是也，今據乙。

14 注 《爾雅．釋詁》云：「膠，固也」。謂內膠固而外閉塞。

15 注 空，讀為『孔』。《列子．仲尼》篇：「文摯謂龍叔曰：子心六孔流通，一孔不達」，張注云：「舊說聖人心有七孔也。」

16 注 舊本「然」作「殺」。畢云：「據上當為『然』，一本作『然』。」蘇云：「『然』與『煞』字，形相近，遂展轉致訛。」

▲案：畢、蘇校是也。顧校季本亦作「然」，今據正。

17 注 疑當作「夫且讀書，非讀書也，好讀書，好書也」。

18 注 畢云：「言人使之鬭。」

19 注 據上文，當亦有「世相與共是之」五字。

20 注 疑當重「夭」字。

21 注 舊本脫「類」字，畢云：「據上當有『類』字」，王說同，今據補。

22 注 畢云：「據上無『罪』字。」蘇云：「『罪』字衍。即『而非』兩字之訛。」王說同。

▲案：「罪」疑當作「衆」，形近而譌。言墨者有此論，而衆共非之。似非衍文。上文無此字，或轉是誤脫耳。

23 注 舊本誤作「無故焉也」，王、顧竝據《道藏》本正，吳鈔本同。畢本亦誤，云：「據上文『焉也』當倒」，尤非。

24 注 舊本脫「不」字。王云：「上文『白馬，馬也』以下，但言是，不言非，故曰『此乃是而然者也』。『獲之親人也』以下，言是又言非，故曰『此乃是而不然者也』。『且夫讀書，非好書也』以下，亦是非竝言，而以此三句承之，則亦當云『此乃是而不然者也』，寫者脫去『不』字耳。」

▲案：王校是也，今據補。

25 注 舊本「不周愛」作「不失周愛」。俞云：「周，猶徧也，『失』字衍文。此言不愛人者，不待徧不愛人，而後謂之不愛人也。有不徧愛，因為不愛人矣，今衍『失』字，義不可通，乃淺人不達文義而加之。」

▲案：俞說是也，今據刪。

26 注 舊本「不待周乘馬」句，脫「不」字，「而後為不乘馬」句，脫「為」字。下又衍「而後不乘馬」五字。王引之云：「『待周乘馬，然後為乘馬也』，『待』上當有『不』字。不待周乘馬，所謂不周也。下文『待周不乘馬』，所謂周也。以相反為義，『而後不乘馬』，『不』上當有『為』字，猶上文云『然後為乘馬也』，寫者脫去耳。其重出之『而後不乘馬』五字，則衍文也。」

▲案：王說是也，今據增刪。

27 注 棘之實，棗也，故云「非棘」。《詩．魏風．園有棘》「其實之食」，毛《傳》云：「棘，棗也。」《說文．朿部》云：「棘，小棗叢生者。」

28 注 祭人之鬼，舊本脫「人」字。王引之云：「『祭之鬼』，當作『祭人之鬼』，承上文『人之鬼』而言也，寫者脫『人』字。」

▲案：王說是也，今據補。

29 注 顧云：「《淮南．說山訓》作『眇』，此作『盼』，誤也。」畢云：「上『之』疑當為『大』。」王引之云：「上『之』非『大』字之譌。之，猶『於』也。言『於馬之目盼，則謂之馬盼，於馬之目大，而不謂之馬大；於牛之毛黃，則謂之牛黃，於牛之毛衆，而不謂之牛衆』也。」蘇云：「之馬，猶言『是馬』。盼，視也。」

▲案：《說文．目部》云：「盼，白黑分也」；「眇，一目小也」。馬目不可以言「盼」，顧校近是。「之」，當從蘇訓為是，前〈經說〉諸篇，義多如此。

30 注 畢云：「『為』，當作『謂』。」

31 注 《莊子．天下》篇《釋文》引司馬彪云：「狗之目眇，謂之眇狗；狗之目大，不曰大狗；此乃一是一非」，即襲此文，而易「馬」為「狗」。

32 注 王引之云：「『一馬，馬也。二馬，馬也』，已見上文。此『一馬，馬也』四字，蓋衍。」

33 注 畢云：「『白』，舊作『自』，以意改。」

▲案：顧校季本正作「白」。

耕柱第四十六

子墨子怒耕柱子，[1]耕柱子曰：「我毋俞於人乎？」[2]子墨子曰：「我將上大行，[3]駕驥與羊，[4]子將誰敺？」[5]耕柱子曰：「將敺驥也。」子墨子曰：「何故敺驥也？」耕柱子曰：「驥足以責。」[6]子墨子曰：「[7]我亦以子爲足以責。」[8]

1 注 墨子弟子。

2 注 《荀子．榮辱》篇楊注云：「俞，讀為『愈』」。《淮南子．說山訓》高注云：「愈，勝也」。畢云：「古『愈』字只作『俞』，《太平御覽》引作『愈』。」

3 注 「大」，吳鈔本作「太」，蘇云：「『大』讀為『太』」。畢云：「高誘注《呂氏春秋》云：『大行在河內野王縣北』，山在今河南懷慶府城北，亦名羊腸阪。」

4 注 王云：「羊不可與馬竝駕，『羊』當為『牛』。《太平御覽．地部五》引此已誤作『羊』。《藝文類聚．地部》及《白帖．五》並引作『牛』。」

5 注 畢云：「『子』，舊作『我』，據《藝文類聚》、《太平御覽》改。《說文》云：『敺，古文「驅」，从攴』。《藝文類聚》引作『驅』。」

6 注　畢云：「《蓺文類聚》引作『以驥足責』。」王云：「『驥足以責』本作『以驥足責』，言所以敺驥者，以驥之足責故也。此正答墨子『何故敺驥』之問。今本倒『以』字於『足』字之下，則非其旨矣。《類聚》、《白帖》、《御覽》並作『以驥足責』。」蘇云：「言任敺策也。」

7 注　畢云：「『子墨』二字舊脫，據《太平御覽》增。」

8 注　王云：「本作『我亦以子為足責』，此正答耕柱子『以驥足責』之語。今本『足責』作『足以責』，亦誤。《類聚》、《御覽》無『以』字。」蘇云：「亦責備賢者之意。」

巫馬子謂子墨子曰：[1]「鬼神孰與聖人明智？」子墨子曰：「鬼神之明智於聖人，猶聰耳明目[2]之與聾瞽也。[3]昔者夏后開[4]使蜚廉折金於山川，[5]而陶鑄之於昆吾；[6]是使翁難雉乙卜於白若之龜，[7]曰：[8]『鼎成三足而方，[9]不炊而自烹，[10]不舉而自臧，[11]不遷而自行，[12]以祭於昆吾之虛，[13]上鄉』！[14]乙又言兆之由[15]曰：『饗矣！[16]逢逢白雲，[17]一南一北，一西一東，[18]九鼎既成，遷於三國。』[19]夏后氏失之，殷人受之；殷人失之，周人受之。[20]夏后、殷、周之相受也。數百歲矣。使聖人聚其良臣與其桀相而謀，[21]豈能智數百歲之後哉？[22]而鬼神智之。是故曰鬼神之明智於聖人也，猶聰耳明目之與聾瞽也。」[23]

1 注 畢云：「《藝文類聚》引『謂』作『問』。」蘇云：「巫馬子為儒者也，疑即孔子弟子巫馬期，否則其後。」

▲詒讓案：《史記．孔子弟子傳》云：「巫馬施，少孔子三十餘歲」，計其年齒，當長墨子五、六十歲，未必得相問答，此或其子姓耳。

2 注 畢云：「《埶文類聚．襍器物部》引作『聰明耳目』。」

3 注 畢云：「《埶文類聚》引『瞽』作『盲』。」

4 注 畢云：「『昔者』，《埶文類聚》引作『若』。《後漢書注》引云『開治』。」

▲詒讓案：「治」字不當有，〈崔駰傳〉注蓋誤衍。蘇云：「開，即啓也，漢人避諱而改之。」

5 注 畢云：「《埶文類聚》、《後漢書注》、《太平御覽》、《玉海》俱引『蜚』作『飛』。」蘇云：「此為夏之蜚廉。」

▲詒讓案：《初學記．鱗介部》、《文選．七命》注，竝作「飛」。又畢本「折」改「採」，云：「舊作『折』，據《文選注》改。《山海經》云：『其中多金，或在山，或在水』。諸書引多無『川』字，非。」王云：「畢改非也。折金者，擿金也。《漢書．趙廣漢傳》『其發姦擿伏如神』，師古曰：『擿，謂動發之也』。《管子．地數》篇曰『上有丹沙者，下有黃金。上有慈石者，下有銅金。上有陵石者，下有鉛、錫有銅。上有赭者，下有鐵。君謹封而祭之，然則與折取之遠矣』。彼言『折取之』，此言『折金』，其義一也。《說文》曰『䂞，上擿巖空青珊瑚墮之，從石，折聲』，䂞與折，亦聲近而義同。《後漢書．崔駰傳》

注、《藝文類聚·雜器物部》、《初學記·鱗介部》、《太平御覽·珍寶部九》、《路史·疏仡紀》、《廣川書跋》、《玉海·器用部》引此竝作『折金』。《文選注》作『採金』者，後人不曉『折』字之義而妄改之，非李善原文也。」又云：「山水中雖皆有金，然此自言使蜚廉折金於山，不兼『川』言之。《後漢書注》、《文選注》、《藝文類聚》、《初學記》、《太平御覽》引此皆無『川』字，則『川』字乃後人以意加之也。」

▲案：王說是也。

6 **注** 吳鈔本無「之」字。畢云：「《藝文類聚》、《後漢書注》、《文選注》俱引作『以鑄鼎於昆吾』。『吾』，《文選注》作『吳』。《括地志》云：『濮陽縣，古昆吾國，故城縣西三十里，昆吾臺在縣西百步，在顓帝城內，周回五十步，高二十丈，即昆吾虛也』。」王云：「『陶鑄之於昆吾』本作『鑄鼎於昆吾』，此淺人不曉文義而改之也。金可言鑄，不可言陶。上言『折金』，故此言『鑄鼎』。此言『鑄鼎』，故下言『鼎成』。若以『陶鑄』竝言，則與上下文皆不合矣。《後漢書注》、《文選注》、《藝文類聚》、《初學記》竝作「鑄鼎」，《太平御覽》作「鑄之」，《路史》作「鑄陶」，《玉海》作「陶鑄之」，則羅長源所見本已有『陶』字，蓋唐、宋閒人改之也。」

▲詒讓案：《呂氏春秋·君守》篇云「昆吾作陶」，高注云：「昆吾，顓頊之後，吳回之孫，陸終之子，己姓也，為夏伯制作陶冶」。《通典·州郡》篇云：「濮州濮陽縣即昆吾之虛，亦名帝丘」。案濮陽故城在今直

隸大名府開州西南，即古昆吾國也。夏啓使蜚廉就其地而鑄鼎。故《文選·張協七命》云：「銘德於昆吴之鼎」。「吾」、「吴」字通。濮陽古亦名帝丘，《呂氏春秋·應言》篇云：「市丘之鼎」，宋本《蔡邕集·薦邊文禮書》作「帝丘之鼎」，亦即指夏鼎言之。

7 注 舊本無「雉」字，今據《玉海》增。「白」畢校改為「目」，云：「舊脫『乙』字，又作『白苦之䵷』，誤。《藝文類聚》引作『使翁難乙灼目若之龜』。《玉海》引作『使翁難雉乙卜於白若之龜』，當从『目若』者。《周禮》云『北龜者曰若』。《爾雅·釋魚》云『龜左睨不類，右睨不若』。賈公彥疏《禮》以為『睥睨』是『目若』之說也。若，順也。」王云：「舊本譌作『白苦之䵷』，畢據《藝文類聚》改為『目若之龜』，引《爾雅》以為『目若』之證，殊屬附會。今考《初學記》、《路史》、《廣川書跋》、《玉海》並引作『白若之龜』，『白』字正與今本同，未敢輒改。」

▲詒讓案：「白若」，《道藏》本作「目苦」，吴鈔本、季本作「白苦」，《初學記》引亦作「使翁難乙灼白若之龜」，《江淹集·銅劍讚敘》云：「昔夏后氏使九牧貢金，鑄九鼎於荊山之下，於昆吾氏之墟，白若甘㩩之地」，虞荔《鼎錄》文略同，似皆本此。書亦作「白若」，而以為地名，疑誤。但此文舊本譌脫難通，審校文義，當以《玉海》所引校長。「翁」當作「䇓」，《說文·口部》「嗌」籀文作「䇓」，經典或叚為「益」字。《漢書·百官公卿表》「䇓作朕虞」，是也。䇓與「翁」形近，〈節葬下〉篇「哭泣不秩聲嗌」，「嗌」亦誤作「翁」，是其證。「難」當為「蔪」，〈備穴〉篇「斲以金為蔪」，「蔪」今本亦譌

「難」。又〈經說上〉篇「蔪指」、「蔪脯」，「蔪」竝作「難」，皆形近譌易。「蔪」與「斬」音義同，詳〈經下〉篇。「蔪雉」猶言「斬雉」，即謂殺雉也。《史記．龜策傳》說宋元王得神龜云：「乃刑白雉及與驪羊，以血灌龜於壇中央」，蓋以雉羊之血釁龜也。「乙」當作「已」，「已」與「以」同，言啓使伯益殺雉以釁龜而卜也。《玉海》所引「雉」字尚未譌，今本又脫「雉」字，遂以「翁難乙」為人姓名，真郢書燕說，不可究詰矣。又《博物志》云：「昔夏啓筮徙九鼎，啓果徙之」，似即此事，而傳聞小異。

8 注 畢本「曰」上增「龜」字，云：「舊脫『龜』字，據《玉海》增。」王云：「曰者，翁難乙既卜，而言其占也。下文『乙又言兆之由曰』，即其證。自『鼎成四足而方』以下六句，皆是占詞。畢依《玉海》於『曰』上加『龜』字，非也。『龜曰』二字，義不可通。《藝文類聚》作『使翁難乙灼目若之龜成曰』，則『曰』上本無『龜』字，明矣。」

▲案：王校是也。但此下文六句，似是啓使益命龜之辭，故辭終曰「上饗」，明將鑄鼎以共祭享也。下又言「兆之繇」，乃是占詞。王以下六句竝為占詞，恐非。

9 注 王云：「『三足』本作『四足』，此後人習聞鼎三足之說，而不知古鼎有四足者，遂以意改之也。《藝文類聚》、《廣川書跋》、《玉海》引此皆作『四足』。《博古圖》所載商周鼎四足者甚多，未必皆屬無稽。《廣川書跋》曰：『祕閣二方鼎，其一受太府之量，一秳七斗，又一受量損二斗三升，四足承其下，形方如矩。漢人謂鼎三足以象三德，又謂禹之鼎三足，以有承也。韋昭以《左氏》說莒之二方鼎，乃謂其上則方，其下則圓。方其時，古鼎存者盡廢，其在山澤邱隴者未出，故不得其形制』，引《墨子》『鼎成四足而方』，以為古鼎四足之證。」王引之云：「《左傳》『莒之二方鼎』，服虔曰：『鼎三足者圓，四足者方』。則漢人說方鼎，固有知其形制者。」

▲案：二王說是也。此書多古字，舊本蓋作「三足」，故譌為「三」。後文「楚四竟之田」，「四」，今本亦譌「三」，可證。《銅劍讚》亦譌作「三足」。

10 注 畢云：「此『亯』字俗寫，《玉海》引作『亨』，《藝文類聚》引作『不灼自成』。」

▲詒讓案：《說文·火部》云：「炊，爨也。」《銅劍讚》及《鼎錄》並云：「不炊而自沸」。《論衡·儒增》篇云：「世俗傳周鼎不爨自沸，不投物物自出」，漢時俗語蓋出於此。

11 注 畢云：「《玉海》引作『藏』。」

▲詒讓案：《銅劍讚》作「不舁而自藏」，《鼎錄》亦作「藏」。《稽瑞》引《墨子》曰：「神鼎不灼自熟，不爨自沸，不汲自滿，五味生焉」，疑即此異文。「炊」、「灼」，「熟」、「烹」，「舉」、「爨」，字形並相近。

12 注 畢云：「《太平御覽》引作『𢮎』，《說文》云：『拪，古文䙴，從手、𠧪』。則『𢮎』實古『拪』字後加為『𢮎』耳。今書又作『遷』，皆傳寫者以少見改之。又《藝文類聚》引俱無『而』字。」

13 注 舊本作「墟」，今據吳鈔本正。畢云：「此『虛』字俗寫。《括地志》云『昆吾故城在濮陽縣西三十里』。」

▲詒讓案：此即《漢書．郊祀志》說，九鼎，嘗鬺亨上帝鬼神也。

14 注 畢云：「疑同『尚饗』。」

15 注 畢云：「舊脫『乙』字，『又』字作『人』，據《藝文類聚》、《玉海》改。《藝文類聚》『由』作『繇』，無『兆之』二字。《玉海》亦作『繇』。」

▲詒讓案：「乙」當作「已」。「由」、「繇」通。言已卜又言其兆占也。《左傳．閔二年》杜注云：「繇，卦兆之占辭」。

16 注 上文命龜云「上饗」，此兆從之，故云「饗矣」。

17 注 「逢」、「蓬」通，《毛詩．小雅．采菽》傳云：「蓬蓬，盛貌」。《莊子．秋水》篇云：「蓬蓬然起於北海」。

18 注 王云：「《藝文類聚》同。《太平御覽》、《路史》、《玉海》竝作『一東一西』。」王引之云：「作『一東一西』者是，一東一西當在『一南一北』之上。『雲』與『西』為韻。西，古讀若『駪駪征夫』之『駪』，說見《六書音均表》。『北』與『國』為韻，〈大雅．文王有聲〉篇『鎬京辟廱，自西自東，自南自北，無思不服』，『廱』與『東』為韻，『北』與『服』為韻，是其例也。而諸書所引『一南一北』句，皆在上，則其誤久矣。」

19 注 《銅劍讚》作「定之國都」，疑誤。畢云：「『北』、『國』為韻。《藝文類聚》引作『而遷三國』。」

20 注 此即夏鼎也，《漢書．郊祀志》云：「禹收九牧之金，鑄九鼎，象九洲，皆嘗鬺亨上帝鬼神。其空足曰鬲，以象三德，饗承天祜。夏德衰，鼎遷于殷。殷德衰，鼎遷于周」。此以禹為啓，蓋傳聞之異。

21 注 「桀」、「傑」通，詳〈非命中〉篇。「謀」，舊本誤「諫」。王引之云：「『諫』字與上下文義不合。『諫』當為『謀』字之誤也。《管子．立政九敗解》『諫臣死而諂臣尊』，今本『諫』作『謀』，與此文互誤。《淮南．主術》篇『耳能聽而執正進諫』，高注『諫或為謀』。言雖聖人與良臣桀相共謀，必不能知數百歲之後也。」

▲案：王校是也，蘇說同，今據正。

22 注 畢云：「『智』，一本作『知』，下同。《藝文類聚》引云『此知必千年，無聖之智，豈能知哉。』」

23 注 「與」，吳鈔本作「於」。

治徒娛、縣子碩問於子墨子曰：[1]「爲義孰爲大務？」子墨子曰：「譬若築牆然，[2]能築者築，能實壤者實壤，能欣者欣，[3]然後牆成也。爲義猶是也。能談辯者談辯，能說書者說書，能從事者從事，然後義事成也。」

1 注 二人蓋竝墨子弟子。《呂氏春秋．尊師》篇云：「高何、縣子石，齊國之暴者也，指於鄉曲，學於子墨子」，即此縣子碩也。蘇疑即〈檀弓〉縣子瑣，未塙。

2 注 「譬」，吳鈔本作「辟」。

3 注 畢云：「《說文》云『掀，舉出也』，與『欣』同。」王引之云：「舉出之事與築牆無涉。『欣』當讀為『睎』。《說文》曰『睎，望也』。《呂氏春秋．不屈》篇曰『今之城者，或操大築乎城上，或負畚而赴乎城下，或操表掇以善睎望』，此云『能築者築』，即彼所云『操大築乎城上』也；『能實壤者實壤』，即彼所云『負畚而赴城下』也；『能欣者欣』，『欣』與『睎』同，即彼所云『操表掇以善睎望』也。『睎』字從『希』得聲，古音在脂部。『欣』字從『斤』得聲，古音在諄部。諄部之音多與脂部相通，故從『斤』之字亦與從『希』之字相通。《說文》曰：『昕，從日，斤聲，讀若希』。《左傳》曹公子『欣時』，《漢書．古今人表》作『郗時』，是其證也。」

巫馬子謂子墨子曰：「子兼愛天下，未云利也；我不愛天下，未云賊也。[1]功皆未至，子何獨自是而非我哉？」子墨子曰：「今有燎者於此，[2]一人奉水將灌之，一人摻火將益之，[3]功皆未至，子何貴於二人？」巫馬子曰：「我是彼奉水者之意，[4]而非夫摻火者之意。」子墨子曰：「[5]吾亦是吾意，而非子之意也。」

1 注 俞云：「《廣雅．釋詁》『云，有也』，此兩『云』字，均當訓『有』。」

2 注 畢云：「《說文》云：『燎，放火也』。舊『於此』二字倒，一本如此。」

▲案：顧校季本亦作「於此」。

3 注 畢云：「『摻』，即『操』字異文，唐人別有音，非也。」

4 注 「意」，舊本作「義」，今據《道藏》本、吴鈔本正。

5 注 畢云：「舊脫『墨子』二字，以意增。」

子墨子游荊耕柱子於楚，[1]二三子過之，食之三升，[2]客之不厚。二三子復於子墨子曰：「耕柱子處楚無益矣。二三子過之，食之三升，客之不厚。」子墨子曰：「未可智也。」[3]毋幾何而遺十金於子墨子，曰：「[4]後生不敢死，[5]有十金於此，願夫子之用也。」子墨子曰：「果未可智也。」

1 注 畢云：「游，謂游揚其名而使之仕。」王云：「『耕柱子』上不當有『荊』字，『耕』、『荊』聲相近，則『荊』蓋『耕』字之誤而衍者。〈魯問〉篇曰『子墨子游公尚過於越』。」蘇云：「篇首但言耕柱子，此多一『荊』字，疑衍文。」

2 注 三升，蓋謂每食之數。〈襍守〉篇云：「參食，食參升小半，日再食。」《說苑．尊賢》篇「田需謂宗衛曰：三升之稷，不足於士。」閻若璩謂古量五當今一，則止今之大半升耳。《莊子．天下》篇說宋鈃、尹文曰：「請欲固置五升之飯，足矣，先生恐不得飽，弟子雖飢，不忘天下。」此復少於彼，明其更不飽矣。

3 注 畢云：「『智』，一本作『知』，下同。」

4 注 吳鈔本無「於」字。《孟子．公孫丑》篇趙注云：「古者以一鎰為一金，鎰，二十兩也」。《史記．燕世家》正義引臣瓚云：「秦以一鎰為一金」。《公羊傳．隱五年》何注云：「古者以金重一斤」，《文選．王命論》李注引韋昭云：「一斤為一金」，二說不同，未知孰是。畢云：「『十金』當為『千金』之誤」。俞云：「《戰國．齊策》『乃使操十金』，注『二十兩為一金』。然則十金為二百兩矣。墨氏崇儉，其徒以十金餽遺，不為不豐，畢率意增益，厚誣古人，殊為無謂。」

5 注 後生，即弟子之稱。〈非儒下〉篇云：「弟子後生」。畢云：「稱『不敢死』者，猶古人書疏稱『死罪』常文。」

巫馬子謂子墨子曰：「子之爲義也，[1]人不見而耶，鬼不見而富，[2]而子爲之，有狂疾！」子墨子曰：「今使子有二臣於此，[3]其一人者見子從事，不見子則不從事；其一人者見子亦從事，不見子亦從事，子誰貴於此二人？」巫馬子曰：「我貴其見我亦從事，不見我亦從事者。」子墨子曰：「然則，是子亦貴有狂疾也。」

1 注 王云：「舊本脫『曰子』二字，今以意補。」

2 注 王引之云：「『耶』字，義不可通，蓋『服』之壞字也。『富』讀為『福』，『福』、『富』古字通。而，汝也。『人不見而服』者，未見人之服汝也。『鬼不見而富』者，未見鬼之福汝也。故下文曰：『而子為之，有狂疾也』。『服』與『福』為韻。」蘇云：「『耶』當作『取』。」

▲案：王讀「富」為「福」，是也。「耶」，疑「助」之譌。王、蘇校並未塙。

3 注 畢云：「謂家臣。」

子夏子徒問於子墨子曰：[1]「君子有鬭乎？」子墨子曰：「君子無鬭。」子夏之徒曰：「狗、豨猶有鬭，[2]惡有士而無鬭矣？」子墨子曰：「傷矣哉！言則稱於湯、文，行則譬於狗、豨，傷矣哉！」

1 注 《史記索隱》引《別錄》云：「今按《墨子》書有『文子』，文子即子夏之弟子，問於墨子。如此則墨子在七十子之後也。」

▲案：今本無文子，或在佚篇中。

2 注 「豨」，《道藏》本、吳鈔本作「狶」，下同。《說文·豕部》云：「豨，豕走豨豨也」。《方言》云：「豬，南楚謂之『豨』。」

巫馬子謂子墨子曰：「舍今之人而譽先王，[1]是譽槁骨也。譬若匠人然，智槁木也，[2]而不智生木。」子墨子曰：「天下之所以生者，以先王之道教也。今譽先王，是譽天下之所以生也。可譽而不譽，非仁也。」[3]

1 注 畢云：「『先』，舊作『大』。一本如此。下同。」

2 注 畢云：「『智』同『知』。」

3 注 畢云：「舊脫『非』字，一本有。」

子墨子曰：「和氏之璧，[1]隋侯之珠，[2]三棘六異，[3]此諸侯之所謂良寶也。[4]可以富國家，衆人民，治刑政，安社稷乎？曰『不可』。所謂貴良寶者，爲其可以利民也。而和氏之璧、隋侯之珠、三棘六異不可以利人，是非天下之良寶也。今用義爲政於國家，人民必衆，刑政必治，社稷必安。所爲貴良寶者，可以利民也，而義可以利人，故曰『義天下之良寶也』。」

1 **注**《韓非子．和氏》篇云：「楚人和氏得玉璞楚山中，奉而獻之厲王，使玉人相之，曰：『石也』。王以和為誑，而刖其左足。及厲王薨，武王即位，和又奉其璞而獻之武王，使玉人相之，又曰：『石也』，王又以和為誑，而刖其右足。武王薨，文王即位，和乃抱其璞而哭於楚山之下。王乃使玉人理其璞而寶焉，遂命曰『和氏之璧』。」

▲案：《淮南子．覽冥訓》高注，以和氏所獻者為楚武王、文王、成王，與《韓子》不同，未知孰是。

2 **注**《淮南子．覽冥訓》高注云：「隋侯，漢東之國，姬姓諸侯也。隋侯見大蛇傷斷，以藥傅之。後蛇於江中銜大珠以報之，因曰『隋侯之珠』。蓋明月珠也。」畢云：「《文選．李斯上秦始皇書》注引『隋』作『隨』。」

3 **注**《史記．楚世家》云：「居三代之傳器，吞三翮六翼，以高世主。」《索隱》云：「翮，亦作『鬲』」。三翮六翼，亦謂九鼎。空足曰翮，『六翼』即六耳，翼近耳旁。」宋翔鳳云：「『棘』同『翮』，『異』同『翼』，亦謂九鼎也。《爾雅．釋器》『附耳外謂之釴』，『翼』、『釴』字通。〈釋器〉又云：『款足者謂之鬲』，即翮也。《漢書．郊祀志》『鑄九鼎，其空足曰「鬲」，以象三德』。」蘇林曰：「足中空不實者，名曰『鬲』也。」

4 注 畢云：「《藝文類聚》引云『申徒狄曰：周之靈珪出於土石，楚之明月出於蜯蜃』。《太平御覽》引云『周公見申徒狄曰：賤人強氣則罰至。申徒狄曰：周之靈珪出於土石，楚之明月出於蜯蜃，五象出於漢澤。和氏之璧、夜光之珠、三棘六異，此諸侯之良寶也。』又一引云『申徒狄謂周公曰：賤人何可薄邪？周之靈珪出於土石，隋之明月出於蜯蜃，少豪大豪出於污澤，天下諸侯皆以為寶。狄今請退也』。文各不同，當是此『和氏之璧』上脫文。」

▲案：周公、申徒狄語當在佚篇，與此文不相家也。詳佚文。

葉公子高問政於仲尼[1]曰：「善爲政者若之何？」仲尼對曰：「善爲政者，遠者近之，而舊者新之。」[2]子墨子聞之曰：「葉公子高未得其問也，仲尼亦未得其所以對也。葉公子高豈不知善爲政者之遠者近也，[3]而舊者新是哉？[4]問所以爲之若之何也。不以人之所不智告人，[5]以所智告之，[6]故葉公子高未得其問也，仲尼亦未得其所以對也。」

1 注 《論語·述而》集解：「孔安國云：『葉公名諸梁，楚大夫，食采於葉，僭稱公』。」《左·定五年傳》「葉公諸梁」，杜注云：「司馬沈尹戌之子，葉公子高也」。《莊子·人間世》釋文云：「字子高。」

2 注 言待故舊如新，無厭怠也。畢云：「《論語》作『近者說，遠者來』。」

▲詒讓案：《韓非子·難三》篇亦云：「葉公子高問政於仲尼，仲尼曰：政在悅近而來遠。子貢問曰：何也？

仲尼曰：葉都大而國小，民有背心，故曰『政在悅近而來遠』。」

3 **注** 畢云：「『也』，當為『之』。」

4 **注** 畢云：「一本無『是』字。」蘇云：「『是』，當作『之』。」

5 **注** 畢云：「『智』，一本作『知』。」

6 **注** 畢云：「舊『以所』二字倒，一本如此。」

子墨子謂魯陽文君[1]曰：「大國之攻小國，譬猶童子之爲馬也。[2]童子之爲馬，足用而勞。[3]今大國之攻小國也，攻者農夫不得耕，婦人不得織，以守爲事；攻人者，亦農夫不得耕，婦人不得織，以攻爲事。故大國之攻小國也，譬猶童子之爲馬也。」

1 **注** 畢云：「《文選注》云：『賈逵《國語注》曰：魯陽文子楚平王之孫，司馬子期之子，魯陽公』，即此人。其地在魯山之陽。〈地理志〉云：『南陽魯陽有魯山』。師古曰：『即淮南所云魯陽公與韓戰，日反三舍者也』。」蘇云：「魯陽文君即魯陽文子也。《國語．楚語》曰：『惠王以梁與魯陽文子，文子辭，與之魯陽』。是文子當楚惠王時，與墨子時世相値。」

▲詒讓案：〈楚語〉韋注說與賈同。文君即《左．哀十九年傳》之公孫寬。又十六年《傳》云：「使寬為司

馬」。《淮南子．覽冥訓》，高注云：「魯陽，楚之縣公，楚平王之孫，司馬子期之子，今南陽魯陽是也」。

2 **注** 畢本無「也」，云：「一本有『也』字。《文選注》云：『幽求子曰：年五歲閒有鳩車之樂，七歲有竹馬之歡』。」

▲案：《道藏》本、季本、吳鈔本，並有「也」字，今據補。

3 **注** 畢云：「言自勞其足，謂竹馬也。」

▲案：此直言童子戲效為馬耳，不必竹馬，畢說竝非。

子墨子曰：「言足以復行者，常之；不足以舉行者，勿常。[1]不足以舉行而常之，是蕩口也。」[2]

1 **注** 畢云：「舊脫『不』字，一本有。」

2 **注** 〈貴義〉篇亦有此章，而文小異。蕩口，此篇亦兩見，蓋謂不可行而空言，是徒敝其口也。〈經下〉篇云「霄盡，蕩也」，即消磨敝盡之義。

子墨子使管黔敖[1]游高石子於衛，[2]衛君致祿甚厚，設之於卿。[3]高石子三朝必盡言，而言無行者。去而之齊，見子墨子曰：「衛君以夫子之故，[4]致祿甚厚，設我於卿。石三朝必盡言，而言無行，是以去之也。衛君無乃以石為狂乎？」[5]子墨子曰：「去之苟道，受狂何傷！古者周公旦非關叔，[6]辭三公，東處於商蓋，[7]人皆謂之狂。後世稱其德，揚其名，至今不息。且翟聞之，為義非避毀就譽，[8]去之苟道，[9]受狂何傷！」高石子曰：「石去之，焉敢不道也。昔者夫子有言曰：『天下無道，仁士不處厚焉。』今衛君無道，而貪其祿爵，則是我為苟陷人長也。」[10]子墨子說，而召子禽子曰：「[11]姑聽此乎！夫倍義而鄉祿者，[12]我常聞之矣。倍祿而鄉義者，於高石子焉見之也。」

1 注 畢云：「疑『敖』字。」蘇云：「『洨』與『游』字形相近，當誤衍。」

▲案：畢說是也。《說文．水部》有「漖」字，从水，敖聲，此借為「敖」。〈檀弓〉有齊人黔敖，此墨子弟子，與彼名同。

2 注 〈魯問〉篇有高孫子，《呂氏春秋．尊師》篇有墨子弟子高何，未知即高石子否。

3 注 畢云：「舊作『鄉』，一本如此，下同。」

▲案：顧校季本作「卿」。《荀子．臣道》篇楊注云：「設，謂置於列位。」

4 注 舊本脫「衛」字，今據《道藏》本、季本、吳鈔本補。

5 注 「無」，吳鈔本作「毋」。

6 注 畢云：「『關』，即『管』字假音，一本改作『管』，非是。《左傳》云『掌其北門之管』，即關也。」

7 注 畢云：「商蓋，即商奄。《尚書・金滕》云『周公居東二年』。」王云：「『商蓋』當為『商奄』。『蓋』字古與『盇』通，『盇』、『奄』草書相似，故『奄』譌作『盇』，又譌作『蓋』。《韓子・說林》篇：『周公旦已勝殷，將攻商奄』，今本『奄』作『蓋』，誤與此同。昭二十七年《左傳》『吳公子掩餘』，《史記・吳世家》、〈刺客傳〉並作『蓋餘』，亦其類也。」顧、蘇說同。

▲案：王說是也。《左・昭九年傳》云：「蒲姑、商奄，吾東上也」，孔《疏》引服虔云：「商奄，魯也。」又定四年《傳》云：「因商奄之民，命以伯禽，而封於少皞之墟」。《說文・邑部》「奄」作「䣛」，云「周公所誅䣛國，在魯」。《史記・周本紀》索隱引《括地志》云：「兗州曲阜縣奄里，即奄國之地」，又引鄭康成云：「奄國在淮夷之北」。是商奄即奄，單言之曰奄，絫言之則曰商奄。此謂周公居東，蓋東征滅奄，即居其地，亦即魯也。蔡邕〈琴操〉云：「有譖公於王者，周公奔魯而死。」案蔡說奔魯，與此書合，但謂公死於魯，則妄耳。《詩・豳風・破斧》云：「周公東征，四國是皇」，毛《傳》云：「四國，管、蔡、商、奄也。」彼商謂殷，與奄為二國，非《左傳》、《墨子》之商奄也。

8 注 畢云：「舊二字倒，一本如此。」

▲案：顧校季本不倒。

9 注 畢云：「舊二字倒，一本如此。」

▲案：季本亦不倒。

10 注 畢云：「『陷』，一本作『處』。」

▲詒讓案：「苟陷人長」疑當作「苟啗人食」。「啗」、「陷」聲同，「食」、「長」形近，故譌。《說文．口部》云：「啗，食也」。依或本，則當為「苟處人厚」，與上文相應，然義較短。

11 注 即禽滑釐，見〈公輸〉篇。

12 注 《說文．人部》云：「倍，反也」。蘇云：「『倍』、『背』同，『鄉』、『向』同。」

子墨子曰：「世俗之君子，貧而謂之富，則怒；無義而謂之有義，則喜。豈不悖哉！」

公孟子曰：「先人有則，三而已矣。」子墨子曰：「孰先人而曰『有則，三而已矣』？子未智人之先有。」1

1 注 蘇云：「此節文有錯誤。」

後生有反子墨子而反者，[1]「我豈有罪哉？吾反後」。[2]子墨子曰：「是猶三軍北，[3]失後之人求賞也。」[4]

1 注 《荀子．解蔽》篇楊注云：「反，倍也」。下「反」，當為「返」之叚字。《廣雅．釋詁》云：「反，歸也」。「者」下當有「曰」字。蓋門人有倍墨子而歸者，其言如是。

2 注 言彼有先反者，吾雖反尚在其後。

3 注 句。

4 注 謂戰敗失道而後歸，不得與殿者同賞。

公孟子曰：「君子不作，術而已。」[1]子墨子曰：「不然，人之其不君子者，[2]古之善者不誅，[3]今也善者不作。[4]其次不君子者，古之善者不遂，[5]己有善則作之，欲善之自己出也。今誅而不作，是無所異於不好遂而作者矣。吾以為古之善者則誅之，今之善者則作之，欲善之益多也。」[6]

1 注 畢云：「術，同『述』。」

▲詒讓案：此即〈非儒〉篇所云「君子循而不作也」。

2 注 蘇云：「『其』，當為『甚』字之誤。下言『次不君子』，可證。」

3 注 畢云：「『誅』，疑當為『述』。『術』、『誅』、『遂』疑皆聲誤。下同。」俞云：「『誅』，當為『訹』，字之誤也。上文『君子不作，術而已』，此云『古之善者不訹』，『術』與『訹』，並『述』之叚字，其字並從『朮』聲，故得相叚借也。若作『誅』，則與述聲絕遠矣。」

▲案：俞說是也。

4 注 蘇云：「『今也』，當為『今世』。」

▲案：「也」即「之」之譌，蘇校未塙。

5 注 畢云：「疑當為『述』，〈月令〉以『遂』為『術』。」

6 注 畢云：「意言古之善者多，故但述而行之；今之善者少，故須作。作者欲善之多，無異於述也。」蘇云：「此言述、作不可偏廢，皆務為其善而已。述主乎因，故以古言；作主乎刱，故以今言。述而又作，則善益多矣。畢注似未得本意。」

▲案：蘇說是也。

巫馬子謂子墨子曰：「[1]我與子異，[2]我不能兼愛。我愛鄒人於越人，愛魯人於鄒人，愛我鄉人於魯人，愛我家人於鄉人，愛我親於我家人，愛我身於吾親，以爲近我也。

擊我則疾，擊彼則不疾於我，[3]我何故疾者之不拂，而不疾者之拂？[4]故有我有殺彼以我，無殺我以利。」[5]子墨子曰：「子之義將匿邪，意將以告人乎？」巫馬子曰：「我何故匿我義？[6]吾將以告人。」子墨子曰：「然則，一人說子，[7]一人欲殺子以利己；十人說子，十人欲殺子以利己；天下說子，天下欲殺子以利己。一人不說子，一人欲殺子，以子爲施不祥言者也；十人不說子，十人欲殺子，以子爲施不祥言者也；天下不說子，天下欲殺子，以子爲施不祥言者也。說子亦欲殺子，不說子亦欲殺子，是所謂經者口也，殺常之身者也。」[8]子墨子曰：「子之言惡利也？[9]若無所利而不言，是蕩口也。」[10]

1 **注** 巫馬子，見前。蓋巫馬期之子姓。《史記・孔子弟子傳》「巫馬施，字子旗」，《集解》引鄭康成《孔子弟子目錄》云「魯人」。故下云：「愛魯人於鄒人」。《家語・弟子解》作「陳人」，非也。

2 **注** 畢云：「『子』，舊作『之』，一本如此。」

3 **注** 疾，猶痛也。《說文・手部》云：「擊，攴也」。疒部「疾」、「痛」竝訓「病也」。

4 **注** 《說文・手部》云：「拂，過擊也」。畢云：「舊『不疾』二字倒，一本如此。」

5 **注** 蘇云：「二句當有脫訛，以下文語意攷之，當言『有殺彼以利我，無殺我以利彼也』。『有我』二字疑衍。」俞云：「此當作『故我有殺彼以利我，無殺我以利彼』。」

6 **注** 畢云：「一本作『意』，非。」

7 **注** 謂說其義而從之。

8 **注** 「常」，疑當作「子」。此下亦有脫誤。

9 **注** 言惡所利。

10 **注** 「不言」，疑當作「必言」。蕩口，義見前。

子墨子謂魯陽文君曰：「今有一人於此，羊牛犓豢，[1]維人但割而和之，[2]食之不可勝食也。[3]見人之作餅，[4]。則還然竊之，[5]曰：『舍余食。』[6]不知日月安不足乎，[7]其有竊疾乎？」魯陽文君曰：「有竊疾也。」子墨子曰：「楚四竟之田，[8]曠蕪而不可勝辟，[9]評靈數千，[10]不可勝，[11]見宋、鄭之閒邑，[12]則還然竊之，此與彼異乎？」魯陽文君曰：「是猶彼也，實有竊疾也。」

1 **注** 「犓」，吳鈔本作「犓」，《道藏》本同。畢云：「此『豢』字俗寫，《太平御覽》引作『芻豢』。」

2 **注** 畢云：「『維人』當為『饔人』之誤。『但割』即『袒割』。《說文》云：『但，裼也，从人，旦聲』。經典用『但』為『第』字之義，而忘其本。」

▲詒讓案：「雍」、「維」形近而誤。《儀禮·公食大夫禮》、〈少牢饋食禮〉並有「雍人」。雍，「雝」之

隸變，即「饔」之省。

3 注 《道藏》本無「不可」二字，有「食之」二字，吳鈔本同。畢本增「不可」二字，無「食之」二字，云：「舊脫『不可』二字，據《太平御覽》增」。

▲案：以文義校之「食之不可」四字當並有，今據增。

4 注 畢云：「『作』，舊作『生』，皆據改。」

▲案：「生」字似不誤。《說文·食部》云：「餅，麪餈也。」

5 注 「還」，疑「睘」之借字。《說文·目部》云：「睘，驚視也。」

6 注 畢云：「言捨以為余食。」蘇云：「『舍余食』者，言舍其芻豢羊牛之食，而從事於竊也。」

▲案：二說並非。舍，「予」之叚字，古「賜予」字或作「舍」，詳〈非攻中〉篇。「舍余食」，猶言「與我食」也。

7 注 畢云：「或當云『明不足乎』。」戴云：「『安』字語詞，無實義。」

▲詒讓案：「日月」，疑「耳目」之誤，言其見物而貪也。

8 注 畢云：「『四竟』二字，舊作『三意』，據《太平御覽》改。」

9 注 畢云：「《太平御覽》引云『楚四境之田，蕪曠不可勝闢』。魯陽，楚縣，故云然也。」

10 注 畢云：「《說文》云『評，召也』」顧云：「靈，令也。」戴云：「靈，『令』之叚字。」

▲案：依畢、顧、戴說，則數千為評令之人數，與上下文義竝不貫，殆非也。此「評靈」，當為「呼虛」。凡經典「評召」字，多假「呼」為之，二字互通。《周禮》大小鄭注，《漢書．高帝紀》應劭注竝云：「嚳呼」。《文選．蜀都賦》李注引鄭康成《易注》云：「坼呼」。《說文．土部》云：「㙤，坼也。」「呼」即「㙤」之叚字。「㙤」本訓「坼」，引申為㙤隙。呼虛，謂閒隙虛曠之地。此與上文竝即〈公輸〉篇「荊國有餘於地而不足於民」之意。〈非攻中〉篇云：「今萬乘之國，虛數於千，不勝而入，廣衍數於萬，不勝而辟」，與此文義正同。「虛」、「靈」，俗書形近而誤。詳〈天志下〉篇。

11 **注** 畢云：「下當脫『用』字。」

▲詒讓案：據〈非攻〉篇當脫「入」字。

12 **注** 閒邑，言空邑，與〈王制〉「閒田」義同。

子墨子曰：「季孫紹與孟伯常治魯國之政，[1]不能相信，而祝於藂社，[2]曰：『苟使我和。』[3]是猶弇其目，[4]而祝於藂社也：[5]『苟使我皆視』。豈不繆哉！」

1 **注** 蘇云：「季孫紹與孟伯常不見於春秋，當為季康子、孟武伯之後，與墨子同時者也。」

▲詒讓案：《禮記．檀弓》云「悼公之喪，季昭子問於孟敬子」，鄭注云：「昭子，康子之曾孫，名強。敬子，武伯之子，名捷」。此季孫紹、孟伯常，當即昭子、敬子之子若孫也。

2 注「蘒」，舊本譌「禁」。下同。王云『禁社』乃『蘒社』之誤，『蘒』與『叢』同。《爾雅》『灌木，叢木』，《釋文》曰『叢，本或作「蘒」』。《漢書．東方朔傳》『蘒珍怪』，師古曰『蘒，古「叢」字』。」

▲案：王校是也，洪說同，今據正。「叢社」，詳〈明鬼下〉篇。

3 注 王引之云：「苟，猶『尚』也。」

4 注 畢云：「《說文》云：『弇，蓋也。』」

5 注 俞云：「『也』，當作『曰』。其下句即祝詞也。上文『而祝於蘒社曰：苟使我和』，是其證。」

子墨子謂駱滑氂[1]曰：「吾聞子好勇。」駱滑氂曰：「然，我聞其鄉有勇士焉，吾必從而殺之。」子墨子曰：「天下莫不欲與其所好，度其所惡。[2]今子聞其鄉有勇士焉，必從而殺之，是非好勇也，是惡勇也。」

1 注 吳鈔本作「釐」，下仍作「氂」。

▲案：此與禽子同名。

2 注 畢云：「度，謂渡去也。」王引之云：「畢說非也。『與』當為『興』，『度』當為『廢』，皆字之誤也。『廢』、『度』草書相似，故『廢』譌作『度』。《史記．歷書》『名察廢驗』，今本『廢』字亦譌作『度』。『興』與『廢』，『好』與『惡』，皆對文。」

卷十二

題解

此卷包含〈貴義〉、〈公孟〉兩篇，〈貴義〉篇大多是墨子的言論，其間穿插了一些情境的描述；就內容來看，除了強調「義」的概念及相關思想外，也有一些與他人對話的辯說之詞。在強調「義」的重要方面，墨子運用了類推法，說明「義」比人身還重要。如：墨子說：「萬事沒有比『義』更珍貴的了。假如現在對別人說：『給你帽子和鞋，但是要砍斷你的手、腳，你願意做這件事嗎？』那人一定不願做。為何如此？因為帽、鞋不如手、腳重要。又說：『給你天下，但要殺死你，你接受這件事嗎？』那人一定不接受。為何如此？因為天下不如自身珍貴。可是，有些時候，人們為了言語上的長短爭辯而導致彼此相殺，是因為把『義』看得比自身還珍貴。所以說：萬事沒有比『義』更珍貴的了。」

〈公孟〉篇則是記載墨子與公孟子的辯論，公孟子代表當時儒家門人的觀點、思想與處事立場，其中也有與當時兼治儒、墨兩家思想的程繁對話，如：墨子對程子說：「儒家的學說足以喪亡天下的有四項內容：儒家認為天不明察，認為鬼神不神明。天與鬼神不高興，這足以喪亡天下。又加上厚葬久喪，要做好幾層的棺槨，訂製很多的衣服、被子，送葬就像搬家一樣，哭泣三年，要人扶著才能起來，拄了拐杖才能行走，耳朵不聽外事，眼睛不見外物，這足以喪亡天下了。又加以弦歌、擊鼓、舞蹈，以聲樂之事作為常習，這足以喪亡天下了。同時又認為凡事有命，說貧困、富裕、長壽、夭折、治亂安危都有定數，不可增減變化。統治天下的人實行他們這一套學說，一定就不從事政治了；被統治的人實行他們的學說，一定就不做事了，這種消極的態度足以喪亡天下。」程子說：「太過分了。先生你怎麼詆毀儒家？」墨子說：「假如儒家本來沒有這四種學說，而我卻說有，這當然是詆毀。但現在儒家本來就有這四種學說，而我說了出來，這就不是詆毀，而是我在描述事實罷了。」

〈公孟〉篇生動地反映出當時儒、墨思想的爭鳴現象，以及墨子善於推理言辯的表達技巧。

貴義第四十七

子墨子曰：「萬事莫貴於義。今謂人曰：『予子冠、履，而斷子之手、足，子爲之乎？』必不爲，何故？則冠、履不若手、足之貴也。又曰：『予子天下而殺子之身，子爲之乎？』必不爲，何故？則天下不若身之貴也。[1]爭一言以相殺，是貴義於其身也。[2]故曰『萬事莫貴於義也』。」[3]

1 **注** 王云：「『何故則』，本作『何則』，後人誤以『則』字下屬為句，故於『何』下加『故』字耳。何則，與『何也』同義。〈辭過〉篇曰『何則，其所道之然也』。〈尚賢〉篇曰『何則，皆以明小物而不明大物也』。《荀子·宥坐》篇曰『何則，陵遲故也』。〈秦策〉曰『臣恐韓、魏之卑辭慮患，而實欺大國也，此何也』，《史記·春申君傳》作『何則』，是其證。《太平御覽·人事部十一、六十二》，〈資產部二〉，引此並作『何則』，無『故』字。」

▲案：「故」字似非衍文。《御覽》所引或有刪節，王校未塙。

2 注 「貴義」，疑當作「義貴」。畢云：「《太平御覽》引作『義貴於身』。」

3 注 《淮南子·泰族訓》云：「天下大利也，比之身則小，身之重也，比之義則輕」，義本此。

子墨子自魯即齊，[1]過故人，[2]謂子墨子曰：[3]「今天下莫爲義，子獨自苦而爲義，子不若已。」子墨子曰：「今有人於此，有子十人，一人耕而九人處，則耕者不可以不益急矣。何故？則食者衆，而耕者寡也。[4]今天下莫爲義，則子如勸我者也，[5]何故止我？」[6]

1 注 《毛詩·鄭風·東門之墠》傳云：「即，就也」。言由魯至齊。畢云：「二字舊倒，以意改。」

2 注 畢云：「《太平御覽》引作『之齊，遇故人』。」

3 注 畢云：「四字，《太平御覽》引作『故人』。」

4 注 王校亦刪「故」字。

5 注 畢云：「《太平御覽．人事部六十二》、〈資產部二〉引，作『子宜勸』，又作『子宜勸我』。」王云：「此不解『如』字之義，而以意改之也。如，猶『宜』也，言子宜勸我為義也。『如』字，古或訓為『宜』。」

6 注 畢云：「《太平御覽》『故』作『以』。」

子墨子南游於楚，見楚獻惠王，[1]獻惠王以老辭，[2]使穆賀見子墨子。子墨子說穆賀，穆賀大說，謂子墨子曰：「子之言則成善矣！[3]而君王，天下之大王也，毋乃曰『賤人之所爲』而不用乎？」[4]子墨子曰：「唯其可行。譬若藥然，[5]草之本，[6]天子食之以順其疾，[7]豈曰『一草之本』而不食哉？[8]今農夫入其稅於大人，大人爲酒醴粢盛[9]以祭上帝鬼神，豈曰『賤人之所爲』而不享哉？故雖賤人也，上比之農，下比之藥，曾不若一草之本乎？且主君亦嘗聞湯之說乎？[10]昔者，湯將往見伊尹，令彭氏之子御。彭氏之子半道而問曰：『君將何之？』湯曰：『將往見伊尹。』彭氏之子曰：『伊尹，天下之賤人也。[11]若君欲見之，[12]亦令召問焉，彼受賜矣。』湯曰：『非女所知也。[13]今有藥此，[14]食之則耳加聰，目加明，則吾必說而強食之。今夫伊尹之於我國也，譬之良醫善藥也。而子不欲我見伊尹，是子不欲吾善也。』因下彭氏之子，不使御。彼苟然，然後可也」。15

1 **注** 畢云：「檢《史記》，楚無『獻惠王』也，《蓺文類聚》引作『惠王』，是。又案：《文選注》引本書云『墨子獻書惠王，王受而讀之，曰良書也』，恐是此間脫文。」蘇云：「獻惠王即楚惠王也。蓋當時已有兩字之諡。」

▲詒讓案：此文脫佚甚多，余知古《渚宮舊事．二》云：「墨子至郢，獻書惠王，王受而讀之，曰：『良書也。是寡人雖不得天下，而樂養賢人，請過進日百種，以待官舍人，不足須天下之賢君。』墨子辭曰：『翟聞賢人進道不行，不受其賞，義不聽不處其朝。今書未用，請遂行矣。』將辭王而歸。王使穆賀以老辭。魯陽文君言於王曰：『墨子，北方賢聖人，君王不見，又不為禮，毋乃失士？』乃使文君追墨子，以書社五里封之，不受而去。」此與《文選注》所引合，必是此篇佚文，但余氏不明著出《墨子》，文亦多刪節譌舛，今未敢據增。余書「獻惠王」，亦止作「惠王」，疑故書本作「獻書惠王」，傳寫脫「書」，存「獻」，校者又更易上下文以就之耳。

2 **注** 蘇云：「楚惠王以周敬王三十二年立，卒於考王九年，始癸丑，終庚寅，凡五十七年。墨子之游，蓋當其暮年，故以老辭。」

▲詒讓案：《渚宮舊事》注云：「時惠王在位已五十年矣。」余說疑本《墨子》舊注。然則此事在周考王二年，魯悼公之二十九年也。

3 注 畢本「成」改「誠」，云：「舊作『成』，據《埶文類聚》改，一本同」。

▲案：顧校季本，亦作「誠」。王云：「古或以成為誠，不煩改字。」

4 注 畢云：「《埶文類聚》引作『用子』，又節。」

5 注 畢云：「《埶文類聚》引作『焉』。」

6 注 吴鈔本，「本」作「木」，下同。蘇云：「『草之本』上，當脫一字。」

7 注 畢云：「《埶文類聚》引，『順』作『療』。」

8 注 畢云：「《埶文類聚》引，『食』作『用』。」

9 注 畢云：「『粢』，當為『齍』。《說文》云：『黍稷在器以祀者』，盛，解同，俱从皿，亦見《周禮》也。前文皆同此義。」

10 注 主君，謂穆賀也。《戰國策》、《史記》載蘇秦說六國君，齊、楚、魏、韓、燕諸王皆稱秦為主君。《索隱》云：「禮，卿大夫稱主，今嘉蘇子合從諸侯，褒而美之，故稱曰主君」。

▲案：《左傳．昭二十九年》齊高張唁魯昭公，稱主君。杜注云：「比公於大夫然」，此小司馬所本。後〈魯問〉篇墨子稱魯君，亦曰主君。《戰國策．秦策》樂羊對魏文侯，〈魏策〉，魯君對梁惠王，亦並稱主君。則戰國時「主君」之稱，蓋通於上下，小司馬據春秋時制，謂唯大夫稱主，非也。

11 注 〈尚賢中〉篇云：「伊摯，有莘氏女之私臣，親為庖人」，故曰天下之賤人。

12 注 吴鈔本，「若君」作「君若」。

13 注 吴鈔本，「女」作「汝」。

14 注 蘇云：「『藥』下當脫『於』字。」

15 注 盧云：「此下疑有脫文。」

▲詒讓案：此七字與上文亦不相應，上下似並有脫佚。

子墨子曰：「凡言凡動，利於天鬼百姓者爲之；凡言凡動，害於天鬼百姓者舍之；凡言凡動，合於三代聖王堯、舜、禹、湯、文、武者爲之；凡言凡動，合於三代暴王桀、紂、幽、厲者舍之。」

子墨子曰：「言足以遷行者，常之；不足以遷行者，勿常。不足以遷行而常之，[1]是蕩口也。」[2]

1 注 舊本脫下「不足」二字，王據上句補，與〈耕柱〉篇合，今從之。

2 注 蘇云：「〈耕柱〉篇亦有此文，上『遷』字作『復』，下二『遷』字作『舉』。」

子墨子曰：「必去六辟。[1]嘿則思，[2]言則誨，動則事，使三者代御，[3]必爲聖人。必去喜，去怒，去樂，去悲，去愛，而用仁義。[4]手足口鼻耳，[5]從事於義，必爲聖人。」

1 注 辟，「僻」之借字。

2 注 畢云：「『默』字，俗寫从口。」

3 注 舊本，作「使者三代御」，畢云：「此言三世為人御，必能抑然自下，若去其喜怒樂悲愛，而有聖人之用心也。」俞云：「『使者三代御』當作『使三者代御』。三者，即『嘿』、『言』、『動』三事也。御，用也。《荀子・禮論》篇『時舉而代御』，楊注曰：『御，進用也』。此云『代御』，義與彼同，言更迭用此三者，則必為聖人也。因『三者』二字，傳寫誤倒，畢遂曲為之說，謬矣。」

▲案：俞說是也，今據正。

4 注 俞云：「『去愛』下，當有『去惡』二字，傳寫脫之。喜怒樂悲愛惡，其六者，皆宜去之。即上文所謂『去六辟』也。」

5 注 疑脫一「目」字。

子墨子謂二三子曰：「爲義而不能，必無排其道。[1]譬若匠人之斲而不能，無排其繩。」[2]

1 注 言於道不能無出入。《莊子．大宗師》篇郭注云：「排者，推移之謂也。」

2 注 畢云：「排，猶『背』。」

子墨子曰：「世之君子，使之爲一犬一彘之宰，[1]不能則辭之；使爲一國之相，不能而爲之。豈不悖哉！」

1 注 「宰」，即膳宰也，見《儀禮．燕禮》、《禮記．文王世子》、《玉藻》。舊本脫「一犬」二字，王據《羣書治要》補，云：「《魯問》篇亦云『竊一犬一彘』。」

子墨子曰：「今瞽曰：『鉅者白也，[1]黔者黑也。』[2]雖明目者無以易之。兼白黑，使瞽取焉，不能知也。[3]故我曰瞽不知白黑者，[4]非以其名也，以其取也。今天下之君子之名仁也，雖禹、湯無以易之。兼仁與不仁，而使天下之君子取焉，不能知也。故我曰天下之君子不知仁者，非以其名也，亦以其取也。」

1 注 俞云：「『鉅』無白義，字當作『豈』，豈者，皚之叚字。《廣雅．釋器》『皚，白也』。『皚』省作

『豈』，又誤作『巨』，因為『鉅』矣。《呂氏春秋．有始覽》『南方曰巨風』，李善注《文選》引作『凱風』，蓋亦省『凱』為『豈』，而誤為『巨』也，可以為證。」

2 注 吳鈔本，「黑」作「墨」，非。畢云：「《說文》云：『黔，黎也。秦謂民為黔首，謂黑色也』。」

3 注 《淮南子．主術訓》云：「問瞽師曰：『白素何如？』曰『縞然。』曰『黑何若？』曰『黮然。』援白黑而示之，則不處焉」，與此語意同。

4 注 「知」，吳鈔本作「能」，以上文校之，疑當作「不能知」，今本及吳本，並脫一字耳。

子墨子曰：「今士之用身，不若商人之用一布之慎也。[1]商人用一布布，[2]不敢繼苟而讎焉，[3]必擇良者。今士之用身則不然，意之所欲則為之，厚者入刑罰，薄者被毀醜，則士之用身不若商人之用一布之慎也。」

1 注 《周禮．泉府》，鄭注云：「布，泉也。其藏曰泉，其行曰布。」

2 注 下「布」字當作「市」，言用一布市物也。

3 注 「繼苟」，義不可通，疑當作「⿰言奊詢」，即「謑詬」之或體也。《說文．言部》云：「詬，謑詬，耻也，或作『詢』，从句」，「謑，或從奊作『⿰言奊』」。《楚辭．九思》云：「違羣小兮謑詢」，王注云：「謑詢，恥辱垢陋之言也」。《荀子．非十二子》篇云：「無廉恥而忍謑詢」，楊注云：「謑詬，詈辱也，字本作『謑詢』。」《漢書．賈誼傳》云：「頑鈍亡恥，奊詬亡節」，顏注云：「奊詬，謂無志分也」。《呂氏春秋．誣徒》篇云：「草木雞狗鳥獸，不可譙詬遇之。譙詬遇之，則亦譙詬報人」，「譙詬」亦「謑詬」之譌。蓋謑詬本訓「恥」，因以為恥詈人之語，又引申之，人之蒙恥辱，無決擇，亦謂之謑詬。此以市布為喻，亦言不敢輕易無決擇而讐物也。畢云：「『讐』，即『售』字正文。」

子墨子曰：「世之君子欲其義之成，[1]而助之修其身則慍，是猶欲其牆之成，而人助之築則慍也，豈不悖哉！」

1 注 吴鈔本「義」作「治」。

子墨子曰：「古之聖王，欲傳其道於後世，是故書之竹帛，鏤之金石，傳遺後世子孫，欲後世子孫法之也。今聞先王之遺而不爲，是廢先王之傳也。」[1]

1 注 王云：「『遺』字義不可通。『遺』當為『道』，此涉上文『傳遺』而誤也。上文曰『古之聖王欲傳其道於後世』，故此文曰『今聞先王之道而不為，是廢先王之傳也。』」

子墨子南遊使衛，[1]關中載書甚多，[2]弦唐子見而怪之，[3]曰：「吾夫子教公尙過曰：『[4]揣曲直而已』。[5]今夫子載書甚多，何有也？」子墨子曰：「昔者周公旦朝讀書百篇，[6]夕見漆十士。[7]故周公旦佐相天子，其脩至於今。[8]翟上無君上之事，下無耕農之難，吾安敢廢此？[9]翟聞之：『同歸之物，信有誤者』。[10]然而民聽不鈞，[11]是以書多也。今若過之心者，數逆於精微，[12]同歸之物，既已知其要矣，是以不教以書也。而子何怪焉？」[13]

1 **注** 「遊」，吳鈔本作「游」。畢云：「《北堂書鈔》，作『使於衛』。」

2 **注** 畢云：「關中，猶云『扃中』，『關』、『扃』音相近。」

▲案：畢說是也。《文選．張衡西京賦》「旗不脫扃」，薛綜注云：「扃，關也」。《左傳．宣十二年》孔《疏》引服虔云：「扃，橫木校輪間。」蓋古乘車，箱輢間以木為闌，中可庋物，謂之扃，亦謂之關。故墨子於關中載書矣。

3 **注** 《廣韻．一先》云：「弦，又姓。」《風俗通》云：「弦子後。」《左傳》：「鄭有商人弦高。」

4 **注** 公尚過，《呂氏春秋．高義篇》，作「公上過」，高注云：「公上過，子墨子弟子也」。

▲案：王符《潛夫論．志氏姓》篇「衛公族有公上氏」。《廣韻．一東》云：「衛大夫有公上玉」，「尚」、

「上」字通。過，疑亦衛人。

5 注 《說文．手部》云：「揣，量也。」

6 注 畢本無「書」字，云：「本多作『讀書百篇』，《繹史》同，《藝文類聚》引無『書』字，《北堂書鈔》凡三引，兩引無，一引有，無者是也。」

▲案：《道藏》本、吴鈔本，並有「書」字，今不據刪。

7 注 畢云：「『漆』，『七』字假音，今俗作『柒』，《藝文類聚》引作『七』。」

▲詒讓案：唐《岱嶽觀碑》、《五經文字》石本，「七」字並作「漆」。

8 注 吴鈔本，「脩」作「修」。

9 注 畢云：「《北堂書鈔》引云『相天下猶如此，況吾無事，何敢廢乎？』」

10 注 《易．繫辭》云：「天下同歸而殊塗」，孔《疏》云：「言天下萬事，終則同歸於一」。蓋謂理雖同歸，而言不能無誤。

11 注 吴鈔本作「均」。畢云：「『均』字假音。」

12 注 《周禮．鄉師》鄭注云：「逆，猶鉤考也。」

13 注 畢云：「言苟得其精微，則無用以書為教。」

子墨子謂公良桓子曰：[1]「衛，小國也，處於齊、晉之閒，猶貧家之處於富家之閒也。貧家而學富家之衣食多用，則速亡必矣。今簡子之家，[2]飾車數百乘，馬食菽粟者數百匹，婦人衣文繡者數百人，吾取飾車、食馬之費與繡衣之財以畜士，[3]必千人有餘。若有患難，則使百人處於前，數百於後，[4]與婦人數百人處前後，孰安？吾以爲不若畜士之安也。」

1 注 蘇云：「公良桓子，蓋衛大夫。」
▲詒讓案：《史記．孔子弟子列傳》有公良儒，陳人，則陳亦有此姓。

2 注 《廣雅．釋言》云：「簡，閱也。」

3 注 俞云：「『吾』，當為『若』字之誤也。」

4 注 畢云：「『數百』下，當脫『人處』二字。」王云：「『百人』，亦當為『數百人』。上文曰『千人有餘』，故此分言之，曰『數百人處於前，數百人處於後』，今作『百人』，則與上下文不合。」

子墨子仕人於衛，[1]所仕者至而反。子墨子曰：「何故反？」對曰：「與我言而不當。[2]曰『待女以千盆』，[3]授我五百盆，[4]故去之也。」子墨子曰：「授子過千盆，則子去之乎？」對曰：「不去。」子墨子曰：「然則，非為其不審也，為其寡也。」

1 注 畢云：「舊脫『人』字，一本有。」

▲詒讓案：《荀子·富國》篇楊注，引作「子墨子弟子仕於衛」，則疑「仕於衛」上，脫「弟子」二字。

2 注 畢云：「後作『審』。」

▲詒讓案：《荀子注》引，亦作「當」，疑「審」字近是。

3 注 「女」，吳鈔本作「汝」。「盆」，畢本改「益」，云：「舊作『盆』，誤。古無『鎰』字，只作『益』，或作『溢』。《漢書·食貨志》云『黃金以溢為名』，注：『孟康曰：二十兩為溢也』。賈逵《國語》注云：『二十四兩』。」王云：「古『鎰』字皆作『溢』，無作『益』者。此言『千盆』、『五百盆』，皆謂粟，非謂金也。《荀子·富國篇》：『今是土之生五穀也，人善治之，則畝數盆』，楊倞曰『蓋當時以盆為量』。引《考工記》曰『盆實二鬴』。又引《墨子》曰『待女以千盆，授我五百盆』，則『盆』非『益』之譌也。〈富國篇〉又云『瓜桃棗李，一本數以盆、鼓』。『鼓』，亦量名。」

4 注 「盆」，畢本亦改「益」，非，下同。

子墨子曰：「世俗之君子，視義士不若負粟者。今有人於此，負粟息於路側，欲起而不能，君子見之，無長少貴賤，必起之。何故也？[1]曰『義也』。今爲義之君子，[2]奉承先王之道以語之，縱不說而行，[3]又從而非毀之。則是世俗之君子之視義士也，不若視負粟者也。」[4]

1 注 王云：「『故』字亦後人所加。《御覽．人事部六十二》引，無『故』字。」

2 注 畢云：「『之』，舊作『也』，據《太平御覽》改。」

3 注 「說」，吳鈔本作「悅」。

4 注 《道藏》本「也」作「之」。畢云：「一本脫此字。」

子墨子曰：「商人之四方，市賈信徙，[1]雖有關梁之難，盜賊之危，必爲之。今士坐而言義，無關梁之難，盜賊之危，此爲信徙不可勝計，然而不爲。則士之計利[2]不若商人之察也。」

1 注 畢云：「當為『倍徙』，下同。」

▲案：畢校是也。「徙」、「蓰」字通。

2 注 畢云：「『則』，舊作『財』，一本如此。」

子墨子北之齊，遇日者。[1]日者曰：「帝以今日殺黑龍於北方，[2]而先生之色黑，[3]不可以北。」[4]子墨子不聽，遂北，至淄水，不遂而反焉。[5]日者曰：「我謂先生不可以北。」子墨子曰：「南之人不得北，北之人不得南，其色有黑者有白者，何故皆不遂也？且帝以甲乙殺青龍於東方，以丙丁殺赤龍於南方，以庚辛殺白龍於西方，以壬癸殺黑龍於北方，[6]若用子之言，則是禁天下之行者也。[7]是圍心而虛天下也，[8]子之言不可用也。」

1 **注** 《史記·日者傳》集解云：「古人占候卜筮，通謂之日者。」《索隱》云：「名卜筮曰『日者』，以墨所以卜筮占候時日，通名日者故也。」畢云：「《文選·劉孝標辯命論》注引『遇』作『過』。」

▲詒讓案：高承《事物紀原》引，亦作「過」。

2 **注** 畢云：「《事類賦》引『殺』作『屠』。」

3 **注** 舊本，「生」誤「王」，今據吳鈔本、顧校季本正。

4 **注** 《淮南子·要略》云：「操舍開塞，各有龍忌」，許注云：「中國以鬼神之事曰忌，北胡、南越皆謂之請龍」。

▲案：此日者以五色之龍定吉凶，疑即所謂「龍忌」。許君「請龍」之說，未詳所出，恐非古術也。畢云：「『北』，《事類賦》作『往』。」

5 注 畢云：「舊脫『至淄水不遂』五字，據《史記·日者傳》集解及《事類賦》增。《史記集解》云『墨子不遂而反焉』，又多二字。淄水出今山東益都縣西南顏神鎮東南三十五里原山，經臨淄縣東北，流至壽光縣北，入海。」

6 注 畢本，此下增「以戊己殺黃龍於中方」，云：「此句舊脫，據《太平御覽》增」。王云：「畢增非也。原文本無此句，今刻本《御覽·鱗介部一》有之者，後人不知古義，而妄加之也。古人謂東西南北為四方者，以其在四旁也。若中央為四方之中，則不得言中方，一謬也；行者之所向，有東有西，有南有北，而中不與焉，二謬也。鈔本《御覽》及《容齋續筆》所引，皆無此句。」

▲案：王說是也。此即古五龍之說，《鬼谷子》盛神法「五龍」，陶弘景注云：「五龍，五行之龍也」。《水經注》引《遁甲開山圖》云：「五龍見教，天皇被迹」。榮氏注云：「五龍治在五方，為五行神。」《說文·戊部》云：「戊，中宮也，象六甲、五龍相拘絞也」，義並同。然則五龍自有中宮，但日者之言，不妨約舉四方耳。

7 注 畢云：「舊脫『天』字『之』字，據《太平御覽》增。」

8 注 蘇云：「『圍心』未詳，『圍』，或當作『違』。」吳玉搢云：「圍心，即『違心』，古『圍』、『違』字通。」

子墨子曰：「[1]吾言足用矣，舍言革思者，[2]是猶舍穫而攈粟也。[3]以其言非吾言者，[4]是猶以卵投石也，盡天下之卵，其石猶是也，不可毀也。」[5]

1 **注** 此上疑有脫文。

2 **注** 「舍」下亦當有「吾」字，蘇云：「革，更也。」

3 **注** 《國語．魯語》「收攟而烝」，韋注云：「攟，拾也。」《一切經音義》引賈逵云：「攈，拾穗也」，「攈」、「攟」字同。畢云：「攟，拾也。一本作『攈』，非。」

4 **注** 畢云：「《太平御覽》引，『其』作『他』。」

5 **注** 畢云：「《太平御覽》作『石猶不毀也』。」

公孟第四十八

公孟子謂子墨子曰：「[1]君子共己以待，[2]問焉則言，不問焉則止。譬若鍾然，扣則鳴，不扣則不鳴。」[3]子墨子曰：「是言有三物焉，子乃今知其一身也，[4]又未知其所謂也。若大人行淫暴於國家，進而諫，則謂之不遜，因左右而獻諫，則謂之言議。此君子之所疑惑也。[5]若大人爲政，將因於國家之難，譬若機之將發也然，[6]君子之必以諫，[7]然而大人之利，[8]若此者，雖不扣必鳴者也。若大人舉不義之異行，雖得大巧之經，可行於軍旅之事，欲攻伐無罪之國，有之也，君得之，則必用之矣。以廣辟土地，著稅僞材，[9]出必見辱，所攻者不利，而攻者亦不利，是兩不利也。若此者，雖不扣必鳴者也。[10]且子曰：『君子共己待，問焉則言，不問焉則止，譬若鍾然，扣則鳴，不扣則不鳴。』今未有扣，子而言，是子之謂不扣而鳴邪？[11]是子之所謂非君子邪？」[12]

1 **注** 惠棟云：「公孟子，即公明子，孔子之徒。」宋翔鳳云：「孟子：公明儀、公明高，曾子弟子，公孟子與墨子問難，皆儒家之言。『孟』與『明』通，『公孟子』即『公明子』，其人非儀即高，正與墨翟同時。」

▲詒讓案：《潛夫論·志氏姓》篇「衛公族有公孟氏」。《左傳·定十二年》孔《疏》謂公孟縶之後，以字為氏。《說苑·脩文》篇有公孟子高見顓孫子莫及曾子，此公孟子疑即子高，蓋七十子之弟子也。

2 **注** 蘇云：「共，讀如『恭』。」

▲詒讓案：《荀子·王霸》篇云：「則天子共己而已」。楊注云：「共，讀為『恭』，或讀為『拱』，垂拱而已也」。

▲案此「共己」，當讀為「拱己」，《非儒》篇云：「高拱下視」是也。

3 注 〈非儒下〉篇述儒者之言曰：「君子若鍾，擊之則鳴，弗擊不鳴」，即此。畢云：「《說文》云：『扣，牽馬也』，『敂，擊也，讀若扣』，此假音耳。」

4 注 吴鈔本「其」下有「有」字。王引之云：「『身』字義不可通，『身』當為『耳』，隸書『身』字或作『身』，見〈漢荊州從事苑鎮碑〉，與『耳』相似，故『耳』誤為『身』。《管子．兵法》篇『教其耳以〈號令〉之數』，今本『耳』誤為『身』。所謂『是言有三物』者，不扣則不鳴者一，雖不扣必鳴者二，而公孟子但云『不扣則不鳴』，是知其一而不知其二也。故曰『子乃今知其一耳』，今本『耳』誤為『身』，『身』下又衍『也』字。」

5 注 吴鈔本，「所」下有「以」字。疑惑，謂言之無益而有害，則君子遲疑不敢發，此明不扣而不鳴之一物。

6 注 《非儒》篇云：「若將有大寇亂，盜賊將作，若機辟將發也。」

7 注 「子」下，疑脱一字。

8 注 蘇云：「此下有脫簡，下文『有之也，君得之，則必用之矣』十一字當在此。」

▲案：蘇校未塙。

9 注 畢云：「『偽』，疑當為『賜』。《說文》云『此古「貨」字，讀若「貴」』。」蘇云：「『有之』以下十一字，當在上文『然而大人之利』句下，誤錯於此。此文當云『欲攻伐無罪之國，以廣辟土地，著稅偽材』。」

▲案：畢校近是，但「著稅」義難通，疑著當作「籍」。《毛詩・大雅・韓奕》箋云：「籍，稅也」。〈節用上〉篇云：「其籍斂厚」。「材」、「財」字通。「籍稅賄材」，猶云籍斂貨財矣。

10 注 以上明不扣必鳴之二物，畢云：「已上申明知其一身」，失之。

11 注 「謂」上，當有「所」字。

12 注 畢云：「已上申明又未知其所謂。」

公孟子謂子墨子曰：「實爲善人，孰不知？[1]譬若良玉，處而不出，有餘糈。[2]譬若美女，處而不出，人爭求之。行而自衒，[3]人莫之取也。[4]今子偏從人而說之，[5]何其勞也？」子墨子曰：「今夫世亂，求美女者衆，美女雖不出，人多求之。今求善者寡，[6]不強說人，人莫之知也。且有二生於此，善筮。[7]一行爲人筮者，一處而不出者。行爲人筮者[8]與處而不出者，其糈孰多？」[9]公孟子曰：「行爲人筮者其糈多。」子墨子曰：「仁義鈞。[10]行說人者，其功善亦多，何故不行說人也？」

1 注 句。

2 注 「玉」，疑當為「巫」。「糈」，舊誤「精」。王校下文諸「精」字皆為「糈」，惟此未正。今審校當與彼同。《淮南子・說山訓》云：「巫之用糈藉」，高注云：「糈，祀神之米」。

3 注 〈內則〉「奔則為妾」，鄭注云：「奔或為衒」。《列女傳．辯通》篇「齊鍾離春衒嫁不售」。畢云：「《說文》云：『衒，行且賣也，「衒」或字』」。

4 注 「之」，舊本作「知」。畢云：「『知』，一本作『之』」。

▲詒讓案：作「之」是也，《意林》作「人莫之娶」，今據正。

5 注 「遍」，舊本作「偏」，畢以意改「徧」，《道藏》本、季本、吳鈔本正作「偏」，王以「偏」為古「徧」字，詳〈非攻下〉篇。

6 注 畢云：「言好德不如好色。」

7 注 舊本，「筮」譌「星」，王據下文改。

8 注 此十一字，舊脫，王據上下文義補。

9 注 「糈」，舊本誤「精」。王云：「『精』，當為『糈』字之誤也。《莊子．人閒世》篇『鼓筴播精』，《釋文》『精』如字，一音『所』，字則當作『糈』。是『糈』與『精』，字形相似而易譌也。郭璞注〈南山經〉曰『糈，先呂反，今江東音所』。《說文》『糈，糧也』。言兩人皆善筮，而一行一處，其得米孰多也。《史記．貨殖傳》云：『醫方諸食技術之人，焦神極能，為重糈也』，是其證。」

▲案：王校是也，今據正，下同。

10 注 吳鈔本作「均」。

公孟子戴章甫，[1]搢忽，[2]儒服，而以見子墨子曰：「君子服然後行乎？其行然後服乎？」子墨子曰：「行不在服。」公孟子曰：「何以知其然也？」子墨子曰：「昔者齊桓公高冠博帶，金劍木盾，[3]以治其國，其國治。昔者晉文公大布之衣，牂羊之裘，[4]韋以帶劍，[5]以治其國，其國治。昔者楚莊王鮮冠組纓，[6]絳衣博袍，[7]以治其國，其國治。昔者越王句踐剪髮文身，[8]以治其國，其國治。此四君者，其服不同，其行猶一也。翟以是知行之不在服也。」公孟子曰：「善！吾聞之曰『宿善者不祥』，[9]請舍忽、[10]易章甫，復見夫子可乎？」子墨子曰：「請因以相見也。若必將舍忽、易章甫，[11]而後相見，然則行果在服也。」[12]

1 **注** 畢云：「『戴』，本多作『義』，以意改。」

▲案：顧校季本正作「戴」，〈士冠禮記〉云：「章甫，殷道也。」鄭注云：「章，明也，殷質言以表明丈夫也。」《論語．先進》篇「端章甫」，《集解》「鄭玄云：衣玄端，冠章甫，諸侯日視朝之服。」《禮記．儒行》「魯哀公問孔子儒服，對曰：某長居宋，冠章甫之冠。」此公孟子儒者，故亦儒服與？

2 **注** 畢云：「搢，即『晉』字俗寫。忽，即『笏』字。古文《尚書》『在治忽』，亦用此字。舊作『㣟』，誤。」

▲詒讓案：《儀禮．既夕》「木笏」，鄭注云：「今文『笏』作『忽』。」《史記．夏本紀》集解引鄭康成

注《尚書》作「在治曶」，云：「曶者，笏也」，「忽」、「曶」、「笏」字並通。《釋名．釋書契》云：「笏，忽也，君有教命及所啓白，則書其上，備忽忘也。」《荀子．哀公》篇「夫章甫、絇屨，紳而搢笏。」

3 注 畢云：「《說文》云：『盾，瞂也，所以扞身蔽目，象形』。陸德明《周禮音義》云『食允反，又音允』。」

▲詒讓案：此所言皆朝服，朝服未有用盾者，「盾」，疑亦「曶」之誤，但木曶非貴服，所未詳也。

4 注 「牂」，《道藏》本、吳鈔本，並从牛，誤。

5 注 並詳〈兼愛中、下〉篇。

6 注 《說文．糸部》云：「組，綬屬也，其小者可以為冠纓。」〈玉藻〉云：「玄冠朱組纓，天子之冠也。玄冠丹組纓，諸侯之齊冠也」。此朝服當為冠弁服，但組纓為常制，不足為華侈，與鮮冠絳衣博袍，文例不相應。疑此「組」，當為「䵺」之叚字。《荀子．樂論》篇云：「亂世之徵，其服組鮮。」「䵺」，義詳〈節用〉篇。

7 注 畢云：「《太平御覽》引作『褒衣博裒』。」王云：「哀十四年《公羊傳》：『反袂拭面，涕沾袍。』何注曰：『袍，衣前襟也』。『絳』，舊本作『綘』。」王引之云：「『絳』當為『綘』字之誤也。『綘』與『縫』同。《集韻》『縫，或省作綘』，〈漢丹陽太守郭旱碑〉：『彌綘袞□』，『綘』，即『縫』字。字從『夆』，不從『夅』。縫衣，大衣也。字或作『逢』，又作『摓』。〈洪範〉『子孫其逢』，馬注曰『逢，大也』。〈儒行〉『衣逢掖之衣』，鄭注曰『逢猶大也。大掖之衣，大袂禪衣也』。《莊子．盜跖》篇『搈衣淺帶』，《釋文》曰『搈，本又作縫』。《列子．黃帝》篇《釋文》『向秀注曰：「儒服寬而長大」。』《荀子．非十二子》篇『其冠進，其衣逢』，〈儒效〉篇『逢衣淺帶，解果其冠』。楊倞注並曰『逢，大也』。《列子．黃帝》篇曰『女逢衣徒也』。『縫』、『絳』、『逢』、『搈』，字異而義同。『絳衣』與『博袍』連文，『絳』、『博』皆大也。《淮南．齊俗》篇作『裾衣博袍』，高注曰：『裾，褒也』。『褒』亦大也。〈氾論〉篇又云『褒衣博帶』。」

▲案：王說是也，今據正。絳衣，即《禮經》侈袂之衣。《周禮．司服》，鄭注云：「士之衣，袂皆二尺二寸而屬幅，其袪尺二寸，大夫以上侈之，侈之者蓋半而益一焉。半而益一，則其袂三尺三寸，袪尺八寸」。博袍，即謂絳衣之前襟。《廣雅．釋器》云：「袍，長襦也」。彼燕居之服，非聽治所用，與此袍異也。任大椿謂「絳衣博袍」即漢、晉以後之朝服絳紗袍，大誤。

8 **注** 《淮南子．齊俗訓》云：「越王句踐，劗髮文身，南面而霸天下」，又云：「越人劗鬋」。許注云：「鬋，斷也」。「剪」即「鬋」之俗。《說苑．奉使》篇「越諸發曰：越翦髮文身，爛然成章，以像龍子者，將避水神也」。

9 **注** 畢云：「讀如『無宿諾』。」

10 **注** 畢云：「舊作『訒』。」

11 注 「必」，舊本作「不」。畢云：「『不』，一本作『必』，亦是。」蘇云：「『不』字誤，一本作『必』，是也，畢注以『不』為句，非。」

▲案：蘇說是也，今據正。

12 注 畢云：「言其意在服也。」

公孟子曰：「君子必古言服，[1]然後仁。」[2]子墨子曰：「昔者，商王紂、卿士費仲爲天下之暴人，[3]箕子、微子爲天下之聖人，此同言而或仁不仁也。[4]周公旦爲天下之聖人，關叔爲天下之暴人，[5]此同服或仁或不仁。然則不在古服與古言矣。且子法周而未法夏也，[6]子之古非古也。」

1 注 句。

2 注 《孟子·告子》篇荅曹交曰：「子服堯之服，誦堯之言，行堯之行，是堯而已矣。」公孟子之言同於彼。但孟子兼重行，而公孟子唯舉言服，故為墨子所折。

3 注 〈明鬼下〉篇作「費中」，「中」、「仲」古今字。

4 注 畢云：「言同時之言，而仁不仁異。」

5 **注** 關叔即管叔，詳〈耕柱〉篇。

6 **注** 畢云：「謂節葬、節用之屬，墨氏之學出于夏。」

公孟子謂子墨子曰：「昔者聖王之列也，上聖立爲天子，其次立爲卿、大夫，今孔子博於《詩》、《書》，察於禮樂，詳於萬物，若使孔子當聖王，則豈不以孔子爲天子哉？」子墨子曰：「夫知者，必尊天事鬼，愛人節用，合焉爲知矣。今子曰：『孔子博於《詩》、《書》，察於禮樂，詳於萬物』，而曰可以爲天子，是數人之齒，而以爲富。」[1]

1 **注** 畢云：「齒，年也。」俞云：「數人之年，安得以為富？畢說非也。齒者，契之齒也。古者刻竹木以記數，其刻處如齒，故謂之齒。《易林》所謂『符左契右，相與合齒』是也。《列子．說符》篇『宋人有遊於道，得人遺契者，歸而藏之，密數其齒，曰：吾富可待矣』，此正數人之齒以為富者。蓋古有此喻。」

▲案：俞說是也，蘇說同。

公孟子曰：「貧富壽夭，齰然在天，[1]不可損益。」又曰：「君子必學。」子墨子曰：「教人學而執有命，是猶命人葆[2]而去亓冠也。」[3]

1 注 《說文・齒部》云：「齰，齧也」，非此義。畢云：「『齰』同『錯』。」

2 注 畢云：「葆，言包裹其髮。」

3 注 「亓」，畢本作「丌」，云：「舊作『亦』，知是此字之譌。『丌』即『其』字，以意改。」王引之云：「古『其』字亦有作『亓』者，《玉篇》『亓，古文「其」』，是其證。今本《墨子》『其』作『亦』，則是『亓』之譌，非『丌』之譌也。後凡『亓』譌作『亦』者，放此。」

▲案：王說是也，今並據正。

公孟子謂子墨子曰：「有義不義，無祥不祥。」[1]子墨子曰：「古聖王[2]皆以鬼神爲神明，而爲禍福，[3]執有祥不祥，是以政治而國安也。自桀、紂以下，皆以鬼神爲不神明，不能爲禍福，執無祥不祥，是以政亂而國危也。故先王之書〈子亦〉有之曰：[4]『亓傲也，[5]出於子，不祥。』此言爲不善之有罰，爲善之有賞。」

1 注 「無」，畢本改「有」，云：「舊作『無』，據下文改」。王云：「畢改非也。公孟子之意，以為壽夭貧富皆有命，而鬼神不能為禍福，故曰『有義不義，無祥不祥』。墨子執非命之說，以為鬼神實司禍福，義則降之祥，不義則降之不祥，故曰『有祥不祥』。『有祥不祥』，乃墨子之說，非公孟子之說，不得據彼以改此也。」顧、蘇說同。

2 注 「古」下，吳鈔本有「者」字。

3 注 畢云：「『而』同『能』。」

4 注 戴云：「『子亦』，疑當作『亓子』，『亓』，古『其』字，『其子』即『箕子』，《周書》有〈箕子〉篇，今亡。孔晁作注時，當尚在也。」

5 注 畢云：「以下『亓』字，舊皆作『亦』。」

子墨子謂公孟子曰：「喪禮，君與父母、妻、後子死，[1]三年喪服，[2]伯父、叔父、兄弟期，族人五月，[3]姑、姊、舅、甥皆有數月之喪。或以不喪之閒，誦詩三百，[4]弦詩三百，[5]歌詩三百，[6]舞詩三百。[7]若用子之言，則君子何日以聽治？庶人何日以從事？」公孟子曰：「國亂則治之，國治則爲禮樂。[8]國治則從事，國富則爲禮樂。」[9]子墨子曰：「國之治。[10]治之廢，則國之治亦廢。國之富也，從事，故富也。從事廢，則國之富亦廢。[11]故雖治國，勸之無饜，[12]然後可也。今子曰：『國治，則爲禮樂，亂則治之』，是譬猶噎而穿井也，[13]死而求醫也。古者三代暴王桀、紂、幽、厲，薾爲聲樂，[14]不顧其民，是以身爲刑僇，國爲戾虛者，皆從此道也。」

1 注 畢云：「後子，嗣子也。」

2 注 義詳〈節葬下〉、〈非儒下〉二篇。

3 注 「族人」上，王校增「戚」字，說詳〈節葬下〉篇。

4 注 《周禮．大司樂》鄭注云：「以聲節之曰誦。」

5 注 《禮記．樂記》注云：「弦，謂鼓琴瑟也。」

6 注 《周禮．小師》注云：「歌，依詠詩也。」

7 注 謂舞人歌詩以節舞。《左．襄十六年傳》云：「晉侯與諸侯宴于溫，使諸大夫舞，曰：歌詩必類」，是舞有歌詩也。墨子意，謂不喪則又習樂，明其曠日廢業也。《毛詩．鄭風．子衿》傳云：「古者教以詩樂，誦之歌之，弦之舞之」，與此書義同。

8 注 舊本脫「國」字，王據下文補。

9 注 王云：「下『國治』，當為『國貧』。『治』與『亂』對，『富』與『貧』對。『國亂則治之』，即上文所謂君子聽治也，『國貧則從事』，即上文所謂庶人從事也。〈非儒〉篇曰『庶人怠於從事則貧』，故曰『國貧則從事』。今本『貧』作『治』者，涉上文『國治』而誤。」

10 注 盧云：「此下脫『治之故治也』五字。」

11 **注** 下「事」字，舊本譌作「是」，今據《道藏》本、吳鈔本正。

12 **注** 畢云：「猶云勉之無已。」

13 **注** 畢云：「《說文》云：『噎，飯窒也』，飯窒則思飲。」俞云：「《晏子春秋．襍上》篇『噎而遽掘井』，《說苑．雜言》篇作『譬之猶渴而穿井』，『渴』字較『噎』為勝，疑此文亦當作『渴』。因『噎』字古作『饐』，《漢書．賈山傳》『祝饐在前』，師古曰『饐，古噎字』，是也。形與『渴』微似，故『渴』誤為『噎』。」

▲案：畢說是也。

14 **注** 畢云：「《說文》云『薾，華盛』，言盛也，或『侈』假音字。」

15 **注** 吳鈔本無「者」字。王云：「『戾虛』當為『虛戾』。〈魯問〉篇曰『是以國為虛戾，身為刑戮也。』〈趙策〉曰『齊為虛戾』，又曰『社稷為虛戾，先王不血食』，『戾』，猶『厲』也。〈非命〉篇曰『國為虛厲，身在刑僇之中』，是『虛戾』即『虛厲』也。〈小雅．節南山〉篇『降此大戾』，〈大雅．瞻卬〉篇『戾』作『厲』。〈小宛〉篇『翰飛戾天』，《文選．西都賦》注引韓詩，『戾』作『厲』。《孟子．滕文公》篇『樂歲粒米狼戾』，《鹽鐵論．未通》篇，『狼戾』作『梁厲』。《莊子．人閒世》篇『國為虛厲，身為刑僇』，《釋文》『李云：居宅無人曰虛，死而無後為厲』。」

公孟子曰：「無鬼神。」又曰：「君子必學祭祀。」[1]子墨子曰：「執無鬼而學祭禮，是猶無客而學客禮也，[2]是猶無魚而爲魚罟也。」[3]

1 注 畢云：「當為『禮』。」

▲詒讓案：即五禮之吉禮。

2 注 客禮，即五禮之賓禮。

3 注 《說文．网部》云：「罟，网也」。《爾雅．釋器》云：「魚罟，謂之罛」。《詩．碩人》孔《疏》引李巡云：「魚罟，捕魚具也」。

公孟子謂子墨子曰：「子以三年之喪爲非，子之三日之喪亦非也。」[1]子墨子曰：「子以三年之喪非三日之喪，是猶倮謂撅者不恭也。」[2]

1 注 畢云：「『三日』，當為『三月』。《韓非子．顯學》云『墨者之葬也，冬日冬服，夏日夏服，桐棺三寸，服喪三月』，高誘注《淮南子．齊俗》云『三月之服，是夏后氏之禮』，而《後漢書．王符傳》注引《尸子》云『禹制喪三日』，亦當為『月』。」

2 注 舊本，「倮」作「果」，今從《道藏》本改，吳鈔本又作「裸」。畢云：「『果』，當為『裸』。《說文》云：『袒也』。《玉篇》云：『倮，赤體也』。『撅』，當為『蹶』。《說文》云：『僵也，一曰跳也』。」洪云：「《禮記．內則》『不涉不撅』，鄭注『撅，揭衣也』。謂袒衣與揭衣，其露體不恭一也。《晏子春秋．外篇上》『吾識晏子，猶訾倮而高撅者也』，其義與此同。」俞云：「畢謂『撅』當為『蹶』，失之。『蹶』與『裸』兩意不倫，不當取以為喻，〈內則〉『不涉不撅』，撅衣雖不恭，然裸則更甚，故曰『是猶果謂撅者不恭也』。」

公孟子謂子墨子曰：「知有賢於人，[1]則可謂知乎？」子墨子曰：「愚之知有以賢於人，[2]而愚豈可謂知矣哉？」

1 注 謂偶有一事賢於他人。

2 注 「有以」吳鈔本作「亦有」。

公孟子曰：「三年之喪，學吾之慕父母。」[1]子墨子曰：「夫嬰兒子之知，[2]獨慕父母而已。父母不可得也，然號而不止，此亓故何也？[3]即愚之至也。然則儒者之知，豈有以賢於嬰兒子哉？」

1 注 俞云：「『吾』下脫『子』字。《管子·海王》篇『吾子食鹽二升少半』。尹知章注曰：『吾子，謂小男小女也。』此文，公孟子曰『三年之喪，學吾子之慕父母』，故下子墨子曰『夫嬰兒子之知，獨慕父母而已』，『嬰兒子』即『吾子』也。」

2 注 畢云：「《衆經音義》云『《倉頡篇》云：男曰兒，女曰嬰』。」

3 注 「亓」，顧校季本作「其」。

子墨子曰：「問於儒者：[1]『何故爲樂？』曰：『樂以爲樂也。』」[2]子墨子曰：「子未我應也。今我問曰：『何故爲室？』曰：『冬避寒焉，夏避暑焉，室以爲男女之別也。』[3]則子告我爲室之故矣。今我問曰：『何故爲樂？』曰：『樂以爲樂也。』[4]是猶曰：『何故爲室』？曰『室以爲室也』。」

1 注 蘇云：「『曰』字誤倒，當作『問於儒者曰』。」

2 注 《說文·木部》云：「樂，五聲八音總名」，引申為哀樂之樂，此第二「樂」字用引申之義。古讀二義同音，故墨子以「室以為室」難之。〈樂記〉云：「故曰樂者樂也，君子樂得其道，小人樂得其欲」，又〈禮器〉云：「樂者，樂其所自成。」〈仲尼燕居〉云：「行而樂之，樂也」。《荀子·樂論》篇亦云：「樂者，樂也」。此即墨子所庨儒者之說。

3 注 俞云：「『避寒』、『避暑』，『為男女之別』，三句皆以室言，不當於『男女之別』句，獨著『室』字，『室』乃『且』字之誤。古書『且』字，或誤為『宜』。《詩．假樂》篇《釋文》曰『且君且王，一本「且」並作「宜」』，是也。『且』誤為『宜』，因誤為『室』矣。」

▲案：「室」當作「宮」，〈辭過〉篇云：「宮牆之高，足以別男女之禮。」〈節用上〉篇云：「宮牆足以為男女之別」，皆於避寒暑外，分別言之。此亦當同。俞說未允。

4 注 畢云：「舊脫『為』字，據上文增。」

子墨子謂程子曰：「[1]儒之道足以喪天下者，四政焉。儒以天爲不明，[2]以鬼爲不神，天鬼不說，此足以喪天下。又厚葬久喪，重爲棺槨，多爲衣衾，送死若徙，三年哭泣，扶後起，杖後行，[3]耳無聞，[4]目無見，此足以喪天下。又弦歌鼓舞，[5]習爲聲樂，此足以喪天下。又以命爲有，貧富壽夭、治亂安危有極矣，[6]不可損益也。爲上者行之，必不聽治矣；[7]爲下者行之，必不從事矣，此足以喪天下。」程子曰：「甚矣！先生之毀儒也。」子墨子曰：「儒固無此若四政者，而我言之，[8]則是毀也。今儒固有此四政者，而我言之，則非毀也，告聞也。」程子無辭而出。子墨子曰：「迷之！」[9]反，後坐，[10]進復曰：[11]「鄉者先生之言有可聞者焉，[12]若先生之言，則是不譽禹，不毀桀、紂也。」[13]子墨子曰：「不然，夫應孰辭，稱議而為之，[14]敏也。厚攻則厚吾，薄攻則薄吾。[15]應孰辭而稱議，是猶荷轅而擊蛾也。」[16]

1 注 蘇云：「程子，即程繁也。見〈三辨〉篇。」

2 注 畢云：「舊脫『天』字，據下文增。」

3 注 並詳〈節葬下〉篇。

4 注 畢本，「鼓」作「鼔」，云：「此『鼔』字从『攴』，與『鐘鼓』字異，彼从『支』。」

▲案：畢校非也，詳〈兼愛中〉篇。

5 注 有極，猶言有常。詳〈非儒下〉篇。

6 注 「必不」二字，舊倒，今據吳鈔本乙，與下文合。

7 注 「若」舊本作「各」。王云：「『此各』，當為『此若』，若亦此也。言儒無此四政也。下文曰『今儒固有此四政者』，是其證。今本『此若』作『此各』，則文義不順。《墨子》書多謂「此」為「此若」，說見〈魯問〉篇。」

▲案：王說是也，今據正。

8 注 畢云：「言告所聞。」

9 注 迷之，義不可通，疑「迷」當為「還」之誤，謂墨子評程子令還也。

10 注 畢讀「反」為句，「後」又為句，云：「言惑於此說者，請反，而後後留之」。王云：「畢說非也。『後』當為『復』，『復』、『後』字相似，故書傳中『復』字多譌作『後』。『反』為一句，『復坐』為一句，謂程子反而復坐也。今本『復』作『後』，則義不可通。」

11 注 王云：「復，如《孟子》『有復於王者曰』之『復』，謂程子進而復於墨子也。」

12 注 「生」，舊本譌「王」，今據吴鈔本正，下同。畢云：「『聞』當為『閒』。」

▲案：畢校是也。《孟子》云『政不足與閒也』，趙注云：「閒，非也」。

13 注 此因墨子言不毀儒，而遂難之，言人不能無毀譽也。

14 注 孰辭，習孰之辭，猶云常語。「議」，吴鈔本作「義」。

▲案：「稱議」上，當有「不」字。「應孰辭不稱議而為之」，謂應習孰之辭，則信口酬荅，不待稱議而後對，故下云「敏」也。此明前云不毀儒，非不毀桀、紂之謂，不可以習孰應對之語，執以相難。畢云：

「孰」當為「執」，亦通。

15 注 王引之云：「『吾』，讀為『列禦寇』之『禦』。『禦』古通作『吾』。〈趙策〉曰『王非戰國，守吾之具，其將何以當之乎』，是其證。」

▲案：王校是也。「吾」當為「圄」之省，《說文．口部》云：「圄，守也」。

16 注 此即申應孰辭不必稱議之恉。畢云：「蛾，同螘。」

子墨子與程子辯，稱於孔子。[1]程子曰：「非儒，[2]何故稱於孔子也？」子墨子曰：「是亦當而不可易者也。[3]今鳥聞熱旱之憂則高，魚聞熱旱之憂則下，當此雖禹、湯為之謀，必不能易矣。鳥、魚可謂愚矣，禹、湯猶云因焉。[4]今翟曾無稱於孔子乎？」[5]

1 注 畢云：「稱述孔子。」

2 注 句。

3 注 俞云：「『亦』，當為『亓』，古文『其』字也。言我所稱於孔子者，『是其當而不可易者也』。『其』字，即以孔子言。本篇『其』字多誤為『亦』，畢氏已訂正，而未及此。」

4 注 王云：「云，猶『或』也。言鳥魚雖愚，禹、湯猶或因之也。古者『云』與『或』同義。」

5 注 畢云：「言孔子之言，有必不能易者。此下舊有『有游於子墨子之門者，謂子墨子曰：先王以鬼為神明知能為禍人哉』二十七字，今據一本移後。」

有游於子墨子之門者，身體強良，[1]思慮徇通，[2]欲使隨而學。子墨子曰：「姑學乎，吾將仕子。」勸於善言而學。其年，[3]而責仕於子墨子。子墨子[4]曰：「不仕子，子亦聞夫魯語乎？[5]魯有昆弟五人者，亓父死，[6]亓長子嗜酒而不葬，亓四弟曰：『子與我葬，[7]當爲子沽酒。』勸於善言而葬。已葬，而責酒於其四弟。[8]四弟曰：『吾末予子酒矣，[9]子葬子父，我葬吾父，豈獨吾父哉？子不葬，則人將笑子，故勸子葬也。』今子爲義，我亦爲義，豈獨我義也哉？子不學，則人將笑子，故勸子於學。」

1 注 「良」，吳鈔本作「梁」。後〈魯問〉篇亦云「強梁」，然義似不同。

2 注 《史記．黃帝本紀》「黃帝幼而徇齊」，《集解》「徐廣曰：墨子曰『年踰十五則聰明心慮無不徇通矣』。裴駰案：徇，疾也。」《索隱》云：「徇齊，《家語》及《大戴禮》，並作『叡齊』，一本作『慧齊』。『叡』、『慧』皆智也。」《史記》舊本，亦有作『濬齊』，蓋古字假借『徇』為『濬』。濬，深也，義亦並通。」

▲案：徐引《墨子》，今無此文，蓋在佚篇中。《說文．人部》云：「侚，疾也」，「徇」即「侚」之譌。《莊子．知北游》篇云：「思慮恂達」，又借「恂」為之。

3 注 《意林》引作「朞年」。畢云：「同『期年』。」

▲詒讓案：此書「期年」字多作「其」，詳〈節葬下〉篇。

4 注 畢云：「舊脫二字，以意增。」

5 注 吳鈔本無「夫」字。「語」，《意林》引作「人」。

6 注 畢云：「『亓』，舊作『亦』，下同。一本俱作『其』。」

▲詒讓案：《意林》正作「其」，下並同。

7 注 畢云：「『與』，舊作『無』，一本如此。」

8 注 吳鈔本無「其」字。

9 注 「末」，《道藏》本、吳鈔本並作「未」。

有游於子墨子之門者，子墨子曰：「盍學乎？」對曰：「吾族人無學者。」子墨子曰：「不然，夫好美者，豈曰吾族人莫之好，故不好哉？夫欲富貴者，豈曰我族人莫之欲，[1]故不欲哉？[2]好美、欲富貴者，不視人猶強爲之。[3]夫義，天下之大器也，何以視人必強爲之？」[4]

1 注 畢云：「已上八字舊脫，據一本增。」

2 注 畢云：「《太平御覽》引云：『墨子謂門人曰：「汝何不學？」對曰：「吾族無學者。」墨子曰：「不然，豈有好美者，而曰吾族無此，不欲邪？富貴者，而曰吾族無此，不用也？」』與此微異。」

3 **注** 畢云：「此下舊接『為善者富之』云云二百六十四字，今據文義移後。一本此下亦接『夫義，天下之大器也』。」

4 **注** 畢云：「『必』，當為『不』。已上十六字，舊脫在「則盜何遽無從」下，今據一本移正。」蘇云：「此勉之之詞，『必』字不誤。」

▲案：依蘇說，則當讀「何以視人」句斷，下云：「必強為之」，乃勉其為義，非責其不為也。考《意林》約引此文，作「強自力矣」，則馬總所讀，似已如是。然今以語氣校之，竊疑「必」字當在「視人」上，仍為詰責之辭，與上文不視人云云，文例正相對也。

有游於子墨子之門者，謂子墨子曰：「先生以鬼神爲明知，[1]能爲禍人哉福，[2]爲善者富之，[3]爲暴者禍之。[4]今吾事先生久矣，而福不至，意者先生之言有不善乎？[5]鬼神不明乎？我何故不得福也？」子墨子曰：「雖子不得福，吾言何遽不善？而鬼神何遽不明？[6]子亦聞乎匿徒之刑之有刑乎？」[7]對曰：「未之得聞也。」[8]子墨子曰：「今有人於此，什子，[9]子能什譽之，而一自譽乎？」對曰：「不能。」「有人於此，百子，子能終身譽亓善，而子無一乎？」對曰：「不能。」子墨子曰：「匿一人者猶有罪，今子所匿者若此亓多，將有厚罪者也，何福之求？」

1 注 「先生」，舊本譌「先王」，今據《道藏》本、吳鈔本正。又舊本「神為」二字倒轉，王校乙正，吳鈔本不倒。

2 注 畢云：「『人哉』已上二十七字，舊在『今翟曾無稱於孔子乎』下，今據一本在此，一本又無『知能為禍人哉』六字。」

▲案：吳鈔本，亦無「知能」以下六字，又畢本脫「福」字，各本並有，今增。王云：「此當以『能為禍福』連讀，不當有『人哉』二字。下文曰『先生以鬼神為明，能為禍福，為善者賞之，為不善者罰之』，是其證。今本『禍福』二字之間衍『人哉』二字，則義不可通。」

▲案：王說固是，但疑當作「能為人禍福哉」，「人哉」二字，恐非衍文，未敢肊定，姑仍舊本。

3 注 王云：「『富』與『福』同。」

4 注 舊本脫「為」字，王補。

5 注 王引之云：「意者，疑詞。《廣雅》曰『意，疑也』。」

6 注 王云：「遽，亦『何』也。連言『何遽』者，古人自有複語耳。《漢書．陸賈傳》『使我居中國，何遽不若漢』。」

7 注 俞云：「『之刑』二字衍文，『子亦聞乎匿徒之有刑乎』，徒，謂胥徒，給徭役者，匿徒，謂避役。」蘇說同。

▲案：此疑當作「匿刑徒之有刑乎」，衍一「之」字，「刑徒」又誤倒耳。蓋即《左傳・昭七年》所謂僕區之法，孔《疏》引服虔云：「為隱匿亡人之法」，是也。

8 注 畢云：「『之得』二字舊倒，以意移。」

9 注 言其賢過子十倍，下云「百子」，同。

子墨子有疾，跌鼻進而問曰：[1]先生以鬼神爲明，能爲禍福，爲善者賞之，[2]爲不善者罰之。今先生聖人也，何故有疾？意者先生之言有不善乎？鬼神不明知乎？」子墨子曰：「雖使我有病，何遽不明？[3]人之所得於病者多方，有得之寒暑，有得之勞苦，百門而閉一門焉，則盜何遽無從入？」[4]

1 注 「問」下，吳鈔本有「焉」字。

2 注 舊本脫「為」字，王校補。

3 注 「何」上，疑脫「鬼神」二字。

4 注 王云：「舊本脫『閉』字、『入』字，今據〈魯問〉篇及《太平御覽・疾病部一》引補。」

▲案：王校是也。《淮南子．人閒訓》云：「室有百戶閉其一，盜何遽無從入？」即本此文。畢云：「舊有『夫義，天下之大器也』云云十六字，據一本移前。」

二三子有復於子墨子學射者，子墨子曰：「不可，夫知者必量亓力所能至[1]而從事焉，國士戰且扶人，猶不可及也。[2]今子非國士也，豈能成學又成射哉？」

1 注 吳鈔本作「夫智者亦必量力所能至」。

2 注 畢云：「『及』猶『兼』。」

二三子復於子墨子曰：「告子曰：『言義而行甚惡。』[1]請棄之。」子墨子曰：「不可，稱我言以毀我行，愈於亡。[2]有人於此，翟甚不仁，[3]尊天、事鬼、愛人甚不仁，猶愈於亡也。今告子言談甚辯，言仁義而不吾毀，[4]告子毀，[5]猶愈亡也。」

1 注 顧云：「『曰』，當為『日』」。蘇云：「告子曰之『曰』，當作『日』，或為『口』字之訛。下墨子言告子口言而身不行，是其證也。然此告子自與墨子同時，後與孟子問荅者，當另為一人。」

▲案：「曰」字不誤，此文當作「告子曰『墨子言義而行甚惡。』」蓋告子嘗以此言毀墨子，而二三子為墨子

述之，故下文墨子云「稱我言以毀我行」，又云「告子毀猶愈亡也」。今本「告子曰」下，脫「墨子」二字，遂若二三子㡿告子行惡，與下云「毀」，皆不相應矣。顧、蘇說並未憭。

▲又案：《孟子·告子》篇趙注云：「告，姓也，子，男子之通稱也，名不害，兼治儒、墨之道者，嘗學於孟子。」趙氏疑亦隱據此書，以此告子與彼為一人。王應麟、洪頤煊說並同。然以年代校之，當以蘇說為是。

2 注 「亡」、「無」字同。

3 注 〈經說下〉云：「仁，愛也」，言與翟甚不相愛也。〈仲尼燕居〉云：「食饗之禮，所以仁賓客也」。

4 注 上下文兩言「毀」，則此不當云「不吾毀」，「不」字當是衍文。

5 注 畢云：「二字倒，今移。」

二三子復於子墨子曰：「告子勝為仁。」[1]子墨子曰：「未必然也！告子為仁，譬猶跂以為長，[2]隱以為廣，[3]不可久也。」

1 注 畢云：「《文選注》引，無『為』字。」蘇云：「『勝為仁』者，言仁能勝其任也，或以「勝」為告子名，未知然否？」

▲案：《文選·陳孔璋為曹洪與魏文帝書》云：「有子勝斐然之志」，李注引此文釋之，則崇賢似以「勝」為告子之名。蘇引或說，本於彼。閻若璩《四書釋地又續》引或說，謂告子名不害，字子勝，並無塙證，疑不

足據。

2 注 畢云：「『跂』，舊作『踧』，據《文選注》改。此『企』字假音，《爾雅》云：「其踵企」，陸德明《音義》云：「去豉反，本或作跂」。《說文》云：「企，舉踵也」，「跂，足多指」，二字異。」

3 注 畢云：「『隱』，《文選注》引作『偃』。『隱』、『偃』音相近，亦通。言企足以為長，仰身以為廣。偃，猶『仰』。」

告子謂子墨子曰：「我治國爲政。」[1]子墨子曰：「政者，口言之，身必行之。今子口言之，而身不行，是子之身亂也。子不能治子之身，惡能治國政？子姑亡，[2]子之身亂之矣！」[3]

1 注 「我」下，疑當有「能」字。故下墨子難之曰：「惡能治國政」。

2 注 畢云：「言子姑無若此。」

▲詒讓案：姑亡，亦見〈備梯〉篇。

3 注 吳鈔本無「身」字。畢云：「一本作『子姑防，子之身亂之矣』，是。」

卷十三

題解

此卷包含〈魯問〉、〈公輸〉兩篇，〈魯問〉篇是墨子與弟子及友人間的問答，所涉及的內容廣泛，約有近二分之一的篇幅，是對齊、魯、楚、越等國統治者的批評或建議，思想重點多在於「非攻」思想。其中一段墨子回答弟子魏越說：「凡是進入一個國家，一定要選擇重要的事情去做，如果那個國家混亂失序，就告訴他們尚賢、尚同的道理。如果那個國家貧窮，就告訴他們節用、節葬的道理。如果國君過分喜愛音樂享樂和嗜酒無度，就告訴他們非樂、非命的道理。如果國君淫亂怪僻而無禮，就告訴他們尊天、事鬼的道理。如果那個國家喜好掠奪侵略，就告訴他們兼愛、非攻的道理。所以都要能找出重要而關鍵的事情去做。」其中提出了「墨學十論」的綱領，最為學界所重視。

〈公輸〉篇則描述墨子為了阻止楚國侵略宋國，千里迢迢前往阻止這場戰爭。他先說服公輸盤，再面見楚王，透過多番辯駁，並且在楚王面前與公輸盤做實戰攻防推演，一方面以理服人，另一方面展示守禦實力，終於制止了這一場不義之戰。《淮南子．道應訓》所謂：墨子為守攻，公輸般服，而不肯以兵知。」即本於此篇。墨子的「止楚攻宋」具有整體的構思，首先，他要設計一套說詞，讓公輸盤落入他「不殺少而殺眾」的自相矛盾；其次，他必須設計與楚王的對話，如何能以「富有者偷竊貧窮者」的荒謬性來類比地說服楚王；再者，他要設想公輸盤的攻城戰術與如何防守的方法與技巧；最後，他也必須評估自己被殺掉的風險，以及如何因應的策略。

在《墨子》一書整體思想中，〈天志〉篇是墨家的思想基礎，〈兼愛〉由〈天志〉推演出來，而〈非攻〉是兼愛思想的延伸，至於〈公輸〉篇則是墨子〈非攻〉的具體例證，內容刻劃出墨子的機智與義無反顧的大無畏精神。本篇是《墨子》書中唯一完整的記敘文，曾被後人改編為小說、漫畫和戲劇。

魯問第四十九

魯君[1]謂子墨子曰：「吾恐齊之攻我也，可救乎？」子墨子曰：「可。昔者三代之聖王禹、湯、文、武，百里之諸侯也，說忠行義，取天下。三代之暴王桀、紂、幽、厲，讎怨行暴，失天下。[2]吾願主君之上者尊天事鬼，下者愛利百姓，厚爲皮幣，卑辭令，亟徧禮四鄰諸侯，[3]毆國而以事齊，患可救也，非此，顧無可爲者。」[4]

1 **注** 畢云：「當是魯陽文君，楚縣之君。」蘇云：「此魯君自是魯國君，故以齊攻為患，畢注非也。」俞云：「魯陽文君，〈耕柱〉篇再見，此篇亦屢見。子墨子之意，皆勸以無攻小國，與此不同，且此篇有魯君，又有魯陽文君，別而書之，其非一人明甚。」

▲詒讓案：蘇、俞說是也。以時代攷之，此魯君疑即穆公。

2 **注** 俞云：「『怨』字，乃『忠』字之誤，言與忠臣為讎也。上文說禹、湯、文、武曰『說忠行義，取天下』，與此相對可證。」

3 **注** 「亟」，舊本誤作「函」，今以意校正。《爾雅．釋詁》云：「亟，疾也，速也」。本篇「亟」字多誤為「函」，詳後。

4 **注** 「非此顧」，舊本作「非願」二字，畢云：「言非此之為願。」王云：「畢說非也，『願』當為『顧』字之誤也，『顧』、『願』草書相似，『顧』與『固』通，『顧』上當有『此』字，言非此固無可為者也，此字即指上數事而言。今本『顧』譌作『願』，又脫『此』字，則義不可通。」

▲案：王說是也，今據補正。

齊將伐魯，子墨子謂項子牛曰：「[1]伐魯，齊之大過也。昔者，吳王東伐越，棲諸會稽，[2]西伐楚，葆昭王於隨。[3]北伐齊，取國子以歸於吳。[4]諸侯報其讎，百姓苦其勞而弗爲用，是以國爲虛戾，[5]身爲刑戮也。昔者，智伯伐范氏與中行氏，兼三晉之地，[6]諸侯報其讎，百姓苦其勞而弗爲用，是以國爲虛戾，身爲刑戮，用是也。[7]故大國之攻小國也，是交相賊也，過必反於國。」子墨子見齊大王曰：[8]「今有刀於此，試之人頭，倅然斷之，[9]可謂利乎？」大王曰：「利。」子墨子曰：「多試之人頭，倅然斷之，可謂利乎？」大王曰：「利。」子墨子曰：「刀則利矣，孰將受其不祥？」大王曰：「刀受其利，試者受其不祥。」[10]子墨子曰：「并國覆軍，賊敫百姓，[11]孰將受其不祥？」大王俯仰而思之曰：「我受其不祥。」

1 注 項子牛，蓋田和將。伐魯事詳後。

2 注 吳伐越事，詳〈非攻中〉篇。《國語．越語》云：「越王句踐棲於會稽之上」，韋注云：「山處曰棲」。

3 注 「葆」、「保」通。《左傳．定四年》吳入郢，楚鬬辛與其弟巢以王奔隨。

4 注 舊本「國」下衍「太」字，王云：「『國太子』，本作『國子』，謂齊將國書也。吳敗齊於艾陵，獲國子，事見《春秋．哀十一年》。淺人誤以『國』為國家之國，因加『太』字耳。」

▲案：王說是也，今據刪。

5 注 虛戾，義詳〈公孟〉篇

6 注 詳〈非攻中〉篇。此三晉謂晉卿三家，即智氏、范氏、中行氏也，故〈非攻〉篇云：「并三家以為一家」，與韓、趙、魏不同。

7 注 王云：「『用是』二字涉上文而衍，上文『是以國為虛戾，身為刑戮也』，無『用是』二字，是其證。」

8 注 畢云：「《太平御覽》無『大』字，下同。」蘇云：「『大』當讀『泰』，即太公田和也。蓋齊僭王號之後，亦尊其祖為太王，如周之古公云。」俞云：「大公者，始有國之尊稱，故周追王自亶父始，而稱大王。齊有國自尚父始，而稱大公。以及吳之大伯，晉之大叔，皆是也。田齊始有國者，和也，故稱大公，猶尚父稱大公也。至其後子孫稱王，則亦應稱大王矣，猶亶父稱大王也。因『齊大王』之稱，它書罕見，故學者不得其說，《太平御覽》引此文，遂刪『大』字矣。」

▲案：蘇、俞說是也。據《史記．田敬仲世家》及〈六國年表〉，田莊子卒於周威烈王十五年，子大公和立，安王十六年，田和始立為諸侯。墨子見大王，疑當在田和為諸侯之後。

9 注 畢云：「『卒』字異文作『倅』，讀如倉猝。」

10 注 畢云：「言持刀之人。」

11 注 畢云：「舊作『敊』，非，《太平御覽》引作『殺』，案《說文》云『敊，古文殺』，出此，今依改正。」

▲案：畢校是也，說詳〈尚賢中〉篇。

魯陽文君將攻鄭，子墨子聞而止之，謂陽文君曰：「[1]今使魯四境之內，[2]大都攻其小都，大家伐其小家，殺其人民，取其牛馬、狗豕、布帛、米粟、貨財，則何若？」魯陽文君曰：「魯四境之內，皆寡人之臣也。今大都攻其小都，大家伐其小家，奪之貨財，則寡人必將厚罰之。」子墨子曰：「夫天之兼有天下也，亦猶君之有四境之內也。今舉兵將以攻鄭，天誅亓不至乎？」[3]魯陽文君曰：「先生何止我攻鄭也？我攻鄭，順於天之志。鄭人三世殺其父，[4]天加誅焉，使三年不全。[5]我將助天誅也。」子墨子曰：「鄭人三世殺其父而天加誅焉，使三年不全。天誅足矣，今又舉兵將以攻鄭，曰『吾攻鄭也，順於天之志』。譬有人於此，其子強梁不材，[6]故其父笞之，其鄰家之父舉木而擊之，曰『吾擊之也，順於其父之志』，則豈不悖哉？」子墨子謂魯陽文君曰：「攻其鄰國，殺其民人，取其牛馬、粟米、貨財，則書之於竹帛，鏤之於金石，以爲銘於鍾鼎，傳遺後世子孫曰：『莫若我多。』[7]今賤人也，亦攻其鄰家，殺其人民，取其狗豕、食糧、衣裘，[8]亦書之竹帛，以爲銘於席豆，以遺後世子孫曰：『莫若我多。』亓可乎？」[9]魯陽文君曰：「然吾以子之言觀之，則天下之所謂可者，未必然也。」

1 注 畢云：「『謂』下當脫『魯』字。」

2 注 畢云：「謂魯陽。」

3 注 《道藏》本、吳鈔本，「亓」，並誤「亦」。

4 注 蘇云：「『父』，當作『君』。據《史記．鄭世家》云『哀公八年，鄭人弒哀公而立聲公弟丑，是為共公。三十年共公卒，子幽公已立。幽公元年，韓武子伐鄭，殺幽公，鄭人立幽公弟駘，是為繻公。二十七年，子陽之黨共弒繻公』，是三世弒君之事也。」

▲案：黃式三《周季編略》亦同蘇說，黃氏又據此云：「『三年不全』，以魯陽文君攻鄭在安王八年，即鄭繻公被弒後三年也。」然二說並可疑。攷文君即公孫寬，為楚司馬子期子。據《左傳》子期死白公之難，在魯哀公十六年，次年寬即嗣父為司馬，則白公作亂時，寬至少亦必已弱冠。鄭繻公之弒，在魯穆公十四年，上距哀公十六年，已八十四年，文子若在，約計殆逾百歲，豈尚能謀攻鄭乎？竊疑此「三世」，並當作「二世」，蓋即在韓殺幽公之後。幽公之死當魯元公八年，時文子約計當七十餘歲，於情事儻有合耳。

5 注 《呂氏春秋．本生》篇高注云：「全，猶順也」。三年不全，猶〈玉藻〉云：「年不順成」。

6 注 《老子》云：「強梁者不得其死」，《莊子．山木》釋文云：「彊梁，多力也。」《詩．大雅．蕩》毛《傳》云：「彊梁，禦善也」，孔《疏》云：「彊梁，任威使氣之貌。」

7 注 《周禮．司勛》云：「戰功曰多」。畢云：「『我多』舊作『多吾』，一本如此。」

▲案：顧校季本，亦作「我多」。

8 注 畢云：「**粮**，『糧』字俗寫。」

9 注 「亓」，《道藏》本、吳鈔本並誤「亦」。

子墨子爲魯陽文君曰：「[1]世俗之君子，皆知小物而不知大物。今有人於此，竊一犬一彘則謂之不仁，竊一國一都則以爲義。譬猶小視白謂之白，大視白則謂之黑。[2]是故世俗之君子知小物而不知大物者，此若言之謂也。」[3]

1 注 畢云：「『為』，『謂』字。」

▲案：吳鈔本作「謂」。

2 注 吳鈔本無「則」字。

3 注 「此若」，畢改為「若此」，云：「舊二字倒，一本如此。」

▲案：顧校季本同。王云：「畢改非也。古者謂『此』為『若』，連言之，則曰『此若』。『此若言之謂也』，已見〈尚賢〉篇。又〈節葬〉篇曰『以此若三聖王者觀之』，又曰『以此若三國者觀之』，《墨子》書言『此若』者多矣，它書亦多有之。」

▲案：王說是也。

魯陽文君語子墨子曰：[1]「楚之南有啖人之國者橋，[2]其國之長子生，則鮮而食之，[3]謂之宜弟。美，則以遺其君，君喜則賞其父。[4]豈不惡俗哉？」子墨子曰：「雖中國之俗，亦猶是也。殺其父而賞其子，何以異食其子而賞其父者哉？苟不用仁義，何以非夷人食其子也？」

1 注 吳鈔本「語」作「謂」。

2 注 〈節葬下〉篇作「炎人」，而以食子為輆沐國俗，與此不同。竊疑「啖人」之名即起於「食子」，此篇是也。「橋」末。

3 注 畢云：「『鮮』，一本作『解』。」
▲詒讓案：〈節葬下〉篇亦作「解」。顧云：「作『鮮』者誤。古『鮮』、『解』字或相亂，殷敬順釋《列子》用『鮮』字訓，非也。」

4 注 《後漢書・南蠻傳》云：「交阯其西有噉人國，生首子，輒解而食之，謂之宜弟。味旨則以遺其君，君喜而賞其父。今烏滸人是也」。李注引萬震《南州異物志》云：「烏滸，地名也，在廣州之南，交州之北」。則漢時尚相傳有是國也。

魯君之嬖人死，魯君為之誄，魯人因說而用之。[1]子墨子聞之曰：「誄者，道死人之志也，[2]今因說而用之，是猶以來首從服也。」[3]

1 注 蘇云：「第二句『君』字，當作『人』，第三句『人』字，當作『君』，傳寫誤也。」

2 注 《釋名．釋典藝》云：「誄，累也，累列其事而稱之也。」

3 注 「來首」，疑即「貍首」，《史記．封禪書》云：「萇弘設射貍首。貍首者，諸侯之不來者。」〈大射儀〉鄭注說貍首云：「貍之言不來也。」《廣雅．釋獸》云：「豾，貍也。」不來，即豾貍。《方言》云：「貔，陳、楚、江、淮之間謂之『𧳏』，關西謂之『貍』」。「來」、「𧳏」字亦同。蓋「貍」與「來」古音相近，故「貍首」亦謂之「來首」。服，謂服馬，「以來首從服」，言以貍駕車，明其不勝任也。

魯陽文君謂子墨子曰：「有語我以忠臣者，令之俯則俯，[1]令之仰則仰，處則靜，呼則應，可謂忠臣乎？」子墨子曰：「令之俯則俯，令之仰則仰，是似景也。[2]處則靜，呼則應，是似響也。[3]君將何得於景與響哉？若以翟之所謂忠臣者，上有過則微之以諫，[4]己有善，則訪之上，而無敢以告。[5]外匡其邪而入其善，[6]尚同而無下比，[7]是以美善在上，而怨讎在下，[8]安樂在上而憂慼在臣。此翟之所謂忠臣者也。」[9]

1 注 畢云：「『頪』字俗寫。」

2 注 畢云：「古『影』字只作『景』，葛洪加彡，而明刻《淮南子》有注云『古影字』，《道藏》本無，蓋明人妄增耳。今《尚書》亦有『影響』字，寫者亂之。」

3 注 《管子．心術》篇云：「若影之象形，響之應聲也。《漢書．天文志》亦云：「如景之象形，響之應聲」。

4 注 微者，「覹」之借字。《說文．見部》云：「覹，司也。」《漢書．游俠傳》「使人微知賊處」，顏注云：「微，伺問之也」。此「微之以諫」，亦言伺君之閒而諫之也。

5 注 《爾雅．釋詁》云：「訪，謀也」，謂進其謀於上，而不敢以告人也。

6 注 「而」，吳鈔本作「以」。入其善，謂納之於善也。畢云：「『匡』字舊闕，注云『太祖廟諱上字』，蓋宋本如此，今增。」

7 注 「尚」與「上」通。舊本無「同」字。王云：「此文具見〈尚同〉三篇，舊本脫『同』字，今補。」

8 注 舊本脫「是」字，王據〈尚賢〉篇補。

9 注 舊本脫「所」字，今據吳鈔本補。

魯君謂子墨子曰：「我有二子，一人者好學，一人者好分人財，孰以爲太子而可？」子墨子曰：「未可知也，或所爲賞與爲是也。[1]魡者之恭，[2]非爲魚賜也；[3]餌鼠以蟲，[4]

非愛之也。吾願主君之合其志功而觀焉。」

1 **注** 畢云：「『與』，舊作『興』，以意改。」

▲案：畢校是也，而讀為「賞與」句，則非。此當讀「或所為賞與為是也」八字句。「與」即「譽」之叚字，言好學與分財，或因求賞賜名譽而偽為是，不必真好也。前〈大取〉篇云：「為賞譽利一人，非為賞譽利人也」，是其證。「賞譽」，亦見〈尚同下〉篇。

2 **注** 畢云：「『釣』字，俗寫从魚，《藝文類聚》引作『釣』。案《玉篇》有『魡』字，云『丁叫切，亦作「釣」，餌取魚』，出此。墨書如此類字，由後人抄寫，以意改為，大都出自六朝。凡秦以前書傳，皆篆簡耳，不應有此，以相傳既久，亦不改也。」

▲詒讓案：《集韻．三十四嘯》云：「釣，或作『魡』。」吳鈔本作「魡魚之巷」，疑誤。顧校季本「魡」作「釣」。《莊子．刻意》篇「釣魚閒處」，《釋文》作「魡」，云「本亦作『釣』」。《淮南子．說山訓》云：「釣者使人恭」。

3 **注** 畢本無「魚」字，云：「『賜』字一本作『魚賜』，《藝文類聚》作『魚』。」

▲案：當作「魚賜」，今本脫一字耳。《道藏》本、吳鈔本竝有「魚」字，今據增。

4 **注** 畢云：「『餌』舊作『蛆』，非，據《藝文類聚》改。」

▲詒讓案：「蛆」蓋「餌」之俗體，《集韻．七志》云：「蛆，釣魚食也」。蟲非所以餌鼠，疑當為「蠱」

字之誤。《山海經．南山經》郭注云：「蠱，蠱毒」，是蠱有毒義。餌鼠以蠱，即謂毒鼠，故云「非愛之也。」《春秋．成五年經》「蟲牢」，《春秋繁露．竹林》篇作「蠱牢」。

魯人有因子墨子而學其子者，其子戰而死，其父讓子墨子。[1]子墨子曰：「子欲學子之子，今學成矣，戰而死，而子慍，是猶欲糶，糴讎，則慍也。[2]豈不費哉？」[3]

1 注 《說文．言部》云：「讓，相責讓。」

2 注 吳鈔本「糶糴」二字互易。畢云：「『售』字正作『讎』。」王云：「『糴』當為『糶』，《廣雅》：「糴，買也；糶，賣也」，故云是『猶欲糶，糶讎，則慍也。』今本『糶』作『糴』，則義不可通。」

3 注 顧云：「『費』與『拂』同。」王云：「『費』讀為『悖』，即上文之『豈不悖哉』也。〈緇衣〉『口費而煩』，鄭注曰：『「費」或為「悖」』，作『悖』者正字，作『費』者借字也。」

▲案：王說是也。

魯之南鄙人，有吳慮者，[1]冬陶夏耕，自比於舜。子墨子聞而見之。吳慮謂子墨子[2]「義耳義耳，焉用言之哉？」子墨子曰：「子之所謂義者，[3]亦有力以勞人，有財以分人乎？」[4]吳慮曰：「有。」子墨子曰：「翟嘗計之矣。翟慮耕而食天下之人矣，[5]盛，[6]然後當一農之耕，[7]分諸天下，不能人得一升粟。籍而以爲得一升粟，[8]其不能飽天下之飢者，既可睹矣。翟慮織而衣天下之人矣，盛，然後當一婦人之織，分諸天下，不能人得尺布。籍而以爲得尺布，[9]其不能煖天下之寒者，既可睹矣。翟慮被堅執銳救諸侯之患，[10]盛，然後當一夫之戰，一夫之戰其不御三軍，既可睹矣。[11]翟以爲不若誦先王之道而求其說，通聖人之言而察其辭，上說王公大人，次匹夫徒步之士。[12]王公大人用吾言，國必治；匹夫徒步之士用吾言，行必脩。[13]故翟以爲雖不耕而食飢，[14]不織而衣寒，[15]功賢於耕而食之、織而衣之者也。故翟以爲雖不耕織乎，而功賢於耕織也。」吳慮謂子墨子曰：「義耳義耳，焉用言之哉？」子墨子曰：「籍設而天下不知耕，教人耕，與不教人耕而獨耕者，[16]其功孰多？」吳慮曰：「教人耕者其功多。」子墨子曰：「籍設而攻不義之國，鼓而使衆進戰，與不鼓而使衆進戰，而獨進戰者，其功孰多？」吳慮曰：「鼓而進衆者其功多。」子墨子曰：「天下匹夫徒步之士少知義，而教天下以義者功亦多，何故弗言也？若得鼓而進於義，則吾義豈不益進哉？」

1 注 畢云：「《太平御覽》引作吳憲。」

2 注 下當有「曰」字。

3 注 畢云：「『所謂』二字舊倒，以意改。」

▲案：吳鈔本、顧校季本，正作「所謂」。

4 注 「勞」，謂為人任其勞也。《羣書治要》引《尸子·貴言》篇云：「益天下以財為仁，勞天下以力為義。」

5 注 舊本「而食」二字，在「天下」之下，王據下文乙正。

6 注 句。

7 注 王云：「『盛』與『成』同，下兩『盛』字，放此，謂耕事已成也。古字或以『盛』為『成』。」

▲案：此云極盛不過當一農之耕也，下並同，王說未塙。

8 注 「籍」，吳鈔本作「藉」。畢云：「籍，『藉』字假音。」

9 注 舊本脫「以」字，今依上文增。

10 注 「患」下，當依上文增「矣」字。

11 注 「睹」，吳鈔本作「覩」，《說文·目部》云：「睹，見也，古文作『覩』。」

12 注 畢云：「『次』下，當脫『說』字。」

13 注 吳鈔本作「修」。

14 注 句。

15 注 句。

16 注 畢云：「舊脫『不』字，一本有。」

子墨子游公尚過於越。公尚過說越王，越王大說，[1]謂公尚過曰：「先生苟能使子墨子於越而教寡人，[2]請裂故吳之地，方五百里，[3]以封子墨子。」公尚過許諾。遂爲公尚過束車五十乘，[4]以迎子墨子於魯，曰：「吾以夫子之道說越王，越王大說，謂過曰：『苟能使子墨子至於越，而教寡人，[5]請裂故吳之地，方五百里，以封子』。」子墨子謂公尚過曰：「子觀越王之志何若？[6]意越王將聽吾言，用我道，則翟將往，量腹而食，度身而衣，自比於羣臣，奚能以封爲哉？[7]抑越不聽吾言，[8]不用吾道，而吾往焉，則是我以義糶也。[9]鈞之糶，[10]亦於中國耳，何必於越哉？」[11]

1 注 畢云：「舊作『悅』，下同，此俗寫字，今改正。」蘇云：「越王，當為句踐之後。」

2 注 「於」上，依下文當有「至」字。

3 注 吳鈔本無「方」字。畢云：「時吳已亡入越，故曰『故吳』。」

4 注 《說文．束部》云：「束，縛也。」

5 注 吴鈔本無「於」字。

6 注 「志」，吴鈔本作「意」。

7 注 「奚」，舊本作「不」。畢云：「一本作『奚』」，是，今據正。

8 注 「越」下，當有「王」字。

9 注 《爾雅．釋詁》云：「糶，賣也」。畢云：「『糶』，舊作『糴』，下同，以意改。《呂氏春秋》作『翟』。」

10 注 句。

11 注 畢云：「《呂氏春秋．高義》云：『子墨子游公上過於越。公上過語墨子之義，越王說之，謂公上過曰：「子之師苟肯至越，請以故吳之地，陰江之浦，書社三百，以封夫子。」公上過往復於子墨子。子墨子曰：「子之觀越王也，能聽吾言、用吾道乎？」公上過曰：「殆未能也。」子墨子曰：「不唯越王不知翟之意，雖子亦不知翟之意。若越王聽吾言、用吾道，翟度身而衣，量腹而食，比於賓萌，未敢求仕。越王不聽吾言，不用吾道，雖全越以與我，吾無所用之。越王不聽吾言，不用吾道，而受其國，是以義翟也。義翟何必越，雖於中國亦可。」』即用此文。義翟，亦當為『義糶』。」

子墨子游，魏越[1]曰：「既得見四方之君，子則將先語？」[2]子墨子曰：「凡入國，必擇務而從事焉。國家昏亂，則語之尚賢、尚同；國家貧，則語之節用、節葬；國家憙音湛湎，[3]則語之非樂、非命；國家穴僻無禮，[4]則語之尊天、事鬼；國家務奪侵凌，即語之兼愛、非攻，[5]故曰擇務而從事焉。」[6]

1 注 墨子弟子。

2 注 蘇云：「即『子將奚先』之意。」

3 注 吴鈔本，「湛」作「沈」，「湛」、「沈」字通。《說文・水部》云：「湎，沈於酒也」。《史記・宋世家》云：「紂沈湎于酒」。《初學記・二十六》引韓詩云：「齊顏色，均衆寡，謂之『沈』。閉門不出者，謂之『湎』」。畢云：「《說文》云：『憙，說也。』」

4 注 「僻」，吴鈔本作「辟」。

5 注 「即」，吴鈔本作「則」，與上文同。

6 注 舊本脫「攻」、「故」二字，王據上文及〈非攻〉篇補。蘇謂「曰」當作「日」，非。

子墨子出曹公子而於宋[1]三年而反，睹子墨子曰：[2]「始吾游於子之門，短褐之衣，[3]藜藿之羹，[4]朝得之則夕弗得，祭祀鬼神。[5]今而以夫子之教，[6]家厚於始也。[7]有家厚，[8]謹祭祀鬼神。然而人徒多死，六畜不蕃，身湛於病，[9]吾未知夫子之道之可用也。」子墨子曰：「不然！夫鬼神之所欲於人者多，欲人之處高爵祿則以讓賢也，多財則以分貧也。夫鬼神豈唯擢季拑肺之爲欲哉？[10]今子處高爵祿而不以讓賢，一不祥也；多財而不以分貧，二不祥也。今子事鬼神唯祭而已矣，而曰：『病何自至哉？』是猶百門而閉一門焉，曰：『盜何從入？』若是而求福於有怪之鬼，[11]豈可哉？」

1 注 舊本，「出」上有「曰」字。王云：「此本作『子墨子出曹公子於宋』，猶上文言『子墨子游公尚過於越』也，今本衍『曰』字、『而』字，則義不可通。」俞云：「王說是也。然『出』字義不可通，『出』當為『士』字之誤。《史記．夏本紀》『稱以出』，徐廣曰『一作士』，是其例也。『士』與『仕』通，『子墨子士曹公子於宋』，即『仕曹公子於宋』也。〈貴義〉篇曰『子墨子仕人於衛』。」

▲案：王校是也。蘇說同，今據刪。曹公子亦墨子弟子。

2 注 吳鈔本「睹」作「覩」。

3 注 畢云：「『短』从『豆』聲，讀如『裋』。」

▲案：詳〈非樂上〉篇。

4 注 舊本脫「藜」字、「之」字，王以意補。

5 注 祭祀不以藜藿，又不當在夕，此疑當重「弗得」二字，言雖藜藿之羹，尚不能朝夕常給，故不得祭祀鬼神也。

6 注 句。

7 注 舊本無「今字」，又「教」作「政」。王云：「此言吾始而家貧，今而以夫子之教，家厚於始也。今本脫『今』字，『教』字又誤作『政』，則義不可通。」

▲案：王校是也，今據補正。俞云：「『政』乃『故』字之誤，蓋子墨子仕曹公子於宋，則宋必致祿，故曰『以夫子之故，家厚於始也。』〈耕柱〉篇曰『君以夫子之故，致祿甚厚』。」

▲案：俞說亦通。

8 注 此與上文複，疑「厚」當為「享」，「有」讀為「又」。言又於家為享祀，《周禮》謂人鬼為享。《周書．嘗麥》篇云：「邑乃命百姓遂享于家。」

9 注 〈內則〉鄭注云：「湛，猶『漬』也。」

10 注 王引之云：「『季』，蓋『黍』字之譌，祭有黍有肺，故云『擢黍拑肺』。」蘇云：「『季』，疑當作『肝』。意言鬼神非徒貪嗜飲食者也。」

▲案：王校是也。《說文．手部》云：「擢，引也」，「拑，脅持也」，於此義並無取。竊疑「擢」當為「攫」之譌。《呂氏春秋．任數》篇云：「顏回攫其甑中而食之」。〈曲禮〉云：「飯黍毋以箸」，又鄭注云：「禮飯以手」，即所謂攫也。「拑」義未詳。

11 注 此義難通，據下文，疑亦當作「求百福於鬼神」。

魯祝以一豚祭，而求百福於鬼神。子墨子聞之曰：「是不可，今施人薄而望人厚，則人唯恐其有賜於己也。今以一豚祭，而求百福於鬼神，[1]唯恐其以牛羊祀也。古者聖王事鬼神，[2]祭而已矣。[3]今以豚祭而求百福，則其富不如其貧也。」

1 注 當重「鬼神」二字。

2 注 吳鈔本無「者」字。

3 注 謂無所求也。〈禮器〉云：「祭祀不祈」，鄭注云：「祭祀不為求福也」。

彭輕生子曰：[1]「往者可知，來者不可知。」子墨子曰：「籍設而親在百里之外，[2]則遇難焉，期以一日也，及之則生，不及則死。今有固車良馬於此，又有奴馬四隅之輪於此，[3]使子擇焉，子將何乘？對曰：「乘良馬固車，可以速至。」子墨子曰：「焉在矣來！」[4]

1 注 疑亦墨子弟子。

2 注 籍，亦「藉」之叚字。

3 注 畢云：「『駑』，古字只作『奴』，一本作『駑』。《說文》無『駑』字。」

4 注　盧云：「似謂『焉在不知來』，文誤。」蘇云：「『知』與『矣』相近而誤，而『知』上更脫『不』字也。」

孟山譽王子閭曰：「[1]昔白公之禍，[2]執王子閭[3]斧鉞鉤要，[4]直兵當心，[5]謂之曰：『爲王則生，不爲王則死。』王子閭曰：『何其侮我也！殺我親而喜我以楚國，我得天下而不義，不爲也，又況於楚國乎？』遂而不爲。[6]王子閭豈不仁哉？」子墨子曰：「難則難矣，然而未仁也。若以王爲無道，則何故不受而治也？若以白公爲不義，何故不受王，[7]誅白公然而反王？[8]故曰難則難矣，然而未仁也。」

1 注　孟山，疑亦墨子弟子。

2 注　詳〈非儒〉篇。

3 注　《左．哀十六年傳》「白公欲以子閭為王，子閭不可，遂劫以兵」，杜注云：「子閭，平王子啓」。

4 注　畢云：「此正字，餘文作『腰』者，後改亂之耳。」

5 注　直兵，劍、矛之屬。《晏子春秋．內篇襍上》說崔杼盟晏子云：「戟拘其頸，劍承其心」，晏子曰：「曲刃鉤之，直兵推之，嬰不革矣」。《呂氏春秋．知分》篇云：「直兵造胷，曲兵鉤頸」。高注云：「直，矛也」。

6 注　畢云：「《說文》云『遂，亡也，從辵，㒸聲』。王逸注《楚詞》云『遂，往也』，義出于此。經典多借為『家』字，而忘其本，家从意也。」

▲案：《左傳》云：「子閭不可，遂殺之」，《新序．義勇》篇同，是子閭實死而非亡，畢引許義，與事不相應。「遂」下，疑當有「死」字。

7 **注** 句。

8 **注** 畢云：「言何不借王之權，以殺白公，然後反位於王。」俞云：「畢讀『誅白公』為句，則『然而反王』文不成義矣。《禮記．檀弓》篇『穆公召縣子而問然』，鄭注曰『然之言焉也』，『誅白公然而反王』，猶云誅白公焉而反王，七字為一句。」

子墨子使勝綽事項子牛。[1]項子牛三侵魯地，[2]而勝綽三從。子墨子聞之，使高孫子請而退之[3]，曰：「我使綽也，將以濟驕而正嬖也。[4]今綽也祿厚而譎夫子，夫子三侵魯，而綽三從，是鼓鞭於馬靳也。[5]翟聞之：『言義而弗行，是犯明也。』綽非弗之知也，祿勝義也。」

1 **注** 勝綽，墨子弟子。

2 **注** 項子牛，齊人，見前。三侵魯，不知在何年。以《史記．六國年表》及〈田齊世家〉攷之：魯元公十九年，齊伐魯葛及安陵，二十年取魯一城。穆公二年齊伐魯取郕。十六年伐魯，取最——或即三侵之事與？

3 注 高孫子，亦墨子弟子。

4 注 畢云：「濟，止也。『躄』同『辟』。」

5 注 畢云：「《說文》云『靳，當膺也，從革，斤聲』，一本改作『勒』，非。言馬欲行而鞭其前，所以自困，猶使人仕而反來侵我也。」

昔者楚人與越人舟戰於江，[1]楚人順流而進，迎流而退，見利而進，見不利則其退難。越人迎流而進，順流而退，見利而進，[2]見不利則其退速，越人因此若埶，[3]亟敗楚人。[4]公輸子[5]自魯南游楚，[6]焉始爲舟戰之器，[7]作爲鉤強之備，退者鉤之，進者強之，[8]量其鉤強之長而制爲之兵，[9]楚之兵節，越之兵不節，楚人因此若埶，亟敗越人。[10]公輸子善其巧，以語子墨子曰：「我舟戰有鉤強，不知子之義亦有鉤強乎？」子墨子曰：「我義之鉤強，賢於子舟戰之鉤強。我鉤強，我鉤之以愛，揣之以恭。[11]弗鉤以愛則不親；弗揣以恭則速狎；[12]狎而不親則速離。故交相愛，交相恭，猶若相利也。今子鉤而止人，人亦鉤而止子；子強而距人，人亦強而距子。交相鉤，交相強，猶若相害也。故我義之鉤強，賢子舟戰之鉤強。」

1 **注**《渚宮舊事》「越人」作「吳越」，下同。

2 **注** 舊脫「而」字，王補。

3 **注** 句。

4 **注** 舊本，「埶亟」作「執函」。王云：「『執』字、『函』字皆義不可通。『執』當為『埶』，『埶』即今『勢』字。『此若埶』者，此埶也。『若』，亦此也。古人自有複語耳。《墨子》書多謂『此』為『此若』，說見上文。『函』當為『亟』，讀『亟稱於水』之『亟』。亟，數也，言越人因此水勢，遂數敗楚人也。俗書『函』字，或作『凾』，與『亟』相似。」

▲案：王說是也。《渚宮舊事》亦作「勢亟」，今據正。

5 **注** 畢云：「舊有「曰」字，一本無。」

▲詒讓案：顧校季本亦無「曰」字。《文選·西都賦》薛綜注云：「魯般，一云公輸子，魯哀公時巧人。」《孟子·離婁》篇云：「公輸子之巧」，趙注云：「公輸子名班，魯之巧人也。或以為魯昭公之子。」〈檀弓〉云：「季康子之母死，公輸若方小，斂，般請以機封」，鄭注云：「般，若之族，多技巧者」，後〈公輸〉篇作「公輸盤」。

6 **注**《渚宮舊事》云：「及惠王時。」

▲案：余說近是，詳後〈公輸〉篇。畢云：「《太平御覽》引作『公輸般自魯之楚』。」

7 注 畢云：「《太平御覽》引作『具』。」王云：「『焉』字下屬為句，焉，猶『於是』也。言於是始為舟戰之器也。〈月令〉曰『天子焉始乘舟』，〈晉語〉曰『焉始為令』，〈大荒西經〉曰『開焉始得歌〈九招〉』，此皆古人以『焉始』二字連文之證。」

8 注 畢云：「《太平御覽》引作『謂之鉤拒，退則鉤之，進則拒之也』。」

▲詒讓案：退者以物鉤之，則不得退，進者以物拒之，則不得進。此作「鉤強」無義。凡「強」字，並當從《御覽》作「拒」。《事物紀原》引亦同。〈備穴〉篇有鐵鉤鉅，〈備高臨〉篇說弩亦有鉤距，「鉅」、「距」、「拒」，義並同，故下文亦云：「子拒而距人，人亦拒而距子」。《荀子．議兵》篇，說楚兵云「宛鉅鐵鉇」，疑「宛鉅」亦兵器之名。楊倞注云：「大剛曰鉅」，恐非。

9 注 《渚宮舊事》作「量短長而制為兵」。

10 注 舊本「埶」亦誤「執」，「亟」亦誤「函」，今依王校正。《史記．楚世家》惠王時無與越戰事，蓋史失之。

11 注 「揣」，亦當作「拒」，鉤拒皆冢上文言之，下同。

12 注 畢云：「舊脫一『狎』字，以意增。」

▲案：顧校季本，亦重「狎」字。

公輸子削竹木以爲鵲，[1]成而飛之，[2]三日不下，[3]公輸子自以爲至巧。子墨子謂公輸子曰：「子之爲䧿也，不如匠之爲車轄。[4]須臾劉三寸之木，[5]而任五十石之重。[6]故所爲巧，利於人謂之巧，不利於人謂之拙。」[7]

1 注 《說文．烏部》「舄，篆文作『鵲』。」畢云：「《太平御覽》引作『鵲』。」

2 注 王云：「此當作『削竹木以為䧿，䧿成而飛之』，今本少一『䧿』字，則文不足義。《太平御覽．工藝部九》，所引已與今本同。《初學記．果木部》、《白帖．九十五》，並多一『䧿』字。」

3 注 《渚宮舊事》云：「嘗為木鳶，乘之以窺宋城」，與此異。《列子．湯問》篇云：「墨翟之飛鳶」，張注云：「墨子作木鳶，飛三日不集」，《淮南子．齊俗訓》云：「魯般、墨子以木為鳶，而飛之三日不集」，此皆以「䧿」為「鳶」。又謂二人同為之，蓋傳聞之異。《論衡．儒增篇》、〈亂龍〉篇，說並同。《韓非子》亦云「木鳶」，詳後。畢云：「《文選．長笛賦》注云：『案墨子削竹以為鵲，鵲三日不行者』，彼誤。」

4 注 王云：「舊本『匠』作『翟』，涉上下文『翟』字而誤，今據《太平御覽．工藝部九》引改。」畢云：「《太平御覽》末有『也』字。」

5 注 《說文．車部》云：「轄，鍵也」；〈舛部〉云：「舝，車軸耑鍵也」。

▲案：「轄」、「舝」字通，古車轄多以金為之，據此則亦有用木者。《淮南子．繆稱訓》云：「故終年為車，無三寸之轄，不可以驅馳」，又〈人間訓〉云：「車之所以能轉千里者，以其要在三寸之轄。」《文選．七啓》注引《尸子》云：「文軒六駃，題無四寸之鍵，則車不行。」諸書說鍵轄之度畧同。《抱朴

子·應嘲》篇云：「墨子刻木雞以戾天，不如三寸之車轄。」此又以「鵲」為「雞」，與他書異。畢云：「『劉』，『鏤』字假音。《太平御覽》引此作『豎』。」王云：「畢說非也。『劉』當為『剅』，《集韻》『斲，或作剅』，《廣雅》曰『剅，斫也』，今本《廣雅》譌作『𠜾』。俗書『斲』字作『斵』，故『剅』字亦作『𠜾』，形與『劉』相似，因譌為『劉』。此言為車轄者，斫三寸之木，而任五十石之重，非刻鏤之謂也。」

6 **注** 《說文·禾部》云：「秙，百二十斤也。」經典通借「石」為之。五十石，六百斤也。

7 **注** 畢云：「《韓非子·外儲說》云：『墨子為木鳶，三年而成，蜚一日而敗。弟子曰：「先生之巧，至能使木鳶飛。」墨子曰：「不如為車輗之巧也，用咫尺之木，不費一朝之事，而引三十石之任，致遠，力多，久於歲數。今我為鳶三年成，蜚一日而敗。」惠子聞之曰：「墨子太巧，巧為輗，拙於鳶。」』與此異也。」

公輸子謂子墨子曰：「吾未得見之時，我欲得宋，自我得見之後，予我宋而不義，我不爲。」子墨子曰：「翟之未得見之時也，子欲得宋，自翟得見子之後，予子宋而不義，子弗爲，是我予子宋也。[1]子務爲義，翟又將予子天下。」[2]

1 **注** 畢云：「『予』，一本作『與』。」

2 注 舊本「予」作「與」，今據吴鈔本正，與上文同。

公輸第五十[1]

1 注 《淮南子·道應訓》云：「墨子為守攻，公輸般服，而不肯以兵知」，即本此篇。

公輸盤[1]爲楚造雲梯之械，成，[2]將以攻宋。[3]子墨子聞之，起於齊，[4]行十日十夜而至於郢，[5]見公輸盤。公輸盤曰：「夫子何命焉爲？」子墨子曰：「北方有侮臣，願藉子殺之。」[6]公輸盤不說。[7]子墨子曰：「請獻十金。」[8]公輸盤曰：「吾義固不殺人。」[9]子墨子起，再拜曰：「請說之。吾從北方聞子爲梯，[10]將以攻宋。宋何罪之有？荊國有餘於地，而不足於民，殺所不足而爭所有餘，不可謂智。宋無罪而攻之，不可謂仁。知而不爭，不可謂忠。爭而不得，不可謂強。義不殺少而殺衆，不可謂知類。」公輸盤服。子墨子曰：「然，乎不已乎？」[11]公輸盤曰：「不可。吾既已言之王矣。」子墨子曰：「胡不見我於王？」公輸盤曰：「諾。」

1 注 畢云：「《史記・孟子荀卿傳》集解、《後漢書・張衡傳》注、《文選・陳孔璋為曹洪與魏文帝書》注，皆引作『般』，《廣韻》引作『班』。」

▲詒讓案：《世說・文學》篇劉注、《文選・長笛賦》、〈七命〉、〈郭景純遊仙詩〉、〈司馬紹統贈山濤詩〉李注，並引作「般」，《戰國策・宋策》、《呂氏春秋・愛類》篇、葛洪《神仙傳》，同。《呂覽》高注云：「公輸，魯般之號，在楚為楚王設攻宋之具也。」

2 注 《淮南子・兵略訓》許慎注云：「雲梯，可依雲而立，所以瞰敵之城中」。又〈脩務訓〉高注云：「雲梯，攻城具，高長上與雲齊，故曰雲梯。械，器也。」《史記索隱》云：「梯者，構木瞰高也，雲者，言其昇高入雲，故曰雲梯。械者，器也，謂攻城之樓櫓也。」《文選・長笛賦》注引此云：「公輸般為雲梯垂成，大山四起，所謂善攻具也，必取宋。於是墨子見公輸般而止之」，似約此篇文。但「大山四起」，未詳其義。《史記・鄭世家》集解引服虔《左傳注》云：「樓車，所以窺望敵軍，兵法所謂雲梯也。」

▲案：服以雲梯為兵車，肊說不足據。畢云：「張湛《列子注》云『雲梯可以淩虛』。」

3 注 畢云：「《文選注》引作『必取宋』三字，《太平御覽》云：「『《尸子》云：般為蒙天之階，階成，將以攻宋』。」蘇云：「《呂氏春秋》云『聲王圍宋十月』。考墨子時世與聲王相值，疑公輸為楚攻宋，在是時。」

▲案：《國策・宋策》鮑彪注，以此事為在宋景公時，於楚則謂當昭王或惠王，與蘇說不同。今攷鮑、蘇二說

皆非也。墨子晚年逮見田和，又得聞楚悼王、吳起之亂，其生蓋當在魯哀公之末，悼公之初，則非徒不及見楚昭王，即宋景公末年，亦恐未逾弱冠。是鮑說與墨子之年不合。公輸盤，或謂魯昭公子，固未必塙，然〈檀弓〉載季康子母死，時〈公輸〉若方小，而般與斂事，則般必年長於若可知。攷康子父桓子卒於哀公三年，其母死或亦在哀公初年，則般當生於昭、定間，自昭公卒年下距楚聲王元年，亦已逾百歲，則蘇說與公輸之年又不合。竊以墨、輸二子年代參合校之，墨子之止攻宋，約當在宋昭公、楚惠王時。蓋是時楚雖有伐宋之議，而以墨子之言中輟，故史無其事耳。《渚宮舊事》謂公輸子南游楚在惠王時，其說蓋可信。

4 **注** 畢云：「《呂氏春秋．愛類》篇云『自魯往』，是。」

5 **注** 高誘云：「郢，楚都也。」畢云：「《文選．廣絕交論》注引云『公輸般欲以楚攻宋，墨子聞之，自魯往，裂裳裹足，十日至郢』。」王云：「《世說新語．文學》篇注，引此作『墨子聞之，自魯往，裂裳裹足，日夜不休，十日十夜而至於郢』。《文選注》所引從略，然亦有『自魯往，裂裳裹足』七字。《呂氏春秋．愛類》篇曰『墨子聞之，自魯往，裂裳裹足，日夜不休，十日十夜而至於郢』。正與《世說新語》注所引同，則其為《墨子》原文無疑。《淮南．脩務》篇曰：『墨子聞而悼之，自魯趨而往，十日十夜，足重繭而不休息，裂裳裹足，至於郢』。文亦小異而大同。今本『自魯往』作『起於齊』，又無『裂裳裹足，日夜不休』八字，蓋後人刪改之也。」

▲詒讓案：《神仙傳》云：「墨子聞之，往詣楚，腳壞，裂裳裹足，七日七夜到，見公輸般而說之」，與諸書

所云，又小異。

6 注 俞云：「『有侮臣』下，脫『者』字。」

7 注 吳鈔本作「悅」。

8 注 畢云：「一本作『千金』，是。」

▲詒讓案：《渚宮舊事》亦作「獻千金於般」。

9 注 宋本《國策》作「殺王」，吳師道校注，引別本作「生」，即武后所制「人」字，則與此同。

10 注 畢云：「《太平御覽》引作『階』。」

11 注 畢云：「《太平御覽》引作『胡不已也』。」

▲詒讓案：上「乎」字，蓋即「胡」之誤，二字音相近。

子墨子見王，[1]曰：「今有人於此，舍其文軒，[2]鄰有敝轝[3]而欲竊之；舍其錦繡，[4]鄰有短褐而欲竊之；[5]舍其粱肉，鄰有穅糟而欲竊之。此爲何若人？」[6]王曰：「必爲竊疾矣。」[7]子墨子曰：「荊之地，方五千里，宋之地，方五百里，[8]此猶文軒之與敝轝也；[9]荊有雲夢，[10]犀兕、麋鹿滿之，[11]江、漢之魚鱉、黿鼉爲天下富，宋所爲無雉、兔、狐、貍者也，[12]此猶粱肉之與糠糟也；[13]荊有長松、文梓、楩枏、豫章，[14]宋無長木，此猶錦繡之與短褐也。臣以三事之攻宋也，[15]爲與此同類，臣見大王之必傷義而不得。」[16]王曰：「善哉！雖然，公輸盤爲我爲雲梯，必取宋。」[17]

1 注 《呂氏春秋・貴因》篇云：「墨子見荊王，錦衣吹笙」，疑即此時事，蓋以救宋之急，權為之也。

2 注 〈宋策〉高誘注云：「文軒，文錯之車也。」

3 注 〈宋策〉、《神仙傳》並作「弊輿」。

4 注 畢云：「已上十一字，舊脫，據《太平御覽》增，一本亦有。『轝』，即『輿』異文耳。」顧云：「《戰國策》有。」

5 注 短，「裋」之借字，詳〈魯問〉篇。

6 注 高云：「言名此為何等人也。」

7 注 畢云：「《太平御覽》作『耳』。」王云：「案《尸子・止楚師》篇及〈宋策〉並作『必為有竊疾矣』，此脫『有』字，則文義不明。〈耕柱〉篇亦曰『有竊疾也』。」

8 注 畢云：「七字舊脫，據《太平御覽》增。」顧云：「《戰國策》有。」

9 注 畢云：「《太平御覽》引『敝』作『獘』。」

10 注 《爾雅．釋地》十藪「楚有雲夢」，郭注云：「今南郡華容縣東南，巴丘湖是也。」

▲案：華容，為今湖北監利、石首二縣境。

11 注 畢云：「《太平御覽》『滿』作『盈』。」

▲詒讓案：《御覽》疑依〈宋策〉改。

12 注 「為」，〈宋策〉作「謂」，字通。畢云：「《太平御覽》『狐貍』作『鮒魚』。」王云：「作『鮒魚』是也。『無雉兔』，對上文『荊有犀兕麋鹿』言之，『無鮒魚』，對上文『荊有魚鱉黿鼉』言之。若『狐貍』，則與『魚鱉黿鼉』不相應，此後人不曉文義而改之也。《尸子》、《戰國策》竝作『鮒魚』。」

▲詒讓案：《神仙傳》亦作「鮒魚」。

13 注 《道藏》本及吳鈔本並作「糠」，即「穅」之俗，〈備城門〉篇止作「康」。

14 注 高云：「皆大木也。」畢云：「《說文》無『梗』字，《玉篇》云：『鼻縣切，梗木似豫章。』陸德明《爾雅音義》云：『鼻縣反，又婢衍反』。《字指》云：『楩木似豫章』，《尸子》作『梗』，《太平御覽》引此，亦只作『梗』。」

▲案：《道藏》本、季本並作「梗」，吳鈔本作「梗」，《史記．司馬相如傳》集解引郭璞云：「梗，杞也，似梓柟，葉似桑。豫章，大木也，生七年乃可知也。」《說文．木部》梗為山枌榆，與梗柟異木。

15 注 畢云：「《戰國策》云『臣以王吏之攻宋』。『王吏』蓋『三叓』之誤，《說文》云『叓，古文

「事」。』《尸子》作『王使』，《太平御覽》作『王之攻宋』。」顧云：「《國策》『王吏』與此文『三事』，皆有誤。疑當云『臣以王之事攻宋也』。」

▲詒讓案：「三事」，疑當作「三吏」。《逸周書．大匡》篇云：「王乃召冢卿三老三吏」，孔晁注云：「三吏，三卿也。」《左傳．成二年》「晉侯使鞏朔獻齊捷于周，王使委于三吏」，杜注云：「三吏，三公也。」《神仙傳》作「臣聞大王，更議攻宋」，則似是「王吏」之譌。

16 注 畢云：「已上十一字，舊俱脫，《太平御覽》有，或當在此。」顧云：「此十一字不當有，《戰國策》無。」

17 注 畢云：「《太平御覽》引，有云『宋王曰：公輸子天下之巧士，作為雲梯，設以攻宋，曷為弗取』二十三字，皆與此異，豈此文已為後人所節與？」

▲詒讓案：《御覽》所引，與《淮南子．脩務訓》文略同，《呂氏春秋．愛類》篇同。

於是見公輸盤，子墨子解帶爲城，以牒爲械，[1]公輸盤九設攻城之機變，[2]子墨子九距之，公輸盤之攻械盡，[3]子墨子之守圉有餘。[4]公輸盤詘，[5]而曰：「吾知所以距子矣，[6]吾不言。」子墨子亦曰：「吾知子之所以距我，[7]吾不言。」[8]楚王問其故，子墨子曰：「公輸子之意，不過欲殺臣。殺臣，宋莫能守，[9]可攻也。然臣之弟子禽滑釐等三百人，[10]

已持臣守圉之器，[11]在宋城上而待楚寇矣。[12]雖殺臣，不能絕也。」楚王曰：「善哉！吾請無攻宋矣。」[13]

1 注 《史記索隱》云：「謂墨子為術，解身上革帶以為城也。牒者，小木札也。械者，樓櫓等也。」畢本，「牒」改作「褋」，云：「舊作『牒』，《太平御覽．兵部》引作『褋』，《北堂書鈔》作『襟』。案作『褋』者是也。『褋』省為『褋』，《說文》云『南楚謂禪衣曰褋』，《玉篇》云『褋，徒頰切，禪衣也，褋同。』又案〈陳孔璋為曹洪與文帝書〉云『墨子之守，縈帶為垣，折箸為械』，則似以意改用之。」王云：「禪衣不可以為械，畢改非也。《史記．孟子荀卿傳》集解引此，正作『牒』。《索隱》曰『牒者，小木札也』。《說文》『札，牒也』。《廣雅》曰『牒，版也』，故可以為械。《後漢書．張衡傳》注，亦引作『牒』。」洪頤煊說同。俞云：「畢據《太平御覽》改作『褋』，王氏又以作『牒』為是，其實『牒』、『褋』皆叚字也，其本字當作『梜』。『梜』與『牒』疊韻字，《玉篇．仌部》『渫，梜渫也』；〈虫部〉『蛺，蛺蝶也』。『梜』之與『牒』，亦猶『浹』之與『渫』、『蛺』之與『蝶』，聲近而義通矣。《禮記．曲禮》篇『羹之有菜者用梜』，鄭曰『梜，猶箸也』。以梜為械者，以箸為械也，陳孔璋書曰『折箸為械』。」

▲案：俞說亦通。《世說注》引亦云：「墨子縈帶守之」，與陳琳文同。《神仙傳》作「以幞為械」，尤誤。

2 注 畢云：「《太平御覽》『城』，一作『宋』。『之』下，《御覽》引有『具』字。」

▲詒讓案：《史記集解》、《文選注》引，並與今本同。

3 注 《文選注》「攻」下有「城」字。《神仙傳》同。《史記索隱》引劉氏云：「械，謂飛梯、橦車、飛石、車弩之具。」

4 注 畢云：「『圍』，《史記集解》引作『固』，一本作『固』。《太平御覽》作『禦』。《御覽》引有云『今公輸設攻之械，墨子設守之備，公輸九攻而墨子九拒之，終弗能入，於是乃偃兵，輟不攻宋』，俱多於此文。」

▲詒讓案：《御覽》所引，亦與《淮南子》文略同，疑皆涉彼而譌。

5 注 《廣雅．釋詁》云：「詘，屈也，古字通。吳鈔本作「屈」，畢云：「《太平御覽》引作『屈』，《文選注》作『出』。」

▲詒讓案：《史記集解》引仍作「詘」，《索隱》云：「詘，音丘勿反。謂般技已盡，墨守有餘」。

6 注 《呂氏春秋．慎大》篇高注云：「墨子曰：使公輸般攻宋之城，臣請為宋守之備。公輸般九攻之，墨子九卻之。又令公輸般守備，墨子九下之」，未知何據。「而」下，《史記集解》引有「言」字。

7 注 畢云：「《文選注》引有『者』字。」

▲詒讓案：《史記集解》引亦有。

8 注 畢云：「《文選注》引有『之』字。」

9 注 畢云：「《文選注》有『乃』字，是。」

10 注 「釐」，《文選注》引作「氂」。陳琳書云：「翟」、「氂」即墨、禽二子名也。《漢書．儒林傳》亦作

「氂」。

▲案：禽子名，後〈備城門〉、〈備梯〉篇又作滑釐。《史記索隱》云：「禽滑釐者，墨子弟子之姓字也。釐音里」，《呂氏春秋．當染》篇作禽滑⿱髟黎，〈尊師〉篇作禽滑黎，《列子．楊朱》篇作禽骨釐，殷敬順《釋文》作禽屈釐，音「骨貍」，《漢書．古今人表》同。惟《列子．湯問》篇、《莊子．天下》篇、《說苑．反質》篇與此同。「滑」、「骨」、「屈」，「釐」、「氂」、「黎」並聲近字通。《孟子．告子》篇「魯有慎滑釐」，或謂即禽子，非也。前〈耕柱〉篇有駱滑氂，《漢書》有丞相劉屈氂，疑皆同禽子名。《呂覽》作「⿱髟黎」字書所無，當即「斄」之譌。《說文．犛部》云：「斄，彊曲毛，可以箸起衣」，段玉裁謂劉屈氂，當本作屈斄，謂彊曲毛。若然，禽子名亦當作屈斄與？

11 注　畢云：「《史記集解》引『圉』作『國』。」

12 注　舊本「待」作「侍」，蘇云：「『侍』當作『待』」，是也，今據正。

13 注　畢云：「『請』，《後漢書注》引作『楚』。宋，《史記集解》云『宋城』。『矣』，《文選注》引作『也』。」

▲詒讓案：《後漢書．張衡傳》注引，與今本同。

子墨子歸，過宋，[1]天雨，庇其閭中，[2]守閭者不內也。[3]故曰：「治於神者，眾人不知其功，爭於明者，眾人知之。」[4]

1 注 墨子魯人，此云「歸過宋」者，上云「起於齊」，則亦歸齊也。依《文選注》及《呂氏春秋》、《淮南子》作「自魯往」，則當為歸魯。自楚至齊、魯，皆得過宋也。

2 注 《說文．門部》云：「閭里，門也。」畢云：「庇，蔭。」

3 注 《管子．立政》篇云：「置閭有司，以時開閉。」《周禮．鄉大夫》云：「國有大故，則令民各守其閭，以待政令。」時楚將伐宋，宋已聞之，故墨子歸過宋，守閭者恐其為間諜，不聽入也。

4 注 《羣書治要》引《尸子．貴言》篇云：「聖人治於神，愚人爭於明也。」畢云：「文與《戰國策》及《尸子》略同。高誘注《呂氏春秋．慎大》篇，引此節文。」

卷十四

題解

此卷有七篇防禦性的軍事思想，包括：〈備城門〉、〈備高臨〉、〈備梯〉、〈備水〉、〈備突〉、〈備穴〉、〈備蛾傅〉等，其中所言守城之法，實乃中國古代兵家之代表作之一。在〈公輸〉篇中提到：「公輸盤九次展示攻城用的機巧多變的器械，墨子九次成功抵拒了他的進攻。」這九次的攻防情況究竟如何？我們可以從這幾篇的內容一窺墨家守禦的軍事思想。

〈備城門〉是墨家守御的軍事思想，就如同〈公輸〉篇中墨子與公輸盤在楚王面前攻守的沙盤推演，其主要目的還是在於非攻，要展示即使大國攻伐小國，小國仍有方法與技術進行防守，從篇名我們就可以看出本卷各篇對於戰爭現場的相關描述。「備」就是謹慎守備之意，謹慎地面對敵人攻打城門的守禦方法。

〈備高臨〉敘述防備、抵禦敵方建築高臺、居高臨下的攻城方法。其中所述「連弩車」體形龐大，結構複雜，使用帶輪軸的簡單機械牽引弓弦，回收弓矢，一次可出入弓矢六十枚，在當時是一種威力強大的武器，用來對付築土山、居高臨下的進攻方式。

〈備梯〉是防備敵人用雲梯來攻城的方法。一方面可以臨時加高城牆上的阻攔行城，另一方面，可以從城上射箭或投擲一些灰沙、石頭等等，還有用爐炭煙燻等方法，以阻止敵人從雲梯爬上來。

〈備水〉描述敵人用決堤水淹的方式攻城，墨子的對應方法是在城內挖掘排水溝，來疏導水流。

〈備突〉此篇前後疑有脫文，描述敵人襲擊突門時的防禦方法，在突門內設竈，門旁設風箱，用煙燻敵人以防堵。

〈備穴〉此篇描述敵人採用坑道戰的方法，墨子的對應策略是在城樓高處瞭望，監視敵方動靜，或在井中置「罌」這種工具，使聽力好的人藉由此工具聽取分辨挖掘隧道的方向，再鑿坑道迎擊。由於〈備城門〉篇中禽滑釐指出有十二種攻城的方式，其中穴攻在突攻之前，因此孫詒讓懷疑此篇為傳寫移易，非其舊本。

〈備蛾傳〉前〈備城門〉篇「蛾」作「蟻」。《孫子．謀攻》篇作「蟻附」，其意為：使士卒攀援城牆而上，就像螞蟻一樣密集攻擊的方式；墨子的對應之道，就是從城牆上拋射、投擲砂石，澆下滾燙的開水或用著火的器具來阻止敵軍的密集攻法。

備城門第五十二[1]

1 **注** 自此至〈襍守〉凡二十篇，皆禽滑釐所受守城之法也。備，本字為「僃」，畢云：「《說文》云『僃，慎也』，『葡，具也』。經典通用『僃』為『葡具』之字，此二義俱通。」

▲詒讓案：「五十二」，吴鈔本作「五十四」，則前當有兩闕篇，未知是否。李筌《太白陰經·守城具》篇云：「禽滑釐問墨翟守城之具，墨翟荅以六十六事」，即指以下數篇言之。「六十六事」，別本《陰經》作「五十六事」。今兵法諸篇，闕者幾半，文字復多脫互，與李筌所舉事數不相應，所記兵械名制，錯雜舛牾，無可質證。今依文詁釋，略識崖較，亦莫能得其詳也。

禽滑釐問於子墨子曰：「由聖人之言，鳳鳥之不出，[1]諸侯畔殷周之國，[2]甲兵方起於天下，大攻小，強執弱，吾欲守小國，爲之柰何？」子墨子曰：「何攻之守？」禽滑釐對曰：「今之世常所以攻者：臨、[3]鉤、[4]衝、[5]梯、[6]堙、[7]水、[8]穴、[9]突、[10]空洞、[11]蟻傅、[12]轒轀、[13]軒車，[14]敢問守此十二者柰何？」子墨子曰：「我城池修，守器具，推粟足，[15]上下相親，又得四鄰諸侯之救，此所以持也。[16]且守者雖善，[17]則猶若不可以守也。[18]若君用之，守者又必能乎守者，[19]不能而君用之，則猶若不可以守也。然則守者必善而君尊用之，[20]然後可以守也。

1 **注** 畢云：「見《論語》。」

2 **注** 畢云：「殷，盛也。」孫云：「《爾雅》云『殷，中也』，言周之中葉。」蘇云：「殷、周皆天子之國，言世衰而諸侯畔天子也，畢訓殷為『盛』，孫訓殷為『中』，皆非。」

▲案：蘇說是也。此蓋通稱王國為殷周之國。《呂氏春秋．先己》篇云：「商周之國，謀失於胸，令困於彼」。〈兼愛中〉篇引武王告泰山辭云：「以祇商夏」，周初稱中國為「商夏」，周季稱中國為「殷周」，辭例正相類。

3 注　畢云：「臨一。《詩傳》云『臨，臨車也』，陸德明《音義》云『《韓詩》作隆』，孔穎達《正義》曰『臨者，在上臨下之名』。」

▲詒讓案：後有〈備高臨〉篇云：「積土為高，以臨我城，薪土俱上，以為羊黔，蒙櫓俱前，遂屬之城」，又〈備水〉篇「竝船為臨」，〈備蛾傳〉篇有「行臨」，然則「臨」乃水陸攻守諸械，以高臨下之通名，不必臨車也。「臨」聲轉作「隆」。《淮南子．氾論訓》云：「隆衝以攻」，又〈兵略訓〉云：「攻不待衝隆雲梯而城拔」，高注云：「隆，高也」。

4 注　畢云：「鉤二。《詩傳》云『鉤，鉤梯也。所以鉤引上城者』。」

▲詒讓案：〈備鉤〉篇今佚，鉤，蓋即〈魯問〉篇所謂鉤距之鉤。〈備穴〉篇又有鐵鉤鉅，謂施長鉤，緣之以攻城。《管子．兵法》篇云「淩山阬不待鉤梯」，《韓非子．外儲說左上》篇「趙主父、秦昭王令工施鉤梯上潘吾及華山」，皆是也。《詩．皇矣》孔《疏》云：「鉤援一物，正謂梯也。以梯倚城，相鉤引而上，援即引也。墨子稱公輸般作雲梯以攻宋，蓋此之謂也。」馬瑞辰云：「墨子分『鉤』與『梯』為二，則鉤非

即雲梯，明矣。《六韜·軍用》篇有飛鉤，長八寸，鉤芒長四寸，梯長六尺以上，千二百枚，蓋即《詩》之『鉤』。《傳》云『鉤，鉤梯者』，謂以鉤鉤梯而上，故又申之曰『所以鉤引上城者』，非謂鉤即梯也，《正義》失之。」

▲案：馬說是也。

5 注 畢云：「衝三。《詩傳》云『衝，衝車也』。《說文》云『䡴，陷敶車也』。高誘注《淮南子》云：『衝車，大鐵著其轅端，馬被甲，車被兵，所以衝於敵城也』。又曰『衝所以臨敵城，衝突壞之』。孔穎達《詩正義》云『衝者，從傍衝突之稱。兵書有作臨車、衝車之法』。按『䡴』正字，『衝』假音。」

▲詒讓案：《詩·皇矣》孔《疏》又云：「墨子有〈備衝〉之篇」，今佚。定八年《左傳》云：「主人焚衝」，杜注云：「衝，戰車」。《六韜·軍用》篇有武衝大扶胥，疑即此。《戰國策·齊策》云「百尺之衝」，《荀子·彊國》篇又有「渠衝」，楊注云：「渠，大也。渠衝，攻城之大車也」，《韓非子·八說》篇云：「平城距衝」，疑即《荀子》之「渠衝」矣。《逸周書·小明武》篇云：「具行衝梯」，《莊子·秋水》篇云：「梁麗可以衝城」，亦即此。

6 注 畢云：「梯四。案：即雲梯。」

▲詒讓案：《說文·木部》云：「梯，木階也」。後有〈備梯〉篇。《通典》有作雲梯法，詳本篇。

7 注 畢云：「堙五。一本作『湮』。案當為『垔』，俗加土。《說文》云『垔，塞也』。《玉篇》云『上城具。堙，同「垔」』。《通典》云『於城外起土為山，乘城而上，古謂之土山，今謂之壘道。用生牛皮作小屋，并四面蒙之，屋中置運土人，以防攻擊者』，注云『即《孫子》所謂距闉也。鑿地為道，行於城下，用攻其城，往往建柱，積薪於其柱，圜而燒之，柱折櫓部，城摧。』」

▲詒讓案：土山，亦見《太白陰經．攻城具》篇。《左傳》襄六年「晏弱圍萊，堙之，環城傅於堞」，杜注云：「堙，土山也。」《書．費誓》孔《疏》云：「兵法，攻城築土為山，以闚望城內，謂之距堙」。《孫子．謀攻》篇作「距闉」，曹操注云：「距闉者，踊土稍高而前，以附其城也。」《尉繚子．兵教》下篇云：「地狹而人衆者，則築大堙以臨之」，蓋「堙」與「高臨」略同，惟以堙池為異。此書今本，備堙無專篇，而本篇後文「寇闉池」一節，蓋即備堙之法。又舊〈備穴〉篇亦有救闉池之文，今移入本篇。〈襍守〉篇又作「煙」。「闉」、「堙」、「煙」聲同字通。

8 注 後有〈備水〉篇。畢云：「水六。」

9 注 後有〈備穴〉篇。畢云：「穴七。」

10 注 後有〈備突〉篇不詳攻法，而云「城百步一突門」，乃守者所為。疑「突」與「穴」略同。但「穴」為穴地，「突」為穴城，二者小異耳。襄二十五年《左傳》：「鄭伐陳，宵突陳城」，杜注云：「突，穿也」。《三國志．魏明帝紀》裴松之注引《魏略》，載諸葛亮攻陳倉，為地突，欲踊出於城裏，郝昭於內穿地橫截之。則突亦穴地矣。未聞其審。畢云：「突八。」

11 注 《說文．穴部》云：「空，竅也。」《淮南子．原道訓》高注云：「洞，通也。」《史記．大宛傳》云：「徙其城下水空，以空其城」，《集解》「徐廣曰：『空』一作『穴』」，此「空洞」當亦穴突之類。其攻法之異同，今篇佚，無可攷。畢云：「空洞九。」

12 注 「傅」，舊本作「附」。《道藏》本、吳鈔本竝作「傳」。今案「傳」乃「傅」之誤，後有〈備蛾傅〉篇即此。諸本作「附」，字通，而與後篇目不相應，今校改「傅」。畢云：「蟻附十。『蟻』同『螘』。《孫子》云：『將不勝，心忿而蟻附』，注云『使卒徐上城，如蟻緣城殺士也。』」

13 注 畢云：「轒轀十一。《太平御覽》云：『《太公六韜》曰：凡三軍有大事，莫不習用器械，攻城圍邑，則有轒轀、臨衝。視城中，則有雲梯、飛樓』。周遷《輿服雜事》曰『橨榅，今之橦車也。其下四輪，從中推之，至敵城下』。《說文》云：『轒，淮陽名車穹隆轒。』《玉篇》云：『轒輐，兵車』，作『輐』。『輐』、『轀』音相近。《藝文類聚》引《孫子》又作『枌轀』。《通典》云：『攻城戰具，作四輪車，上以繩為脊，生牛皮蒙之，下可藏十人，填隍推之，直抵城下，可以攻掘，金火木石所不能敗，謂之轒轀車。』」

▲案：畢引《六韜》據《御覽》，文多譌脫，今據〈軍略〉篇校正。《通典》本《太白陰經》，《孫子．謀攻》篇云：「攻城之法，脩櫓轒轀」，曹注云：「轒轀者，其下四輪，從中推之至城下也」。《文選．長楊賦》李注引服虔云：「轒轀，百二十步兵車，可寢處。」《說文．車部》云：「轀，臥車也。」

▲案：〈備轒轀〉篇今佚，後〈備水〉篇以船為轒轀，與攻城之車異。

14 注 畢云：「軒車十二。」

▲詒讓案：〈備軒〉篇今佚。《說文．車部》云：「軒，曲輈藩車也」。彼謂卿大夫所乘車，此攻城軒車，未詳其制。《左．宣十五年傳》云：「登諸樓車」，杜注云「車上望櫓」。此「軒車」疑即「樓車」。《楚辭．招魂》王注云：「軒，樓版也」。馬瑞辰云：「《六韜．軍用》篇『飛樓』，蓋即《墨子》之『軒車』，《左傳》之『巢車』」。

15 注 「推粟」義難通，「推」當為「樵」之誤。下云「為薪樵挈」，又云「薪食足以支三月以上」，「樵粟」即「薪食」也。畢云：「推粟言輓粟」，失之。

16 注 《國語．越語》韋注云：「持，守也」。蘇云：「『持』為『守』字之訛」，非。

17 注 盧云：「此下當有『而君不用之』五字。」

18 注 舊本脫「猶」字，俞據下句補。

19 注 俞校以意改「乎」為「守」，則讀『守者不能』為句，亦通。

20 注 蘇云：「尊用，猶專用也。」俞云：「『尊』讀為『遵』，古字通也。」

凡守圍城之法，厚以高，[1]壕池深以廣，[2]樓撕揗，[3]守備繕利，[4]薪食足以支三月以上，[5]人衆以選，吏民和，[6]大臣有功勞於上者多，主信以義，萬民樂之無窮。不然，父毋墳墓在焉；不然，山林草澤之饒足利；不然，地形之難攻而易守也；不然，則有深怨於適而有大功於上；不然，則賞明可信而罰嚴足畏也。[7]此十四者具，則民亦不宜上矣。然後城可守。十四者無一，則雖善者不能守矣。[8]

1 注 「厚」上當有「城」字，疑本作「凡守圍之法，城厚以高」。今本「圍」譌為「⿴囗臺」，又移「城」字著「之法」上，遂不可通。後守法章云：「城小大，以此率之，乃足以守圍」。「圍」亦譌「⿴囗臺」，即其證也。蘇云『厚』上當脫『垣墉』二字」，非。

2 注 《釋名．釋道》云：「城下道曰『⿰阝豪』。『⿰阝豪』，翱也。言都邑之內，人所翱翔祖駕之處也」。「壕」之義蓋起於「⿰阝豪」，凡池上必有道也。畢云：「《玉篇》云：『壕，胡高切，城壕也。』『池』，舊本譌『也』。」王引之云：「『也』當為『池』。『壕池深以廣』為句，『其厚以高』上當有與『壕池』對文者，而今本脫之。」

▲案：王說是也，今據正。畢云：「『也』字疑衍」，失之。

3 注 吴鈔本作「楯」。畢云：「《說文》、《玉篇》無『撕』。《集韻》云：『「斯」或作「撕」字』。《說文》云：『揗，摩也』。《玉篇》食尹、詳遵二切。」洪頤煊謂「撕」即「高磨𢷾」，云：「『揗』當作『楯』，《通俗文》：『欄檻謂之楯』。」

▲詒讓案：「撕」當作「㯕」。後文「高磨𧝓」，「𧝓」亦即「㯕」之誤。但「揗」、「楯」竝當為「脩」，古「脩」、「循」二字形近，多互譌，「脩」譌為「循」，又譌為「揗」。此即上文「城池修」之義。

4 **注**「繕」，吳鈔本作「善」。

5 **注** 畢云：「『支』舊作『交』，以意改。」

▲詒讓案：此即上文「守器具，樵粟足」之義。《尉繚子·守權》篇云：「池深以廣，城堅而厚，士民備，薪食給，弩堅矢強，矛戟稱之，此守法也。」

6 **注** 畢云：「『民』，舊作『尺』，以意改，下當有『以』字。」

▲案：此不必增「以」字。

7 **注** 畢云：「《管子·九變》云『凡民之所以守戰至死，而不德其上者，有數以至焉。曰：大者親戚墳墓之所在也，田宅富厚足居也。不然，則州縣鄉黨與宗族足懷樂也。不然，則上之教訓習俗慈愛之於民也厚，無所往而得之也。不然，則山林澤谷之利足生也。不然，則地形險阻易守而難攻也。不然，則罰嚴而可畏也。不然則賞明而足勸也。不然，則有深怨於敵人也。不然，則有厚功於上也。此民之所以守戰至死，而不德其上者也』，與此文相似。言有此數者，方可以守圍城。」

▲詒讓案：自「凡守圍城之法」以下一百十二字，舊本錯在後文「長椎，柄長六尺，頭長尺，斧其兩端，三步一」下，今依俞校移此。顧校以此一百十二字及後文「城下里中，家人各葆其左右前後，如城上」，至「召

三老左葆官中者，與計事得」一百八十一字，移著後「此守術之數也」下。非，今不從。

8 注 自「此十四者具」以下三十字，舊本錯在後文「備穴者，城內為高樓，以謹」下，今依蘇、俞校移此。俞云：「凡守圍城之法以下，所說凡十四事，其文自明。『大臣有功勞』至『萬民樂之無窮』，共為一事。蓋大臣素有功勞，則主信而義之，萬民樂之，然後可以有為也。『此十四者具，則民亦不宜上矣』，總上十四事而言，當作『則民亦宜其上矣』。《墨子》書『其』字多作『亓』，因誤作『不』，寫者遂移至『宜』字之上耳。」

▲案：此文固有譌，然俞改「不宜上」為「宜其上，」則義仍未協。且此云「不宜上」，即《管子》云：「此民所以守戰至死，而不德其上者也」，則「不」字必非誤。竊疑當作「則民死不悳上矣」，「死」、「亦」形近而譌；「悳」、「德」字通，「悳」字壞缺，僅存「直」，形與「宜」字尤相似，故譌。蓋此語意全同《管子》，但文略省耳。

故凡守城之法，備城門爲縣門，[1]沈機長二丈，[2]廣八尺，[3]爲之兩相如；[4]門扇數[5]令相接三寸，[6]施土扇上，[7]無過二寸。塹中深丈五，[8]廣比扇，[9]塹長以力爲度，[10]塹之末爲之縣，[11]可容一人所。[12]

1 注 畢云：「舊脫『門』字，據《太平御覽》增。」

▲詒讓案：《左傳．莊二十八年》「縣門不發」，杜注云：「縣門施於內城門。」又襄十年「圍偪陽，偪陽人啓門，諸侯之士門焉，縣門發。」孔《疏》云：「縣門者，編版廣長如門，施關機，以縣門上，有寇則發機而下之。」《太白陰經》云：「縣門，縣木版以為重門。」

2 注 「沈」疑當作「浣」。《淮南子．齊俗訓》「浣準」，〈泰族訓〉作「管準」。「浣」、「管」、「關」字並通。「浣機」即《左傳疏》所謂「關機」也。《六韜．軍用》篇有「轉關轆轤」。又疑「沈」當為「沆」之誤，詳〈經說下〉篇。「沆」與「阬」通，下文云「塹中深丈五」，「阬」即「塹」也。

3 注 蓋一扇之廣度。

4 注 謂門左右兩扇同度。

5 注 畢云：「『門扇』，舊作『問扁』，據下文改。『數』同『促』。」

6 注 《說文．戶部》云：「扇，扉也」，「扉，戶扇也」。為縣門之扇，編版相銜接者三寸，欲使無縫際。〈月令〉鄭注云：「用木曰『闔』，用竹葦曰『扇』」。此門扇亦編木所為，散文通也。

7 注 畢云：「舊『士扇』作『士扁』非。《通典．守拒法》云『城門扇及樓堠，以泥塗厚，備火。』」顧云：「『士』即『土』字。」

8 注 畢云：「《說文》云：『塹，阬也』。」

9 注 亦八尺而兩之。

10 注 俞云：「『力』字無義，疑『方』字之誤。」

11 注 即縣門也。

12 注 以上縣門之法。

客至，[1]諸門戶皆令鑿而慕孔。[2]孔之。[3]各爲二幕二，一鑿而繫繩，長四尺。[4]

1 注 「客」，舊本譌「容」。王引之云：「『容』字義不可通，『容』當為『客』。『客』、『容』字相似，又涉上文『容一人所』而誤。客至，謂敵人至城下也。下文曰『客馮面而蛾傅之』，即其證。」

▲案：王校是也，蘇說同，今據正。〈襍守〉篇作「寇至」，義同。〈月令〉孔《疏》云：「起兵伐人者謂之客，敵來禦捍者謂之主。」

2 注 畢本「慕」改「幕」，云：「舊作『慕』，據下文改。」

▲案：畢校未塙。以〈襍守〉篇校之，此「慕」、「幕」並即彼「類」，此「孔」即彼「竅」，亦即所謂「鑿」，「慕」、「幕」竝當作「冪」。《廣雅．釋詁》云：「冪，覆也。」「冪」，〈襍守〉作「類」，則又「幎」之形誤。蓋鑿門為孔竅，而以物蒙覆之，使外不得見孔竅也。與〈備穴〉篇「鑿連版令容矛」，略同。《太白陰經．守城具》篇云：「鑿門為敵所逼，先自鑿門為數十孔，出強弩射之」。

3 注 畢云：「『孔』舊作『孜』，以意改，『之』下疑脫『閒』字。」蘇云：「『孔』字疑誤重。〈襍守〉篇云『寇至，諸門戶令皆鑿而類竅之』，與此合。」

4 注 蘇云：「『幕二』之『二』，疑衍。〈襍守〉篇云『各為二類，一鑿而屬繩，繩長四尺，大如指。』」

▲案：蘇校是也。此蓋言每門扇鑿二孔，皆幕之，其一幕而更繫以繩，蓋備牽挽以為固也。以上鑿幕門戶之法，即《太白陰經》之鑿門。畢謂亦縣門之法，非也。

城四面四隅[1]皆爲高磨⿰衤斯，[2]使重室子居亓上，[3]候適，[4]視亓能狀，[5]與亓進左右所移處，[6]失候，斬。[7]

1 注 城四面，謂四正也。城隅，見《詩·邶風》及《考工記·匠人》，賈疏引《五經異義》云：「天子城高七雉，隅高九雉；公之城高五雉，隅高七雉；侯伯之城高三雉，隅高五雉；都城之高皆如子男之城高。」是城隅高於城率二雉。故匠人鄭注釋為「角浮思」。

2 注 王引之云：「『磨』當為『磿』，字書無『⿰衤斯』字，蓋『㯕』字之譌。『磿㯕』疊韻字。《說文》『櫪㯕，柙指也。』此音蓋如《說文》之『櫪⿰衤斯』，而義則不同。『磿⿰衤斯』蓋樓之異名也。〈號令〉篇曰『他門之上，必夾為高樓，使善射者居焉。女郭、馮垣一人，一人守之，使重字子五十步一擊』。二篇之意大略相同，彼之『高樓』即此之『高磿㯕』也。」洪謂即上之『樓撕揗』，云：「『⿰衤斯』當作『撕』，《廣雅·釋詁》『⿰石斯，磨也』，磨撕，即欄檻也」。俞云：「王說是也，惟以為樓名，則無據。疑『高』下脫『樓』字，本云『皆為高樓曆㯕』。〈號令〉篇曰『它門之上必夾為高樓』，與此同義。『為高樓曆㯕』，猶云『夾為高樓』也，『曆㯕』即『夾』也。」

▲案：王校是也。

3 注 舊本「室」下有「乎」字，畢云疑衍。王云：「『亓』，古『其』字。」

▲案：畢校是也，今據刪。「重室子」，謂貴家子也。〈號令〉篇云「富人重室之親」，又云「使重室子」。「亓」，畢本皆作「丌」，今並從王校作「亓」，詳〈公孟〉篇。

4 注 畢云：「『敵』字假音，《史記》亦用此字。」

5 注 畢云：「『能』，即『態』字。《說文》云『態，或从人』。」

6 注 蘇云：「『進』下當有『退』字。」

7 注 以上為高曆㯕候適之法。

適人爲穴而來，[1]**我亟使穴師選本，迎而穴之，**[2]**爲之且內弩以應之。**[3]

1 注 畢云：「『穴』舊作『內』，以意改。」

2 注 舊本「亟」作「函」。畢本「本」改「木」，又「迎」作「帀」。王云：「『函』當為『亟』，俗書『函』、『亟』相似，說見〈魯問〉篇。亟，急也。『選本』當為『選士』，隸書『士』字或作『𡈼』，因譌而為『本』。畢改『本』為『木』，非。『匝』當為『迎』，草書字譌。言敵人為穴而來，我急使穴師選善穴之士，鑿穴而迎之也。下文云『適人穴土，急壍城內，穴亓土直之』，又曰『審知穴之所在，鑿穴迎之』，皆其證也。」

▲案：王校「函」改「亟」，「匝」改「迎」，是也，今據正。《干祿字書》，「匝」通作「迊」，故傳寫易譌。「本」與「卒」，隸書亦相近，後文「城下樓卒，率一步一人」，「卒」今本譌「本」，可證。王定為「士」之譌，未知是否。

3 **注** 畢云：「『且』當為『具』。」

▲詒讓案：內弩，即〈備穴〉篇之短弩，穴中以拒敵者。以上備穴之法。蘇云：「此數語當入〈備穴〉篇而錯出於此者。」

民室杵木瓦石，[1]可以蓋城之備者，[2]盡上之。[3]不從令者斬。[4]

1 **注** 王引之云：「木瓦石，皆可以作室，而杵非其類。『杵』當為『材』字之誤也。『材』本作『杆』，『杵』本作『杵』，二形相似。〈號令〉篇『民室材木』，即其證。」

▲案：王校是也，蘇云：「杵」、「樹」通用，非。

2 **注** 王引之云：「『蓋城之備』，四字義不相屬，『蓋』當為『益』，亦字之誤也。俗書『益』、『蓋』相似，說見〈非命〉篇。言民室之材木瓦石，可以益守城之備也。」蘇說同。

3 注 畢云：「『盡』，舊作『蓋』，以意改。言民室中所有，盡為城備。」

4 注 以上歛材木瓦石之法。

昔築，[1]七尺一居屬，[2]五步一壘。[3]五築有銻。[4]長斧，柄長八尺。[5]十步一長鎌，柄長八尺。[6]十步一鬭，[7]長椎，柄長六尺，頭長尺，[8]斧亓兩端。[9]三步一[10]大鋌，前長尺，[11]蚤長五寸。[12]兩鋌交之置如平，不如平不利，[13]兌亓兩末。[14]

1 注 畢云：「當云『皆築』。」

▲詒讓案：此上有脫文，似言皆有築以備築城也，故下云「五築有銻」。《左傳．宣十一年》孔《疏》云：「築，是築土之杵。」《六韜．軍用》篇云：「銅築銅為垂，長五尺以上，三百枚」。《文選．羊叔子讓開府表》李注引郭璞《三蒼解詁》云：「築杵頭鐵沓也。」

2 注 畢云：「疑『鋸欘』。」

▲案：畢據《管子．小匡》篇文，尹知章注云：「鋸欘，钁類也」。《說文．金部》云：「鋸，槍唐也」，非此義。〈斤部〉云：「斸，斫也」，又〈木部〉云：「欘，斫也」。《廣雅．釋器》云：「鋸，鉏也。」

《集韻》引埤倉云：「钃，鉏也。」《爾雅．釋器》云：「斪斸謂之定。」郭注云：「鋤也」。《考工記．車人》，鄭注引《爾雅》作「句欘」，又云：「斲斤柄。」是「斸」有兩義。此「居屬」，與「築」、「蘲」類列，則當為鋤。竊疑「居」、「鋸」即「倨」之叚字，「斪」與「句」同。斤柄箸刃，其形句，故謂之「句斸」。鋤柄箸金，其形倨，故謂之「倨斸」，名與義各相應也。《爾雅》「斪斸」當為「斤」，郭注說失之。

3 **注** 「壘」，疑當為「蘲」。《孟子．滕文公》篇「蓋歸反虆梩而掩之」，趙注云：「虆梩，籠臿之屬，可以取土者也」。《毛詩釋文》引劉熙云：「虆，盛土籠也。」《釋文》又云：「『虆』字或作『樏』，或作『蘲』。」

▲案：「樏」即「欙」之省，「蘲」，欙之別體。〈備蛾傅〉篇云：「土五步一，毋下二十畾」，「畾」亦即「蘲」之省，但彼文「五步而土毋下二十畾」，則不止一蘲矣。疑此文當作「五步有畾」，與下「五築有銻」，文例同。

4 **注** 「銻」，疑當作「銕」，「銕」即「夷」也，與古文「鐵」字不同。《書．堯典》「宅嵎夷」，《史記》、《說文》並作「銕」。《國語．齊語》云：「惡金以鑄鉏夷斤欘」，韋注云：「夷，平也，所以削平草地」。《管子．小匡》篇云：「惡金以鑄斤斧鉏夷鋸欘」，尹知章注云：「夷，鋤類也」。此作「銻」者，形聲相近而誤。畢引《說文》云：「銻，鎕銻也」。

▲案：鏥銻，火齊也。非此義。

5 注〈備蛾傳〉篇云：「斧柄長六尺」，此較彼長二尺，故曰「長斧」。《六韜．軍用》篇「大柯斧刃長八寸，重八斤，柄長五尺以上，一名天鉞」，後文又云「斧杘長三尺」，蓋皆斧柯之短者也。此亦五築所有。

6 注《說文．金部》云：「鎌，鍥也」，〈刀部〉云：「㓃，鎌也」。《方言》云：「刈鉤，自關而西，或謂之鉤，或謂之鎌」。《六韜．軍用》篇云：「艾草木大鎌，柄長七尺以上，三百枚」。

7 注畢云：「當為『斵』。」

▲詒讓案：《說文．斤部》云：「斵，斫也」。

8 注〈備蛾傳〉篇作「首長尺五寸」。

9 注椎既有首，又斧其兩端，義頗難通。〈備蛾傳〉篇說長椎，無此四字，疑「斧」當為「兌」，猶下大鋌云「兌其兩末」也。此長椎亦十步一。

10 注自「城四面四隅」以下一百三十字，舊本錯在後「五十二者，十步而二」下，顧校移此，今從之。「三步一」，似當屬下「大鋌」為句。

11 注此下至「牆七步而一」凡七百字，舊本並錯入〈備穴〉篇今移此。畢云：「《考工記》云『鋌十之』，注云：『鋌讀如麥秀鋌之鋌。鄭司農云：鋌，箭足入稾中者也』。《說文》云：『鋌，銅鐵樸也』。陸德明《周禮音義》『徒頂反』。」

▲詒讓案：古兵器無名鋌者。「鋌」疑並「鋋」之誤。《說文．金部》云：「鋋，小矛也」。《六韜．軍用》篇云：「曠野草中，方胸鋋矛千二百具，張鋋矛法，高一尺五寸。」今本《六韜》亦誤「鋌」，惟施氏《講義》本不誤，後文別有「連梃」，與此異。

12 注 《說文．叉部》云：「叉，手足甲」，「蚤」即「叉」之借字，今字通作「爪」。蓋鋌末銳細，如車輻及蓋弓之蚤也。

13 注 上「如」與「而」同，「不如平」當作「如不平」。言置之必兩鋌平等乃善，若不平則用之不利也。

14 注 畢云：「『兌』同『銳』。」

▲詒讓案：以上具守器之法。

穴隊若衝隊，[1]必審如攻隊之廣狹，[2]而令邪穿亓穴，[3]令亓廣必夷客隊。[4]

1 注 「隊」、「隧」字通。《左傳．襄二十二年》「齊伐晉為二隊」，又〈哀十三年〉「越子伐吳為二隧」，杜注云：「隧，道也」。

2 注 「如」當為「知」。

3 注 畢云：「『邪』舊作『雅』，據下文改。」

4 注 《毛詩．出車》傳云：「夷，平也。」以上備隊之法。

疏束樹木，令足以爲柴摶，[1]毌前面樹，[2]長丈七尺一以爲外面，[3]以柴摶從橫施之，[4]外面以強塗，[5]毋令土漏。[6]令亓廣厚，能任三丈五尺之城以上。[7]以柴木土稍杜之，[8]以急爲故。[9]前面之長短，豫蚤接之，令能任塗，足以爲堞，[10]善塗亓外，令毋可燒拔也。[11]

1 注 《說文．木部》云：「柴，小木散材。」《禮記．月令》鄭注云：「大者可析謂之薪，小者合束謂之柴。」《周禮．羽人》「百羽為摶」，鄭注云：「摶，羽數束名也」。又《考工記．鮑人》「卷而摶之」，鄭眾注云：「『摶』，讀為『縛一如瑱』之『縛』，謂卷縛韋革也」。《廣雅．釋詁》云：「縛，束也」。此「柴摶」，亦束聚樹木之名。吳鈔本「摶」作「摶」，後文「積摶」字，《道藏》本亦作「摶」。

2 注 「毌」，舊本作「毋」，今從畢校改。《說文．毌部》云：「毌，穿物持之也。」

3 注 蓋以大樹相連貫植之於外，而積柴摶於其內也。

4 注 「從」，吳鈔本作「縱」。

5 注 強塗，謂以土之性強韌者塗之，使不落。《周禮．草人》「土化之法」有「強檃」，鄭注云：「強，堅者」。《管子．地員》篇，說五恋、五纑之土，潤澤而彊力。皆所謂強土也。

6 注 「土」，疑當為「上」。

7 注 蓋積柴摶如城之高，此亦當於城外為之，以為城之屏蔽也。

8 注 畢云：「此杜，甘棠也。《說文》有『𢼊』字，云『閉也，讀若杜』。此及『杜門』字皆當為『𢼊』之假音。」

9 注 《廣雅·釋詁》云：「故，事也。」

10 注 柴摶之上，亦為之堞，如城法。

11 注 以上為柴摶之法。

大城丈五爲閨門，[1]廣四尺。[2]爲郭門，[3]郭門在外，爲衡，[4]以兩木當門，鑿亓木，維敷上堞。[5]爲斬縣梁，[6]聆穿，[7]斷城以板橋，[8]邪穿外，以板次之，倚殺如城報。[9]城內有傳壤，因以內壞爲外。[10]鑿亓閒，深丈五尺，[11]室以樵，[12]可燒之以待適。[13]

1 注 依上文，則大城高三丈五尺，門之高當不下一三丈，此閨門乃別出小門，故止高丈五尺，與上塹深度同。

《淮南子·氾論訓》云：「夫醉者俯入城門，以為七尺之閨也」。彼宮中小門，故高止七尺。此城閒小門，度倍逾之。畢云：「《說文》云：『閨，特立之戶，上圓下方有似圭』。」

▲詒讓案：《爾雅·釋宮》云：「宮中之門，其小者謂之閨。」此「城閒小門」與「宮中小門」名同。

2 注 亦一扇之廣度也。上縣門廣八尺，此閨門廣度半之。

3 注 此亦城之外門。〈號令〉篇有「女郭」，與「郛郭」之門異。

4 **注** 蓋橫木以廄門。

5 **注** 「敷」與「傅」通，謂以繩穿鑿而繫之，傅著城上堞也。

6 **注** 斬，「塹」之省。《呂氏春秋．權勳》篇云：「斬岸堙溪」，「縣梁」即於塹上為之。後云「塞外塹，去格七尺為縣梁」。

7 **注** 疑即下文「令耳」。

8 **注** 連板為橋，架之城塹，以便往來。下云：「木橋長三丈」。《六韜．軍用》篇有渡溝塹飛橋，即此。

9 **注** 倚殺，猶言邪殺。〈經下〉篇云：「倚者不可正」。「報」當為「埶」。言板橋邪殺為之，如城之形埶也。

10 **注** 蓋為再重堞。蘇云：「兩『壤』字皆『堞』字之誤。」

▲案：蘇說近是。

11 **注** 鑿內外堞閒為塹，上云「塹中深丈五」。

12 **注** 蘇云：「室，實也，言以薪實之。」

▲案：「室」讀為「窒」，聲同字通。《論語．陽貨》「惡果敢而窒者」，《釋文》引鄭注云：「魯讀『窒』為『室』」，〈備蛾傅〉篇云：「室中以榆若蒸」，並以「室」為「窒」，蘇說非是。《爾雅．釋言》云：「窒，塞也」。

13 **注** 畢云：「同『敵』。」

▲詒讓案：以上為閨門、郭門、塹縣梁、板橋、內外堞之法。

令耳屬城，爲再重樓。[1]下鑿城外堞，內深丈五，[2]廣丈二。樓若令耳，皆令有力者主敵，善射者主發，佐皆廣矢。[3]治裾諸，[4]延堞，[5]高六尺，部廣四尺，[6]皆爲兵弩簡格。[7]轉射機，機長六尺，貍一尺。[8]兩材合而爲之轀，[9]轀長二尺，中鑿夫之爲道臂，臂長至桓。[10]二十步一，令善射之者佐，[11]一人皆勿離。[12]

1 注 「令耳」未詳，或與〈襍守〉篇「羊坽」義同。《爾雅．釋宮》云：「四方而高曰『臺』，陝而脩曲曰『樓』。」《說文．木部》云：「樓，重屋也」。

2 注 與上內外堞之間同。

3 注 疑當作「佐以厲矢。」〈襍守〉篇云：「藺石、厲矢，諸材器用皆謹部，皆有積分數」。

4 注 「治裾」，即作薄也。〈備蛾傳〉篇有置薄、伐薄之法。〈備梯〉篇「薄」並作「裾」。黃紹箕云：「『裾』當為『椐』之譌。《釋名．釋宮室》『籬以柴竹作之，青、徐之間曰「椐」。椐，居也，居於中也。』《廣雅．釋宮》『㯫，杝也』。《玉篇．木部》『㯫，藩落籬』。《廣韻．九魚》『㯫，枯藩籬名』。《說文》無『㯫』，即『椐』之後出字。」

▲案：黃說是也。《廣雅》以「椐」與「藩」、「欏落」同訓「杝」。「欏落」即「羅落」，則「椐」亦即藩杝、羅落之名。《六韜·軍用》篇說守城有天羅、虎落。《漢書·晁錯傳》「為中周虎落」，顏注「鄭氏云：虎落者，外蕃也。」師古云：以竹篾相連遮落之也」。此篇下文亦云：「馮垣外內，以柴為藩」，制並同，蓋皆以柴木交互為藩杝也。「諸」當為「者」之叚字。

5 注 謂椐與堞相連屬。

6 注 依〈迎敵祠〉篇城上每步守者一人，蓋即每步為一堞。堞廣四尺，步各留一人，為旁之空闕。此云「部」者，謂城堞閒守者所居立之分域。〈號令〉篇「城上吏、卒、養皆為舍道內，各當其隔部」，蓋亦一堞為一部也。

7 注 「兵」字舊脫，今據《道藏》本、吳鈔本補。《說文·竹部》云：「籣，所以盛弩也。」《史記索隱》引周成《襍字》云：「格，歧閣也。」畢云：「『簡』同『籣』。」

8 注 「貍」，《道藏》本作「狸」，下同。

▲案：貍，「薶」之借字。《說文·艸部》云：「薶，瘞也。」謂機之薶於土者一尺也。「薶」，〈備梯〉篇作「埋」，俗字。〈備穴〉篇作「俚」，叚借字。

9 注 「材」，舊本作「杖」。俞云：「『杖』當作『材』。」

▲案：俞校是也，今據正。互詳〈備穴〉篇。輼，亦即〈備穴〉篇之「車輪輼」也。《說文·車部》云：「輼，臥車也」，非此義。而別有「輓」字，云：「大車後壓也。」以此及〈備穴〉篇所說輼形制推之，似

皆以重材為鎮厭杜塞之用，故以車輪等為之，其字蓋當作「輗」。前「轒轀」，《玉篇》亦作「轒輗」，是其證也。兩材，謂木材，亦合兩輪為轀之類。

10 **注** 俞云：「此當作『中鑿之為道，夫長若干尺，臂長至桓。』『夫』字誤移在上，遂脫其尺數，『臂』字又誤疊，皆不可通。下文曰『夫長丈，臂長六尺』，〈備城門〉篇、〈襍守〉篇竝云『夫長丈二尺，臂長六尺』，故知此文亦竝言『夫長』、『臂長』，而傳寫脫去也。『桓』疑『垣』字之誤。」

▲案：此疑當作「中鑿夫二為通臂，臂長至桓。」詒繹此文，「轀」蓋有趺、有臂、有桓。趺，足也；臂，橫材也；桓，直材也，與「渠荅」制略同。後文說「渠」云：「夫兩鑿，中鑿夫二」，即兩鑿也。「夫」與「趺」通，即指轀言之。謂鑿夫之中為二空，以關射機之臂。通臂，蓋以一長木為之，猶後云「通舄」，夫㫄為兩直桓，臂長接之。故又云「臂長至桓」也。俞校增乙太多，不可從。

11 **注** 舊本「一令」二字到，今依《道藏》本、吳鈔本乙正。下句當云：「令善射者佐之」，今本「之」字誤錯著「善射」下，遂不可通。

12 **注** 「一人」下有脫字，下文說藉幕云：「令一人下上之勿離。」

城上百步一樓，樓四植，[1]植皆爲通舄，[2]下高丈，上九尺，[3]廣、喪各丈六尺，[4]皆爲寧。[5]三十步一突，九尺，[6]廣十尺，高八尺，鑿廣三尺，表二尺，[7]爲寧。[8]城上爲攢火，[9]夫長以城高下為度，[10]置火亓末。城上九尺一弩、一戟、一椎、一斧、一艾，[11]皆積參石、蒺藜。[12]

1 注 〈檀弓〉云：「三家視桓楹。」鄭注云：「四植謂之桓」，「四植」猶言「四楹」也，與「戶植」異。

2 注 蘇云：「『四植』即『四柱』，『舄』同『碣』，柱下石也。」

▲詒讓案：通舄，謂兩植同一舄也。舄，詳〈備穴〉篇。

3 注 上云「再重樓」，故上下高度不同。

4 注 王云：「『喪』當為『袤』，《廣雅》『袤，長也』。」

▲案：王校是也，蘇云「『喪』為『長』字之誤」，非。

5 注 畢云：「『亭』字。」

▲詒讓案：後文云「城上百步一亭」。

6 注 下文別有廣、高之度，此當是長度也。

7 注 王云：「『表』亦當為『袤』。」

▲案：王校是也，蘇云：「『表』亦『長』字之誤」，非。

8 注 亦即「亭」字。

9 注 《文選·西都賦》李注引《蒼頡篇》云：「攢，聚也。」《太白陰經·烽燧臺》篇及《通典·兵·守拒法》並有「火鑽」。又疑即〈備蛾傳〉篇之「火捽」也。

10 **注** 「夫」疑「矢」之誤，或當為「趹」省。

11 **注** 艾，「刈」之借字。《國語．齊語》云：「挾其槍刈耨鎛」，韋注云：「刈，鎌也。」

12 **注** 吳鈔本作「蔾」。洪云：「『參石』，當是『絫石』之譌，絫石即礧石。《後漢書．杜篤傳》『一卒舉礧，千夫沉滯』。李賢注『礧，石也。前書「匈奴乘隅下礧石」。』《一切經音義》卷十七引《韻集》『今守城者下石擊賊曰礧。』」

▲案：洪說是也。「蒺藜」，後文作「疾犁」，〈備穴〉篇又作「蒺蔾」。《六韜．軍用》篇云：「木蒺蔾，去地二尺五寸，百二十具。鐵蒺蔾，芒高四寸，廣八寸，長六尺以上，千二百具。兩鏃蒺蔾，參連織女，芒間相去二寸，萬二千具。」又〈軍略〉篇云：「設營壘，則有行馬蒺蔾。」本草，陶弘景注云：「蒺蔾多生道上，而葉布地，子有刺，狀如菱而小，今軍家乃著鐵作之，以布敵路上，亦呼疾藜，言其凶傷也。」

渠長丈六尺，[1]夫長丈二尺，[2]臂長六尺，亓貍者三尺，樹渠毋傅堞五寸。[3]

1 **注** 渠，守城械名。《尉繚子．武議》篇云：「無蒙衝而攻，無渠荅而守。」王引之云：「『渠長丈六尺』當作『渠長丈五尺，廣丈六尺』。〈備城門〉篇曰『渠長丈五尺』，〈褀守〉篇曰『渠長丈五尺，廣丈六尺』，皆其證。今本『長丈』下，脫『五尺，廣丈』四字，則失其制矣。」

▲案：王引〈備城門〉篇即此下文。

2 注 舊作「夫長丈」，無「二尺」二字。王校據下文改「夫」為「矢」。王引之云：「『矢長丈』當作『矢長丈二尺』〈備城門〉篇、〈襍守〉篇竝作『矢長丈二尺』是其證。今脫『二尺』二字，則失其制矣。」

▲案：「夫」當為「趺」之省，王校改「矢」，失之，說詳後。「丈」下，王增「二尺」二字，是也，今據增。

3 注 「傳」，舊本譌作「傑」。「五寸」，舊作「三丈」。畢云：「『毌傑』同『貫楪』。」王引之云：「『樹渠毋傑堞三丈』，當作『樹渠毋傳堞五寸』，謂渠與堞相去五寸也。〈備城門〉篇曰『渠去堞五寸』。〈襍守〉篇曰『樹渠毋傳葉五寸』，『葉』與『堞』同，皆其證。今本『傳』作『傑』，涉下『堞』字而譌，『五寸』又譌作『三丈』，則失其制矣。畢改『毋』為『毌』，讀與『貫』同，大誤。」

▲案：王校是也，蘇說同，今據正。

藉莫[1]**長八尺，廣七尺，亓木也**[2]**廣五尺，中藉苴爲之橋，**[3]**索亓端。適攻，**[4]**令一人下上之，勿離。**[5]

1 注 畢云：「幕同。」

▲詒讓案：《通典·兵·守拒法》云：「布幔複布為之，以弱竿縣挂於女牆八尺，折抛瓦之勢，則矢石不復及牆」，《太白陰經·守城具》篇說同。《說文·巾部》云：「幔，幕也，帷在上曰幕」，則布幔當即此藉幕

之遺制。藉幕及下藉車，義疑與〈備高臨〉篇「技機藉之」之藉同。

2 注 蘇云：「『木』疑當作『末』。」

▲案：凡幕皆以木材張之，則作「木」亦通。

3 注 「苴」亦當為「莫」。〈曲禮〉鄭注云：「橋，井上桔槔」，故下云「下上之」，詳後及〈經說下〉篇。

4 注 畢云：「『適』同『敵』。」

5 注 吳鈔本作「一令人上下之勿離」，《道藏》本「令一」亦倒。蘇云：「『離』當為『難』之誤。」

▲案：「勿離」，上下文屢見，不誤。

城上二十步一藉車，當隊者不用此數。[1] **城上三十步一⿱龍曰竈。**[2]

1 注 當隊，謂當攻隧也。《左·襄二十五年傳》云：「當陳隧者，井堙木刊」，「隊」、「隧」通。〈號令〉篇又作「當遂」。不用此數者，當隊則所用多，不定二十步一。〈備蛾傅〉篇云：「施縣陴，大數二十步一，攻隊所在，六步一」，即此意也。

2 注 「⿱龍曰」，《道藏》本作「⿱龍目」，畢本作「⿱龍凵」，今從吳鈔本。畢云：「唐宋字書無『⿱龍凵』字，〈備城門〉作『聾』，疑皆『壟』字。」

▲案：〈襍守〉篇亦作「聾」。「⿱龍目」、「⿱龍凵」皆字書所無，畢疑「壟」字，近是。《史記·滑稽傳》云：

「以壠竈為桴」，《索隱》引《皇覽》「壠竈」作「礱突」。此「礱」當即「礱」之誤。《說文．火部》云：「烓，行竈也」，此壟竈在城上為之，以具火，蓋即行竈也。

持水者必以布麻斗、革盆，[1]十步一。柄長八尺，[2]斗大容二斗以上到三斗。[3]敝裕、[4]新布長六尺，[5]中拙，[6]柄長丈，十步一，必以大繩爲箭。[7]

1 注 「持水」，舊本譌「傳火」，「斗」譌「什」。王云：「『傳火』當為『持水』。草書『持』、『傳』二字，右畔相似，故『持』譌為『傳』。『水』、『火』亦字之譌。『什』當為『斗』，即後所云『持水麻斗、革盆救之也』。隸書『斗』字作『什』，與什伍之『什』相似。《說文．序》所云『人持十為斗』也。斗與革盆，皆所以持水。」

▲案：王說是也，今據正。布麻斗，蓋以布為器，加以油漆，可以挹水者。「斗」即「枓」之借字，《說文．木部》云：「枓，勺也」，〈勺部〉云：「勺，所以挹取也。」〈喪大記〉云：「沃水用枓革盆」，蓋以革為盆，可以盛水。《說文．革部》云：「鞔，量物之鞔，一曰抒井，鞔古以革。」徐鍇《繫傳》云：「抒井，今言淘井。鞔，取泥之器。」

▲案：「鞔」蓋即挹水之器，殆所謂「革盆」歟？

2 注 謂麻斗之柄，《說文．木部》云：「杓，枓柄也。」

3 注 「斗」，舊本並譌「什」，末「斗」字又譌「十」。俞云：「『什』、『十』並『斗』字之誤。『斗大容二斗以上到三斗』，猶下文云『大容一斗以上至二斗也』。」

▲案：俞說是也，蘇校同。上「斗」字即「枓」之叚字。此革盆有柄以挈持，又有枓之容水，其枓之容數，則二斗以上至三斗，不等也。

4 注 畢云：「《說文》云：『裕，衣物饒也』。言敝衣物。」

▲詒讓案：「裕」疑「綌」字之誤。

5 注 此蓋溼布，亦以備火。

6 注 拙，「詘」之借字。

7 注 未詳。

城上十步一鈂。[1]

1 注 畢云：「舊从亢，傳寫誤也。《說文》云：『鈂，臿屬』。《玉篇》云『直深切』。」

水瓨，[1]容三石以上，小大相雜。[2]盆、蠡各二財。[3]

1 注 《說文·缶部》云：缶，瓦器。《左·襄七年傳》「具綆缶」，杜注云：「缶，汲器」。據下文，則疑「甀」之誤。畢云：「《玉篇》云：『缻同缶。』」

2 注 「小大」，舊本作「大小」，今據《道藏》本、吴鈔本乙。下文「救門火」云：「一垂水容三石以上，小大相雜」，與此文同。

3 注 蘇云：「『財』當為『具』。」

▲案：「蠡」當即後文「奚蠡」，「財」下疑脫「自足」二字，詳〈備穴〉篇。蘇校非。

爲卒乾飯，人二斗，以備陰雨，面使積燥處。[1]令使守爲城內堞外行餐。[2]

1 注 面，謂城四面。蘇云：「言陰雨不能舉火，為乾餱以備也。『面』當作『而』。」

2 注 吴鈔本作「湌」。《說文·倉部》云：「餐，吞也，或作湌。」《廣雅·釋詁》云：「湌，食也。」「守」下脫「者」字。又疑「使守」，或為「吏卒」之誤。城內堞外，謂內堞之外也。上文有「內堞」、「外堞」。

置器備，[1]殺沙礫鐵，[2]皆爲壞斗。[3]令陶者爲薄缻，大容一斗以上至二斗，即用取，三祕合束。[4]

1 注 〈號令〉篇云：「為內堞內行棧，置器備其上。」

2 注 畢云：「殺，䊛省文。《說文》云『䊛，䊮䊛，散之也』。」

3 注 《說文．土部》云：「坏，一曰土未燒。」

4 注 「三祕」無義，疑當作「桼施」。「桼」譌作「參」，又譌作「三」，「祕」、「施」亦形之誤。

堅爲斗城上隔。[1]棧[2]高丈二，剡亓一末。[3]

1 注 吳鈔本作「鬲」。

▲案：「斗」疑「弋」之誤，後文說狗屍云：「其端堅約弋」。城上守者，各有署隔。〈襍守〉篇云：「人自大書版，著之其署隔。」

2 注 「棧」交木為之，不當剡末，此疑當為「杙」。「杙」亦即「弋」也，後文云：「弋長七寸，剡其末」，是其證。

3 注 蘇云：「『二』字疑衍。」

爲閨門，[1]閨門兩扇，令可以各自閉也。[2]

1 注 見前。

2 注 謂可閉一開一。

救闉池者，[1]以火與爭，鼓橐，[2]馮埴外內，[3]以柴爲燔。[4]

1 注 畢云：「『闉』同『堙』。」

2 注 畢云：「舊作『櫜』，以意改。」

▲案：橐，詳〈備穴〉篇。下有脫文。

3 注 「埴」當為「垣」，形近而誤。馮垣在女垣之外，蓋垣牆之卑者。《漢書．周緤傳》顏注云：「『馮』、『陪』聲相近」，此馮垣，亦言與女垣為陪貳也。〈旗幟〉篇云：「到馮垣」、「到女垣」。〈號令〉篇云：「女郭馮垣一人」，是其證。

4 注 疑當為「藩」。〈旗幟〉篇先到藩，後到馮垣，可證。柴，謂傳小木為之。《管子．山國軌》篇云：「握以下為柴楂。」《公羊．哀四年傳》「亡國之社，揜其上而柴其下。」《周禮．媒氏》鄭注「柴作棧」，是二字義同。《說文》訓「棧」為「棚」。《廣雅．釋室》云：「藩，籬也」，蓋於馮垣外樹柴棧，以為藩籬也。下文云「人居柴則不燔之」，可知。

靈丁，[1]三丈一，火耳施之。[2]十步一人，居柴內弩，[3]弩半，[4]爲狗犀者環之。[5]牆七步而一。[6]

1 注 未詳，疑椓弋之屬。

2 注 「火耳」，疑當作「犬牙」，「牙」篆文作「[illegible]」，「耳」篆文作「[illegible]」，形近而誤。後文說「狗走」云「犬耳施之」，「耳」亦「牙」之誤。犬牙施之，言錯互施之，令相銜接也。

3 注 畢云：「『內』同『納』。」

▲案：上說〈備穴〉云：「為之具內弩以應之」，此疑與彼同。畢說未允，「內弩」上下，亦有脫文。

4 注 「弩」疑當作「柴」，涉上而誤。

5 注 狗犀，疑即後文之「狗屍」、「狗走」，說詳後。

6 注 畢云：「下有脫字。」

▲詒讓案：以上救闉池之法，疑〈備堙〉篇之佚文。自「大鋌」以下七百字舊本錯入〈備穴〉篇「城壞或中人」之下，今依顧校移著於此。

救車火，[1]爲烟矢射火城門上，[2]鑿扇上爲棧，[3]塗之，[4]持水麻斗、革盆救之。[5]門扇薄植，[6]皆鑿半尺，[7]一寸一涿弋，[8]弋長二寸，[9]見一寸，[10]相去七寸，[11]厚塗之以備火。城門上所鑿以救門火者，[12]各一垂水，[13]火三石以上，[14]小大相雜。[15]

1 注 《備蛾傳》篇云「車火燒門」，《備梯》篇作「熚火」。此「車火」疑當作「熏火」，「熏」與「車」，篆文上半相近而誤。

2 注 此謂敵射火攻城也。「煙矢」當作「熛矢」。《說文・火部》云：「熛，火飛也，讀若標」。「熛」誤作「煙」，又從俗作「烟」，遂不可通。《孫子・火攻》篇云：「煙火必素具」，亦「熛火」之誤。

3 注 畢云：「《說文》云『棧，棚也』。」

▲詒讓案：疑當作「杙」，與「弋」同，即下文之「涿弋」也。然杜君卿所見已作「棧」，未敢輒改。

4 注 畢云：「『涂』字，俗寫从土。本書《迎敵祠》亦只作『涂』。《通典・守拒法》云：『門棧以泥厚塗之，備火。柴草之類貯積，泥厚塗之，防火箭飛火。』」

5 注 「斗革」，舊本譌「升草」。畢云：「麻一升，草一盆也。」王云：「草一盆，非救火所用，畢說非也。『升』當為『斗』，隸書『斗』字作『什』，因譌而為『升』。『草盆』當為『革盆』，《備穴》篇曰『傳火者，必以布麻什、革盆』。案『傳火』當為『持水』，『什』當為『斗』，即所云『持水麻斗、革盆救之也』，『革盆』又見《備蛾傳》篇。」

▲案：王校是也，今據正。王所引《備穴》篇文，今移於前。

6 注 畢云：「《說文》云：『槫，壁柱』，『植，戶植也』。薄，假音字。」

7 注 蓋即鑿孔以涿弋，然不當云「半尺」，疑有誤也。

8 注 「涿」，舊本譌作「湪」，王引之云：「『湪』當為『涿』，字本作『椓』，《說文》『椓，擊也』。〈周南．兔罝〉傳曰『丁丁，椓杙聲』是也，通作『涿』。《周官．壺涿氏》注曰『涿，擊之』是也。『涿弋』又見下文。《史記．趙世家》『伐魏敗涿澤』，今本『涿』字亦誤作『湪』。凡經傳中從『豕』從『彖』之字，多相亂。」

▲案：王校是也，今據正。《六韜．軍用》篇云：「委環鐵杙，長三尺以上，三百枚。椓杙大鎚，重五斤，柄長二尺以上，百二十具。」俗本《六韜》「椓」譌「椽」，與此相類。惟宋．施子美《講義》本不誤。

9 注 舊本作「尺」，今據《道藏》本、吳鈔本正。《說文．弋部》云：「弋，橜也」，此涿弋門上以持塗，度不宜太長，後文亦云「涿弋長七寸」。畢云：「《說文》云：『樴，弋也。』」

10 注 畢云：「『見』疑『間』字。」

▲詒讓案：即上文云：「一寸一涿弋」也。下文亦云「弋間六寸」。

11 注 上云「間一寸」者，謂一行之中每一寸一弋，此則前後行相去之數也。

12 注 下云「垂水」，則不當云「鑿」，此疑有誤。

13 注 《方言》云：「罃，周洛、韓、鄭之間謂之『甀』」，「甀」即「䍉」之俗。畢云：「垂，『䍉』字省文。《說文》云：『罃，小口罌也。』」

14 **注** 王云：「下『火』字，義不可通，『火』當作『容』。下文言『容斗以上』、『容石以上』者多矣。則『火』為『容』之壞字無疑。」顧云：「『火』當作『大』。」蘇云：「垂所以盛水者，『火』字衍，或即『水』字之訛。」

▲案：顧說亦通。

15 **注** 以上救車火之法。

門植關必環錮，[1]以錮金若鐵鍱之。[2]門關再重，鍱之以鐵，必堅。梳關關二尺，[3]梳關一莧，[4]封以守印，時令人行貌封，[5]及視關入桓淺深。[6]門者皆無得挾斧、斤、鑿、鋸、椎。[7]

1 **注** 植，持門直木；關，持門橫木，詳〈非儒〉篇。《說文．金部》云：「錮，鑄塞也」。畢云：「言扃固之，『環』與『扃』音相近。」

2 **注** 畢云：「『錮』字疑衍。《說文》云：『鍱，鏶也』，此與『鍇』音同。《說文》云：『以金有所冒也』。」

▲詒讓案：「錮」疑「銅」之誤。下「金」字，乃「銅」字偏旁之誤衍者。〈備高臨〉篇云：「連弩機郭用銅。」

3 注 畢云：「『梳』字未詳，疑作『瑣』。」

▲案：「梳」、「瑣」義並難通，形聲亦不相近。畢校未塙。竊疑「梳」並當為「桄」，《說文．木部》云：「桄，充也」。「楗，距門也。」此「桄關」即謂「楗」，今之木鎖是也。蓋門植關兩木橫直交午之處，別以木鎖控之，以其橫亙門閒，故謂之桄關。下「關」字當是衍文。「二尺」者，桄關之長度。《淮南子．繆稱訓》云：「匠人斲戶，無一尺之楗不可以閉藏」，彼為尋常房室之門，楗止一尺，此城門之楗，故倍之。若門植與關，則其長皆竟門，必不止二尺矣。《說文．門部》云：「閉，闔門也，从門才，所以距門也。」蓋才以十，象植與關橫直交午之形，下一短畫，則正象楗橫亙之形。參互審繹，可見古楗門之制矣。

4 注 畢云：「『管』字假音。《春秋》左氏云『北門之管』。」

▲詒讓案：「管」或作「筦」，與「莧」聲形俱近。《說苑．君道》篇「楚筦蘇」，《呂氏春秋．長見篇》「筦」作「莧」，「管」即「鎖」也。〈月令〉「脩鍵閉，慎管鑰」，鄭注云：「鍵，牡；閉，牝也。管鑰，搏鍵器也」。孔《疏》以管鑰為鏁匙，鍵為鏁須，二者不同，通言之「鎖」，亦謂之「管」。〈檀弓〉鄭注云：「管，鍵也」，是又合管鍵為一。此「一莧」，與〈檀弓〉注義同。蓋於木鎖之外，更加金鎖以為固，故詳著之，木鎖、金鎖同著於關植之上，故《爾雅．釋宮》郭注云：「植，戶持鎖植也。」

5 注 畢云：「『貌』，疑『視』字。」

6 注 「入」，舊本譌作「人」。蘇云：「『人』當作『入』，桓所以關也，視其淺深，謹防之。」

▲案：蘇校是也，今據正。桓，蓋門兩扉旁之直木。凡持門之木，橫直相交，而關又橫貫兩桓以為固，故視其入桓淺深，恐其入淺則不固也。畢云：「桓，表也」，非。

7 注 蘇云：「禁此五者，防有變也。」已上言城關關鎖之法，畢以為救車火之法，非也。

城上二步一渠，[1]渠立程，丈三尺，[2]冠長十丈，辟長六尺。[3]二步一荅，[4]廣九尺，[5]袤十二尺。[6]二步置連梃、[7]長斧、長椎各一物；[8]槍二十枚，[9]周置二步中。[10]二步一木弩，[11]必射五十步以上。及多爲矢，[12]節毋以竹箭，楛、趙、擭、榆，可。[13]蓋求齊鐵夫，[14]播以射衝[15]及櫳樅。[16]二步積石，石重千鈞以上者，五百枚。[17]毋百，[18]以亢疾犁、[19]壁，皆可善方。[20]二步積苙，[21]大一圍，[22]長丈，二十枚。

1 注 畢云：「高誘注《淮南子》云：『渠，漸也。』案『漸』同『塹』。」

▲案：此渠乃守械，以金木為之。畢謂即塹，謬。

2 注 「程」當為「桯」。《考工記．輪人》蓋「杠」謂之「桯」。立程，即渠之杠，直立者也。「丈三尺」，當作「丈二尺」。上文及〈襍守〉篇說渠，並云矢「長丈二尺」。

3 注 畢云：「《前漢書注》云『墨子曰：城上二步一渠，立程長三尺，冠長十尺，臂長六尺』，則『丈』當為『長』，『辟』同『臂』。」

▲案：渠，此篇及〈襍守〉篇凡四見，並不云長三尺。《漢書．鼂錯傳》注引「丈」作「長」，自是譌文，畢據以校此，傎矣。「辟」，〈備穴〉篇正作「臂」，今移前。冠，蓋渠之首。臂，其橫出之木也。

4 注 畢云：「《漢書注》云『蘇林曰：渠荅，鐵蒺藜也』。」

5 注 王云：「此當作『二步一荅，荅廣九尺』。上文『二步一渠，渠立程，丈三尺』，與此文同一例。今本少一『荅』字，則文不足意，如淳注《漢書．鼂錯傳》引此，重『荅』字。」

6 注 畢云：「『袤』，舊作『表』，據《前漢書注》改。」

▲詒讓案：以上渠荅之法。

7 注 畢云：「舊作『挺』，以意改。《說文》云：『梃，一枚也』。《孟子音義》云『丁，徒頂切』。《通典．守拒法》云『連梃，如打禾連枷狀，打女牆外上城敵人』。」顧云：「挺，當从手。」

▲案：此當從畢校，後總舉守城之備，亦作「梃」，从木。《太白陰經．守城具》篇說「連梃」與《通典》同。

8 注 《說文．木部》云：「椎，擊也，齊謂之終葵。」

9 注 《國語．齊語》云：「挾其槍刈耨鎛」，韋注云：「槍，椿也」。《一切經音義》引《三蒼》云：「木兩端銳曰槍。」

10 注 以上襍守器之法。

11 注 畢云：「《通典》守拒法云『木弩，以黃連、桑柘為之，弓長一丈二尺，徑七寸，兩弰三寸。絞車張之，大矢自副，一發聲如雷吼，敗隊之卒』。」

12 注 吴鈔本作「夫」同。

13 注 當作「即毋竹箭，以楛、趙、⿰扌度、榆，可」。「毋」與「無」字通。矢材以竹箭為佳，《說文・竹部》云：「箭，矢也」。《爾雅・釋地》「東南之美者，有會稽之竹箭焉」，郭注云：「竹箭，篠也。」《書・禹貢》云：「惟箘簬楛。」《釋文》引馬融云：「楛，木名，可以為箭。」《方言》云：「杠，南楚之間謂之趙」，郭注云：「趙當作桃，聲之轉也」。此「趙」或亦「桃」之譌。「⿰扌度」，字書所無，疑當為「樜」，形近而誤。樜，「柘」之借字，《說文・木部》云：「樜，木出發鳩山。」《山海經・北山經》作「柘木」。《廣韻・四十禡》云：「柘、樜同。」此謂即倉猝無竹箭，則以它木材為矢亦可。「毋」，畢本作「毌」，《道藏》本作「毋」，是也，今據正。

14 注 「蓋」，當為「益」字，形之譌。「齊」，疑當為「齎」，同聲叚借字。鐵夫，「夫」亦當為「矢」，或云「夫」即「鈇」。〈備穴〉篇有「鐵鈇」，然與上下文不相應。

15 注 《說文・手部》云：「播，布也。」謂分布，使衆射之。畢云：「『衜』疑『衝』字，文未詳。」王云：「『衝』，《說文》本作『衝』，今作『衜』者，即『衝』之譌。」

16 注 「櫳樅」見後，蓋亦攻守通用之器。《道藏》本、吳鈔本，二字並从手，下同。畢云：「以上木弩之法。」

17 注 《說苑．辯物》篇云：「三十斤為鈞。」畢云：「《後漢書注》，引作『積石百枚，重千鈞以上者』，舊本『千』作『中』，據改。」

▲案：此見〈堅鐔傳〉注，「千」並作「十」，未知畢據何本。

18 注 盧云：「疑云『毋下百』，脫『下』字，或尚有脫字。」

19 注 《周禮．馬質》鄭注云：「亢，禦也。」畢云：「此『疾犁』正字。《漢書注》作『蒺藜』，非。《通典．守拒法》云：『敵若木驢攻城，用鐵蒺藜下而敦之』。」

20 注 未詳。畢云：「疑『繕方』。」

▲詒讓案：以上積石之法。

21 注 畢本作「笠」，云：「一本作『至』，舊作『苙』。」

▲案：《道藏》本、吳鈔本並作「苙」。《說文．竹部》云：「笠，簦無柄也」，非守圉之械，畢本非也。「苙」當為「苣」之譌。後文「人擅苣，長五節」，是也。彼「五節」當為「五尺」，此長度倍之，蓋苣束葦為之，有大小長短之異。常時所擅用其小者，其大者，則積之以備急猝夜戰之用，故長度特倍於恒也。「苣」與「苙」形近，故譌。後文「竅穴大容苣」，「苣」今本譌「苴」，與此亦相類。舊本作「苙」，艸形尚存。畢校作「笠」，失之彌遠矣。

22 **注** 《儀禮．喪服》鄭注云：「中人之扼圍九寸。」

五步一罌，[1]盛水。有奚，[2]奚蠡大容一斗。五步積狗屍五百枚，[3]狗屍長三尺，喪以弟，[4]瓮亓端，[5]堅約弋。十步積摶，大二圍以上，[6]長八尺者二十枚。

1 **注** 《說文．缶部》云：「罌，缶也。」蘇云：「下言木罌容十升以上者，五十步而十，是五步一罌也。」

2 **注** 王云：「『有奚』下當有『蠡』字。下句奚蠡，即承此而言。杜子春注《周官．鬯人》曰：『瓢，謂瓠蠡也。』瓠蠡、奚蠡，一聲之轉。」蘇云：「『奚』下脫『蠡』字。《說文》『奚，大腹也』。蠡，音黎。瓠，瓢也。《漢書．東方朔傳》『以蠡測海』是也。」

3 **注** 狗屍，疑即上文之「狗犀」，「屍」、「犀」音近通用。後又有「狗走」，即此。蓋亦行馬、柞鄂之類。

4 **注** 畢云：「喪，藏也。」

▲案：畢讀「喪以弟瓮」為句，蓋以狗屍為死狗，故藏以瓮缶。然無當守圉之用，殆非也。今案當讀「喪以弟」句，「弟」當為「茅」，「茅」、「弟」篆文形近，因而致誤。狗屍蓋以木為之，而掩覆以茅，所以誤敵，使陷擠不得出也。

5 **注** 「瓮」，吳鈔本作「甕」，同。案當為「兌」，形近而誤，猶上文云：「長椎斧其兩端」，「斧」亦「兌」之誤。

6 注 「摶」，舊本作「榑」，《道藏》本、吳鈔本並作「摶」。前「柴摶」亦作「摶」，今據正。「摶」即束木之名。

二十五步一竈，竈有鐵鐕，[1]容石以上者一，[2]戒以爲湯。[3]及持沙，毋下千石。[4]

1 注 畢云：「舊脫一『竈』字，據《太平御覽》增。鐕，『鬵』字假音。《說文》云『鬵，大釜也。一曰鼎，大上小下，若甑曰鬵，讀若岑』，《方言》云『甑自關而東，或謂之鬵』，《太平御覽》引作『鑊』。」

2 注 畢云：「《太平御覽》引作『容二石以上為湯』。」

3 注 畢云：「已上積石苙、狗屍、榑、竈之法。」

4 注 畢云：「毋下，猶言毋過。」

▲案：毋下，猶云毋減，此言至少之數。畢失其義。

三十步置坐候樓，[1]樓出於堞四尺，[2]廣三尺，廣四尺，[3]板周三面，密傅之，[4]夏蓋亓上。[5]

1 注 畢云：「《通典・守拒法》有云：『卻敵上建堠樓，以版跳出為櫓，與四外烽戍晝夜瞻視』。」

2 注 畢云：「《說文》云『堞，城上女垣也。』『堞』省文。」

3 注 畢云：「當云『下廣四尺』。」俞云：「兩言『廣』，義不可通，下『廣』字疑當作『長』，蓋言為坐侯樓之法，廣三尺長四尺也。下文言陛之制，曰『廣長各三尺』。彼廣長同制，故合言之。此廣長異制，故別言之也。」

4 注 蘇云：「傅，即塗也，所以防火。」

5 注 蘇云：「所以避日。」

▲案：顧校移後「樓五十步一」至「五十二者十步而二」，凡百二十三字，著於此，似未塙，今不從。

五十步一藉車，[1]藉車必為鐵纂。[2]五十步一井屏，[3]周垣之，高八尺。五十步一方，[4]方尚必為關籥守之。[5]五十步積薪，毋下三百石，善蒙塗，毋令外火能傷也。

1 注 畢云：「疑即巢車，『巢』、『藉』音相近。」

▲案：畢說未塙，詳前。

2 注 畢云：「《說文》云：『𨭆治車軸也』，『纂』假音字。」

3 注 王云：「畢斷『五十步一井』為句，又云『屏』當為『井』，案下文言『百步一井』，則此不得又言『五十步一井』，此當以『五十步一井屏』為句。下文『周垣之高八尺』，謂井屏之垣，非謂井垣也。〈旗幟〉篇云其井匽為屏，『三十步而為之圜，高丈』，是其證。《初學記．地部下》引此，正作『五十步一井屏。』」

▲詒讓案：井屏，即屏廁，非汲井也。《周禮．宮人》「為其井匽」，鄭衆注云：「匽，路廁也。」〈旗幟〉篇「圜」字乃「圂」之誤。廁圂不潔，故以屏垣障蔽之。汲井有韓無屏，亦不必為垣也，詳〈旗幟〉篇。

4 **注** 俞云：「方者，『房』之叚字，五十步置一房，為守者入息之所，故必為闟籥守之也。《尚書序》『乃遇汝鳩汝方』，《史記．殷本紀》作『女房』，是『方』、『房』古字通。」

▲案：俞說未塙。「方」疑「戶」字之誤，下同。後〈備穴〉篇云『為之戶及闟籥』，與此下文略同，可以互證。

5 **注** 蘇云：「『尚』與『上』同，『闟籥』即『管鑰』。」

百步一櫳樅，[1]起地高五丈，三層，下廣前面八尺，後十三尺，[2]亓上稱議衰殺之。[3]百步一木樓，樓廣前面九尺，[4]高七尺，樓軥居坫，[5]出城十二尺。[6]百步一井，井十甕，[7]以木爲繫連。[8]水器容四斗到六斗者百。[9]百步一積雜秆，[10]大二圍以上者五十枚。百步爲櫓，[11]櫓廣四尺，高八尺。爲衝術。[12]百步爲幽牘，[13]廣三尺、高四尺者千。[14]

1 **注** 畢云：「舊从手，非。」

2 注 後廣於前五尺。

3 注 畢云：「言稱此而議減其上。」

4 注 此無後廣之度，疑有脫文。

5 注 畢云：「『軔』，疑『吻』；『坫』，疑『坫』字。《說文》云：『坫，屏牆也』。又或同『阽』。《漢書注》『如淳曰：阽，近邊欲墮之意』。」

▲案：「軔」、「坫」二字，並字書所無，畢以「坫」為「坫」，近是，以「軔」為「吻」，則無義。疑「軔」當从「刅」，《左．定九年傳》「載蔥靈寢於其中」，孔《疏》引賈逵云：「蔥靈，衣車也，有蔥有靈。」《左傳》「蔥靈」即「囪櫺」，疑「蔥」有作「軪」者，亦與「囱」通。「樓軪」，即「樓囱」也。或謂「軔」當為「輣」之譌，《說文．車部》云：「輣，兵車也。」《後漢書．光武紀》李注，引作「樓車」，亦通。

6 注 吴鈔本作「步」。

7 注 畢云：「舊作『百步再，再十甕』，據《太平御覽》改。」蘇云：「上既言『五十步一井』，則此『一』字或訛，然《太平御覽》引亦如此。」

8 注 蘇云：「繫連，所以引甕而汲也。」

▲詒讓案：「繫連」，疑當為「擊逯」，形近而誤，即後文之「頡皋」，音並相近。

9 注 「六斗」，舊作「六什」。蘇云：「『六什』當作『六斗』。到，猶至也。」

▲案：蘇校是也，今據正。《左傳．襄九年》「宋災〈備水〉器」，杜注云：「盆罋之屬」。

10 注 《說文．禾部》云：「稈，禾莖也」，或作「秆」。《左．昭二十七年傳》云：「或取一秉秆焉。」畢云：「一本作『杆』。」蘇云：「『秆』字誤，作『杆』是也。或作『杵』亦可。」

▲案：蘇說非是。

11 注 畢云：「《說文》云：『櫓，大盾也』。」

12 注 「衝術」，即上文之「衝隊」，「隊」、「術」一聲之轉。《禮記．月令》「審端徑術」，鄭注云：「術，《周禮》作『遂』」，是其例也。此下所為，皆以當「衝遂」。

13 注 俞云：「『臏』，即『竇』字之誤，其上本從『穴』，篆文『穴』字與隸書『肉』字相似，《管子．侈靡》篇有『⿰月鳥』字，即『窵』字之誤，正與此同，可以為證。」

▲詒讓案：「臏」當為「隫」之誤，《說文．阜部》云：「隫，通溝以防水者也」，與「竇」聲義並相近。凡从「阜」从「肉」字，隸變形近易譌，〈備蛾傳〉篇以「脾」為「陴」，可與此互證。《考工記．匠人》「竇，其崇三尺」，鄭注云：「宮中水道」。幽隫，猶言闇溝也。

14 注 此為數太多，疑非也，或當為「一」之誤。

二百步一立樓，[1]城中廣二丈五尺二，[2]長二丈，出樞五尺。[3]

1 注 「立」，畢校改「大」，云：「『大』舊作『立』，據《太平御覽》改」。王云：「畢改非也，《初學記·居處部》、鈔本《御覽·居處部四》、《玉海·宮室部》，所引並作『立樓』，刻本《御覽》譌作『大樓』，不足為據。」

2 注 下「二」字疑衍。此立樓在堞內者之度，其出堞外者，則五尺。下文云「出樞五尺」是也。內外合計之，則廣三丈也。上文說坐候樓，亦云「樓出於堞四尺」。畢云：「《太平御覽》引云『二百步一大樓，去城中二丈五尺』。」

3 注 「樞」，疑當作「拒」，謂立樓之橫距，出堞外者五尺也。〈備高臨〉篇云：「臺城左右，出巨各二十尺」，「拒」、「巨」並「距」之借字，詳〈備高臨〉篇。

城上廣三步到四步，乃可以爲使鬬。[1]俾倪廣三尺，高二尺五寸。[2]陛高二尺五，[3]廣長各三尺，遠廣各六尺。[4]城上四隅童異，高五尺[5]四尉舍焉。[6]

1 注 三步者，一丈八尺。四步者，二丈四尺也。此言堞內地之廣度，必如此乃足容守卒行止，及儲庤器用也。

2 注 畢云：「《說文》云：『陴，城上女牆，俾倪也』。杜預注《左傳》作『僻倪』。《衆經音義》云『《三倉》云：俾倪，城上小垣也。一云：『《三倉》作「頼堄」，又作「埤」、「敹」』。」蘇云：「即『睥睨』，《釋名》云『城上垣曰睥睨，言於孔中睥睨一切也』。」

3 注 下文有「寸」字，此亦當有。《說文・𨸏部》云：「陛，升高陛也。」

4 注 「遠廣」義不可通，疑「遠」當為「道」，謂城上下當陛之道也。下文云：「道陛高二尺五寸，長十步」。下「廣」字，《道藏》本、吴鈔本竝作「唐」。《文選・甘泉賦》李注引鄧展云：「唐，道也」。則「唐」義亦通。

5 注 「童異」，疑當為「重廙」，《說文・广部》云：「廙，行屋也」。又疑當為「重婁」，「婁」與「樓」通，〈備蛾傅〉篇云：「隅為樓」。

6 注 尉，蓋即下文所謂「帛尉」，《商子・境內》篇云：「其縣有四尉」。《北堂書鈔・職官部》引韋昭《辨釋名》云：「廷尉、郡尉、縣尉，皆古官也，以尉尉人心也。凡掌賊及司察之官，皆曰尉。尉，罰也，言以罪罰姦非也。」畢云：「已上候樓、井、櫳樅、木樓、井、襍秆、櫓、幽櫝、立樓之法。」

城上七尺一渠，長丈五尺，[1]貍三尺，[2]去堞五寸，夫長丈二尺，[3]臂長六尺。半植一鑿，內後長五寸。[4]夫兩鑿，[5]渠夫前端下堞四寸而適。[6]鑿渠、鑿坎，覆以瓦，冬日以[7]馬夫寒，[8]皆待命，[9]若以瓦爲坎。[10]

1 注 舊本脫此字，王據〈襍守〉篇補。

2 注 畢云：「『貍』，『薶』省文。」

3 注 畢云：「『夫』字俱未詳，疑即『扶』字，所以著手。」王云：「畢說非也。『夫』當為『矢』，隸書『矢』字或作『六』，見〈漢泰山都尉孔宙碑〉，又作『𡗗』，見〈成陽令唐扶頌〉，竝與『夫』相似，故譌作『夫』。〈襍守〉篇『渠長丈五尺，其埋者三尺，矢長丈二尺』，其字正作『矢』，故知此篇諸『夫』字，皆『矢』字之譌」。俞云：「畢、王二說皆非也。下文云『為頡皋，必以堅杖為夫』，畢云：『「夫」同「趺」，如足兩分也』，此說得之。下云『臂長六尺』，是趺也、臂也，皆取象於人身。畢得之後而失之前，偶不照耳。〈襍守〉篇作『矢』，乃字之誤，不當反據以改不誤者。後文『夫』字應讀『趺』者，視此。」

▲案：俞說是也。

4 注 疑當作為「內徑五寸」，此「徑」誤為「後」，又衍「長」字，遂不可通。〈備高臨〉篇說連弩車「衡植左右皆圜內，內徑四寸」，足相比例。又上云「門關薄植，皆鑿半尺」，半尺，即五寸之徑也。「內」、「枘」古今字，《楚辭．九辨》云：「圜鑿而方枘兮」。

5 注 畢云：「『兩』舊作『雨』，以意改。」

6 注 謂適相當也。

7 注 畢云：「中脫一字，或是『息』字。」

8 注 「夫」當作「矢」，下說「城上之物有馬矢」，亦誤作「夫」。「寒」疑「塞」之譌。

9 注 言待命令而施之。下文作「水甬」，亦云「覆以瓦而待令」。

10 注 此謂或即以瓦為坎，亦可。

城上千步一表，[1]長丈，棄水者操表搖之。[2]五十步一廁，[3]與下同圂。[4]之廁者，[5]不得操。[6]

1 注 「千」，疑當作「十」。

2 注 以告人，慮有體汙也。

3 注 畢云：「『五』下，舊衍一『五』字。」

4 注 畢云：「《說文》云『圂，廁也』。」

▲詒讓案：上「廁」為城上之廁，「圂」則城下積不潔之處，〈旗幟〉篇所謂民圂也。蓋城上下，廁異而圂同。

5 注 畢云：「之，往也，見《爾雅》。」

6 注 畢云：「言不得有挾持。」

▲詒讓案：下有脫文。

城上三十步一藉車，[1]當隊者不用。[2]

1 注 蘇云：「上作『五十步』。〈備穴〉篇作『二十步』，未詳孰是。」

2 注 以上文校之，此下當脫「此數」二字。

城上五十步一道陛，[1]高二尺五寸，長十步。城上五十步一樓扤，[2]扤勇勇必重。[3]

1 注 謂當道之階也。「陛」詳前。

2 注 「扤」，疑當為「撕」，草書相近而譌。上文云「樓撕揗」，即此。

3 注 蘇屬下「土」字讀，云：「『扤』義未詳，或誤衍，『勇』疑『樓』字之誤，『重土』即『重』字之誤也，當言『五十步一樓，樓必重』，重平聲，〈備穴〉篇言『再重樓』是也。」

▲案：此當作「樓撕必再重」，即上文所云「屬城為再重樓」也，今本「樓再」二字，並誤為「勇」，又到亂失次耳。「土」當屬下「樓」字讀，蘇說失之。〈備蛾傳〉篇云：「隅為樓，樓必曲裏」，亦再重之譌。

土樓百步一，[1]外門發樓，[2]左右渠之。[3]爲樓加藉幕，[4]棧上出之以救外。

1 注 畢云：「『土』舊作『士』，以意改。」

2 注 疑亦為縣門也。《左傳》孔《疏》云：「縣門，有寇則發機而下之」。後文縣梁又曰發梁，亦其比例。

3 注 蘇云：「渠，塹也，所以防踰越者。」

4 注 畢云：「舊作『慕』，以意改。」

▲詒讓案：前作「藉莫」，即「幕」之省，制詳前。

城上皆毋得有室，若也可依匿者，[1]盡除去之。

1 注 畢本「也」改「他」，云：「舊作『也』，以意改。」王云：「『他』古通作『也』，不煩改字。」

城下州道內[1]百步一積薪，毋下三千石以上，善塗之。[2]

1 注 畢云：「疑『周道』。」

▲詒讓案：周道，見後〈備水〉篇《周禮．量人》云：「營軍之壘舍，量其州涂」，鄭眾注云：「州涂，還市朝而為道也」。又《考工記．匠人》云：「環涂七軌」，杜子春注云：「環涂，環城之道」，此「州道」與「州涂」、「環涂」，義並略同。

2 注 「薪」，舊本作「藉」。王引之云：「積藉，不知何物，『藉』當為『薪』，『薪』、『藉』字形相似，又涉上文兩『藉』字而誤也。積薪必善塗之者，所以防火也，上文云『五十步積薪，毋下三百石，善蒙塗，毋令外火能傷也』，與此文同一例，特彼以城上言之，此以城下言之耳。〈襍守〉篇亦曰『塗積薪者，厚五寸已上』。」

▲案：王校是也，蘇說同，今據正。

城上十人一什長，[1]屬一吏士、[2]一帛尉。[3]

1 注 〈迎敵祠〉篇云：「城上五步有伍長，十步有什長」，蓋城上步一人，十步則十人，有什長，二篇文異義同。畢云：「《通典．守拒法》云『城上五步有伍長，十步有什長，五十步、百步，皆有將長』。」

2 注 疑「一」當為「十」。

3 注 有譌脫，疑當云「百人一百尉」。〈迎敵祠〉篇云：「城上百步有百長」。又疑「帛」或當作「亭」，篆文二字形近。畢云：「帛，同『伯』。」

百步一亭，高垣丈四尺，[1]厚四尺，爲閨門兩扇，[2]令各可以自閉。[3]亭一尉，[4]尉必取有重厚忠信可任事者。[5]

1 注 蘇云：「『高垣』當作『垣高』。」

▲詒讓案：疑當作「亭垣」。「高」即「亭」字之誤。

2 注 此即亭垣之門，「閨門」見前。

3 注 上文同。《道藏》本、吳鈔本「閉」作「閈」。

▲案：後「行棧內閈」亦作此字，詳後。

4 注 舊本脫「一」字，王據《太平御覽．職官部六十七》補，今從之。此即上帛尉，城上百步一亭，故亭一帛尉矣。蘇云：「言亭有尉主之。」

5 注 「有重厚」，舊本作「有序」二字。畢云：「言以資格。」王云：「『序』亦當為『厚』，『厚』上當有『重』字。人必重厚忠信，然後可以任事，故曰『尉必取有重厚忠信可任事者』。〈號令〉篇曰『葆衛，必取戍卒有重厚者，請擇吏之忠信者、無害可任事者令將衛』，是其證。今本『厚』作『序』，『序』上又脫『重』字，則義不可通。」

▲案：王說是也，今據補正，說詳〈非攻下〉篇。以上置什長亭尉之法。

二舍共一井爨，[1]灰、康、秕、[2]杯[3]、馬矢，[4]皆謹收藏之。

1 注 此即什長、百尉所居舍也。《儀禮．士虞禮》鄭注云：「爨，竈也。」

2 注 吳鈔本「康」作「糠」，俗字。畢云：「《說文》云：『糠，穀皮也』。『康』或省字，秕，不成粟也，此从米，非。」

3 注 畢云：「『麩』字假音。《通典．守拒法》有灰、麩、糠、秕、馬矢。」

▲案：畢說未塙。「杯」當為「秠」之借字。「秠」即「稃」也，《爾雅．釋草》云：「秬，黑黍。秠，一稃二米」。《周禮．春官．敘官》鄭注云：「秬如黑黍，一稃二米」。《詩．大雅．生民》孔《疏》引《周禮》注，「稃」作「秠」，又引《鄭志》云：「秠即皮，其稃亦皮也」，是「秠」與「稃」字亦通。《說文．禾部》云：「稃，穭也」，「穭，穅也」。故《墨子》亦以「秠」與「康秕」同舉也。《通典》不知「杯」即為「稃」，故以「麩」易之，與此書字不合也。

4 注 畢云：「舊作『夫』，據《太平御覽》引云『備城皆收藏灰、糠、馬矢』，《通典》云『擲之以眯敵目也』。」

城上之備：渠譫、[1]藉車、[2]行棧、[3]行樓、[4]到，[5]頡皐、[6]連梃、長斧、長椎、[7]長茲、[8]距、[9]飛衝、[10]縣□、批屈。[11]

1 注 畢云：「疑『渠荅』假音字。『譫』與『幨』同，《淮南子．氾論》云『渠幨以守』，高誘注云：『渠，塹也。一曰甲名，《國語》曰「奉文渠之甲」是也，幨幰，所以禦矢也』。」王云：「『譫』非『荅』之假音字，『渠譫』與『渠荅』亦不同物，畢說非也。據高注前說，以渠為塹，塹非幨類，不得與幨竝言之。後說以渠為甲，引〈吳語〉『奉文渠之甲』，猶為近之。今〈吳語〉作『奉文犀之渠』，韋注以渠為盾，是也。盾與幨皆所以禦矢，故竝言之。『譫』蓋『襜』字之誤。〈齊策〉曰『百姓理襜蔽，舉衝櫓』。襜蔽，即高注所云『幨幰，所以禦矢也』。故《廣雅》曰『幨謂之幰』，『幨』與『襜』字異而義同。」

▲案：王說「譫」是也，此書載渠制甚詳，必非甲盾之名。高、韋說並非是。「襜」疑即所謂「藉幕」。

2 注 見前。

3 注 見後。

4 注 疑即上文之「木樓」。

5 注 「到」，非守械，疑當為「斲」，俗書或从刀，故〈耕柱〉篇誤作「劉」，後〈備穴〉篇又作「劒」，與「到」形並相似。詳〈耕柱〉篇。

6 注 蘇云：「即桔槔。」

▲詒讓案：〈曲禮〉「奉席如橋衡」，鄭注云：「橋，井上㮚槔」，《釋文》作「挈皋」，云：「依字作『桔槔』。」《莊子．天地》篇云：「鑿木為機，後重前輕，挈水若抽，數如泆湯，其名為槔」，《釋文》云：「『槔』或作『皋』。司馬、李云『桔槔也』。」《吳越春秋．句踐陰謀外傳》作「頡橋」。

7 注 並見前。

8 注 畢云：「『茲』，疑『鎌』字。《通典．守拒法》有長斧、長椎、長鎌。」

▲案：畢說非是。「長鎌」已見前。「茲」，即鎡錤也。《漢書．樊噲傳贊》「雖有茲基」，顏注引張晏云：「茲基，鉏也」。《國語．魯語》韋注云：「耨，茲其也」。《一切經音義》引《蒼頡篇》云：「鉏，茲其也」。《說文．木部》云：「欘，斫也，齊謂之鎡錤」。茲其，即「鎡錤」之省。

9 注 疑即《備穴》篇之「鐵鉤鉅」。

10 注 即衝車，《韓非子．八說》篇有「距衝」，蓋二者攻守通用之。

11 注 「縣」下疑闕「梁」字，縣梁見前。「批」，吳鈔本作「⿰扌此」，並未詳。顧校謂此下當接「此十四者具，則民亦不宜上矣」一段，今案彼乃上文錯簡，顧說未塙，今不從。

樓五十步一，[1] 堞下爲爵穴，[2] 三尺而一爲薪皋，[3] 二圍長四尺半必有潔。[4]

1 注 句。

2 注 畢云：「舊作『內』，以意改。」王引之云：「下文云『五步一爵穴』，則此亦當云『五步一堞』，不當云『五十步』，『十』字蓋涉下文『五十步一積竈』而衍。」蘇說同。

▲案：王說非也。此當讀「樓五十步一」為句，「堞下為爵穴」又為句。「爵穴」謂於城堞間為孔穴也。後文云「城上為爵穴，下堞三尺」，與此「堞下為爵穴」，文足相證。

3 注 疑即前「頡皋」之「皋」。

4 注 畢云：「當為『挈』。」

▲案：疑即前「頡皋」之「頡」，如畢說，則與後文「為薪樵挈」義同。

瓦石，重二升以上，[1]上。[2]城上沙[3]五十步一積。[4]竈置鐵鐕焉，[5]與沙同處。[6]

1 注 王云：「『升』當為『斤』，隸書『斤』字或作『斤』，因譌而為『升』。」

2 注 畢云：「疑衍。」

3 注 畢云：「舊作『涉』，下同，俱以意改。」

4 注 句。

5 注 畢云：「舊作『錯』，據上文改，『鐕』同『鬵』。」

6 注 上文說鐵鐕以為湯及持沙，故與沙同處。

木大二圍，長丈二尺以上，善耿亓本，[1]名曰長從，[2]五十步三十。木橋長三丈，毋下五十。[3]復使卒急爲壘壁，以蓋瓦復之。[4]

1 注 「耿」，疑「聯」之誤，畢云：「言連其本。『亓』舊作『下』，以意改。」

2 注 疑與上文「櫳樅」義同。

3 注 此有脫誤，疑當作「毋下二十」。

4 注 舊本「復」並譌「後」，「卒」譌「辛」。畢云：「『辛』疑『薪』字」。王引之云：「此當作『復使卒急為壘壁，以蓋瓦復之』，『復之』即『覆之』，謂以蓋瓦覆壘壁也。今本兩『復』字皆譌作『後』，『卒』字又譌作『辛』，則義不可通。畢以『辛』為『薪』字，失之。隸書『復』字作『𢓭』，與『後』相似；隸書『卒』字或作『卆』，與『辛』相似。」

▲案：王校是也，今據正。

用瓦木罌容十升以上者，五十步而十，盛水，且用之。[1]五十二者十步而二。[2]

1 注 《方言》云：「自關而西，晉之舊都，河汾之閒，其大者謂之『甀』：自關而東，趙、魏之郊，謂之『瓮』，或謂之『甖』。『甖』其通語也」。「甖」、「罌」同。《史記．韓信傳》：「以木罌缻渡軍」，是罌或瓦或木，皆可以盛水也。諸篇說罌缶所容，並以斗計，此「升」疑亦「斗」之誤。「且用之」三字無義，疑當作「瓦罌大」三字，其讀當屬下，以「盛水瓦罌大五斗以上者」十字為一句。「瓦」與「且」，「大」與「之」，形並相近。「罌」上从「賏」，與「用」亦略相類。〈備穴〉篇「瓦罌」譌作「月明」，與此亦可互證。但舊本並同，未敢輒改，姑仍之。

2 注 蘇云：「『十二』字譌，當為『五斗者』。」俞云：「上『二』字衍文，下『二』字當為『四』，古人書『四』字作『二二』，傳寫誤分為兩『二』字，遂移其一於上耳。上『十』字當為『升』，上文云『容十升以上者，五十步而十』，此云『五升者，十步而四』，蓋言盛水之罌，大者容十升，小者半之，容五升，其大者則五步而一，故五十步而十；其小者則五步而二，故十步而四也。下文『五十步丈夫十人，丁女二十人』，又曰『廣五百步之隊，丈夫千人，丁女子二千人』，是丈夫五十步而十，丁女十步而四，與此數一律。」

▲案：「五十二者十步而二」，當作「五斗以上者，十步而二」。大五斗以上者，與上文容十斗以上者，文例正同。「上」字，古文作「二」，與「二」形近而譌，又脫「以」字，遂不可通。俞校以「二」為衍文，非也。但十步而二，即五十步而十也，此容量止得上之半，則數不宜同，或當從俞校作「十步而四」為是耳。又顧校以「樓十步一」至此一百二十六字，為上文「夏蓋其上」之下脫文，云當與言「五十步」次。今案顧說可通，然無由定其當次何句，未敢輒移，姑仍舊本。又舊本此下有「城四面四隅，皆為高磨⿰衤斬」云云，凡二百三十二字，顧、俞兩校定為上文脫簡，並是也，今依分為二段，移著於前。

城下里中家人，各葆亓左右前後，如城上。[1]**城小人衆，葆離鄉老弱國中及也大城。**[2]

1 注 「葆」，吴鈔本作「保」，字通，此謂相保任也。

2 注 「也」，畢校改「他」，云：「舊作『也』，以意改」。

▲案：「也」即古「他」字，不必改，說詳前。離鄉，謂別鄉，不與國邑相附者。《說文．𨛜部》云：「鄉，國離邑，民所封也。」《春秋繁露．止雨》篇云：「書十七縣，八十離鄉及都官吏。」「葆」亦與「保」通，謂保守也。《淮南子．時則訓》「四鄙入保」，高注云：「四竟之民入城郭自保守」。蘇云：「城小人衆，則不可守，宜遣其老弱葆於國中及他大城。」

寇至，度必攻，主人先削城編，[1]唯勿燒。[2]寇在城下，時換吏卒署，[3]而毋換亓養，[4]養毋得上城。寇在城下，收諸盆甕，[5]耕積之城下，[6]百步一積，積五百。[7]

1 注 此蓋言先除附城室廬，然有誤脫。

2 注 「勿」，吳鈔本作「毋」。

3 注 畢云：「《說文》云：『署，部署，有所网屬』。」

▲詒讓案：言吏卒時移易往來，不定在一署也。

4 注 畢云：「糧也。」俞云：「畢說非是，『養』即廝養之養。宣十二年《公羊傳》『廝役扈養，死者數百人』。何休注曰『炊亨者曰養』。」

▲案：俞說是也。《吳子．治兵》篇云：「弱者給廝養」。此言吏卒署雖時換，而其廝養給使令者，則各有定署，不得移易也。亦見〈號令〉篇。

5 注 畢云：「『收』，舊作『牧』以意改。」

▲詒讓案：《說文．皿部》云：「盆，盎也」。又〈缶部〉云：「罋，汲缾也」。「罋」即「罋」之隸變。

6 注 畢云：「『耕』疑『茾』字。」

7 注 言五百箇為一積也。

城門內不得有室，爲周室桓吏，[1]四尺爲倪。[2]行棧內閈，[3]二關一堞。[4]

1 注 畢云：「疑云『周宮桓吏』。」

▲詒讓案：疑當作「為周宮植吏」，言城門之內不得有室，惟築周宮，置吏守之。「植」即「置」之借字。「宮」、「官」，「植」、「桓」，並形近而誤。〈備穴〉篇云：「為置吏舍人各一人」。周宮者，回環築都宮中，蓋但有序，而無室也。

2 注 畢云：「陴倪也，古只作此，作『堄』者俗」。蘇云：「『倪』上當脫『俾』字。」

▲案：畢蘇以此為「俾倪」，非也。此「倪」當謂小兒，《孟子．梁惠王》篇云：「反其旄倪」，趙注云：「倪，弱小繄倪者也」。後〈襍守〉篇云：「睨者，小五尺，不可卒者，為署吏，令給事官府若舍」。此「倪」即彼「睨」，聲同字通。彼五尺，為年十四以下，已任署吏，此「四尺」，又少於彼，或亦令給事周宮中與？此下尚有脫文，疑以上十六字，或當在後「堂下周散道中應客」句上，四尺之童，足任應賓客也。

3 注 「閈」，即「閉」字，疑當作「閈」，王羲之書〈黃庭經〉，「閉」字如此作，與「閈閭」字異。

4 注 未詳。

除城場外，[1]去池百步，牆垣、樹木小大俱壞伐，[2]除去之。寇所從來若昵道、傒近，[3]若城場，皆爲扈樓。[4]立竹箭天中。[5]

1 注 《爾雅·釋詁》云：「場，道也」，謂城下周道。〈旗幟〉篇云：「道廣三十步，於城下夾階者各二」是也。

2 注 「俱」，吳鈔本作「盡」。畢云：「『伐』舊作『代』，以意改。」

3 注 當作「近傒」，「傒」與「蹊」字通，《釋名·釋道》云：「步所用道曰蹊。蹊，傒也，吾射疾則用之，故還傒於正道也。」蓋正道為「道」，閒道為「傒」，「昵」、「近」義同。畢云：「《說文》云：『尼，從後近之』，『傒』即『谿』假音字」，失之。

4 注 「皆」舊本譌「家」，今據《道藏》本、吳鈔本正。畢云：「《禮記·檀弓》云『毋扈扈』。陸德明《音義》云：『音「戶」，廣也，大也』。」

5 注 畢云：「『天』，疑『矢』字。」

▲案：此「竹箭」當即後〈褋守〉篇墻外水中所設之竹箭，疑「天中」即「水中」之誤。

守堂下爲大樓，[1]高臨城，堂下周散道，中應客，客待見，時召三老在葆宮中者，與計事得[2]先。[3]行德計謀合，乃入葆。[4]葆入守，無行城，無離舍。[5]諸守者，審知卑城淺池而錯守焉。[6]晨暮卒歌以爲度，用人少易守。[7]

1 注 謂守宮堂下中門之上，為大樓以候望也。此即臺門之制，但加高大耳。

2 注 《漢書・百官公卿表》，秦制，鄉有三老，掌教化。後〈號令〉篇云「三老守閭」，則邑中里閭亦置三老。《管子・水地》篇云：「與三老里有司伍長行里」。《史記・滑稽傳》，西門豹治鄴，亦有三老。《漢書高祖紀》，漢二年「舉民年五十以上，有脩行，能率衆為善，置以為三老，鄉一人，擇鄉三老一人，為縣三老，與縣令丞尉，以事相教，復勿繇戍」，蓋亦放秦制為之。舊本「在」譌「左」，「宮」譌「官」。王引之云：「『左』當為『在』。」〈襍守〉篇曰：「『父母昆弟妻子有在葆宮中者，乃得為侍吏』，是其證。『得』下有脫文，不可考。各本『得』下有自『為之柰何』至『以謹』，凡二十四字，乃〈備穴〉篇之錯簡。」蘇云：「『官』當作『宮』」，王校同。

▲案：王、蘇校是也，今據正。舊本此下有「為之柰何」云云五十四字，王、俞兩校，定為上文及〈備穴〉篇之錯簡，是也，今據分別移正。

3 注 當為「失」，屬上「與計事得失」為句，言與客計事，審其得失也。

4 **注** 「德」當為「得」，古通用。此家上計事得失而言，謂所行既得，計謀又相合，乃聽其入葆城也。

5 **注** 謂自外入葆者，不得行城離舍也。

6 **注** 《論語》包咸注云：「錯，置也」。錯守，猶言置守。或云《楚辭．國殤》王逸注云：「錯，交也」，謂交錯相更代而守，亦通。

7 **注** 以上四十三字舊本誤錯入《襍守》篇，今審定與此上下文正相承接，移著於此。「卒歌」，「歌」疑「鼓」之誤，兵法禁歌哭，不當使卒歌也。末句有誤。

守法：五十步丈夫十人、丁女二十人、[1]老小十人，計之五十步四十人。[2]城下樓卒，率一步一人，[3]二十步二十人。城小大以此率之，乃足以守圉。[4]

1 **注** 《釋名．釋天》云：「丁，壯也。」

2 **注** 此城下不當隊者，守備之卒，每十步則八人，與下文城上城下當隊者人數並異。「四十」，吳鈔本作「四百」，誤。畢云：「丈夫、丁女、老小共四十人。」

3 **注** 「卒」舊本譌「本」，王云：「『本』當為『卒』，謂守樓之卒也。隸書『卒』字或作『卆』，因譌而為『本』。《淮南．詮言》篇『其作始簡者，其終卒必調』，《漢書．游俠傳》『卒，發於睚眥』，今本『卒』字，並譌作『本』。」

▲案：王校是也，今據正。「城下」當為「城上」，此言城上守樓及傳堞者，每步一人，與上下文城下卒數不同。上云「城上百步一樓」，則樓不得在城下明矣。城上地陝，故一步止一人。〈迎敵祠〉篇云「城上步一甲一戟，其贊三人，五步有五長，十步有十長，百步有百長」，亦城上每步一人之證。

4 **注** 舊本作「圍」，王云：「『守圍』二字，義不可通，『圍』當為『圉』，字之誤也。『守圉』即守禦，〈公輸〉篇『子墨子守圉有餘』，《淮南・主術》篇『瘖者可使守圉』，《漢書・賈誼傳》『守圉扞敵之臣』，竝與守禦同。」

▲案：王校是也，今據正。

客馮面而蛾傅之，[1]主人則先之知，[2]主人利，[3]客適。[4]客攻以遂，[5]十萬物之衆，[6]攻無過四隊者，上術廣五百步，[7]中術三百步，下術五十步。[8]諸不盡百五步者，[9]主人利而客病。廣五百步之隊，[10]丈夫千人，[11]丁女子二千人，老小千人，[12]凡四千人，[13]而足以應之，此守術之數也。[14]使老小不事者，守於城上不當術者。[15]

1 **注** 畢云：「『客』，舊作『宕』，以意改」。蘇云：「『面』字衍。」

▲案：「宕」，吳鈔本又作「蕩」，非。《小爾雅・廣言》云：「馮，依也。」面，謂城四面，見上文，非衍也。

2 **注** 畢云：「二字疑倒。」

3 **注** 畢云：「言主人先知，則主人利。」

▲詒讓案：此上下文，疑皆〈備蛾傅〉篇之文錯著於此。

4 **注** 以下文校之，疑當作「客病」。

5 **注** 畢云：「同『隊』。」

6 **注** 「物」字疑衍。畢云：「『衆』，一本作『數』。」

7 **注** 「術」、「隊」一聲之轉，皆謂攻城之道。「百」，舊本譌「十」，今據吳鈔本正。蘇云：「下言中術三百步，下術五十步，則此『五十』當作『五百』。」

▲案：蘇校是也，下云：「廣五百步之隊」，可證。

8 **注** 疑當作「下術百五十步」。

9 **注** 此即承上「下術」言之，疑亦當作「百五十步」。

10 **注** 即上文之「上術」也。

11 **注** 「丈」舊本譌「大」，今從王校改。

12 **注** 畢云：「『千』，皆當作『十』」。

▲案：畢校非。

13 **注** 舊作「凡千人」。畢云：「當云『四十人』」。王引之云：「畢說非也。丈夫千人，丁女子二千人，老小千人，則下句當云『凡四千人』，不當改上三『千』字為『十』，而云『凡四十人』也。上文『五十步丈夫十人、丁女子二十人、老小十人』，共四十人，此廣五百步，則人數不得與上文同矣。」

▲案：王校是也，今據補。此城下當隊者備守之卒，十倍於前不當隊之數也，《商子．兵守》篇說守城分三軍，壯男為一軍，壯女為一軍，男女之老弱者為一軍，與此法略同。

14 **注** 顧校移上文「凡守圍城之法」至「不然則賞明可信，而罰嚴足畏也」一段，又「城下里中家人，各葆其左右前後，如城上」至「時召三老在葆宮中者，與計事得」一段，著此下，恐不塙，今不從。

15 **注** 不當攻隊者守事不急，故使老小守之。

城持出必爲明塡，[1]**令吏民皆智知之。**[2]**從一人百人以上，持出不操塡章，**[3]**從人非亓故人，**[4]**乃亓稹章也，**[5]**千人之將以上止之，勿令得行。行及吏卒從之，**[6]**皆斬，具以聞於上。此守城之重禁之，**[7]**夫姦之所生也，不可不審也。**[8]

1 **注** 「持」，當作「將」，即千人之將也。見〈號令〉篇。「塡」疑當為「旗」，形近而誤。《史記．封禪書》「塡星出如瓜」，《索隱》云：「『塡』本亦作『旗』」，是其證。下並同。

2 **注** 王云：「此本作『令吏民皆智之』，『智』即『知』字也。今本作『智知之』者，後人旁記『知』字，而寫者因誤合之耳。《墨子》書『知』字多作『智』，說見〈天志中〉篇。」蘇云：「『智』當為『習』之誤。」

▲案：蘇說亦通。

3 注 「持」亦當為「將」，「一人」不當有將，蓋「十人」之誤。

4 注 言非其故所屬吏卒。

5 注 畢云：「『乃』疑『及』字。『稹』，上作『填』，是。『填章』疑印章之屬，言出城從人非故相識人及有印信者，止之。」

▲案：畢以「乃」為「及」，是也，餘皆失之。魏孝文帝〈弔比干文〉，「旗」字作「槙」，故此譌作「稹」，前又譌「填」，畢以「填」為是，非也。此當云「及非亓旗章也」，言雖操旗章，而非其所當建之形式也。今本「及」譌「乃」，「旗」譌「稹」，又脫「非」字，遂不可通。

6 注 「卒」舊本譌「率」，今據《道藏》本、吳鈔本正。

7 注 畢云：「當為『也』。」

8 注 自「城下里中家人，各葆其左右前後，如城上」至此，並通論守法，與前後文論守備器物數度者不同，疑皆他篇文之錯誤。以「先行德計謀合」一段在〈襍守〉篇證之，或故書本皆在彼篇與？王云：「各本此下有『候望適人』至『穴土之攻敗矣』，凡三百四十五字，乃〈備穴〉篇之錯簡。」

▲詒讓案：舊本此篇「穴土之攻敗矣」下，又有「斬艾與柴長尺」至「男女相半」，凡三百九十四字，亦〈備

穴〉篇文，今並移正。

城上爲𥨍穴，[1]下堞三尺，廣亓外，[2]五步一。爵穴大容苴，[3]高者六尺，下者三尺，疏數自適爲之。[4]塞外塹，去格七尺，爲縣梁。[5]城𨘭陜不可塹者，勿塹。[6]城上三十步一聾竈，[7]人擅苣，長五節。[8]寇在城下，聞鼓音，燔苣，復鼓，內苣𥨍穴中，照外。[9]

1 **注** 謂於城堞閒為空穴，小僅容爵也。顧云：「此以下是〈備高臨〉篇文，釋『技機藉之』也。」

▲案：顧說是也，然未知截至何句止，姑仍其舊。

2 **注** 蘇云：「此言爵穴之法，廣外則狹內，令下毋見上，上見下也。」

3 **注** 王引之云：「『苴』字義不可通，『苴』當為『苣』字之誤也。《說文》『苣，束葦燒也』。此云『爵穴大容苴』，下云『內苣爵穴中』，二文上下相應，故知『苴』為『苣』之譌。」

▲案：王校是也，蘇說同。

4 **注** 畢云：「言視敵而為疏促。『自』，『視』字之誤。」王引之云：「『自』蓋『因』字之誤，言因敵之多少而為疏數也，隸書『因』字或作『囙』，與『自』相似而誤。」

▲案：「適」當讀如字，言自稱地形為疏數，必調適也。〈備梯〉篇云：「守為行城雜樓，相見以環其中，以

適廣陝為度」，與此「適」字義同，畢、王說非。

5 注 「塞」，當為「穿」。此言穿城外為塹，而縣木為橋梁，乃發以圍敵也。若如今本作「塞外塹」，則下不當云「勿塹」矣。後文亦云：「去城門五步，大塹之上，為發梁」，與此可互證。格，即〈備蛾傳〉篇之「杜格」，〈旗幟〉篇之「牲格」也。蓋於城外樹木為之，以遏敵人之傳城者。或云「格」與「落」通，《六韜·軍用》篇、《漢書·晁錯傳》，並有「虎落」，即此。

6 注 舊本「䇥」作「筳」，王引之云：「『筳』字義不可通，『筳』當為『䇥』。《玉篇》『笮，狹也』，亦作『䇥』，與『筳』相似而誤。」蘇云：「『筳』當與『埏』同，地際也。」

▲案：王說是也，今據正。

7 注 詳前。畢云：「『聾』疑『龔』字」。

8 注 舊本，「人擅」作「入壇」。王引之云：「『入壇』二字，義不可通，『入壇』當為『人擅』，『擅』讀曰『撣』，《說文》：『撣，提持也』，古通作『擅』。『人擅苣』者，人持一苣也。〈備水〉篇曰『臨三十人，人擅弩』，又曰『三十人共船，亓二十人，人擅有方，劍甲鞮瞀；十人，人擅苗』，是凡言『人擅』者，皆謂人人手持之也。『人』、『入』，『擅』、『壇』，字之誤。」

▲案：王校是也，今據正。《六韜·敵強》篇云：「人操炬火」。「炬」即「苣」之俗，「擅」、「操」義同。「長五節」，節非度名，疑當作「長五尺」，「節」當為「即」，屬下讀，今本作「節」，或「尺即」

一二字合寫之誤。

9 注 蘇云：「內，讀如『納』。」

諸藉車皆鐵什，[1]藉車之柱長丈七尺，亓貍者四尺；[2]夫長三丈以上至三丈五尺，[3]馬頰長二尺八寸，[4]試藉車之力而爲之困，[5]失四分之三在上。[6]藉車，夫長三尺，[7]四二三在上，[8]馬頰在三分中。[9]馬頰長二尺八寸，夫長二十四尺以下不用。[10]治困以大車輪。藉車桓長丈二尺半，[11]諸藉車皆鐵什，復車者在之。[12]

1 注 畢云：「『什』與『鍣』音近。《說文》云『鍣，以金有所冒也』。」

▲詒讓案：上文云「藉車必為鐵纂」，即此。

2 注 柱長丈七尺而貍者四尺，則在上者丈三尺，較下「夫四分之三在上」為微贏，或「長丈七尺」，「七」當為「六」，則於率正同。下又云「桓長丈二尺半」。

3 注 「夫」、「趺」字同。

4 注 《說文．頁部》云：「頰，面旁也」。馬頰，蓋象馬兩頰骨袞出之象。

5 注 困，「梱」之借字。《說文．木部》云：「梱，門橛也」，「橛，弋也，一曰門梱也」。〈口部〉「困，古文作『柴』」。《廣雅·釋宮》云：「橜、機、闑，柴也」，即以古文「困」為「梱」。《荀子·大略》篇云：「和之璧，井里之厥也。」《晏子春秋·襍上》篇作「井里之困」，「困」亦即「梱」也。據《荀》、《晏》二書，則梱以木石為之。此藉車以大車輪為梱者，蓋亦於趺下為之。

6 注「失」當為「夫」，亦「趺」之借字。

7 注 依上文，當作「丈」。

8 注 當作「四之三在上」。此二句即釋上「夫四分之三在上」之義，疑舊注之錯入正文者。

9 注 馬頰，橫材旁出，邪夾趺外，在三分中，即在上三分內也。

10 注 言不及度，則不中用。

11 注 桓，即「桓楹」之「桓」，與「柱」義同。藉車蓋有四直木，其二薶者為柱，二不薶者為桓。上文「柱長丈七尺，薶者四尺」，則不薶者丈三尺也。此度胸五寸，未詳。如柱長當為丈六尺，則不薶者亦丈二尺，桓贏五寸，或為枘以入夫與？

12 注「復」疑「後」之誤，「在」疑「左」之誤。「左」、「佐」古今字。〈備水〉篇云：「城上為射攠，疾佐之」。

寇闉池來，[1]為作水甬，[2]深四尺，堅慕貍之。[3]十尺一，覆以瓦而待令。[4]以木大

圍長二尺四分而早鑿之，[5]置炭火亓中而合慕之，[6]而以藉車投之。為疾犁投，長二尺五寸，大二圍以上。[7]涿弋，[8]弋長七寸，弋閒六寸，[9]剡亓末。[10]狗走，[11]廣七寸，長尺八寸，蚤長四寸，[12]犬耳施之。[13]

1 注 畢云：「『闉』，疑當為『衝』，或『闉』字。池，城池。」

▲案：「闉」是也。〈備穴〉篇有救闉池之文，今移於前。

2 注 水甬，蓋漏水器。〈月令〉「角斗甬」，鄭注云：「甬，今斛也，中空可通水者。」

3 注 畢本「慕」改「幕」，云：「舊作『慕』，以意改，下同。」

▲案：「慕」當作「冪」，畢校未允，詳前。

4 注 「瓦」，舊本作「月」，畢以意改「穴」。王云：「『月』亦當為『瓦』，上文云『鑿坎覆以瓦』，是其證，畢改『月』為『穴』，非也。」

▲案：王校是也，蘇說同。

5 注 「早」，疑「中」之誤，言鑿木中空之也。上文云「輼長二尺，中鑿夫之」，可證。

6 注 「慕」，畢本亦改「幕」。

▲案：當為「冪」，謂既置炭火，乃以物合而覆之。

7 注 〈備梯〉篇作「蒺藜投」，蓋亦為機以投之。

8 注 涿，「椓」之借字，詳前。畢云：「『弋』，舊俱作『代』，以意改。」

▲詒讓案：「代」疑「杙」之誤。

9 注 畢云：「『弋』舊作『我』，以意改。」

▲案：亦當作「杙」。

10 注 《說文·刀部》云：「剡，銳刺也。」

11 注 畢云：「疑穴之可以出狗者，曰『狗走』。」

▲案：畢說甚誤。據下文有「蚤」，則非穴明矣。此當即上文之「狗屍」，惟尺度異耳。前「救闉池」章，又作「狗犀」。竊疑此本名「狗棲」，猶《詩·王風》云：「雞棲」，「棲」、「犀」聲近字通。《爾雅·釋艸》「瓠棲瓣」，《詩·衛風·碩人》作「瓠犀」，可證「棲」或省作「妻」，與「走」形近，故譌。古蓋為闌棧以棲狗，守城樹杙為藩，似之，故亦謂之狗棲，猶鑿穴謂之鼠穴矣。

12 注 「蚤」、「爪」同，蓋剡銳其末，詳前。

13 注 「犬」，舊本誤「大」，今據《道藏》本、吳鈔本正。「耳」當為「牙」。犬牙施之，謂錯互設之。上文云：「靈丁，三丈一，犬牙施之」，「犬牙」亦譌作「火耳」，與此義同。以上並備闉池之法，與上文錯入《備穴》篇救闉池之文略同。

子墨子曰：守城之法，必數城中之木，十人之所舉爲十挈，五人之所舉爲五挈，凡輕重以挈爲人數。[1]爲薪藮挈，[2]壯者有挈，弱者有挈，皆稱亓任。凡挈輕重所爲，吏人各得亓任。[3]城中無食則爲大殺。[4]

1 注 畢云：「言即以十挈、五挈，名其物者，以人數也。」

▲詒讓案：「挈」與「契」字同，「十挈」、「五挈」，謂刻契之齒，以記數也。《列子．說符》篇云：「宋人有遊於道，得人遺契者，歸而藏之，密數其齒曰：吾富可待矣。」

2 注 藮，「樵」之俗。《集韻．四宵》云：「樵或作藮。」

3 注 蘇云：「『吏』當作『使』。」

▲案：蘇校是也。「吏」、「使」古字亦通。此釋「皆稱其任」句義，疑亦舊注錯入正文。又〈褌守〉篇云：「使人各得其所長，天下事當」，與此文例相似。疑此與彼數語當相屬，或有錯簡也。

4 注 畢云：「殺，言減。」

▲詒讓案：自「子墨子曰」，至此一段，與上下文義不相屬，疑當在〈褌守〉篇「斗食終歲三十六石」之上，而誤錯著於此。

去城門五步大塹之，高地三丈，下地至，[1]施賊亓中，[2]上爲發梁，[3]而機巧之，[4]比傳薪土，[5]使可道行，[6]旁有溝壘，毋可踰越，[7]而出佻且比，[8]適人遂入，[9]引機發梁，適人可禽。適人恐懼而有疑心，因而離。[10]

1 注 王引之云：「此本作『高地丈五尺，下地至泉，三尺而止』，〈備穴〉篇曰『高地丈五尺，下地得泉三尺而止』，是其證。今本『丈五尺』譌作『三丈』，『至』下又脫『泉三尺』三字，則義不可通。」

▲案：王說是也，上文亦云「塹中深丈五」。

2 注 王引之云：「『賊』字義不可通，『賊』當為『棧』。上文城上之備有「行棧」、「行樓」，《說文》『棧，棚也』。謂設棚於塹中，上為發梁，而機巧之，以陷敵也。」

▲詒讓案：「賊」疑亦「杙」之誤。

3 注 畢云：「梁，橋也。」

▲詒讓案：此即上文所謂「縣梁」也，縣梁有機發，可設可去，故曰「發梁」也。

4 注 以下文校之，「巧」蓋「引」之誤。

5 注 顧云：「『傳』，當作『傅』。」蘇校同，云：「『傅』義與『敷』同。」

6 注 謂塹上為機梁，上布薪土如道，以誘敵也。

7 注 「毋」，吳鈔本作「無」。

8 注 「且」，畢改「旦」，云：「疑『佻達』字，『旦』、『達』，音之緩急。」王引之云：「當作『而出佻戰且北』。北，敗也。『佻』與『挑』同，言出而挑戰，且佯敗以誘敵也，故下文曰『適人遂入，引機發梁，適人可禽』。〈備穴〉篇曰『穴中與適人遇，則皆圍而毋逐，且戰北，以須鑪火之然』。彼言『且戰北』，猶此言『佻戰且北』也。今本脫『戰』字，『北』字又譌作『比』，則義不可通。畢改『且』為『旦』，而以『佻旦』為『佻達』，大誤。」

▲案：王校是也。

9 注 畢云：「舊作『人』以意改。」

10 注 畢云：「下脫簡。」

備高臨第五十三[1]

1 注 吳鈔本作五十五。

禽子再拜再拜曰：「敢問適人積土為高，[1]以臨吾城，[2]薪土俱上，以為羊黔，[3]蒙櫓俱前，[4]遂屬之城，[5]兵弩俱上，為之柰何？」

1 注 畢云：「『適』同『敵』。」

2 注 《周書・大明武》篇云：「高堙臨內，日夜不解」；又云「城高難上，湮之以土」。疑皆高臨攻城之法，與堙略同也。

3 注 畢云：「〈襍守〉作『羊玲』，未詳其器。」王云：「〈襍守〉作『羊坽』，非作『羊玲』也。『坽』與上下兩『城』字為韻，則作『坽』者是。《集韻》：『坽，郎丁切，峻岸也』。」

4 注 櫓，大盾，詳〈備城門〉篇。謂敵蒙大盾，以蔽矢石，而俱前攻城也。

5 注 《國語・晉語》韋注云：「屬，會也」。猶〈襍守〉篇云「城會」。

子墨子曰：「子問羊黔之守邪？羊黔者，將之拙者也，[1]足以勞卒，[2]不足以害城。守為臺城，以臨羊黔，左右出巨，各二十尺，[3]行城三十尺，強弩之，技機藉之，[4]奇器□□之，[5]然則羊黔之攻敗矣。

1 注 舊本脫「之守邪羊黔」五字，畢注議補「羊黔」二字。王云：「當作『子問羊黔之守邪？羊黔者，將之拙者也』。〈備梯〉篇曰『問雲梯之守邪？雲梯者重器也，亓動移甚難』；〈備蛾傳〉篇曰『子問蛾傳之守邪？蛾傳者，將之忿者也』；〈褋守〉篇曰『子問羊坽之守邪？羊坽者，攻之拙者也』，皆與此文同一例，今本脫『之守邪羊黔』五字，則文義不明。」

▲案：王說是也，今據補。

2 **注** 「卒」舊譌「本」，王云：「『本』當為『卒』」，是也，今從之。說詳〈備城門〉篇。

3 **注** 臺城，即行城也，下〈備梯〉篇說行城亦云「左右出巨，各二十尺」，與此制同。「巨」當為「距」之叚字。《說文．足部》云：「距，雞距也」。《儀禮．少牢饋食禮》「俎拒」，鄭注云：「『拒』讀為『介距』之『距』，俎距，脛中當橫節也」。此行城編連大木，橫出兩旁，故亦謂之距，蓋與「俎距」義略同。

4 **注** 此有脫誤，當作「強弩射之，校機藉之」。〈備蛾傳〉篇云：「守為行臨射之，校機藉之」，是其證。「校」，此作「技」。〈備梯〉篇又作「披」，並形之誤。校機，疑即〈備穴〉篇之「鐵校」，然其形制未詳。「藉」當讀為「笮」，聲近叚借。《說文．矛部》「矠讀若笮」，即其例也。《說文．竹部》云：「笮，迫也」。謂發機厭笮殺敵也。

5 **注** 畢以「奇」屬上讀，云「疑即藉車」，非也。

備臨以連弩之車[1]材大方一方一尺，[2]長稱城之薄厚。兩軸三輪，[3]輪居筐中，[4]重下上

筐。左右旁二植，[5]左右有衡植，[6]衡植左右皆圜內，[7]內徑四寸。左右縳弩皆於植，[8]以弦鉤弦，[9]至於大弦。弩臂前後與筐齊，[10]筐高八尺，[11]弩軸去下筐三尺五寸。連弩機郭同銅，[12]一石三十斤。[13]引弦鹿長奴。[14]筐大三圍半，[15]左右有鉤距，方三寸，輪厚尺二寸，鉤距臂博尺四寸，厚七寸，長六尺。[16]横臂齊筐外，[17]蚤尺五寸，有距，[18]博六寸，厚三寸，長如筐，有儀，[19]有詘勝，[20]可上下。爲武重一石，[21]以材大圍五寸。[22]矢長十尺，以繩□□矢端，如如戈射，[23]以磿鹿卷收。[24]矢高弩臂三尺，用弩無數，出人六十枚，[25]用小矢無留。[26]十人主此車。遂具寇，[27]爲高樓以射道，[28]城上以荅[29]羅[30]矢。[31]

1 **注** 「備」下，舊本有「矣」字。畢讀「備矣」句，云：「『備』同『憊』」。王引之云：「畢說非也。『備矣』之『矣』，即因上『敗矣』而衍，『備臨以連弩之車』，當作一句讀。備臨，即備高臨也。〈備蛾傳〉篇『然則蛾傳之攻敗矣』，下云『備蛾傳為縣脾』，猶此云『備臨以連弩之車也』。若以『備矣』為句，則下句『臨以連弩之車』，文不成義矣。」

▲案：王說是也，今據刪。《吳越春秋．句踐陰謀外傳》陳音說弩射云：「夫射之道，從分望敵，合以參連」。《六韜．軍用》篇有絞車、連弩，又有大黃參連弩大扶胥三十六乘。《淮南子．氾論訓》云：「連弩以射，銷車以鬬」，高注云：「連車弩通一弦，以牛挽之，以刀著左右，為機關發之，曰銷車」。《文選．

閒居賦》，李注引《漢書音義》「張晏云：連弩三十絭共一臂。」

2 注 舊本「材」作「杖」。俞云：「『杖』當作『材』。」

▲案：俞校是也，今據正。下文云「以材大圍五寸」。蘇云：「『方一』誤重。」

3 注 俞云：「既為兩軸，不得三輪，『三』當為『四』，古三、四字皆積畫，因而致誤。」

4 注 筐，疑謂車闌，亦即車箱。《詩．小雅．鹿鳴》毛《傳》云：「筐，篚屬」。「車闌」謂之「筐」，猶「車笭」謂之「篚」與？

5 注 旁二植，則左右通為四植。猶〈備城門〉篇云「樓四植」。

6 注 「衡」，吳鈔本作「橫」，下同。

7 注 「內」、「枘」同。

8 注 「縳」，當為「縛」。

9 注 此義難通，上「弦」字疑當作「距」，即下文之「鉤距」。〈公輸〉篇「距」誤作「強」，與此相類。距即弩牙。《釋名．釋兵》云：「弩，鉤弦者曰牙，似齒牙也」。

10 注 即下文之橫臂也。《說文．弓部》云：「弩，弓有臂者也」。《釋名．釋兵》云：「弩，其柄曰臂，似人臂也」。《吳越春秋》云：「琴氏乃橫弓著臂，施機設樞」，又云：「臂為道路通所使也」。

11 注 為上下筐之高度，上下分之，各四尺也。後〈襍守〉篇說軺車板箱，亦高四尺。

12 注 「同」當為「用」。《釋名．釋兵》云：「牙外曰郭。為牙之規郭也。含括之口曰機，言如機之巧也，亦言為門戶之樞機，開闔有節也」。《吳越春秋》云：「郭為方城，守臣子也。」

13 注 《說苑．辨物》篇云：「三十斤為鈞，四鈞為石」。然則弩機用銅凡五鈞，為斤百五十也。

14 注 吳鈔本無「長」字。畢云：「『奴』同『弩』。」

▲案：畢說未塙，此疑當作「鹿盧收」，下云「以磿鹿卷收」。

15 注 謂筐材圓圍之度。

16 注 「鉤」，舊本作「銅」。王云：「『銅距』當為『鉤距』，字之誤也。『鉤距』見上文及〈備穴〉篇。」

▲案：王校是也，蘇說同，今據正。

17 注 「蚤」、「爪」同，謂臂端剡細者，詳〈備城門〉篇。

18 注 亦謂橫出旁枝，如雞距也，見上。

19 注 《管子．禁藏篇》尹注云：「儀，猶表也」。謂為表以發弩。

20 注 畢云：「即《通典》屈勝梯。」

▲詒讓案：亦見《太白陰經．守城具》篇。《漢書．王莽傳》服虔注云：「蓋杠皆有屈勝，可上下屈伸也」。「屈」、「詘」字通，「勝」、「伸」亦一聲之轉。《通志．氏族略》，「申屠氏」音轉作「勝屠氏」，是其例也。今俗本《陰經》、《通典》、《漢書注》，「勝」或作「滕」，並非。

21 注 「武」，疑「跌」之聲誤。

22 注 圍五寸，以圓周求徑率算之，止徑一寸五分有奇，材太小，似非也。上文云「筐大三圍半」，〈備城門〉篇云：「積槫大二圍以上」，此疑亦當云「以材大五圍」，「寸」字衍。

23 注 「如」不當重，疑衍。「戈」當為「弋」，形近而誤。《說文．隹部》「隿者，繫射飛鳥也」。《詩．鄭風．女曰雞鳴》，孔《疏》云「以繩繫矢而射鳥，謂之繳射」。《周禮．司弓矢》云：「矰矢茀矢，用諸弋射」，鄭注謂茀矢弩所用。此「矢」蓋即茀矢之屬。《漢書．司馬相如傳》顏注云：「以繳係矰，仰射高鳥，謂之弋射」。

24 注 「磨鹿」，吳鈔本作「厝鹿」，不成字。《道藏》本「厝」字同。畢云：「『磨』疑『麻』；『鹿』，『麤』字之譌；『收』，舊作『牧』，以意改。」王引之云：「畢說非也。『磨鹿』當為『磿鹿』。上文云『備臨以連弩之車』，則此謂車上之磿鹿，轉之以收繩者也，故曰『以磿鹿卷收』。『磿鹿』猶『鹿盧』，語之轉耳。《方言》曰『維車，趙、魏之間謂之「轣轆」』，《廣雅》曰『維車謂之「麻鹿」』，並字異而義同。」

▲案：王說是也。《六韜．軍用》篇有「轉關轆轤」。此「卷收」，即家上矢端著繩而言，古弋射蓋亦用此。《國策．楚策》云：「弋者修其苻盧，治其矰繳」。「盧」亦即「鹿盧」也。

25 注 「出」，疑當作「矢」。此謂大矢也。

26 注 疑「數」之誤。

27 注 「具」，當作「見」，〈襍守〉篇云：「望見寇，舉一烽」。

28 注 疑當作「適」。

29 注 畢云：「荅，即『幨』也，音之緩急，《說文》無『幨』字，疑古用『荅』為之。」

▲案：「荅」與「幨」不同，詳〈備城門〉篇。畢說失之。

30 注 疑當作「絫」，「絫」、「羅」一聲之轉，「絫」即「礧」，詳〈備城門〉篇。

31 注 下有脫簡。畢云：「《通典．守拒法》云『弩臺高下與城等，去城百步，每臺相去亦如之，下闊四丈，高五丈，上闊二丈，下建女牆，臺內通闇道，安屈勝梯，人上便卷收，中設氈幕，置弩手五人，備乾糧水火』。」

▲詒讓案：《通典》本《太白陰經．守城具》篇。

備梯第五十六

禽滑釐子事子墨子三年，手足胼胝，[1]面目黧黑，[2]役身給使，不敢問欲。子墨子其哀之，[3]乃管酒塊脯，[4]寄于大山，[5]昧葇坐之，[6]以樵禽子。[7]禽子再拜而嘆。[8]子墨子曰：「亦何欲乎？」[9]禽子再拜再拜曰：「敢問守道？」子墨子曰：「姑亡，姑亡。[10]古有亓術者，內不親民，外不約治，[11]以少閒衆，以弱輕強，身死國亡，爲天下笑。子亓愼之，恐爲身薑。」[12]禽子再拜頓首，願遂問守道。曰：「敢問客衆而勇，煙資吾池，[13]軍卒並進，雲梯既施，[14]攻備已具，武士又多，爭上吾城，[15]爲之柰何？」[16]子墨子曰：「問雲梯之守邪？[17]雲梯者重器也，亓動移甚難。守爲行城，雜樓相見，以環亓中。[18]以適廣陝爲度，環中藉幕，[19]毋廣亓處。[20]行城之法，高城二十尺，[21]上加堞，廣十尺，左右出巨各二十尺，[22]高、廣如行城之法。[23]爲爵穴、煇鼠，[24]施荅亓外，[25]機、衝、錢、城，[26]廣與隊等，雜亓閒以鐫、劒，[27]持衝十人，[28]執劒五人，[29]皆以有力者。令案目者視適，[30]以鼓發之，夾而射之，重而射，[31]披機藉之，[32]城上繁下矢、石、沙、炭以雨之，[33]薪火、水湯以濟之，審賞行罰，以靜爲故，從之以急，毋使生慮。[34]若此，則雲梯之攻敗矣。」

1 注 畢云：「『骿』省文，从月。」

2 注 畢云：「『黎』字俗寫，从黑。」

3 注 畢云：「『其』，『甚』字。」

4 注 「塊」，《道藏》本、吴鈔本並作「槐」。畢云：「『乃』舊作『及』，以意改。『塊』當為『餽』，

『饋』字假音。」

▲詒讓案：此疑當作「澄酒摶脯」。「澄」省作「登」，與「管」形近而誤。「摶」與「槐」、「塊」，形亦相似。《春秋繁露．求雨》篇云：「清酒膞脯」，「澄」即「清」，「摶」即「膞」也。《釋名．釋飲食》云：「膞，迫也。薄椓肉迫著物使燥也。」《說文．肉部》云：「膞，薄脯，膞之屋上也。」

5 注 〈非攻中〉篇大山即泰山，此疑亦同。時墨子或在齊魯也。

6 注 畢云：「當為『茅蒸』，『昧』音同『茅』。」

▲案：畢說非也。「昧葇」當讀為「滅茅」。《晏子春秋．諫下》篇云：「景公獵休，坐地而食，晏子後至，滅葭而席。公不說，曰：『寡人不席而坐地，二三子莫席，而子獨搴草而坐之，何也？』」「昧茅」，猶言「滅葭」，亦即搴茅而坐之也。「昧」當作「眛」，與「滅」古音相近。《左氏．隱元年經》「公及邾儀父盟于蔑」。「蔑」，《公羊》作「眛」，即其比例。《說文．手部》云：「搣，批也」，「批，捽也」，「滅」亦即「搣」之借字。若然，昧茅即是薙搣茅草。古書「矛」字或捉作「柔」。宋本《淮南子．氾論訓》云：「槽柔無擊」，《說苑．說叢》篇云：「言人之惡，痛於柔戟」，並以「柔」為「矛」，故此「茅」字亦作「葇」矣。

7 注 畢云：「當云『以譙禽子』。」王引之云：「《方言》『自關而西，秦、晉之閒，凡言相責讓曰「譙讓」』。上文『子墨子甚哀之，乃管酒槐脯』云云，殊無譙讓之意。「樵」蓋「醮」之借字也。〈士冠禮〉注曰『酌而無酬酢曰醮』。故上文言酒脯。」

8 注 吳鈔本作「歎」。

9 注 畢云：「『亦』當為『尒』字之誤。」

▲案：「亦」字自通，不必改「尒」。

10 注 姑亡，言姑無問守道也，亦見〈公輸〉篇。

11 注 《呂氏春秋．本味》篇高注云：「約，飾也。」

12 注 畢云：「同『僵』。『亡』、『強』、『薑』為韻。」

13 注 王云：「『煙』當為『堙』，堙，塞也。〈備穴〉篇『救闉池者』，『闉』與『堙』同。」蘇說同。王引之云：「『資』疑當為『填』。堙、填皆塞也。『堙』、『煙』，『填』、『資』，亦皆字之誤。」俞云：「王氏讀『煙』為『堙』，是也。惟『資』字尚未得其義。『資』當讀為『茨』。《淮南子．泰族》篇『茨其所決而高之』，高注曰『茨，積土填滿之也』。是『茨』與『堙』同義。古『茨』字或作『薋』。《爾雅．釋草》篇『茨蒺藜』，《釋文》『茨，本作薋』，是也。《墨子》書作『資』者，即『薋』字而省『艸』耳。《說文．土部》『垐，以土增大道上』。『茨』與『垐』通。」

▲案：俞說是也。梯、臨之攻，蓋皆兼用堙法。

14 注 《通典．兵門》云：「以大木為床，下置六輪，上立雙牙，牙有檢梯，節長丈二尺，有四桄，桄相去有三尺，勢微曲，遞互相檢，飛於雲間，以窺城中；有上城梯，首冠雙轆轤，枕城而上，謂之飛雲梯」，蓋其遺法。《太白陰經．攻城具》篇同。

15 注 畢云：「『上』，舊作『土』，據《太平御覽》改。」

16 注 畢云：「『池』、『施』、『多』、『何』為韻。」

17 注 「守」，舊本闕。王云：「此當作『問雲梯之守邪』。上文曰『敢問守道』，又曰『願遂問守道』。〈備城門〉篇曰『問穴土之守邪』，〈備蛾傅〉篇曰『子問蛾傳之守邪』，〈褉守〉篇曰『子問羊坽之守邪』，皆其證。今脫『守』字，則文不成義。」

▲案：王校是也，蘇說同，今據補。

18 注 俞云：「『相見』，即『相閒』也。〈備城門〉篇『見一寸』，畢云『見』疑『閒』字，是其例也。」

19 注 畢云：「舊作『慕』，以意改。」

20 注 畢云：「『度』、『幕』、『處』為韻。」

21 注 謂高出於城上。〈備高臨〉篇云「行城三十尺」，此云「高城二十尺」，疑必有一誤。

22 注 「巨」，讀為「距」，見〈備高臨〉篇。

23 注 俞云：「上文皆言『行城』，而此即云『高、廣如行城之法』，義不可通。疑『高廣』上脫『褉樓』兩字。上文云：『守為行城，褉樓相見，以環其中，以適廣陝為度』，然則行城也，褉樓也，本有二事，故云

『相見』，相見即『相閒』也。上文既言『行城之法』，此繼言『褋樓』，故省其文曰『褋樓高廣如行城之法』。」

24 注 「爵」，吴鈔本作「雀」，同。「爵穴」制見〈備城門〉篇。「煇」，當讀為「熏」。《史記．呂后紀》「戚夫人去眼煇耳」。亦以煇為熏。爵穴、煇⿰亻鼠，蓋亦城閒空穴之名，明其小僅容爵、鼠也。「⿰亻鼠」，畢本改「鼠」，云：「舊作『⿰亻鼠』，以意改。」

▲案：「⿰亻鼠」即「鼠」之變體，不必改。《詩．豳風．七月》「穹窒熏鼠」，此與彼義同。蓋以火煙熏穴以去鼠，因之小空穴亦謂之熏鼠矣。〈備穴〉篇有「⿰亻鼠穴」，亦即此。

25 注 畢云：「言施幨蓋之。」

▲案：「荅」與「幨」異，畢說非也，詳後。

26 注 王引之云：「『錢』字義不可通，當是『棧』字之誤。衝，見〈褋守〉篇。〈備城門〉篇說城上之備有「行棧」，即此所謂『棧』也。『城』即『行城』，見上文。」

▲詒讓案：《六韜．發啓》篇云：「無衝機而攻。」蓋攻守通用此。

27 注 《說文．金部》云：「鐫，破木鐫也。」《釋名．釋用器》云：「鐫，鐏也，有所鐏入也。」《廣雅．釋言》云：「鐫，鑿也。」「劎」與「鐫」異用並舉，殊不倫，疑當為「蹔」。「蹔」，〈備穴〉篇亦譌「劎」，可證。蹔、鐫，皆所以斫破敵之梯者。

28 注 此城內之衝，以距攻城之梯者，使十人持之。

29 注 「劒」亦疑當為「斵」。

30 注 「案」、「按」同。《爾雅．釋詁》云：「按，止也。」謂止目注視，欲其審也。《淮南子．泰族訓》云：「欲知遠近而不能，教之以金目，則射快」，許注云：「金目，深目，所以望遠近射準也」。此「案目」，疑與「金目」義同。畢云：「『適』同『敵』。」

31 注 疑脫「之」字。

32 注 「披機」，當從〈備蛾傳〉篇作「校機」。

33 注 畢云：「《太平御覽》引『繁』作『多』。」王引之云：「『炭』當為『灰』，俗書『灰』字作『灰』，與『炭』相似而誤。灰，見〈備城門〉篇。沙灰皆細碎之物，炭則非其類矣。〈襍守〉篇亦誤作『炭』。《太平御覽．兵部五十五》引此，正作『灰』。」

34 注 畢云：「『故』、『慮』為韻。」蘇云：「言兵貴神速，久則變矣。」

守爲行堞，堞高六尺而一等，[1]施劒亓面，[2]以機發之，衝至則去之，不至則施之。[3]爵穴三尺而一，[4]蒺藜投[5]必遂而立，[6]以車推引之。

1 注 畢云：「等，級。」

2 注 「劍」，亦疑當為「斵」。

3 注 行堞施斵，蓋可以破梯，而不能當衝。

4 注 〈備城門〉篇說同。

5 注 畢云：「據〈備城門〉當為『疾犁』。」

6 注 疑當作「必當隊而立」。

裾城外，[1]去城十尺，裾厚十尺。伐裾，[2]小大盡本斷之，[3]以十尺爲傳，[4]雜而深埋之，堅築，[5]毋使可拔。二十步一殺，[6]殺有一鬲，[7]鬲厚十尺，[8]殺有兩門，[9]門廣五尺。裾門一，施淺埋，弗築，令易拔。[10]城希裾門而直桀。[11]

1 注 「裾」上當有「置」字。畢云：「『裾城』未詳，文與〈備蛾傳〉同。彼『裾城外』，作『置薄城外』四字，下『裾』字俱作『薄』。」

▲詒讓案：「裾」當為「椐」之譌，詳〈備城門〉篇下並同。蓋於城外別植木為薄，以為藩柂也。

2 注 畢云：「〈備蛾傳〉此下有『之法』二字。」

3 注 畢云：「『本』，〈備蛾傳〉作『木』。」

4 注 畢云：「〈備蛾傳〉作『斷』，此『傳』字當為『𠟭』之譌也。《說文》云：『𠟭，古文「斷」』。『𠃬』，古文『專』字。」

5 注 畢云：「〈備蛾傅〉作『堅築之』，『襍』作『離』。」

6 注 殺，蓋擁裾左右，横出為之。置裾如城之廣袤，二十步則為之殺，如〈備穴〉篇置穴十步。則擁穴左右為殺也。

7 注 「鬲」，〈備蛾傅〉篇作「壚」。

▲案：當與「隔」通。〈號令〉篇有「隔部」，署隔蓋擁裾為殺，於殺中為隔，以藏守圉之人及器具。又為門，以備出擊敵也。

8 注 與裾厚同。

9 注 蓋內外兩重門。

10 注 「施」下疑有脫字。

11 注 畢云：「〈備蛾傅〉作『置搗』。」王引之云：「『城』下當有『上』字，『希』與『睎』同，『直』與『置』同，『桀』與『楬』同，言城上之人望裾門而置楬也，〈備蛾傅〉篇作『城上希薄門而置楬』，是其證。今本脫『上』字，則文不成義。」

▲案：王說是也。望裾門而置楬者，所以為識別，以便出擊敵也。

縣火，四尺一鉤樴，[1]五步一竈，竈門有鑪炭。[2]令適人盡入，煇火燒門，[3]縣火次之。出載而立，[4]亓廣終隊。兩載之閒一火，[5]皆立而待鼓而然火，[6]即具發之。[7]適人除火而復攻，[8]縣火復下，適人甚病，故引兵而去。則令我死士[9]左右出穴門擊遺師，[10]令賁士、主將皆聽城鼓之音而出，[11]又聽城鼓之音而入。因素出兵施伏，[12]夜半城上四面鼓噪，[13]適人必或，[14]有此必破軍殺將。以白衣爲服，以號相得，[15]若此，[16]則雲梯之攻敗矣。

1 注 《說文·木部》云：「樴，弋也」。鉤樴，蓋以弋著鉤而縣火。

2 注 畢云：「舊脫一『竈』字，據〈備蛾傳〉增。」

▲案：畢本脫『門』字，今據吳鈔本、《道藏》本補。〈備蛾傳〉篇亦有「門」字。

3 注 畢云：「『煇』，〈備蛾傳〉作『車』。」

▲詒讓案：「煇」，亦讀為「熏」。《說文·屮部》云：「熏，火煙上出也」。「車」，疑亦「熏」之譌。

4 注 《說文·車部》云：「載，乘也」。似謂戰車。

5 注 畢云：「『閒』下舊有『載之門』三字，據〈備蛾傳〉去之，當是上三字重文之譌。」

6 注 舊本「待」譌「持」，「然」作「撚」。畢云：「〈備蛾傳〉云『待鼓音而燃』。『待』、『持』，『燃』、『撚』，字相似，然此義較長，不必改從彼。《說文》云：『撚，執也』。」王云：「此當依〈備蛾傳〉篇作『皆立而待鼓而然火』，謂燒門之人皆待鼓音而然火也。畢謂『持』、『撚』二字不必改，又訓『撚』為『執』，皆非也。既執火，則不能又持鼓矣。」

▲案：王說是也，今據正。

7 注 「具」與「俱」通，〈備蛾傳〉篇作「俱」。

8 注 王引之云：「『除』字義不可通，『除』當為『辟』，『辟』與『避』同。言我然火以燒敵人，敵人避火而復攻城也。隸書『辟』字或作『[illegible]』，見〈漢益州太守高朕脩周公禮殿記〉及〈益州太守高頤碑〉，與『除』相似而誤。〈備蛾傳〉篇正作『敵人辟火而復攻』。」

▲案：除火，謂敵屏除城上所下之火。《左·昭十八年傳》云：「振除火災」。〈備蛾傳〉篇作「辟」，義同。王說未塙。

9 注 畢云：「舊脫『士』字，據〈備蛾傳〉增。」

10 注 畢云：「猶言餘師。」蘇云：「『遺』，蓋『潰』之誤，〈備蛾傳〉篇同。」

▲詒讓案：「遺」疑當為「遁」之誤。

11 注 王引之云：「『責』字義不可通，『責』當為『者』，字之誤也。隸書『者』、『責』二字相似，說見〈天志〉篇。『者』與『諸』同，秦《詛楚文》，『者侯』即『諸侯』。泰山刻石『者產得宜』，即『諸產得宜』。《大戴記·衛將軍文子》篇『道者孝悌』，《鹽鐵論·散不足》篇『者生無易由言』，《漢書·武五子傳》『其者寡人之不及與』，竝以『者』為『諸』。上文已令死士出擊矣，故諸士及主將皆聽城鼓之音而出，即可勝敵也。〈號令〉篇有『諸人士』，又云『諸吏卒民』。」

▲案：「賁」字不誤，「賁」與「虎賁」義同。《宋書．百官志》云：「虎賁舊作虎奔，言如虎之奔走也。」《風俗通義．正失》篇云：「言猛怒如虎之奔赴也」，是其義也。

12 注 畢校改「素」為「數」，云：「舊『數』作『素』，『伏』作『休』，據〈備蛾傳〉改。」王云：「鄭注〈喪服〉曰『素，猶故也』。因素出兵，猶言照舊出兵耳，畢改『素』為『數』，則義不可通。〈備蛾傳〉篇正作『素』，不作『數』也。」

13 注 畢云：「《說文》云：『譟，擾也』，此省文。」

14 注 畢云：「同『惑』。」

15 注 謂口為號也。〈號令〉篇云「夕有號」。《六韜．金鼓》篇云：「以號相命，勿令乏音。」

16 注 畢云：「舊作『也』，以意改。」

備水第五十八

城內塹外周道，[1]廣八步，備水謹度四旁高下。城地中偏下，[2]令耳亓內，[3]及下地，地深穿之，令漏泉。[4]置則瓦井中，[5]視外水深丈以上，鑿城內水耳。[6]

1 注 詳〈備城門〉篇。

2 注 此當作「城中地偏下」。

3 注 畢云：「『耳』疑『瓦』字。」蘇云：「『令』與『瓴』通，《六書故》曰『瓴，牝瓦仰蓋者。仰瓦受覆瓦之流，所謂瓦溝。』」

▲詒讓案：「耳」疑當為「巨」，篆文相近，即「渠」之省，此與〈備城門〉篇「令耳」異。

4 注 畢云：「《通典．守拒法》云『如有洩水之處，即十步為一井，井之內潛通，引洩漏』，即其遺法。」

5 注 畢云：「『則』同『側』。」

6 注 「耳」亦當為「巨」，即「水『渠』」字。畢云疑「瓦」字，失之。

並船以爲十臨，[1]臨三十人，[2]人擅弩，計四有方，[3]必善[4]以船爲轒轀。[5]二十船爲一隊，選材士有力者三十人共船，亓二十人，人擅有方，6 劒甲鞮瞀，7 十人，人擅苗。8 先養材士爲異舍，食亓父母妻子以爲質，視水可決，以臨轒轀，決外隄，城上爲射撅，9 疾佐之。10

1 注 畢云：「言方舟以為臨高之具。」

2 注 《戰國策．楚策》云：「舫船載卒，一舫載五十人。」此一船止三十人，與彼異。

3 注 「方」，畢本作「弓」，云：「舊作『方』，以意改。」王云：「『擅』與『撣』同，謂提持也，說見〈備城門〉篇。」

▲詒讓案：〈備蛾傅〉篇云「令一人操二丈四矛」，「矛」誤作「方」，則此「方」亦「矛」之誤。「有」疑當為「酋」，音近而誤。《韓非子．八說》篇云：「搢笏干戚，不逮有方鐵銛」，「有方」亦「酋矛」之誤，與此正同。此文疑當云「人擅弩，什四酋矛」，或作「什六人擅弩，四酋矛」。「什」、「計」艸書相近而誤。〈號令〉篇云：「諸男女有守於城上者，什六弩四兵。」蓋守法，通率十人之中，六人執弩主發，四人執兵主擊刺。此云「什四酋矛」，即四兵也。然則臨三十人，蓋擅弩者十八人，擅矛者十二人與？

4 注 畢云：「『善』同『繕』，言勁也。」

5 注 疑當讀「必善以船為轒轀」七字句，畢讀恐非。此與陸戰以車為轒轀同，詳〈備城門〉篇。

6 注 「方」，畢本亦改「弓」。王云：「『有』字疑衍。」

▲案：疑亦當作「亓十二人，人擅酋矛」，與上文「什四酋矛」文數正合，今本「十二」兩字誤倒，「酋矛」亦誤作「有方」，遂不可通。畢、王兩校並未塙。

7 注 畢云：「《說文》云：『鞮，革履也』。瞀，『鍪』字假音，《說文》云『鍑屬』。」王引之云：「畢分鞮、鍪為二物，非也。『鞮鍪』即『兜鍪』也。兜鍪，冑也。故與『甲』連文。〈韓策〉曰『甲盾鞮鍪』，《漢書．揚雄傳》『鞮鍪生蟣蝨，介冑被霑汗』，師古曰：『鞮鍪即兜鍪也』。字亦作『鞮瞀』，《漢書．韓延壽傳》『被甲鞮瞀』，皆其證。」

8 注 下「人」字，舊本脫，今據王校補。

▲案：疑當作「十八人，人擅弩」。畢云：「『苗』同『矛』，猶苗山即茅山」，未塙。

9 注 畢本改「檥」，云：「《說文》云：『檥，榦也。』言矢榦，舊从手，非，今改。」

▲案：「檥」即「表儀」之正字，《爾雅．釋詁》云：「儀，榦也」，與《說文》義同。然此下云「疾佐之」，則不得立表檥以射。竊疑當為「射機」。〈備城門〉篇有作射機之法，彼下文又云「二十步一，令善射者佐之」，與此文亦可互證，畢校未塙。

10 注 畢云：「《通典．守拒法》云：『城中速造船一二十隻，簡募解舟檝者載以弓、弩、鍬、钁，每船載三十人，自暗門銜枚而出，潛往斫營，決隄堰，覺即急走，城上鼓噪，急出兵助之』，即其遺法。」

備突第六十一[1]

1 注 此篇前後疑有脫文。

城百步[1]一突門，[2]突門各爲窯竈，[3]竇入門四五尺，爲亓門上瓦屋，[4]毋令水潦能入門中。吏主塞突門，用車兩輪，以木束之，塗亓上，[5]維置突門內，[6]使度門廣狹，[7]令之入門中四五尺。[8]置窯竈，門㝑爲橐，[9]充竈伏柴艾，[10]寇即入，下輪而塞之。[11]鼓橐而熏之。

1 注 畢云：「《後漢書注》引有『為』字，一引無。」

2 注 此城內所為以備敵者。《六韜・突戰》篇云：「百步一突門，門有行馬。」

3 注 窯竈，詳後〈備穴〉篇。

4 注 「亓」字，吳鈔本無。「亓」，舊本作「其」，吳鈔本作「亦」，今據校改「亓」。

5 注 此即〈備城門〉篇之「轀」也，凡轀皆以車輪為之，而維以繩，故〈備蛾傳〉篇云「斬維而下之」，蘇云：「維，繫也。」

6 注 「狹」俗字，它篇並作「陜」，此疑亦當同。

7 注 畢云：「『之』，《後漢書注》引作『人』。」

8 注 畢云：「『窯』，《後漢書注》引作『窐』，非。」

9 注 畢云：「舊作『槖』，下同，據《後漢書注》改。又《韓非子》云『干城拒衝，不若堙穴伏橐』，『橐』當為『橐』。」

10 注 畢云：「舊『伏』作『狀』，以意改。《後漢書注》作『又置艾』。」

▲詒讓案：〈袁譚傳〉李注引，「伏」亦作「狀」，則唐本已誤。

11 注 舊本「輪」誤「輔」。畢云：「《後漢書注》引作『輪』。」王云：「『輪』字是也。上文曰『吏主塞突門，用車兩輪』，是其證。」

▲案：王校是也，蘇說同，今據正。

備穴第六十二[1]

1 注 〈備城門〉篇說攻具十二，「穴」在「突」前，此次與彼不同，疑亦傳寫移易，非其舊也。

禽子再拜再拜，曰：「敢問古人有善攻者，[1]穴土而入，縛柱施火，[2]以壞吾城，[3]城壞，或中人[4]爲之柰何?」子墨子曰：「問穴土之守邪?備穴者，城內爲高樓，以謹[5]候望適人。適人爲變，築垣聚土非常者，[6]若彭有水濁非常者，[7]此穴土也，急壍城內，[8]穴亓土直之。[9]穿井城內，五步一井，傅城足，[10]高地，丈五尺，[11]下地，得泉三尺而止。[12]令陶者爲罌，容四十斗以上，固順之以薄鞈革，[13]置井中，使聰耳者伏罌而聽之，審知穴之所在，鑿穴迎之。[14]

1 注 「古」，王校改「適」，云：「舊本『適』作『古』，『古』乃『適』之壞字，今改正。」

▲案：〈備梯〉篇說守道云「古有其術者」，則「古」字似非誤。

2 注 「縛」，舊本作「縳」，依王校改。

3 注 《商子．境內》篇云：「穴通則積薪，積薪則燔柱。」《通典．兵門》說距闉，謂「鑿地為道，行於城下，攻城建柱，積薪於其柱，圜而燒之，柱折城摧」，即古穴攻法也。

4 注 此下舊本有「大鋌前長尺」云云，七百餘字，今依顧校移前〈備城門〉篇。

5 注 王引之云：「自『為之柰何』至『以謹』，凡二十四字，舊本誤入〈備城門〉篇，今移置於此。」

▲案：王校是也，蘇說同，今據正。「以謹」，屬下「候望適人」為句。

6 注 畢云：「言以所穴之土築垣。」

7 注 畢云：「水濁者，穴土之驗。」王云：「若，猶『與』也，『彭』與『旁』通。」

8 注 畢云：「《玉篇》云：『壍同塹』。」

9 注 畢云：「『亓』，舊作『內』，亦以意改。直，當也。《說文》云：『直，正見也』。」

10 注 畢云：「『傅』，舊作『傳』，以意改。」

11 注 畢云：「言視城足之高於地丈五尺者，穿之。」

▲案：此言高地則以深丈五尺為度，畢說失之。

12 注 舊本無「下」字，王引之云：「當作『下地，得泉三尺而止』。『下地』與『高地』對文，今本脫『下』字。」

▲案：王校是也，今據補。

13 注 「固順」義難通，「順」當作「幎」。「冥」、「頁」，「巾」、「川」，隸書相近而誤。《說文．巾部》云：「幎，幔也」，亦作「幂」，《廣雅．釋詁》云：「幂，覆也。」固幎之以薄輅革，謂以革堅覆罌口也，《文選．馬汧督誄》李注引作「幕罌」，「幕」即「幂」之誤。李所舉雖非元文，然可推校得其沿誤之由也。畢云：「即《通典》所云『以新罌用薄皮裹口如鼓』也。」蘇云：「《唐韻》『輅，盧各切，音洛』。《說文》云：『生革可以為縷束也』。」

▲詒讓案：薄輅革幎罌，蓋與冒鼓相似。《呂氏春秋．古樂》篇云：「帝堯命質為樂，乃以麋輅置缶而鼓之」，彼「置」當作「冥」，即「幂」之叚字，可證《通典》「如鼓」之說。

14 **注** 舊本鑿穴之「穴」譌作「內」，王校改「穴」，云：「篆文『穴』字作『内』，因譌而為『內』。」

▲案：王校是也，今據正。畢云：「《文選注》引云『若城外穿地來攻者，宜於城內掘井以薄城，幕罌內井，使聽耳者伏罌而聽，審知穴處，鑿內迎之』，《太平御覽》引云『若城外穿地來攻者，宜城中掘井，以薄甖內井中，使聽聰者伏甖聽之，審知穴處，鑿內而迎之』，與此微異。《通典．守拒法》『地聽，於城內八方穿井，云各深二丈，以新罌用薄皮裹口如鼓，使聽耳者於井中託罌而聽，則去城五百步內悉知之，審知穴處，助鑿迎之』云云，即其法也。」

令陶者爲月明，[1]長二尺五寸六圍，[2]中判之，合而施之穴中，[3]偃一，[4]覆一。[5]柱之外，善周塗亓傅柱者，勿燒。[6]柱者勿燒。[7]柱善塗亓竇際，[8]勿令泄。[9]兩穷皆如此，與穴俱前。[10]下迫地，[11]置康若灰亓中，[12]勿滿。[13]灰康長五竇，[14]左右俱雜相如也。[15]穴內口爲竈，令如窯，[16]令容七八員艾，[17]左右竇皆如此，竈用四橐。[18]穴且遇，[19]以頡皋衝之，疾鼓橐熏之，必令明習橐事者[20]勿令離竈口。[21]連版以穴高下、廣陝爲度，[22]令穴者與版俱前，鑿亓版令容矛，[23]參分亓疏數，[24]令可以救竇。穴則遇，[25]以版當之，[26]以矛救竇，勿令塞竇，竇則塞，引版而郄，[27]過一竇而塞之，[28]鑿亓竇，通亓煙，煙通，疾鼓橐以熏之。從穴內聽穴之左右，[29]急絕亓前，勿令得行。若集客穴，塞之以柴塗，令無可燒版也。然則穴土之攻敗矣。[30]

1 注 王引之云：「『月明』，當為『瓦罌』。〈備城門〉篇『瓦木罌容十升以上』，是其證。隸書『瓦』字作『□』，與『月』相似而誤。『明』者，『罌』之壞字耳。」

▲案：王校是也，蘇校「月」字同。

2 注 王引之云：「『六圍』上當有『大』字，〈備城門〉篇『木大二圍』即其證。」

3 注 「穴」，舊本譌「內」，今據王校正。

4 注 畢云：「偃，仰。」

5 注 下疑當接後「下迫地」句。

6 注 畢云：「『亓傳』，舊作『亦傳』，以意改。」

7 注 畢云：「四字衍。」

8 注 畢云：「縫也。」

9 注 即下文云「無令氣出也」。

10 注 畢云：「『穴』舊作『內』，以意改。」

▲詒讓案：言為穴柱與鑿穴俱前，猶下云「令穴者與版俱前」也，自「柱之外」至此三十四字，並說穴柱，與上下文不相冢，疑當在後文「無柱與柱交者」下，然首尾文義亦不甚相接，未敢輒移，附識於此。

11 注 此文不屬，疑當接上「偃一，覆一」句，蓋謂施罌穴中，其下迫地也。

12 注 畢本「灰」作「矢」，云：「『康』即『糠』字，見《說文》。『矢』舊作『疾』，以意改，下同。」王引之云：「畢改非也，『疾』乃『灰』之誤，非『矢』之誤。〈備城門〉篇『爨灰康粃』，即其證。康、灰皆細碎之物，故同置於穴中，矢則非其類矣。『灰』俗作『灰』，『疾』本作『疾』，二形相似，又涉下文『疾鼓橐』而誤耳。」

▲案：王校是也，今據正。

13 注 句。

14 注 「五」，疑「亙」之誤。《說文・木部》云：「𣐺，竟也」，古文作「亙」。此言竟滿其竇，猶下云「戶內有兩蒺藜，皆長極其戶」。

15 注 襍，猶帀也，詳〈經上〉篇。

16 注 畢云：「《說文》云：『窯，燒瓦竈也』。即今『窰』字正文。」

17 注 員，即丸也，《論衡·順鼓》篇云：「一丸之艾」。

18 注 《淮南子·本經訓》云：「鼓橐吹埵」，高注云：「橐，冶鑪排橐也」。

19 注 畢云：「舊作『愚』，據下改。」

20 注 畢云：「『習』，舊作『翟』，以意改。」

21 注 畢云：「《通典·守拒法》云『審知穴處，助鑿迎之，與外相遇，即就以乾艾一石，燒令煙出，以板於外密覆穴口，勿令煙洩，仍用鞴袋鼓之』，即其遺法。所云『以板於外密覆穴口，勿令煙洩』，即下連版法也。」

22 注 「陜」，吳鈔本作「狹」。蘇云：「『陜』與『狹』同。」

▲案：「陜」正「狹」俗，詳〈備城門〉篇。

23 注 畢云：「舊作『予』，以意改。」

24 注 此言版上鑿空之數。蘇云：「『參』與『三』同，『數』讀為『促』。」

25 注 蘇云：「『則』猶『即』也。」

26 注 畢云：「『版』，舊作『攸』，以意改。」

27 注 畢云：「『引』，舊作『弓』，以意改。郄，『卻』字俗寫。」

▲案：王改「卻」。《廣雅·釋言》云：「卻，退也。」

28 注 「過」，王校作「遇」。

29 注 「從」，舊本作「徒」，畢以意改「從」。王引之云：「畢改非也。敵人穴土而來，我於城內鑿穴而迎之，此本無他穴可從，不得言從穴也。『徒』當為『從』，謂從穴內聽之也。隸書『從』字作『従』，與『徒』相似而誤。《漢書．王莽傳》『司恭司從司明司聰』，今本『從』譌作『徒』」。

▲案：王校是也，今據正。「穴」下舊本脫「之」字，今據《道藏》本、吴鈔本補。

30 注 畢云：「『穴土』，舊作『內土』以意改。」王引之云：「自『候望適人』至『穴土之攻敗矣』，凡三百四十五字，舊本亦誤入〈備城門〉篇，今移置於此。『以謹候望適人』六字，文義緊相承接，不可分屬他篇。且上文曰『備穴者城內為高樓』，下文曰『然則穴土之攻敗矣』，則為〈備穴〉篇之文甚明。」

▲案：王校是也，蘇說同，今據移正。

寇至吾城，急非常也，謹備穴。穴疑有應寇，[1]急穴，[2]穴未得，慎毋追。[3]

1 注 句。

2 注 句。

3 注 似言未得敵穴所在，則勿出城追敵。畢云：「言己不謹其備，且勿追寇。」

凡殺以穴攻者，二十步一置穴，穴高十尺，鑿十尺，[1]鑿如前，[2]步下三尺，[3]十步擁穴，左右橫行，高廣各十尺殺。[4]

1 注 言穴廣與高等。

2 注 「如」讀為「而」，言穴向前鑿也。

3 注 謂每步則下三尺，然所下太多，疑「步」上有脫字。

4 注 舊本重「高」字。畢謂兩「高」字疑當為「鬲」。蘇云：「『高』字疑誤重。」

▲案：《道藏》本、吳鈔本竝無下「高」字，是也，今據刪。「殺」上疑當有「為」字。此言凡穴直前十步，則左右橫行，別為方十尺之穴，謂之殺，以備旁出也。〈備梯〉篇說「置裾城外」，亦云「二十步一殺」。

俚兩罌，深平城，[1]置板亓上，⿰貝冊板以井聽。[2]五步一密。[3]用掐若松為穴戶，[4]戶穴有兩蒺藜，[5]皆長極亓戶，戶為環，[6]壘石外埻，[7]高七尺，加堞亓上。勿為陛與石，以縣陛上下出入。[8]具鑪橐，[9]橐以牛皮，鑪有兩甀，以橋鼓之百十，[10]每亦熏四十什，[11]然炭杜之，[12]滿鑪而蓋之，毋令氣出。適人疾近五百穴，[13]穴高若下不至吾穴，[14]即以伯鑿而求通之。[15]穴中與適人遇，則皆圉而毋逐，[16]且戰北，[17]以須鑪火之然也，即去而入壅穴殺。[18]

有鼠隙，[19]為之戶及關籥獨順，[20]得往來行亓中。穴壘之中各一狗，狗吠即有人也。

1 注 畢云：「『俚』同『埋』。」

▲詒讓案：〈備城門〉篇作「貍」，此作「俚」，並「薶」之叚字。

2 注 畢云：「𦚣未詳。」

▲案：「𦚣」疑「聯」之誤。「𦚣版」，即上文之「連版」也。

3 注 即上文所謂「穿井城內，五步一井」也。蘇云：「『井聽』疑誤倒，當作為『井五步一』。」

4 注 「𢮎」未詳，疑當為「枱」。鐘鼎古文從『台』者，或兼從『司』省，今所見彝器款識〈公姒敦〉，「始」字作「㚸」，是其例也。此𢮎字亦當從木。《說文·木部》「枱，耒耑也」。此疑叚為「梓」字。《說文》「梓，楸也，從木，宰省聲」，與「枱」古音同部，得相通借。墨書多古文，此亦其一也。蘇云：「『𢮎』或『桐』字之訛」，非是。

5 注 「戶穴」當作「戶內」。蒺藜，「藜」作「棃」，與《六韜·軍用》篇同，詳〈備城門〉篇。吳鈔本作「藜」。

6 注 蓋著環以便開閉。

7 注 吳鈔本作「厚」。畢云：「𡎼，即『厚』字。《說文》云『垕，古文厚，从后、土』。此又俗加。」

▲案：「外厚」義難通。「𡎼」疑「埻」字之誤。《玉篇·土部》及《集韻·十九鐸》，字並作「埻」，蓋即

「郭」之異文，與「墫」字別。《漢書．尹賞傳》云：「致令辟為郭」，顏注云：「郭，謂四周之內也」。此云「壘石外埻」，亦謂壘石為穴外周郭，即下文云「先壘窯壁」也。

8 注 此皆備敵人之集吾穴也。蘇云：「言穴中勿為陛階，出入者絙而上下也。」

9 注 畢云：「舊俱作『稾』。」

10 注 畢云：「橋，桔皋也。」

▲詒讓案：百十，似言橋之重，「百」上疑脫「重」字，「十」當為「斤」，「斤」譌作「什」，又脫其偏旁耳，下文可證。

11 注 「亦」，畢本作「丌」。《道藏》本、吳鈔本作「亦」。以文義審之，此當作「毋下重四十斤」，「毋」、「每」，「下」、「亦」，「重」、「熏」，「斤」、「什」，並形近而誤。

12 注 畢云：「『然』即『燃』正文。」

13 注 蘇云：「『五百』二字乃『吾』字之訛，下言『吾穴』是也。」

14 注 言客穴與內穴不正相直也。

15 注 「伯」，吳鈔本作「百」，疑當作「倚」。倚，邪也，詳〈備城門〉篇。言穴不正相直，則必邪鑿之乃可通也。後文云：「內去竇尺，邪鑿之。」

16 注 蘇云：「『圍』與『禦』同，言與敵相持，勿遂去之。」

17 注 疑當作「戰且北」，言戰而詳北以誘敵，使深入穴中也。

18 注 「壅」，即「擁」之俗，「壅穴殺」，即上文所謂「十步擁穴，左右橫行，高廣各十尺」者也。

19 注 畢云：「俱『鼠』字之誤。」

▲案：疑即後「鼠穴」，然「鼠」字不當重，畢說未塙。下一字疑即「竄」之異文，變「穴」形為「皐」耳。《說文．穴部》云：「竄，匿也，从鼠在穴中。」「鼠竄」猶云「鼠穴」矣。

20 注 此亦謂殺也。「關籥」當讀為「管鑰」。「管」即鎖，「鑰」即匙也，與〈備城門〉篇「門植關」異，說詳彼。「獨順」義不可通鑿。疑當為「繩幎」二字，屬「關籥」為句。「繩」从黽，「獨」从蜀，偏旁相似。《史記．倉公傳》「肝氣濁而靜」，《集解》「徐廣云：濁，一作『黽』」，此「繩」譌作「獨」，與彼相類。「幎」、「順」二字，此書亦多互譌。前「幎罌」，「幎」字，今本亦作「順」，是其證也。關籥繩幎，以為門戶啓閉繫蔽之用，〈備城門〉篇云「諸門戶皆令鑿而幂孔孔之，各為二幂，一鑿而繫繩，長四尺」，亦見〈襍守〉篇。是繫繩幂鑿，乃守門戶之恆制也。或讀「獨順」屬下句，失之。

斬艾與柴，長尺，[1]乃置窯竈中，先壘窯壁，迎穴爲連。[2]

1 注 畢云：「『柴』舊作『此』以意改。」

▲詒讓案：「此」疑即「柴」之省。此書多用省借字，如以「也」為「他」，以「之」為「志」，皆其例也。

〈備突〉篇亦云「充竈伏柴艾」。自「斬艾與柴長尺」至「男女相半」，凡三百九十四字，舊本錯入〈備城門〉篇，畢本同。王云：「以下多言鑿穴之事，當移置於〈備穴〉篇然未知截至何句為止。」

▲案：王校甚是，而未及移正。蘇謂此錯文當截至「諸作穴者五十人，男女相半」為止，是也。本篇下文「五十人」二字，前後文義不相屬，即錯簡之蹤迹未盡泯者也。今據移著於此。

2 注 王引之云：「『連』下當有『版』字，而今本脫之。上文曰『連版以穴高下廣陜為度』，是其證。」

鑿井傳城足，三丈一，[1]視外之廣陜而爲鑿井，愼勿失。[2]城卑穴高從穴難。[3]鑿井城上，[4]爲三四井，內新斲井中，[5]伏而聽之。審之知穴之所在，[6]穴而迎之。穴且遇，爲頡皋，必以堅材爲夫，[7]以利斧施之，命有力者三人用頡皋衝之，灌以不潔十餘石。[8]

1 注 上云「五步一井」，六尺為步，五步即三丈也。

2 注 句。

3 注 畢云：「二個『穴』字，舊俱作『內』，以意改。」蘇云：「言高下不相值也。」

4 注 俞云：「城上無鑿井之理，『城上』當作『城內』，即上文『穿井城內』之事。」

▲詒讓案：疑當作「城下」。

5 注 「斬」，當為「甎」之誤。畢云：「當為『新甓』。」

6 注 以上文校之，「審」下「之」字疑衍。

7 注 畢云：「同趺，如足兩分也。」舊本「材」作「杖。」俞云：「『扙』乃『材』字之誤，言必以材之堅者為頡皋之趺也。」

▲案：俞校是也，今據正。

8 注 畢云：「若穅矢之類。」

趣伏此井中，[1]置艾亓上，七分，[2]盆蓋井口，毋令煙上泄，旁亓橐口，疾鼓之。

1 注 畢云：「『伏』舊作『狀』，以意改。『趣』同『促』。」

▲詒讓案：「此」當為「柴」，上文「斬艾與柴」，「柴」亦作「此」。〈備突〉篇亦以柴、艾並舉，故此下文云「置艾其上」，皆可證。

2 注 「七分」，義不可解，疑當作「七八員」三字。上文云「穴內口為竈，令如窯，令容七八員艾」，是其證。

以車輪轀。[1]一束樵，染麻索塗中以束之。[2]鐵鎖[3]縣正當寇穴口。[4]鐵鎖長三丈，[5]端

環，一端鉤。6

1 注 「轀」、「輼」同，上當有「為」字，以車輪為輼，猶〈備城門〉篇云「兩材合而為之轀」，下文云「以車兩走為蒀」也，「轀」即「輼」之別體文，省作「蒀」，正字當作「轒」，詳〈備城門〉篇。畢云：「下文作『蒀』，即『薀』省文，《說文》云『薀，積也』」，失之。

2 注 「染」，舊本作「梁」，畢云：「疑『梁』字。」蘇云：「『梁』為『染』之誤，染麻索以塗者，所以避燒。」

▲案：蘇說是也，〈備蛾傳〉篇云「染其索塗中」，今據正。

3 注 《六韜．軍用》篇「鐵械鎖參連，百二十具」，又有「環利鐵鎖，長二丈以上，千二百枚」。此鐵鎖端亦有環，與彼制合。《漢書．王莽傳》云：「以鐵鎖琅當其頸。」畢云：「當為『瑣』，《說文》無『鎖』字，據〈備蛾傳〉作『瑣』。」

4 注 畢云：「『穴』舊作『內』，以意改。」

5 注 畢云：「《通典．守拒法》云『先為桔槔，縣鐵鎖長三丈以上，束柴葦焦草而燃之，隊於城外所穴之孔，以煙燻之，敵立死』。已上罌聽、連版、伏艾、縣鎖、備穴土之法。」

6 注 言鐵鎖有兩端，一端為環，一端為鉤。據《通典》說鐵鎖，蓋以環繫於桔槔，而鉤則以束柴葦焦草而燃之者也。後文又有鐵鉤。

⿰亻鼠穴高七尺，[1]五寸廣，柱閒也尺，[2]二尺一柱，[3]柱下傅舄，[4]二柱共一員十一。[5]兩柱同質，[6]橫員士，[7]柱大二圍半，必固亓員士，無柱與柱交者。[8]

1 **注** 「⿰亻鼠」，畢本改「鼠」，云：「舊作『⿰亻鼠』，以意改。」

▲案：前及〈備梯〉篇並作『⿰亻鼠』，宜從舊本，「⿰亻鼠穴」猶「⿱夵寸穴」，亦即〈備梯〉篇之「熏鼠」也。

2 **注** 「也」疑亦「七」之誤，謂穴牆兩旁各為柱，其閒七尺。

3 **注** 此謂穴牆一邊二尺則一柱也。

4 **注** 《一切經音義》引許叔重云：「楚人謂柱碣曰『礎』。」畢云：「張衡〈西京賦〉云『雕楹玉碣』。李善注云：『《廣雅》云：碣，磌也。「碣」古字作「舄」』。」

5 **注** 「員十一」義不可通。下文兩言「員士」，疑「十一」即「士」字，傳寫誤分之。然「員士」亦無義，蓋當為「負土」。《周禮．冢人》賈疏云：「隧道上有負土。」此為穴亦為隧道，故有負土。蓋以板橫載而兩柱直楮之，故云「二柱共一負土」，下並同。

6 **注** 畢云：「『磌』，古字如此。」

▲詒讓案：此與〈備城門〉篇「樓四植，植皆為通舄」制蓋略同。

7 **注** 謂負土之版橫者。

8 **注** 似謂柱橫直相交。然「無」字必誤。上文錯入〈備城門〉篇者，有「柱之外，善周塗其附柱者」云云三十四字，疑此下之錯簡，詳前。

穴二窯，皆爲穴月屋，[1]爲置吏、舍人，各一人，[2]必置水。[3]塞穴門，以車兩走[4]爲蓋，[5]塗亓上，以穴高下廣陜爲度，令入穴中四五尺，維置之。[6]當穴者客爭伏門，[7]轉而塞之。爲窯，容三員艾者，[8]令亓突入伏尺。[9]伏傅突一旁，[10]以二橐守之，勿離。穴矛[11]以鐵，長四尺半，[12]大如鐵服說，即刃之二矛。[13]內去竇尺，[14]邪鑿之，上穴當心，亓矛長七尺。[15]穴中爲環利率，穴二。[16]

1 注 王引之云：「『皆為穴月屋』當作『皆為穴門上瓦屋』，謂於穴門上為瓦屋也。〈備突〉篇曰『突門各為窯竇，竇入門四五尺，為亓門上瓦屋』，是其證。隸書『瓦』字作『[瓦]』，與『月』相似而誤，又脫『門上』二字，則義不可通。」

▲案：王校是也，蘇說同。

2 注 《漢書．高帝紀》顏注云：「舍人，親近左右之通稱也。」文穎云：「舍人，主廄內小吏，官名也。」

3 注 蓋以備飲。

4 注 畢云：「即車輪。」

▲詒讓案：〈備突〉篇作「車兩輪」，〈備蛾傅〉篇亦云「車兩走」，然車輪不當云「走」，義未詳。

5 注 「蒀」亦即「轀」字，畢云：「『薀』省文」，失之。

6 注 「入」舊本作「人」。蘇云：「『人』當作『入』，維，繫也，此亦見〈備突〉篇。」

▲案：蘇校是也，今據正。

7 注 畢云：「舊『穴』作『內』，『客』作『容』，以意改。」

▲案：《道藏》本「客」字不誤，「門」疑「鬥」之誤。

8 注 畢云：「『容』舊作『客』，以意改。」

9 注 畢云：「『亓突入』，舊作『亦突人』，以意改。一本無『伏尺』二字。」

▲詒讓案：「伏」疑即上文之「密」，二字音近，如宓羲「宓」或作「伏」。顏之推《家訓‧書證》篇，謂俗作「密」是其例。

10 注 畢云：「『傅』，舊作『付』，以意改。」

11 注 畢云：「舊作『內予』，以意改。」

12 注 此疑即後文所謂「短矛」。

13 注 未詳。畢云：「舊凡『矛』字作『予』，俱以意改。」

14 注 「內」，亦當為「穴」。

15 注 謂穴高則用長矛。

16 注 《六韜．軍用》篇亦有環利鐵鎖，然其義未詳。

鑿井城上，[1]俟亓身井且通，[2]居版上，[3]而鑿亓一徧，[4]已而移版，鑿一徧。頡皋爲兩夫，[5]而旁貍亓植，而數鉤亓兩端。[6]諸作穴者五十人，男女相半。[7]五十人。[8]攻內爲傳士之口，受六參，[9]約枲繩以牛亓下，可提而與投，[10]已則穴七人守退壘之中，爲大廡一，藏穴具亓中。[11]難穴，[12]取城外池脣木月散之什，[13]斬亓穴，[14]深到泉。[15]難近穴，爲鐵鈇。[16]金與扶林長四尺，[17]財自足。[18]客即穴，[19]亦穴而應之。

1 注 疑亦當為「下」，詳前。

2 注 王云：「『身』者，『穿』之壞字也。隸書『身』字或作『耳』，見〈漢處士嚴發殘碑〉，與『穿』字下半相似而誤。」

3 注 畢云：「居，同『倨』。」

▲案：疑當如字，畢說未塙。

4 注 「偏」之借字，畢以意改「偏」，非，下同。

5 注 亦同「趺」。

6 注 「數鉤」義難通，吳鈔本「數」作「敷」，疑當讀為「傅」。謂傅著鉤於頡皋之兩端也。「亓」，舊本作「其」，吳本作「亦」，蓋當為「亓」，今校正。

7 注 自「斬艾與柴長尺」至此，三百九十四字，並從〈備城門〉篇移此。

8 注 此三字上下文義不屬，蓋即上文「作穴者五十人」之賸字。今本上文錯入〈備城門〉篇，惟此三字尚未刪去耳。

9 注 蘇云：「『士』當作『土』，『口』字誤。蓋言器之盛土者。」

▲詒讓案：「內」亦當為「穴」之誤，「傳」疑當為「傅」，〈備城門〉篇云「比傅薪土」。又或當作「持」，此書凡言容儲物，多云持。〈備城門〉篇云「持水」、「持沙」，此下文云「持罌」、「持醯」，皆是也。〈備城門〉文舊本錯入此篇者，「持水」字又譌作「傳火」，竊疑此「傳士」亦當為「持土」之譌。「參」疑當為「絫」，形近而誤。〈備城門〉篇「參石」即「礧石」，可證。彼篇又云：「五步一壘」，〈備蛾傅〉篇云：「土五步一，毋下二十畾。」「絫」、「畾」、「壘」、「藟」並即「虆」之叚字，虆，盛土籠，亦詳〈備城門〉篇。

10 注 蘇云：「枲繩，麻繩也。『牛』義未詳，疑『絆』字之誤。『與』當作『舉』。」

11 注 蘇云：「廡，古文『甒』。見《儀禮》注。《方言》云：『罌，周魏之閒謂之甒』。」

12 注 「難」當為「蕲」，二字形近，古書多互譌，詳〈耕柱〉及〈經下〉篇下並同。

13 注 疑當作「取城外池脣木瓦散之外」。「瓦」、「月」，「外」、「什」，形近而誤。

14 注 當作「塹亓內」。上文云：「急塹城內」是也。斬，即「塹」之省。「內」、「穴」亦形之誤。

15 注 「泉」，舊本誤作「界」，王引之云：「『界』字文義不明，『界』當為『泉』。〈備城門〉篇『下地得泉三尺而止』，是其證。隸書『泉』字或作『臬』，見〈漢部陽令曹全碑〉，『界』字作『𤰞』，見〈衛尉卿衡方碑〉。二形相似而誤。」

▲案：王說是也，今據正。

16 注 《說文．金部》云：「鈇，莝斫刀也。」

17 注 「扶林」疑當作「鈇枋」。「枋」、「柄」通。《周禮．太宰》「八柄」，《外史》作「枋」。

18 注 「財」，舊本誤「則」，據《道藏》本、吴鈔本正。《史記．孝文紀》「見馬遺財足」，《索隱》云：「『財』字與『纔』同。」《漢書．揚雄傳》「財足以奉郊廟」，顏注云：「『財』讀為『纔』，同」。《管子．度地》篇云：「率部校長、官佐財足」。財自足，數適足不過多也。

19 注 《漢書．西南夷傳》顏注云：「即，若也。」畢云：「即，就也」，非。

爲鐵鉤鉅長四尺者，財自足，[1]穴徹，[2]以鉤客穴者。[3]爲短矛、[4]短戟、短弩、宔矢，5財自足，穴徹以鬬。6以金劍爲難，7長五尺，8爲鋻、9木杘；10杘有慮枚，11以左客穴。12

1 注 「鉅」與「距」通。《荀子．議兵》篇所謂「宛鉅」。

2 注 蘇云：「徹，通也。」

▲案：蘇說是也。畢讀「穴」上屬，云：「鑱與穴等也」，非。

3 注 蘇云：「此言鐵鉤之用。」

4 注 「短」，《道藏》本作「距」，誤。

5 注 䖪矢，蓋亦短矢也。《方言》云：「箭，其三鐮長尺六者，謂之飛䖪」，郭注云：「此謂今射箭也」。《文選．閒居賦》「激矢䖪飛」，李注引《東觀漢記》「光武作飛䖪箭以攻赤眉」。《廣雅．釋器》云：「飛蝱，箭也。」此「䖪矢」，疑亦即「飛䖪」也。

6 注 蘇云：「矛、戟、弩、矢，所以鬬。」

7 注 此義難通，疑當作「斲以金為斱」。「斲」俗書或作「剅」，前〈魯問〉篇又譌作「劉」。《說文．刃部》「劍」籀文作「劒」，二形相近。「斱」譌「難」，與前同。《說文．斤部》云：「斲，斫也。」「斫，擊也。」《爾雅．釋器》云：「斫，謂之鐯。」「斱」即「鐯」之俗，詳〈經下〉篇。「鐯」、「斫」音義同，此云：「斲以金為斱」，即謂以鋼為斫也。斲，其器之名，斱，即斫，指其刃之首，故以金為之。後云

「斧金為斫」，與此文例同，惟脫「以」字耳。凡斧斤之刃，以擊伐為用，故通謂之斫矣。

8 注 蓋并刃及杘之度。後斧長三尺，亦并杘計之，是其例。

9 注 畢云：「《說文》云：『銎，斤斧穿也。』案經典文，凡以穿為孔者，此字假音。」

10 注 《廣雅．釋詁》云：「杘，柄也。」畢云：「《說文》云：『杘，篗木柄也。』《玉篇》：『丑利切。』」

11 注 「慮」，疑「鑢」之省。《說文．金部》云：「鑢，錯銅鐵也。」謂於木柄為齒，若鑢錯。枚，未詳，又疑「慮枚」當作「鹿盧收」，見〈備高臨〉篇。

12 注 「左」、「佐」古今字。「左」下疑脫一字。

戒持罌，容三十斗以上，[1]貍穴中，[2]丈一，[3]以聽穴者聲。

1 注 畢云：「『容』舊作『客』，以意改。」

▲詒讓案：上文錯入〈備城門〉篇者，云：「令陶者為罌，容四十斗以上。」「斗」舊本譌「斤」，王云：「『斤』當為『斗』，隸書『斗』字或作『什』，因譌而為『斤』。」

▲案：王校是也，今據正。

2 注 畢云：「『貍』舊作『狸』，以意改。」

3 注 上文說為罌置井中，井五步一，又云「三丈一」。三丈即五步也。此云「丈一」，與彼不合，疑「丈」上當有「三」字，而傳寫脫之。

為穴，高八尺，廣，[1]善為傅置。[2]具全牛交槀，[3]皮及⿰土去，[4]衛穴二，蓋陳靃及艾，[5]穴徹熏之以。[6]

1 注 「廣」下疑脫尺數。

2 注 疑當作「善為傅埴」，即上文云「善周塗其傅柱者」之義。

3 注 畢云：「疑『茭藁』。」

▲案：畢校非也。「具全牛交槀」，疑當作「具鑪牛皮槖」。上云：「具鑪槖，槖以牛皮」，「槖」亦並誤作「槀」。此「全」，即「鑪」字偏旁「金」形之誤。「皮」與「交」形亦相近。

4 注 疑當作「及瓦缶」，「缶」、「去」形近，俗書或增益偏旁作「⿰土缶」，又譌作「⿰土去」，遂不可通。上文云：「鑪有兩瓨。」

5 注 畢云：「鄭君注〈公食大夫禮〉云：『藿，豆葉也。』《說文》云：『藿，赤之少也。』少言始生之葉。『靃』省文。」

▲詒讓案：「蓋」當為「益」，此書「益」字多譌為「蓋」，詳〈非命〉篇。「益陳靃及艾」，言多具此二物

也。蘇云：「『蓋』，當如上文『戒持罌』之『戒』，令也」，失之。

6 注 吳鈔本無「以」字。

▲案：此當作「以熏之」，今本誤移「以」字著「熏」之下，校者遂疑為衍文而刪之耳。上文說「鐵鉤鉅」云「穴徹以鉤客穴者」。又說「短矛」等云「穴徹以鬭」，並與此文例同。可以互證。

斧金爲斫，[1]杘長三尺，[2]衛穴四。爲壘，[3]衛穴四十，屬四。[4]爲斤、斧、鋸、鑿、鑺，[5]財自足。爲鐵校，衛穴四。[6]

1 注 「斧」下，疑當有「以」字。「斫」亦即斧刃。

2 注 《考工記》：「車人為車，柯長三尺，博三寸，厚一寸有半，五分其長，以其一為之首。」鄭注云：「謂今剛關頭斧，柯其柄也。」

▲案：此「杘」即「柯」，斫即首也。杘長三尺，與彼制同。《六韜．軍用》篇亦云：「伐木大斧，重八斤，柄長三尺以上。」

3 注 疑當為「蘲」，見〈備城門〉篇。

4 注 屬，「斸」之省，即〈備城門〉篇之居屬。

5 注 吳鈔本作「钁」。畢云：「《說文》云：『钁，大鉏也。』《玉篇》云：『居縛切。鋤钁。』」

▲案：《六韜．軍用》篇云：「棨钁刃廣六寸，柄長五尺以上，三百枚。」但「鑺」似與「钁」不同，畢說未塙。《玉篇．金部》云：「鑺，局虞切，軍器也。」《說文新附》亦有此字。鈕樹玉謂《書．顧命》「一人冕執瞿」，孔《傳》「瞿，戟屬」，「瞿」即「鑺」。但此「鑺」與「鑿」類舉，似非〈顧命〉之「瞿」，疑即《韓詩》之「銶」。「鑺」、「銶」一聲之轉。《詩．豳風．破斧》，《毛詩傳》云：「鑿屬曰錡，木屬曰銶」，《釋文》引《韓詩》云：「銶，鑿屬也」。

6 注 《說文．木部》云：「校，木囚也。」《周易集解》引虞翻云：「校者，以木絞校者也。」鐵校，蓋鑄鐵為闌校以禦敵，〈備蛾傳〉篇有「校機」，疑即此。

爲中櫓，高十丈半，廣四尺。[1]爲橫穴八櫓，[2]蓋具稿枲，財自足，以燭穴中。[3]

1 注 十丈半於度太高，疑「丈」當作為「尺」，〈備城門〉篇云「百步為櫓，櫓廣四尺，高八尺」，廣與此同，而高差二尺半，彼蓋小櫓與？

2 注 疑當作「大櫓」，《六韜．軍用》篇有大櫓、小櫓，下疑有脫文。

3 注 「蓋」，當亦「益」之誤。《道藏》本作「葢」，則疑「葢」之譌，屬上「櫓葢」為句，亦通。蘇云：「稿枲可然以為燭。」

蓋持醞，[1]客即熏，以救目，救目分方鼜穴，[2]以益盛醞，置穴中，[3]文盆毋少四斗。[4]

即熏，以自臨醞上[5]及以沺目。[6]

1 注 蘇云：「據文義當作『戒持醞』，『醞』或『醯』字之訛。」俞云：「『醞』疑『醯』之壞字。」

▲詒讓案：此亦當作「益持醯」，蘇改「蓋」為「戒」，非。《廣韻．十二齊》云：「醯，俗作醘。」此「醞」即「醘」之誤，下並同。醘蓋可以禦煙，《春秋繁露．郊語》篇云：「人之言醯去煙。」今本《繁露》「醯」作「醞」，亦字之誤。

2 注 畢云：「『鼜』即『鼓』。」蘇云：「疑『鑿』字之訛。」

3 注 蘇云：「『益』，疑『盆』字之訛。」

4 注 「文」，《道藏》本、吳鈔本作「丈」，今案當作「大」。

5 注 「自」當為「目」。

6 注 畢云：「《玉篇》云：『沺，大水也』，未詳。」俞云：「『沺』疑『油』之壞字。」

▲詒讓案：「沺」當為「洒」。《說文．水部》云：「洒，滌也」，〈西部〉籀文「西」作「卤」，故譌作「田」形。「洒目」即以救目也。

備蛾傳第六十三[1]

1 注 前〈備城門〉篇「蛾」作「蟻」，俗「螘」字。《孫子·謀攻》篇作「蟻附」，曹注云：「使士卒緣城而上，如蟻之緣牆。」《周書·大明武》篇云：「俄傳器櫓」，「俄」亦「蛾」之誤。畢云：「『蛾』同『螘』。《說文》云『螘，蚍蜉也』；『蛾，羅也』。又云『䖸，蠶化飛蟲也』。經典多借為『螘』者，音相近耳。『傳』亦『附』字假音。」

禽子再拜再拜曰：「敢問適人強弱，遂以傳城，後上先斷，[1]以爲淿程，[2]斬城爲基，[3]掘下爲室，前上不止，[4]後射既疾，[5]爲之柰何？」子墨子曰：「子問蛾傳之守邪？蛾傳者，將之忿者也。[6]守爲行臨射之，[7]校機藉之，[8]擢之，[9]太氾迫之，[10]燒荅覆之，沙石雨之，然則蛾傳之攻敗矣。

1 注 王云：「斷，斬也。〈號令〉篇曰『不從令者斷，擅出令者斷，失令者斷。』」

2 注 畢云：「『城』、『程』為韻。」王云：「『淿』者『法』之誤。言敵人蛾附登城，後上者則斷之，以此為法程也。《呂氏春秋·慎行》篇曰『後世以為法程』，《說苑·至公》篇曰『犯國法程』。《漢書·賈誼傳》曰『後可以為萬世法程』。篆書『去』字作『[illegible]』，『缶』字作『[illegible]』，二形相似。隸書『去』字作『[illegible]』，『缶』字作『[illegible]』，亦相似，故從『去』從『缶』之字，傳寫多誤。」

▲案：王說是也。「[illegible]」即俗「法」字。〈隋鄧州舍利塔銘〉，「法」作「[illegible]」，與「[illegible]」略同。《呂覽》高注云：「程，度也。」

3 注 斬，「塹」之省，或云「鏨」之省。《說文．金部》云：「鏨，小鑿也。」

4 注 畢云：「『上』舊作『止』，以意改。」

5 注 畢云：「『室』、『疾』為韻。」

6 注 「忿」，舊本作「忽」。洪云：「《孫子．謀攻》篇『將不勝其忿，而蟻附之』，『蛾傳』即『蟻附』。《禮記》『蛾子時術之』，《釋文》『本或作蟻』，古字通用。『忽』即『忿』字之譌。」

▲案：洪校是也，今據正。

7 注 即「高臨」，詳前。

8 注 〈備穴〉篇有「鐵校」，亦詳〈備高臨〉篇。

9 注 舊本「擢」作「攫」，今據《道藏》本、吳鈔本正。《說文．手部》云：「擢，引也」，「攫，爪持也。」審校文義，當以作「擢」為正。

10 注 「太氾」，當為「火湯」。〈備梯〉篇云：「薪火水湯以濟之。」

備蛾傅爲縣脾，[1]以木板厚二寸，前後三尺，旁廣五尺，高五尺，而折爲下磨車，[2]轉徑尺六寸。[3]令一人操二丈四方，[4]刃其兩端，居縣脾中，以鐵璅[5]敷縣，二脾上衡，[6]爲之機，令有力四人下上之，弗離。[7]施縣脾，大數二十步一，攻隊所在六步一。[8]

1 注 畢云：「疑『陴』字。」

2 注 「磨」，當為「磿」。《周禮．遂師》鄭衆注云：「抱磿，磿下車也」，當即此「下磿車」，亦即〈備高臨〉篇之「磿鹿」。蓋縣重物為機，以利其上下，皆用此車。故《周禮》王葬以下棺，此下縣陴亦用之。下云：「為之機」，亦即此也。

3 注 蘇云：「『轉』當作『輪』。」

▲詒讓案：圜徑尺六寸，則其周四尺八寸強。

4 注 畢云：「疑『矛』字。」

▲案：畢校是也。《考工記．廬人》云：「夷矛三尋」，鄭注云：「八尺曰尋。」此即夷矛也。

5 注 吳鈔本作「瑣」。「鐵璅」見前。畢云：「《說文》無『鎖』字，此『璅』與『瑣』，皆無鎖鑰之義，古字少，故借音用之。」

6 注 「敷」、「傅」通。謂鐵璅傅著縣，繫縣脾之上衡也。「二」，疑當為「縣」之重文。蘇云：「『二』字誤衍」，未塙。

7 注 「離」，舊本作「難」。俞云：「『難』乃『離』字之誤。〈備城門〉篇『突一穷以二橐守之，弗離』；〈備穴〉篇『令一善射之者佐一人，皆弗離』，並其證。」

▲案：俞校是也，今據正。

8 注 蘇云：「此言設縣脾多寡之數，蓋疏數視敵為之。」

為纍，[1]苔廣從丈各二尺，[2]以木為上衡，以麻索大徧之，[3]染其索塗中，為鐵鎖鏁，[4]鉤其兩端之縣。[5]客則蛾傳城，燒苔以覆之，連筳、[6]抄大皆救之。[7]以車兩走，[8]軸閒廣大以圉，[9]犯之。[10]融其兩端。[11]以束輪，[12]徧徧塗其上。[13]室中以榆若蒸，[14]以棘為穷，命曰火捽，一曰傳湯，以當隊。客則乘隊，燒傳湯，斬維而下之，[15]令勇士隨而擊之，以為勇士前行。[16]

1 注 畢云：「當為『壘』。」

2 注 王引之云：「從，音『縱橫』之『縱』。廣從丈各二尺，義不可通，『丈各』當為『各丈』，言苔之廣從各丈二尺也。」蘇說同。

▲案：王校是也，下文云：「荅廣丈二尺。」

3 注 疑當作「以大麻索編之」。

4 注 畢云：「據上文當為『⿰王巢』，《玉篇》云『「鏁」俗』。」

5 注 《六韜．軍用》篇云：「環利鐵鎖，長二丈以上，千二百枚。環利大通索，大四寸，長四寸以上，六百枚。」

6 注 畢云：「義未詳。」

7 注 「抄大」，當作「沙火」。

8 注 即〈備城門〉篇之「轀」也。「車兩走」即兩輪，此及前〈備穴〉篇並以車兩輪為兩走。〈備突〉篇云：「吏主塞突門，用車兩輪，以木束之，塗其上。」

9 注 疑當作「圍」。

10 注 有誤脫。

11 注 畢云：「⿰鹵虫，未詳。《廣雅》有『⿰矛鹵』字，云『大也』，疑此即『矝』異文。」

▲案：畢說非也。「⿰鹵虫」疑當為「⿰矛虫」之變體，《廣雅．釋詁》云：「⿰矛虫，刺也。」《玉篇．矛部》云：「⿰矛虫，刺矛也。」經典从「矛」字或變从「鹵」。《爾雅．釋詁》「矝，苦也。」《釋文》「矝」作「⿰鹵令」，是其例也。「⿰鹵虫其兩端」猶上云：「二丈四矛，刃其兩端」矣。

12 注 以下疑脫「木」字。

13 注 蘇云：「『偏』字誤重。」

▲詒讓案：下「偏」字疑當作「編」，上云「以麻索編之，染其索塗中。」

14 注 「室」，讀為「窒」。〈備城門〉篇云「室以樵，可燒之以待敵」，「窒」亦作「室」。《說文．艸部》云：「蒸，析麻中榦也。」《周禮．甸師》鄭注云：「木大曰薪，小曰蒸。」

15 注 王引之云：「『燒傳湯』三字，義不相屬。『燒』下當有『荅』字，而今本脫之。上文兩言『燒荅』，是其證。〈備城門〉篇『城上二步一荅』。」

▲案：傳湯，即以車兩走所作械名，自可燒，不必增「荅」也，王校未塙。〈備突〉篇說輪轀並云：「維置之」，故必斬維乃可下也。

16 注 當作「以勇士為前行」，〈號令〉篇云「以勇敢為前行」，可證。

城上輒塞壞城。城下足爲下說鑱杙，長五尺，[1]大圉半以上，[2]皆剡其末，爲五行，行閒廣三尺，貍三尺，大耳樹之。[3]

1 注 「說」，當作「銳」，同聲叚借字。《說文．金部》云：「鑱，銳也」。「杙」舊本作「找」，王引之云：「『找』，當為『杙』。〈備城門〉篇曰『杙閒六寸，剡其末』，此亦云『剡其末為五行，行閒廣三尺』，故知『找』為『杙』之譌。」

▲案：王校是也，蘇說同，今據正。

2 注 《六韜·軍用》篇云：「委環鐵杙，長三尺以上，三百枚。」畢云：「『圉』疑『圍』。」

3 注 「大耳」，疑「犬牙」之誤，見〈備城門〉篇。

爲連殳，長五尺，[1]大十尺。[2]梃長二尺，[3]大六寸，索長二尺。[4]椎，柄長六尺，首長尺五寸。[5]斧，柄長六尺，[6]刃必利，皆葬[7]其一後。[8]荅廣丈二尺，□□丈六尺，垂前衡四寸，兩端接尺相覆，勿令魚鱗三，[9]著其後行。[10]中央木繩一，[11]長二丈六尺。荅樓不會者以牒塞，[12]數暴乾，[13]荅爲格，令風上下。[14]堞惡疑壞者，[15]先貍木十尺一枚一，[16]節壞，[17]鄧植以押慮盧薄於木，[18]盧薄[19]表八尺，[20]廣七寸，經尺一，[21]數施一擊而下之，[22]爲上下釫而斵之。[23]

1 注 《說文·殳部》云：「殳，以杖殊人也。禮，殳以積竹，八觚，長丈二尺，建於兵車，旅賁以先驅。」

2 注 殳不得大至丈，必有誤，疑「大十」當作「大寸」，「十」即「寸」之譌。「尺」當為「大」，屬下讀。〈備城門〉篇有「大梃」，即此。

3 注 畢云：「梃，舊俱从『手』，以意改。」

4 注 即〈備城門〉篇之「連梃」。凡連殳、連梃，蓋皆以索係連之。

5 注 〈備城門〉篇「長椎長六尺，頭長尺」。

6 注 《御覽．兵部》引〈備衝法〉「用斧長六尺」，亦與此同。〈備城門〉篇「長斧柄長八尺」，此短二尺，與彼異。

7 注 字書無「⿱艹羿」字，疑當作「皆築」，見〈備城門〉篇。

8 注 未詳。

9 注 蘇云：「〈襍守〉云『入柴勿積魚鱗簪』，畢注：『疑「槮」字叚音』。竊謂此處『三』字亦『槮』字假音也。」

▲案：蘇說是也。言為荅之法，以本兩端相銜接，以尺為度，不可鱗次不相覆也。

10 注 前有「前衡」，此疑當作「後衡」。上下文有前行，與此義似不同。

11 注 「木」，疑當作「大」。

12 注 蘇云：「會，猶合也。『牒』當為『堞』。」

13 注 畢云：「《說文》云：『暴，晞也』。」

▲案：《說文．片部》云：「牒，札也。」《廣雅．釋器》云：「牒，版也」。謂以版塞壁隙，蘇說非。

14 注 此亦未詳其義。

15 注 疑壞，謂未壞而疑其將壞也。

16 注 此字疑衍。

17 注 當作「即壞」。

18 注 畢云：「〈唐大周長安三年石刻〉云『爰雕爰鄧』，即『斲』字。『慮』字衍文。」

▲案：「押」未詳，「慮」即「盧」字之誤衍，畢校得之。

19 注 《漢書．王莽傳》「為銅薄櫨」，顏注云：「柱上枅也。」畢云：「《說文》云：『櫨，柱上柎也』，『欂，壁柱。』」

20 注 「表」，疑「袤」之誤。蘇云：「『表』當作『長』」，非。

21 注 蘇云：「『經』、『徑』同。」

▲詒讓案：疑當作「徑一尺」。

22 注 「擊」，疑即桔槔之「桔」，詳〈備城門〉篇。「下之」，疑當作「上下之」，桔皋可上下也。

23 注 畢云：「《說文》云：『茉，兩刃臿也，或从金，从于。』《玉篇》云：『釫同鏵，鏵，鍫也，胡瓜切』。」

經一。[1]鈞、[2]禾樓、[3]羅石。[4]縣荅植內，毋植外。[5]

1 注 疑當作「徑一尺」。

2 注 疑當作「鉤」，上疑有脫字。

3 注 「禾」疑當作「木」，〈備城門〉篇有「木樓」。

4 注 「羅」疑當作「絫」，聲之轉。「絫石」即「礧石」，見〈備城門〉篇。

5 注 謂縣於荅樓之內也。〈備城門〉篇云「樓四植」，植即柱也。

杜格，貍四尺，[1]高者十尺，木長短相雜，兌其上，[2]而外內厚塗之。[3]

1 注 「杜格」義難通，疑當作「柞格」。《國語．魯語》云：「設穽鄂」，韋注云：「阱，柞格也」。「柞」、「杜」形近而誤。《周禮．雍氏》鄭注云：「擭，柞鄂也」。《莊子．駢拇》篇云：「削格羅落罝罘之知多，則獸亂於澤矣」，《釋文》引李頤云：「削格所以施羅網也」。柞格、柞鄂，削格，蓋皆穽擭之名。〈旗幟〉篇有「牲格」，疑即此。

2 注 蘇云：「『兌』同『銳』。」

3 注 蘇云：「『外內』疑當作『內外』，或作『外向』。」

▲案：「外內」無誤。

爲前行行棧、[1]縣荅。隅爲樓，樓必曲裏。[2]土，五步一，毋其二十畾。[3]爵穴十尺一，[4]下堞三尺，廣其外。[5]轉䏿城上，[6]樓及散與池[7]革盆。[8]若轉，[9]攻卒擊其後，煖失，治。[10]車革火。[11]

1 注 見〈備城門〉篇。

2 注 吳鈔本作「禮」，蘇屬下「土」讀，云：「『曲裏土』，疑『再重』二字之誤。〈備穴〉云『為再重樓』是也。」

▲案：「曲裏」，即「再重」之譌，說詳〈備城門〉篇。「土」當屬下讀。

3 注 畢云：「『桼』字。」

▲詒讓案：土五步一，蓋謂積土也。「毋其二十畾」，疑當作「毋下二十畾」，此書「其」字多作「亓」，與「下」形近，故互譌。「畾」讀為《孟子》「虆梩」之「虆」，古字通用，盛土籠也。見〈備城門〉篇。

4 注 爵穴，制詳〈備城門〉篇。

5 注 「堞」，舊本譌「壤」，吳鈔本又譌「壞」。蘇云：「『壤』當作『堞』，見〈備城門〉篇。」

▲案：蘇校是也，今據正。

6 注 畢云：「『䏿』即『傅』字。」

▲詒讓案：字書無「踊」字，與「傳」形聲並遠，未詳其說。

7 注 「散」，疑當作「殺」。

8 注 見〈備城門〉篇。

9 注 疑當作「若傳」，謂敵傳城也。

10 注 「煖」當為「緩」，言不急擊敵，則以法治之。

11 注 未詳。此數語與上下文義不相屬，疑有譌脫。

凡殺蛾傳而攻者之法，置薄城外，[1]去城十尺，薄厚十尺。伐操之法，[2]大小盡木斷之，以十尺爲斷，離而深貍堅築之，毋使可拔。

1 注 蓋於城外植木為藩蔽。「薄」，〈備梯〉篇作「裾」，「裾」當為「椐」之誤。畢云：「『薄』疑即『欂』字，所謂壁柱。」黃紹箕云：「《說文．艸部》『薄，林薄也，一曰蠶薄』。《荀子．禮論》篇楊倞注云『薄器，竹葦之器』。此書所云椐，蓋即編木為藩杝。『椐』為『古』聲孳生字，『薄』為『甫』聲孳生字，二字同部，聲近義同。」

▲案：黃說是也，亦詳前〈備城門〉篇，畢說失之。

2 注 畢云：「『操』當為『薄』。」

二十步一殺，有𡒊，[1]厚十尺。[2]殺有兩門，門廣五步，[3]薄門板梯貍之，勿築，[4]令易拔。城上希薄門而置搗。[5]

1 注 當作「鬲」。畢云：「《方言》云：『𨗥，虞望也』，郭璞注云：『今云烽火是也。』此从『土』，俗寫耳。《說文》、《玉篇》無此字。」

▲案：畢說非是。

2 注 畢云：「〈備梯〉云『殺有一鬲，鬲厚十尺』。」

3 注 畢云：「舊脫一『門』字，據〈備梯〉增。『步』，〈備梯〉作『尺』。」

▲詒讓案：門不當有三丈之廣，當从「尺」為是。

4 注 畢云：「舊脫『勿』字，據〈備梯〉增。」

5 注 王引之云：「『搗』字義不可通，『搗』當為『楬』字之誤也。楬，杙也。『希』與『晞』同，望也。言望薄門而立杙也。〈備梯〉篇『置楬』作『直桀』。『置』、『直』，『楬』、『桀』並通。《廣雅》『楬，杙也』。《爾雅》『雞棲於弋為桀』。」

縣火，四尺一椅，[1]五步一竈，竈門有爐炭。傳令敵人盡入，[2]車火燒門，[3]縣火次之，出載而立，[4]其廣終隊，兩載之間一火，皆立而待鼓音而然，[5]即俱發之。敵人辟火而復攻，[6]縣火復下，敵人甚病。

1 注 當作「樴」，畢云：「《備梯》作『鉤樴』。」

2 注 畢云：「舊作『人』，以意改。」

3 注 「車」，《備梯》篇作「煇」，此疑「熏」之誤，詳《備城門》篇。

4 注 畢云：「舊脫『出』字，據《備梯》增。」

5 注 畢云：「『待』，舊作『侍』，以意改。」

▲詒讓案：舊本作「燃」俗字，今據吳鈔本正。蘇讀「待」字句，云：「『鼓音』上當有『聽』字」，非。

6 注 《小爾雅．廣言》云：「辟，除也。」此謂敵人屏除所發之火，復從舊隧而來攻，故下云「縣火復下」也。《備梯》篇作「除火」，與此義正同。王引之讀「辟」為「避」，蘇讀同，並非。

敵引哭而榆，[1]則令吾死士左右出穴門擊遺師，[2]令賁士、主將皆聽城鼓之音而出，[3]又聽城鼓之音而入。因素出兵將施伏，[4]夜半，而城上四面鼓噪，敵人必或，[5]破軍殺將。以白衣爲服，[6]以號相得。

1 注 「榆」，畢本作「去」，云：「舊作『榆』，音之譌，據〈備梯〉改，〈備梯〉多有微異。」俞云：「『哭』，當作『師』。《說文·帀部》『師』，古文作『𠦝』，形與『哭』相似，故『師』誤為『哭』也。」

▲案：俞說近是。「榆」、「去」音不甚近，疑當為「逃」之借字，古「兆」聲、「俞」聲，字多互通，如《詩·小雅·鹿鳴》「示民不恌」，毛《傳》云：「恌，偷也」，可證。

2 注 「遺」當作為「遁」，蘇謂「潰」之誤，亦通。

3 注 「賁士」即「奔士」也，王引之謂「賁」當作「者」，即「諸」之省，未塙，詳〈備梯〉篇。

4 注 蘇云：「『素』當作『數』。」

▲案：「素」不誤，詳〈備梯〉篇。

5 注 畢云：「『人』，舊作『之』，據〈備梯〉改。『或』與『惑』同。」

6 注 畢云：「舊脫『白』字，據〈備梯〉增。」

卷十五

題解

此為《墨子》書最後一卷，包括：〈迎敵祠〉、〈旗幟〉、〈號令〉、〈襍守〉四篇，皆為墨家守城之軍事思想，〈迎敵祠〉是在對戰前精神信仰上的準備工作，凝聚信心，描述迎敵前的宗教祭祀活動。由於敵人可能從不同的方位進攻，因此，東、南、西、北各方立壇迎神的方式、祭品、服裝、誓師形式等皆有所不同，亦皆有應變之道，屬於軍事思想中的心理建設。此外，也論及如何充分運用人力、物力的方法。

〈旗幟〉篇之「幟」有認為是「織」、「識」、「職」者，然唐本即為「幟」，且相承已久，不改為宜。該篇敘述攻防戰爭進行中，人聲、鼓聲鼎沸，城上、城下溝通困難，因此利用守城軍隊的旗幟來代表前線所需要的物資、武器等等。此外，敵軍步步進逼，為使防守各要塞的守軍了解敵人的動態，可以透過鼓聲的變化，搭配旗幟的轉換，使全軍了解敵人的動態，而能團結一致，發揮最高戰力。

〈號令〉篇的內容在處理守軍內部的紀律、軍法、獎懲辦法，人員佈防和處理上下關係的原則方法，內容篇幅頗長，強調地利、人力的運用，充分的事先準備，當戰爭爆發時，守城者的戰略是要以快速的方式痛擊敵人，提出一種積極的防禦思想。

〈襍守〉篇針對敵方人多勢衆，並且十分勇猛，以堆積土石築成高臺、土山，居高臨下之勢的攻城態勢，墨子提出要如何對應的方法。此外，也涉及城防的工程設施、徵集民財的措施、疏散民眾的方式，烽火的使用與管理，食物的儲存、節約口糧以發揮最大戰力。最後，墨子提出了五種難以防守的情況：其一，城太大而守城人數少；其二，城太小而城內軍民卻太多；其三，人雖然多但是糧食不夠；其四，市集離城太遠；其五，儲備屯積的守城物資在城外，富裕的百姓也不在城中。這五種情況任何一種出現，都將不利於防守。由此可以看出墨子的守禦思想，關涉到戰場上許多細微的層面，人、事、時、地、物各種因素，以及人的精神狀態與物質需要都考慮得十分仔細。

迎敵祠第六十八

敵以東方來，迎之東壇，壇高八尺，[1]堂密八。[2]年八十者八人，主祭青旗。青神長八尺者八，弩八，八發而止。將服必青，其牲以雞。[3]敵以南方來，迎之南壇，壇高七尺，[4]堂密七，年七十者七人，主祭赤旗。赤神長七尺者七。弩七，七發而止。將服必赤，其牲以狗。[5]敵以西方來，迎之西壇，壇高九尺，[6]堂密九。年九十者九人，主祭白旗。素神長九尺者九，弩九，九發而止。將服必白，其牲以羊。[7]敵以北方來，迎之北壇，壇高六尺，[8]堂密六。年六十者六人，主祭黑旗。黑神長六尺者六，弩六，六發而止。將服必黑，其牲以彘。[9]從外宅諸名大祠，[10]靈巫或禱焉，給禱牲。

1 注 〈月令〉鄭注云：「木，生數三，成數八。」

2 注 蓋堂為多角形。《爾雅．釋山》云：「山如堂者，密」。郭注引《尸子》云：「不知堂密之有美樅」。俞云：「『密』字無義，疑當作『突』。《說文．穴部》『突，深也』，謂堂深八尺也。不言尺者，蒙上而省。『突』、『密』相似，因誤為『密』矣，下竝同。」

3 注 〈月令〉注云：「雞，木畜。」

4 注 〈月令〉注云：「火，生數二，成數七。」

5 注 賈子《新書．胎教》篇：「青史氏記云：『南方其牲以狗，狗者，南方之牲也』。」此與彼合。〈月令〉「犬屬秋」，注云：「犬，金畜」。與此異。

6 注 〈月令〉注云：「金，生數四，成數九。」

7 注 《賈子》云：「西方其牲以羊，羊者，西方之牲也」，此與彼合。〈月令〉「羊屬夏」，注云：「羊，火畜」，與此異。

8 注 〈月令〉注云：「水，生數一，成數六。」

9 注 〈月令〉注云：「彘，水畜」。畢云：「已上與《黃帝兵法》說同，見《北堂書鈔》。」

▲詒讓案：《孔叢子・儒服》篇孔子高對信陵君問祈勝之禮，云：「先使之迎於適所從來之方為壇，祈克於五帝，衣服隨其方色，執事人數從其方之數，牲則用其方之牲」，即本此。

10 注 「從」當作「徙」，形近而誤。謂城外居宅及大祠，寇至，則徙其人及神主入內也。

凡望氣，有大將氣，[1]有小將氣，有往氣，有來氣，有敗氣，[2]能得明此者可知成敗、吉凶。舉巫、醫、卜有所，[3]長具藥，[4]宮之，[5]善爲舍。巫必近公社，必敬神之。巫、卜以請守，[6]守獨智巫、卜望氣之請而已。[7]其出入爲流言，驚駭恐吏民，謹微察之，[8]斷，罪不赦。[9]望氣舍近守官。[10]牧賢大夫及有方技者若工，弟之。[11]舉屠、酤者[12]置廚給事，弟之。[13]

1 注 茅坤本有「有中將氣」四字。

2 注 畢云：「今其法存《通典・兵・風雲氣候雜占》也。」

3 注 謂巫、醫、卜居各有所。或讀「有所長」句，亦通。

4 注 醫之長，掌具藥備用。

5 注 疑當作「宮養之」，今本脫「養」字。〈號令〉篇云：「守入城，先以候為始，得輒宮養之」，可證。

6 注 茅本「請」作「諸」。「守」上，當依王校增「報」字。

▲案：「巫卜」下，亦當有「望氣」二字。

7 注 《三略．中略》云：「禁巫祝不得為吏士卜問軍之吉凶。」舊本「氣」誤在「之」字下。畢云：「『智』、『知』同。言望氣之請唯告守獨知之。」王云：「『請』皆讀為『情』。《墨子》書通以『請』為『情』，此文當作『巫卜以請報守，守獨智巫卜望氣之請而已』。『智』與『知』同，言巫卜以情報守，巫卜望氣之情唯守獨知之而已，勿令他人知也。〈號令〉篇曰『巫、祝吏與望氣者必以善言告民，以請上報守，守獨知其請而已』，是其證。舊本脫『報』字，『氣之』二字又誤倒，則義不可通。」

▲案：王校是也，蘇校同，今據乙。

8 注 王云：「《說文》『覹，司也』。『司』今作『伺』，『覹』字亦作『微』。《史記．廉頗藺相如傳》曰『趙使人微捕，得李牧』，《漢書．游俠傳》『使人微知賊處』，師古曰：『微，伺問之也』。」

▲案：亦詳〈號令〉篇。

9 注 《說文．斤部》云：「斷，截也」，〈車部〉云：「斬，截也」，又〈首部〉云：「𩠐，截也」，三字同訓。此「斷」蓋即「𩠐」字，亦即「斬」也。《商子．賞刑》篇云：「晉文公斷顛頡之脊以徇。」

10 注 「官」，謂守所治官府，茅本作「宮」。

11 注 「牧」，當為「收」之誤。「工」謂百工。

12 注　蘇云：「酤，與『沽』通，賣酒也。」

13 注　畢云：「言次第居之，古『次第』字只作『弟』。」

▲案：「弟」疑當為「豑」之省，「豑」與「秩」同，言稟食之，畢說未允。

凡守城之法，縣師受事，[1]出葆，循溝防，築薦通塗，[2]脩城。百官共財，[3]百工即事，司馬視城脩卒伍。[4]設守門，[5]二人掌右閹，[6]二人掌左閹，[7]四人掌閉，百甲坐之。[8]城上步一甲、一戟，[9]其贊三人。[10]五步有五長，十步有什長，百步有百長，[11]旁有大率，[12]中有大將，[13]皆有司吏卒長。城上當階，有司守之，移中中處[14]澤急而奏之。[15]士皆有職。城之外，矢之所遝，[16]壞其墻，無以爲客菌。[17]三十里之內，薪、蒸、水皆入內。[18]狗、彘、豚、雞食其宎，[19]斂其骸以爲醢[20]腹，病者以起。[21]城之內薪蒸廬室，矢之所遝，[22]皆爲之涂菌。[23]令命昏緯狗纂馬掔緯。[24]靜夜聞鼓聲而譟，[25]所以閹客之氣也，[26]所以固民之意也，故時譟則民不疾矣。[27]

1 注　《周禮．地官》有縣師、上士二人，若有軍旅之戒，則受灋于司馬，以作其衆庶及馬牛車輦，會其車人之卒伍，使皆備旗、鼓、兵器，以帥而至，侯國蓋亦有此官，戰國時猶沿其制也。

2 注 薦，與「荐」通。《左．哀八年傳》「栫之以棘」，杜注云：「壅也。」《釋文》云：「栫，一作『荐』。」「築荐通塗」，謂壅塞通達之塗也。

3 注 蘇云：「『共』讀如『供』。」

4 注 吳鈔本「視」作「施」，「脩」作「修」。

5 注 蘇云：「『門』下疑脫一『閹』字。」

▲案：蘇說非。

6 注 舊本「二」誤「三」。俞云：「左右人數不應有異，疑『三人』是『二人』之誤。蓋門之啓閉，皆四人守之。啓則有左右之分，故曰『二人掌右閹，二人掌左閹』，及閉，則無左右之分，故止曰『四人掌閉』也。」

▲案：俞說是也，茅本正作「二人」，今據正。

7 注 閹，「闔」之借字，猶〈耕柱〉篇「商奄」作「商蓋」。《說文．門部》云：「闔，門扇也」。左右闔，即謂門左右扉。蘇讀「掌右、掌左」句，誤。

8 注 《左．文十二年傳》云：「裹糧坐甲。」《荀子．正論》篇云：「庶士介而坐道。」俞云：「『百』乃『皆』字之誤，言守門者皆甲而坐也。」

▲案：「百」字不誤，城下門百甲，城上步一甲，文正相對。

9 注 〈備城門〉篇云：「城上樓卒，率一步一人。」

10 注 《小爾雅．廣詁》云：「贊，佐也。」三人為甲戟士之佐，合之五人而分守五步，非一步有五人也。

11 注 即〈備城門〉篇之「帛尉」也。

12 注 即〈旗幟〉篇四面四門，及左右軍之將，分守四旁。

13 注 即〈旗幟〉篇中軍之將。

14 注 「移中」不可解，疑當為「多卒」之誤。蓋城上每步一甲，城下每門百甲，此外多餘者為多卒，猶言羨卒也。〈旗幟〉篇云：「多卒為雙兔之旗。」《商子．境內》篇云：「國尉分地，以中卒隨之。」

15 注 畢云：「言居中者澤急事奏之，『澤』當為『擇』。」俞云：「畢校是也，惟未解『奏』字之義。《史記．蕭相國世家》索隱曰『奏者，趨向之也』。擇急而奏之，謂有急則趨向也。」

16 注 「遝」，舊本作「還」，蘇云：「還，猶『至』也。」王云：「『還』當為『遝』，謂矢之所及也，下同。」

▲案：王校是也，今據正，說詳〈非攻下〉篇。

17 注 菌，猶言「翳」也，《周書．王會篇》有「菌鶴」，孔注云：「菌鶴可用為旌翳」，是「菌」有翳蔽之義。蘇云：「『菌』疑與『梱』義通，意言城外有墻，是令敵人得障蔽以避矢，宜急壞之。」

18 注 水無入內之理，當為「木」，上又脫「材」字。薪蒸，細木；材木，大木也。〈襍守〉篇云：「材木不能盡入者，燔之」，是其證。

19 注 畢云：「宍，『肉』字異文。《廣韻》云『肉，俗作宍』。」

20 注 《說文・酉部》云：「醢，肉醬也。」《爾雅・釋器》云：「肉謂之醢，有骨者謂之臡」。臡、醢亦通偁。

21 注 《呂氏春秋・直諫》篇，高注云：「起，興也」，謂病瘉而興起。但審校文意，似謂肉醢等當以養病者，則「病者」當為守圉受傷之人，不宜專舉腹病，此似有譌字。竊疑「腹」或當為「腝」，即「臡」之正字，屬上「醢腝」為句，於義較通也。

22 注 舊本亦作「還」，今據王校改。

23 注 蘇云：「涂菌所以避矢。『涂』、『塗』同。」

24 注 《後漢書・張衡傳》李注云：「纂，繫也。」《說文・手部》云：「掔，固也」，《大戴禮記・夏小正》「農緯厥耒」，傳云：「緯，束也」，言緯纂必堅固。蘇云：「緯，束也。掔，苦閑切，音慳，固也，又牽去也，與『牽』通。言夜必防閑狗馬，勿令驚逸。」

▲詒讓案：「掔」、「牽」古通，然此「掔」當讀如字，似無「牽」義。

25 注 畢云：「『譟』字異文。」

▲詒讓案：《周禮・大司馬》云：「鼓皆駴，車徒皆譟」，鄭注云：「譟，讙也。」

26 注 畢云：「閹，遏也。」

27 注 「凡守城之法」以下至此，疑他篇之文錯箸於此。

祝、史乃告於四望、山川、社稷，[1]先於戎，[2]乃退。公素服誓于太廟，曰：「其人爲不道，[3]不脩義詳，[4]唯乃是王，[5]曰：『予必懷亡爾社稷，[6]滅爾百姓。』二參子尚夜自廈，[7]以勤寡人，和心比力兼左右，各死而守。」[8]既誓，公乃退食。舍於中太廟之右，[9]祝、史舍于社。百官具御，乃斗[10]鼓于門，[11]右置旂、左置旌于隅練名。[12]射參發，告勝，五兵咸備，[13]乃下，出挨，[14]升望我郊。[15]乃命鼓，俄升，[16]役司馬射自門右，[17]蓬矢射之，茅參發，[18]弓弩繼之，校自門左，[19]先以揮，[20]木石繼之。祝、史、宗人告社，[21]覆之以甑。[22]

1 注 祝史，謂大祝、大史也。《周禮．大宗伯》鄭注云：「四望，五嶽、四鎮、四瀆。」

▲案：山川，蓋謂中小山川在竟內者。

2 注 「先於戎」，未詳。疑當作「先以戒」，下文云「先以揮」，文例同。

3 注 蘇云：「『其人』，疑當作『某人』。」

▲案：蘇校是也，《孔叢子》正作「某人不道」。

4 **注** 「脩」，吳鈔本作「修」。畢云：「『詳』、『祥』同。」

5 **注** 疑當作「唯力是正」。「力」、「乃」、「正」、「王」，形並相近。〈明鬼下〉篇云：「諸侯力正」。

6 **注** 蘇云：「『懷』，疑當作『壞』。」

▲案：「懷」猶言「思」也，似不誤。

7 **注** 畢云：「當為『厲』。」蘇云：「『參』即『三』，下『參發』義同。『尚』下當脫『夙』字，或『尚』即『夙』字之訛。」

▲詒讓案：《孔叢子》云：「二三子尚皆同心，比力死守」，與此略同。

8 **注** 「兼」下疑脫一字。畢云：「左右，助也。」

9 **注** 茅本「太」作「大」。中太廟，侯國太祖之廟也。《儀禮．聘禮》賈疏說諸侯廟制云：「太祖之廟居中，二昭居東，二穆居西，廟皆別門。」

10 **注** 畢云：「疑『刀斗』字。」

▲案：「斗」疑「升」之誤。下云：「乃下，出俟，升望我郊，乃命鼓，俄升」，此「乃升」與「乃下」，文正相對。公舍在太廟右，則「升」殆即格於廟與？

11 **注** 畢云：「『門』舊作『問』，以意改。」

▲詒讓案：《孔叢子》云：「乃大鼓於廟門，詔將帥命卒，習射三發，擊刺三行，告廟用兵於敵也」，依彼文

則上「斗」字當作「大」，未詳。

12 注 謂門左右隅，一置旂，一置旌也。畢讀「右」屬上「鼓於門」為句，誤。《說文·糸部》云：「練，湅繒也」。「名」、「銘」古今字。謂以練為旂旌之旒，而書名於上也。《爾雅·釋天》說旌旂云：「纁帛縿，練旒九」。《儀禮·士喪禮》云：「為銘各以其物，亡則以緇，長半幅，赬末長終幅，廣三寸，書名于末」，鄭注云：「銘，明旌也，今文銘皆為名。」《周禮·司勳》云：「銘書於王之大常」，是凡旌旗之屬，通謂之「銘」。此作「名」，與《禮》今文正同。《說文》亦無「銘」字。

13 注 五兵，詳〈節用上〉篇

14 注 畢云：「當為『侯』。」

15 注 侯國宮廟有門臺，故可升望國郊。

16 注 《公羊·桓二年》何注云：「俄者，謂須臾之間。」

17 注 「役司馬」，蓋官名，掌徒役者。

18 注 「茅」當為「矛」，蘇屬上讀，云：「似言束茅而射之」，誤。

19 注 校，蓋軍部曲吏。《管子·度地》篇有部校長官。《商子·境內》篇云：「軍爵，自一級以下至小夫，命曰校徒操士」。《戰國策·中山策》云：「五校大夫」，高注云：「五校，軍營也」。又〈秦策〉云：「亡五校」。「校」下疑脫「射」字。

20 注 不箸其兵，疑有佚脫。

21 注 《左傳・哀二十四年》杜注云：「宗人，禮官也。」

▲案：即《周禮》大、小宗伯，侯國及都家並有之。

22 注 《說文・瓦部》云：「甑，甗也。」此蓋厭勝之術，未詳其義。

旗幟第六十九[1]

1 注 畢云：「《說文》云：『旗，熊旗五游，以象罰星，士卒以為期』。《釋名》云：『熊虎為旗，軍將所建，象其猛如虎，與衆期其下也』。『幟』當為『織』，《詩》『織文鳥章』，《傳》云『徽織也』。陸德明《音義》音『志』，云『又尺志反』，又作『識』。案《漢書》亦作『志』，而無从『巾』字」。王改「幟」並為「職」，云：「《墨子》書『旗識』字如此，舊本從俗作『幟』，篇內放此」。

▲案：「幟」正字當作「識」，〈號令〉、〈襍守〉二篇「微職」字並作「職」者，叚借字也，王校甚是。但司馬貞、玄應所引並作「幟」，則唐本如是，以相承已久，未敢輒改。

守城之法：木爲蒼旗，火爲赤旗，薪樵爲黃旗，石爲白旗，[1]水爲黑旗，食爲菌旗，[2]死士爲倉英之旗，[3]竟士[4]爲雩旗，[5]多卒爲雙兔之旗，五尺男子爲童旗，[6]女子爲梯末之旗，[7]弩爲狗旗，戟爲菹旗，[8]劒盾爲羽旗，[9]車爲龍旗，[10]騎爲鳥旗。[11]凡所求索旗名不在書者，皆以其形名爲旗。城上舉旗，備具之官致財物，[12]之足而下旗。[13]

1 注 畢云：「《北堂書鈔》引作『金為白旗，土為黃旗』。」

▲案：畢據明．陳禹謨改竄本《書鈔》，不足馮，景宋鈔本無。

2 注 自「倉英旗」以上七旗，並以色別，「菌」非色名，疑當為「茜」。《說文．艸部》云：「茜，茅蒐也」，茅蒐可以染絳，字或作「蒨」，《左．定四年傳》「綪茷」，〈襍記〉鄭注引作「蒨旆」。

3 注 蘇云：「倉英，當即蒼鷹。」俞云：「倉英之旗乃青色旗，『倉英』即『滄浪』也，在水為滄浪，在竹為蒼筤，並是一義，此又作倉英者，『英』古音如『央』，故與『浪』同聲。」

▲案：俞說是也。

4 注 竟，「競」之借字。《逸周書．度訓》篇云：「揚舉力竟」，亦以「竟」為「競」。畢云：「猶云彊士。」蘇云：「猶言勁卒。」

5 注 畢云：「『虎』字假音。」王云：「『雩』，即『虎』之譌，非其假音也。鈔本《北堂書鈔．武功部八》引此為『虎旗』，上脫二字，而『虎』字則不誤。《通典．兵》五亦曰『須戰士銳卒，舉熊虎旗』。隸書『虎』字或作『𠕒』，見〈漢毅阬君神祠碑陰〉，與『雩』字相似而誤。」

6 **注** 五尺，謂年十四以下，詳〈襍守〉篇。

7 **注** 蘇云：「『梯』未詳，疑當作枯楊生稊之『稊』。」

8 **注** 「征」，疑即「旌」字。〈月令〉「季秋載旌旐」，《淮南子．時則訓》「旌」作「荏」。「荏」、「征」皆「旌」之譌。隸書「旌」或作「狌」，形相近。《周禮．司常》「九旗，析羽為旌。」畢云：「《北堂書鈔》引作『林旗』。」

9 **注** 蓋即司常九旗之「全羽為旞」。

10 **注** 畢云：「舊作『蘢』，據《北堂書鈔》改。『車』，彼作『輿』。」

▲詒讓案：舊鈔本《書鈔》仍作「車」，與今本同。

11 **注** 騎，謂單騎，亦見〈號令〉篇。《左傳．昭二十五年》「左師展將以公乘馬而歸」，孔《疏》云：「古者服牛乘馬，馬以駕車，不單騎也，至六國之時始有單騎，蘇秦所云『車千乘，騎萬匹』是也。〈曲禮〉云『前有車騎者』，《禮記》漢世書耳，經典無『騎』字也。劉炫謂此左師展欲共公單騎而歸，此騎馬之漸也」。

▲案：單騎，蓋起於春秋之季，而盛於六國之初，故此書及《吳子》並有之。

12 **注** 句。

13 注 俞云：「下『之』字衍，文本作『足而下旗』，蓋城上舉旗，則備具之官各致其財物，既足而後下旗也，『之』字即『足』字之誤而複者，當刪。」

▲詒讓案：「之」當作「二」，即「物」之重文。「物足而下旗」，言致財物既足其城上之用，則偃下其旗也。

凡守城之法：石有積，樵薪有積，菅茅有積，[1]藋葦有積，[2]木有積，炭有積，沙有積，松柏有積，蓬艾有積，麻脂有積，金鐵有積，粟米有積；[3]井竈有處，[4]重質有居，[5]五兵各有旗，節各有辨；[6]法令各有貞；[7]輕重分數各有請；[8]主慎道路者有經。[9]

1 注「茅」，吳鈔本作「茆」。《說文．艸部》云：「菅，茅也。」陸璣《毛詩艸木疏》云：「菅似茅而滑澤無毛，柔韌宜為索。」「茆」、「茅」古字亦通。

2 注《說文．艸部》云：「藋，薍也」，「葦，大葭也」。〈雈部〉云：「雚，小爵也」，音義並別。此「藋」當為「雈」，經典省作「萑」，或掍作「藋」，非是。《周禮．司几筵》「萑席」，《唐石經》初刻亦誤作「藋」。

3 注 王云：「『金鐵』當為『金錢』，字之誤也。金錢、粟米皆守城之要物，故並言之。若鐵則非其類矣。

〈號令〉篇曰『粟米、錢金、布帛』，又曰『粟米、布帛、錢金』，〈襍守〉篇曰『粟米、布帛、金錢』，皆其證。《太平御覽．居處部二十》引此正作『金錢』。」

4 注 畢云：「《通典．守拒法》云『城上四隊之間，各置八旗，若須木檩拯板，舉蒼旗；須灰炭稃鐵，舉赤旗；須檑木樵葦，舉黃旗；須沙石甎瓦，舉白旗；須水湯不潔，舉黑旗；須戰士銳卒，舉熊虎旗；須戈戟、弓矢、刀劍，舉鷙旗；須皮氈、麻鍱、鍬钁斧鑿，舉雙兔。城上舉旗，主當之官隨色而供』，亦其遺法。」

5 注 畢云：「言居其妻子。」

6 注 《說文．刀部》云：「辨，判也。」凡符節判析其半，合之以為信驗。《荀子．性惡》篇云：「辨合符驗」。《周禮．小宰》「傅別」，〈朝士〉「判書」，鄭注引故書「別」、「判」並作「辨」，聲義並相近。

7 注 《廣雅．釋詁》云：「貞，正也」。又疑或為「員」之譌，蘇云：「『貞』為『其』字之訛」，非。

8 注 「請」與「誠」通。

9 注 慎，「循」之叚字，謂循行道路也。《周禮》「體國經野」，鄭注云：「經，謂為之里數」。

亭尉各爲幟，竿長二丈五，[1]帛長丈五，廣半幅者大。[2]寇傅攻前池外廉，[3]城上當隊鼓三，舉一幟；到水中周，[4]鼓四，舉二幟；到藩，[5]鼓五，舉三幟；到馮垣，[6]鼓六，舉四幟；到女垣，[7]鼓七，舉五幟；到大城，[8]鼓八，舉六幟；乘大城半以上，鼓無休。夜以火，如此數。寇卻解，輒部幟如進數，[9]而無鼓。[10]

1 注 亭尉，即〈備城門〉篇之「帛尉」，及〈迎敵祠〉篇之「百長」也。

2 注 畢云：「《太平御覽》引云『凡幟帛長五丈，廣半幅』。」

▲案：《史記．高祖紀》索隱引墨翟曰：「幟帛長丈五，廣半幅」，《一切經音義》五云：「墨子以為長丈五尺、廣半幅曰幟也」，並即據此文，是唐本已如此，《御覽》不足據。後文城將幟五十尺，以次遞減，至十五尺止，亭尉卑，自當丈五尺，不宜與城將等也。又「者大」、畢本據惠士奇禮說改為「有大」，屬下「寇傳攻前池外廉」為句。

▲案：「者」字不誤，「大」當為「六」，二字形近。下文大城，「大」又譌「六」，可互證。「六」即亭尉幟之數。蓋每亭為六幟，以備寇警緩急舉踣之用。下文舉一幟至六幟，解如數踣之，並以六為最多，故此先著其總數也。惠、畢並誤改其文，又失其句讀。

3 注 廉，邊也，詳〈襍守〉篇。

4 注 「周」、「州」聲近通用，俗又作「洲」。《說文．川部》云：「水中可居曰州，周遶其旁。」

5 注 吳鈔本作「蕃」。藩，蓋池內厓岸，編樹竹木為牆落。〈備城門〉篇云：「馮垣外內，以柴為藩」，即此。〈襍守〉篇云：「牆外水中為竹箭」，明水在外、牆在內矣。

6 注 蓋卑垣在外堞外者，詳〈備城門〉篇。

7 注 「女垣」即「堞」，《說文·土部》云：「堞，城上女垣也」，〈阜部〉云：「陴，城上女牆，俾倪也」。此女垣在馮垣內，大城外，蓋即〈號令〉篇之「女郭」，〈備城門〉篇之「外堞」也。〈備城門〉篇別有「內堞」。

8 注 畢云：「『大』舊作『六』，以意改，下同。」

9 注 畢云：「言數如此行之，寇去始解，輒部署幟如前也」。王引之云：「『部』讀為『踣』，謂仆其識也。《周官·大司馬》『弊旗』，鄭注曰『弊，仆也』，『仆』、『踣』、『部』古字通。《呂氏春秋·行論》篇引《詩》曰：「將欲踣之，必高舉之」，『踣』與『舉』正相反。故寇來則舉識，寇去則踣識也。如進數者，如寇進之識數而遞減之。識之數以六為最多，故寇進則自一而遞加之，寇退則自六而遞減之也。畢以『部』為『部署』，失之，又誤解『如進數』三字。」

▲案：王說是也。

10 注 蘇云：「言夜以火代幟，鼓數同，寇退則無鼓也。」

城爲隆，長五十尺，[1] 四面四門將長四十尺，[2] 其次三十尺，其次二十五尺，其次二十尺，其次十五尺，高無下四十五尺。[3]

1 注 「城為隆」，疑當作「城將為絳幟」，「絳」、「降」、「隆」聲類並同。《左．成十八年傳》「魏絳」。〈樂記〉孔《疏》引《世本》「絳」作「降」，是其證。此以「隆」為「絳」，猶〈尚賢中〉篇以「隆」為「降」也。「隆」下又脫「幟」字。《周禮．司常》鄭注云：「凡九旗之帛皆用絳」。「城將」即大將，見〈號令〉篇尊於四面四門之將，故幟高於彼十尺。

2 注 〈號令〉篇云：「四面四門之將，必選擇之有功勞之臣及死事之後重者。」戴云：「『將』疑『牆』字聲誤」，非。

3 注 此「四」字衍。高無下十五尺，即家上長五十尺，以次遞減，至此為極短也。

城上吏卒置之背，[1]卒於頭上，城下吏卒置之肩。[2]左軍於左肩，[3]中軍置之胷。[4]各一鼓，中軍一三。[5]每鼓三、十擊之，[6]諸有鼓之吏謹以次應之，當應鼓而不應，不當應而應鼓，[7]主者斬。[8]

1 注 王引之云：「『卒』字涉下文『吏卒』而衍。下文卒置於頭上，則不得又置之背也。又案頭上也，肩也，背也，胷也，皆識之所置也。《說文》『徽，識也，以絳帛箸於背』，張衡〈東京賦〉『戎士介而揚揮』，『揮』同『徽』，薛綜曰『揮謂肩上絳幟』，皆其證。今不言識者，『城上吏』之上又有脫文耳。」

▲案：王說是也。此置背等並謂吏卒所著小徽識，與上將旗不相家。下文「城中吏卒民男女，皆辨異衣章微，令男女可知」十八字，疑即此節首之脫文，傳寫誤錯著於彼，而此小徽識遂與上旗識淆掍不分矣。《尉繚子．經卒令》說卒五章：前一行蒼章，置於首；次二行赤章，置於項；次三行黃章，置於胷；次四行白章，置於腹；次五行黑章，置於要。又〈兵教〉篇云：「將異其旗，卒異其章，左軍章左肩，右軍章右肩，中軍章胷前，書其章曰某甲某士」。此上文「五十尺」至「十五尺」，即謂將異旗，以下乃言卒異章之事。二書可互證。

2 注 畢云：「舊作『眉』，據《禮說》改，下同。」

3 注 畢云：「『左軍』舊作『在他』，據《禮說》改。」王云：「下當有『右軍於右肩』五字，而今本脫之。」

▲案：吳鈔本亦作「在他」，《道藏》本作「在也」。以字形審之，疑當作「左施於左肩，右施於右肩」。

4 注 畢云：「此俗字，當作『匈』或『胷』。」

5 注 未詳，疑當作「中軍三」，言鼓多於左右軍。「一」衍文。

6 注 三、十擊之，謂或三擊，或十擊，多少之數，不過此也。〈號令〉篇云「中軍疾擊鼓者三」，又云「昏鼓鼓十，諸門亭皆閉之」。

7 注 舊本作「不當應而不應鼓」，王云：「此當作『當應鼓而不應鼓，不當應鼓而應鼓』，今本上下二句皆脫一『鼓』字。」蘇云：「下句當云『不當應而應』，『不』字衍。」

▲案：蘇校是也。《道藏》本、吳鈔本，「應鼓」上正無「不」字，今據刪。王校增字太多，未塙。末「鼓」字或當屬下讀。

8 注 畢云：「言罪其鼓主。」

道廣三十步，於城下夾階者，各二，其井置鐵𢐀。於道之外[1]為屏，[2]三十步而為之圜，[3]高丈。為民溷，垣高十二尺以上。巷術周道者，[4]必為之門，[5]門二人守之，非有信符，勿行，不從令者斬。[6]

1 注 畢云：「《說文》云：『𢐀，弓曲也』。」王引之云：「『弓曲』之義與『鐵』字不相屬，且井旁亦非置弓之處，竊謂『𢐀』乃『雍』字之譌，『雍』讀若『甕』，〈備城門〉篇云『百步一井，井十甕』，故曰其井置鐵甕。」

2 注 屏所以障溷。《開元占經．甘氏外官占》「甘氏云：天溷七星，在外屏南」，注云：「天溷，廁也。外屏所以障天溷也」。史游《急就篇》云：「屏廁清溷糞土壤」。

3 注 亦當作「溷」。

4 注 《說文・行部》云：「術，邑中道也」。「周道」，詳〈備城門〉篇言巷術通周道者。

5 注 畢云：「『必』舊作『心』，以意改。」

6 注 自「巷術周道者」至此，並與〈旗幟〉無涉，疑它篇之錯簡。

城中吏卒民男女，皆葕異衣章微，[1]令男女可知。[2]

1 注 王引之云：「『葕』字義不可通，『葕』當為『辨』，『辨異』二字連文。《周官・小行人》曰『每國辨異之』。隸書『辨』字或作『辡』見漢・李翕〈析里橋郙閣頌〉，因譌而為『葕』。」王念孫云：「『衣章微』當作『衣章徽識』，《說文》『徽，識也』，《墨子》書『徽識』皆作『微職』，見〈號令〉、〈襍守〉二篇。『章』亦徽識之類也，故〈齊策〉云『變其徽章』，『徽』亦與『微』同。此言男女之衣章徽識皆有別也，故曰『皆辨異衣章微職，令男女可知』。且此篇以〈旗職〉為名，則當有『職』字明矣。今本『辨』譌作『葕』，『微』下又脫『職』字，故義不可通。」

▲案：王校是也，蘇引《類篇》曰：「蔓，葕也」，非。

2 注 此十八字疑當在上文「城上吏卒置之背」之首，錯簡在此。

諸守牲格者，[1]三出卻適，[2]守以令召賜食前，[3]予大旗，[4]署百戶邑若他人財物，建旗其署，令皆明白知之，曰某子旗。[5]牲格內廣二十五步，外廣十步，表以地形爲度。[6]

1 注 牲格，蓋植木為養牲闌格，守城藩落象之，因以為名，〈備蛾傳〉篇云：「杜格貍四尺，高者十尺，木長短相雜，兌其上，而外內厚塗之」，疑亦即此。彼「杜格」當為「柞格」，或此「牲」亦當作「柞」。「牲」、「杜」、「柞」形並相近。

2 注 畢云：「却，《玉篇》云『「卻」字之俗』。」

3 注 「守」，即〈號令〉篇之太守。以令，亦屢見彼篇，言傳令來前賜食。

4 注 「予」，畢本以意改「矛」，屬上讀。蘇云：「『予』、『與』通用，畢誤。」

5 注 《尉繚子·兵教上》篇云：「乃為之賞法，自尉、吏而下盡有旗，戰勝得旗者，各視其所得之爵，以明賞勸之心」。《左·哀十三年傳》云：「彌庸見姑蔑之旗，曰：吾父之旗也」。

6 注 俞云：「『表』乃『衺』字之誤，〈備穴〉篇『鑿廣三尺，表二尺』，王氏訂『表』為『衺』之誤，正與此同。」

斬卒，中教解前後左右，[1]卒勞者更休之。[2]

1 注 「靳」，疑當作「勒」。《尉繚子》有勒卒令，《漢書・鼂錯傳》云：「士不選練，卒不服習，起居不精，動靜不集，趨利弗及，避難不畢，前擊後解，與金鼓之音相失，此不習勒卒之過也」。蓋謂部勒兵卒，將居中而教其前後左右。「解」字疑誤。

2 注 「休」，舊本作「修」，今據吴鈔本、茅本正。

號令第七十[1]

1 注 蘇云：「墨子當春秋後，其時海內諸國自楚、越外，無稱王者，故〈迎敵祠〉篇言『公誓太廟』，可證其為當時之言。若〈號令〉篇所言令丞尉、三老、五大夫、太守、關內侯、公乘，皆秦時官，其〈號令〉亦秦時法，而篇首稱王，更非戰國以前人語，此蓋出於商鞅輩所為，而世之為墨學者取以益其書也。尚以為墨子之言，則誤矣。」

▲案：蘇說未塙，令丞尉、三老、五大夫等制並在商鞅前，詳篇中。

安國之道，道任地始，[1]地得其任則功成，地不得其任則勞而無功。人亦如此，備不先具者無以安主，吏卒民多心不一者，皆在其將長。[2]諸行賞罰及有治者，必出於公王。[3]數使人行勞，賜守邊城關塞、備蠻夷之勞苦者，舉其守率之財用有餘、不足，[4]地形之當守邊者，其器備常多者。邊縣邑，視其樹木惡，則少用，[5]田不辟、[6]少食，[7]無大屋、草蓋，少用桑。[8]多財，民好食。[9]爲內牒，[10]內行棧，[11]置器備其上，城上吏、卒、養，[12]皆爲舍道內，各當其隔部。[13]養什二人。[14]爲符者曰養吏一人，[15]辨護諸門。[16]門者及有守禁者皆無令無事者，得稽留止其旁，[17]不從令者戮。敵人但至，[18]千丈之城，[19]必郭迎之，[20]主人利。不盡千丈者勿迎也，視敵之居曲，[21]衆少而應之，此守城之大體也。其不在此中者，皆心術與人事參之。[22]凡守城者，以亟傷敵爲上，[23]其延日持久以待救之至，明於守者也，[24]不能此，[25]乃能守城。

1 注 《禮記・禮器》鄭注云：「道，猶從也。」

2 注 言責在將與長也。

3 注 畢云：「『公』舊作『功』，一本如此。」

▲案：茅本亦作「公」，《道藏》本、吴鈔本並作「功」。此對上「將長」為文，疑當作「王公」。下文云：「出粟米有期日，過期不出者，王公有之」，是其證，傳寫誤倒耳。畢讀以「王」字屬下句，亦通。

4 注 「率」，疑「卒」之誤。

5 注 言材木不足其用。

6 注 畢云：「『闢』假音字。」

7 注 田荒農惰則食不足。

8 注 畢云：「言無大屋之處當留桑以為蔭。一本作『乘』，非。」

▲案：「桑」，《道藏》本、茅本並作「桒」，俗「桑」字。《說文．艸部》云：「蓋苫也」。《釋名．釋宮室》云：「屋以草蓋曰茨。茨，次也，次比草為之也」。草蓋，謂以草蓋屋。「少用桑」，當作「少車乘」。「乘」、「桒」形相近，「車」、「用」涉上而譌。言室惡民貧，則不能畜車乘馬牛也。畢沿誤為說，殊謬。

9 注 下有脫誤。

10 注 「牒」，疑「堞」之誤。內堞，見〈備城門〉篇。畢引《說文》云：「牒，札也」，非此義。

11 注 亦見〈備城門〉篇。

12 注 養，即「廝養」之「養」。《公羊．宣七年》何注云：「炊亨曰養」。蘇云：「『養』謂糧食」，誤。

13 注 吳鈔本作「步」。《太白陰經》司馬穰苴云：「五人為伍，二伍為部」。部，隊也。隔部，即城上吏卒什人所守分地皆有隔，以別其疆界。下云：「人自大書版，著之其署隔」，則凡署皆有隔。

14 注　十人為什，言每卒十人則有養二人。吉天保《孫子集注》引曹操云：「一車駕四馬，養二人，主炊，步兵十人」，亦十步卒二養，與此略同。

15 注　養吏，吏掌養為符信者。

16 注　辨護，猶言監治也，亦見《周禮．大祝》、〈山虞〉鄭注。〈山虞〉賈疏引《尚書中候握河紀》云：「堯受《河圖》，稷辨護」，注云：「辨護者，供時用，相禮儀」。

▲案：「辨」即今「辦治」字，《漢書．李廣傳》顏注云：「護謂監視之」。此「養吏」、「辨護諸門」，亦謂辦治監視諸守門之事，與〈中候〉注義小異。畢云：「『辨』即今『辦』字正文。」

17 注　舊本重「稽」字，又「止」作「心」，《道藏》本、吴鈔本、茅本，「稽」字並不重。畢云：「『心』當為『必』，或衍一『稽』字。」王引之亦刪「稽」，又云：「改『心』為『必』，義仍不可通。『心』當為『止』，言勿令無事者得稽留而止其旁也。隸書『止』、『心』相似，故『止』譌為『心』。」

▲案：王校是也，蘇說同，今據刪正。倭刻茅本校云：「心一作『止』」，正與王校同。

18 注　「但」，舊本作「伹」，从「且」，疑「且」字之誤。

19 注　「千」，茅本作「十」，下文仍作「千」。〈襍守〉篇云：「率萬家而城方三里」，此云「千丈」，為方五里有奇，蓋邑城之大者。《尉繚子．守權》篇云：「千丈之城，則萬人守之。」《戰國策．趙策》云：「今千丈之城、萬家之邑相望也。」〈齊策〉亦云：「千丈之城，拔之尊俎之間。」畢云：「千當為十」，失之。

20 注 舊本「迎」作「近」，畢云：「當為迎之。」

▲案：畢校是也，今據正。

21 注 畢云：「言所居曲隘。」

▲詒讓案：曲，部曲。又疑「與」之誤。

22 注 「心」，疑當作「以」。

23 注 「亟」，舊本譌「函」，今據王校正，說詳〈魯問〉及〈備城門〉篇。畢云：「言扞禦傷敵。」

24 注 倭本校云：「『至』下脫『不』。」

25 注 蘇云：「『不』，疑當作『必』。」

守城之法，敵去邑百里以上，城將如今，[1]盡召五官及百長，[2]以富人重室之親，舍之官府，[3]謹令信人守衛之，謹密爲故。[4]

1 注 畢云：「當為『令』。」王引之云：「如，猶乃也。言敵人將至，城將乃今召五官百長而命之也。下文曰『輔將如今賜上卿』，與此文同一例，則『今』非『令』之譌。」

▲案：畢說是也。此書軍吏，有城將，即大將；有輔將，即四面四門之將。地治之吏，有守，有令，有丞，有尉，有五官——凡守城之事，皆城將及守令主之，並詳後。「如令」猶言「若令」，下文「如今」亦「如

令」之譌，王說失之。

2 **注** 五官，蓋都邑之小吏。周制，侯國有五大夫，因之都邑亦有五官。《韓非子·十過》篇云：「趙襄子至晉陽，行其城郭及五官之藏」，此即都邑之五官，殆如後世吏有五曹之類。後文吏有比丞、比五官，則五官卑於丞也。又《左傳·成二年》晉軍帥之下，有司馬、司空、輿師、候正、亞旅，〈成十八年〉及〈晉語〉，悼公命官，別立軍尉，而無亞旅。〈成二十五年傳〉又謂之五吏。《淮南子·兵略訓》說在軍五官，有司馬、尉、候、司空、輿，與晉制同。竊疑此「五官」亦與彼相類。後文有尉都司空候，或即五官之名與？亦詳〈節葬〉篇。

3 **注** 「府」，舊本譌作「符」，王引之云：「『符』當為『府』，言舍富人重室之親於官府也。下文云『其有符傳者，善舍官府』，是其證。篇內言『官府』者多矣，若云『舍之官符』，則義不可通。此涉上下文諸『符』字而誤。」

▲案：王校是也。蘇說同，今據正。

4 **注** 俞云：「故，猶『事』也。言務以謹密為事也。〈備梯〉篇『以靜為故』，〈備穴〉篇『以急為故』，義與此同。畢屬下讀，失之。」

及傳城，[1]守將營無下三百人，[2]四面四門之將，必選擇之有功勞之臣及死事之後重

者，[3]從卒各百人。門將并守他門，[4]他門之上[5]必夾爲高樓，使善射者居焉。女郭、馮垣一人一人守之，[6]使重室子。[7]五十步一擊。[8]因城中里爲八部，部一吏，[9]吏各從四人，以行衝術及里中。[10]里中父老小不舉守之事及會計者，[11]分里以爲四部，[12]部一長，[13]以苛往來，不以時行、[14]行而有他異者，以得其姦。吏從卒四人以上有分者，[15]大將必與爲信符，大將使人行守，操信符，信不合及號不相應者，[16]伯長以上輒止之，[17]以聞大將。[18]當止不止及從吏卒縱之，皆斬。諸有罪自死罪以上，[19]皆還父母、妻子、同產。[20]

1 **注** 「及傳」，舊本譌作「乃傳」。畢云：「言守符謹密，必有故乃傳用也。」俞云：「『乃傳』當作『及傳』，字之誤也。上云『敵去邑百里以上』，此云『及傳城』，其事正相次。『傳』即『蛾傳』之『傳』，〈備蛾傳〉篇曰『遂以傳城』是也。畢不能訂正，而屬上『謹密為故』讀之，殊不可通。」

▲案：俞校是也，今據正。

2 **注** 「守」下，《道藏》本、吴鈔本、茅本有「城」字。

3 **注** 蘇云：「重者，即重室子也。」

4 **注** 謂他小門。

5 **注** 畢云：「舊脫『門』字，以意增。」

6 注 女郭，即女垣，以其在大城之外，故謂之郭。《釋名·釋宮室》云：「城上垣亦曰女牆，言其卑小，比之於城，若女子之與丈夫也。」〈旗幟〉篇云：「到馮垣，鼓六，舉四幟；到女垣，鼓七，舉五幟。」蘇云：「『一人』疑誤重。」

7 注 「室」，舊本誤「字」。畢云：「言重家之字子，謂富家。」王云：「『重字子』，即『重室子』之譌。」

▲案：王校是也，蘇校同，今據正。重室子，見〈備城門〉篇。

8 注 《文選·長楊賦》李注引韋昭云：「古文『隔』為『擊』」，此擊疑亦署隔之名。蘇云：「『擊』當作『樓』。」

9 注 城內為八部吏。

10 注 畢云：「『衝』當為『衝』，《說文》云：『通道也。《春秋傳》曰：及衝以擊之』。」

▲詒讓案：此「術」與〈旗幟〉篇巷術及後「術衢」，義同，與〈備城門〉篇「衝術」異。

11 注 「老小」上下疑有脫字。王引之云：「『父老』下不當有『小』字，蓋涉下文『老小』而衍。舉，讀為『吾不與祭』之『與』，『與』、『舉』古字通，謂里中父老不與守城及會計之事者。」

▲案：王說亦通。蘇云：「『小』當作『少』，謂人少不敷用也」，非。

12 注 此又於一里之中，分之為四部。

13 注 每里四長。

14 注 《周禮·射人》鄭注云：「苛，謂詰問之」。蘇云：「苛，譏訶也。」

15 注 此即八部每部之吏也。王引之云：「『分』下當有『守』字，而今本脫之，則文義不明。分守，謂卒之分守者也。下文曰『男女老小，先分守者，人賜錢千』，是其證。」

16 注 蘇云：「『號』即夜間口號。」

17 注 「伯」、「百」通，即上文「百長」。

18 注 畢云：「告大將。」

19 注 舊本脫「以」字，今從王校補。

20 注 舊本「遝」作「還」。王云：「『還』當為『遝』，謂罪及父母、妻子、同產也。下文云『歸敵者，父母、妻子、同產皆車裂』。」

▲案：王校是也，今據正，說詳〈非攻下〉篇。

諸男女有守於城上者，[1] 什六弩、四兵。[2] 丁女子、老少，人一矛。[3]

1 注 疑當云「諸男子」，〈備城門〉篇云：「守法：五十步，丈夫十人，丁女二十人，老小十人」，此「男子」即「丈夫」也。下文別云「丁女子」，則此不當兼有女，明矣。

2 注 蘇云：「人十為什，兵，戎器也，言十人之中弩六而兵四之。」

▲案：蘇說是也。《六韜．軍用》篇云：「甲士萬人，強弩六千，戟櫓二千，矛楯二千」，與此率正同。

3 注 蘇云：「丁女子，猶言丁女，見〈備城門〉篇。」

卒有驚事，[1]中軍疾擊鼓者三，城上道路、里中巷街，[2]皆無得行，行者斬。女子到大軍，令行者男子行左，女子行右，無並行，皆就其守，不從令者斬。離守者三日而一徇，[3]而所以備姦也。[4]里缶與皆守宿里門，[5]吏行其部，至里門，缶與開門內吏。[6]與行父老之守及窮巷幽閒無人之處。[7]姦民之所謀為外心，罪車裂。[8]缶與父老及吏主部者不得，皆斬；得之，除，[9]又賞之黃金，人二鎰。[10]大將使使人行守，[11]長夜五循行，[12]短夜三循行。四面之吏亦皆自行其守，如大將之行，不從令者斬。

1 注 驚，讀為「警」。《文選．歎逝賦》李注云：「警，猶『驚』也。」蘇云：「言猝有警急之報。」

2 注 《說文．行部》云：「街，四通道也。」

3 注 畢云：「當為『徇』。《眾經音義》云『《三倉》云：徇，偏也』。」蘇云：「『而』字衍。」

▲詒讓案：「而一」二字疑皆衍文，此二句皆冢上文而著其刑，「不從令者斬」，即不從男行左、女行右之令

也。「離守者」，即不就其守者也，與下文「離守絕巷救火者斬」，義同。但無故離守，罪重於不從令者，故不惟斬之，且肆其尸三日，所謂「三日徇」也。義亦詳後。

4 **注** 蘇云：「『而』字衍。」

▲案：「而」乃「此」字之誤，非衍文。下文云「此所以勸吏民堅守勝圍也」，是其證。

5 **注** 里正，即上文「里長」，每里四人。「與皆守」，疑當作「與有守者」，下文常見，畢云：「當為『與守皆』」，未塙。

6 **注** 蘇云：「『內』讀如『納』。」

7 **注** 舊本無「幽」字。俞云：「『閒』上脫『幽』字，『幽閒』二字連文，〈明鬼〉篇作『幽澗毋人』，『澗』即『閒』之段字。〈天志〉篇作『幽門無人』，『門』即『閒』之壞字。」

▲案：俞說是也，今據增。

8 **注** 畢云：「《說文》云『斬，截也，从車，从斤，斬法車裂也』。」

▲案：《周禮·條狼氏》「誓馭曰車轘」，鄭注云：「謂車裂也。」此刑與斬別，畢引《說文》未當。

9 **注** 畢云：「舊脫『得』字，據下文增。」

▲案：茅本「得」字不脫。

10 **注** 鎰，二十四兩也，詳〈貴義〉篇。蘇云：「此連坐之法，唯得罪人，則除其罪，且有賞也。」

11 注 「使人」當作「信人」，上云：「謹令信人守衛之」，下云：「大將使信人將左右救之」，皆其證。

12 注 蘇云：「『循』、『徇』通用。」

諸竈必爲屏，[1]火突高[2]出屋四尺。愼無敢失火，[3]失火者斬其端，失火以爲事者，[4]車裂。伍人不得，斬；[5]得之，除。救火者無敢讙譁，[6]及離守絕巷救火者斬。[7]其舌及父老有守此巷中部吏，皆得救之，[8]部吏亟令人謁之大將，[9]大將使信人將左右救之，部吏失不言者斬。諸女子有死罪及坐失火皆無有所失，逮其以火爲亂事者如法。[10]圍城之重禁。[11]

1 注 畢云：「舊『必』作『火』，『屏』作『井』，據《蓺文類聚》改。」

2 注 畢云：「『火』，《蓺文類聚》引作『心』，『突』或『㚇』字，《說文》云：『突，竈突，从穴从火，从求省』，《玉篇》有『堗』字，徒忽切，云『竈堗，魯仲連子：竈而五堗』也。未詳『堗』、『㚇』誰是。

▲案：「㚇」、「囱」音相近，今人猶呼「火窗」為「煙囱」，疑「㚇」義為強。

▲案：《說文》本云：「突，竈突。」《廣雅·釋室》云：「竈窻謂之堗。」「堗」、「突」字同，與「㚇」別。畢說非。

3 注 畢云：「今江浙人家，有高牆出屋如屏，云以障火，是其遺制。」

4 注 畢云：「言因事端以害人，若今律故犯。」

▲詒讓案：端，似言失火所始。「以為事者」，據下文當作「以為亂事者」，此脫「亂」字。

5 注 「伍」，吴鈔本、茅本作「五」，下並同。畢云：「言同伍不舉，罪之。」

6 注 畢云：「《說文》云『讙』、『譁』轉注。」

7 注 畢云：「絕，言亂」。蘇云：「言守絕巷者毋得擅離，蓋防他變也。」

▲案：蘇說非。

8 注 「此」當作「者」，二字草書相似，因而致誤。部吏，即城中八部部一吏，官尊於里正。或有適居是巷者，亦得救之。

9 注 畢云：「『部吏』二字舊倒，據下移。」

▲案：吴鈔本不倒。「亟」，舊作譌「函」，今據茅本正，王校同。蘇云：「『人』乃『入』之誤。」

▲案：「人」字不誤。

10 注 《漢書·淮南厲王長傳》顏注云：「逮，追捕之也。」

11 注 以上備火之禁。

敵人卒而至[1]嚴令吏民無敢讙囂、三最並行、[2]相視坐泣流涕。若視舉手相探、[3]相指相呼、相麾[4]相踵、[5]相投[6]相擊、相靡以身及衣、[7]訟駮言語[8]及非令也而視敵動移者，斬。伍人不得，斬；得之，除。[9]伍人踰城歸敵，伍人不得，斬；與伯歸敵，隊吏斬；[10]與吏歸敵，隊將斬。[11]歸敵者父母、妻子、同產皆車裂；先覺之，除。[12]當術[13]需敵[14]離地，斬。[15]伍人不得，斬；得之，除。

1 注 蘇云：「『卒』、『猝』同。」

2 注 王引之云：「『最』當為『取』，取與『聚』通，謂三人相聚，二人並行也。《說文》『取，積也』。徐鍇曰『古以聚物之聚為取』。『取』與『最』字相似，故諸書中『取』字多譌作『最』。」

▲案：王說是也，蘇云：「『三最』乃『無敢』二字之訛」，失之。

3 注 《說文．手部》云：「探，遠取之也。」

4 注 《道藏》本、吳鈔本、茅本作「曆」。畢云：「舊作『歷』，以意改。」

▲詒讓案：《詩．大雅．無羊》云：「麾之以肱」，《說文．手部》云：「麾，旌旗所以指麾也。」麾，俗「摩」字。然作「歷」，義似亦可通。《廣雅．釋詁》云：「歷，過也」。又《莊子．天地》篇云：「交臂歷指」，亦足備一義。

5 注 《說文．止部》云：「歱，跟也」，「踵」即「歱」借字。謂以足跟相躡也。

6 注 《說文．手部》云：「投，擿也。」

7 注 謂以身及衣相切靡，《莊子．馬蹄》篇「喜則交頸相靡」，《釋文》：「李云：『靡，摩也』」。《易．繫辭》：「剛柔相摩」，韓注云：「相切摩也」。「靡」、「摩」字同。

8 注 畢云：「《說文》云：『駮，獸如馬』，『駁，馬色不純』。據此義當為『駁』。」

9 注 《尉繚子．伍制令》云：「伍有干令犯禁者，揭之，免於罪，知而弗揭，全伍有誅。」又云：「吏自什長以上至左右將，上下皆相保也，有干令犯禁者，揭之，免於罪，知而弗揭者，皆與同罪。」

10 注 伯，百人也。隊吏，即上文之「伯長」、「百長」。

11 注 隊將，即四面四門之將。

12 注 蘇云：「言先覺察者，除其罪也。」

13 注 畢云：「《說文》云：『術，邑中道也』。」

▲案：「術」、「隧」通作。「當術」，即〈備城門〉篇之「當隊」，謂當敵攻城之道也。下云「卻敵於術」同，畢說非。

14 注 「需」，吳鈔本作「舒」，「需」讀為「懦」。《考工記．輈人》「馬不契需」，鄭衆注云：「需，讀為『畏需』之『需』」。需敵，謂卻敵也。蘇云：「需，待也」，非。

15 注 畢云：「言離其所。」

其疾鬬却敵於術，敵下終不能復上，疾鬬者隊二人，賜上奉。[1]而勝圍，[2]城周里以上，封城將三十里地爲關內矦，[3]輔將如令賜上卿，[4]丞及吏比於丞者，賜爵五大夫，[5]官吏、豪傑與計堅守者，[6]十人及城上吏比五官者，[7]皆賜公乘。[8]男子有守者爵，人二級，[9]女子賜錢五千，[10]男女老小先分守者，人賜錢千，[11]復之三歲，無有所與，不租稅。[12]此所以勸吏民堅守勝圍也。

1 注 畢云：「《玉篇》云：『俸，房用切，俸祿也』此作『奉』，古字。」

2 注 戴云：「『而』讀為『如』，『如勝圍』句。」

3 注 畢云：「《韓非子．顯學》云：『關內之矦雖非吾行，吾必使執禽而朝』。《史記．春申君列傳》黃歇上書云『韓必為關內之矦』，又云『魏亦關內矦』，則戰國時有關內矦也。」

▲詒讓案：《戰國策．魏策》「王與竇屢關內矦。」《漢書．百官公卿表》，秦制賞功勞爵二十級，十九關內矦，顏注云：「言有矦號而居京畿，無國邑」。

4 注 「令」，舊本誤「今」。蘇云：「輔將，城將之次者，猶裨將也。『今』當為『令』。」

▲案：蘇說是也，今據正。「輔將」即上文「四面四門之將」也。《漢書．百官表》縣令長皆秦官，皆有丞尉。《史記．商君傳》云：「集小都鄉邑聚為縣，置令丞」，〈秦本紀〉，在孝公十二年。《國策．趙策》載趙受上黨千戶，封縣令。則縣有令蓋七國之通制矣。

5 注 《漢書．百官表》：「秦爵：九，五大夫」，顏注云：「大夫之尊也」。《呂氏春秋．直諫》篇，荊文王時有五大夫。《戰國策．趙》、〈魏〉、〈楚策〉亦並有之，則非秦制也。

6 注 畢云：「二字舊倒，以意改。」

7 注 蘇云：「『十人』，疑『士人』之訛。」

▲案：蘇說是也。下文云：「諸人士外使者來，必令有以執將」，「士人」即「人士」也。城上吏，蓋即百尉之屬，上云「盡召五官及百長」。

8 注 《漢書．百官表》：「秦爵：八，公乘」，顏注云：「言其得乘公家之車也」。

9 注 《九章算術．衰分》篇，劉注云：「《墨子．號令》篇以爵級為賜」，蓋即指此文。

10 注 此亦謂有守者。

11 注 「先」，當作「無」。《說文》「無，古文奇字作『无』」。與「先」相似，因而致誤。「無分守者」，與上文「有守者」正相對。以其本無分守，故止人賜錢千，與上有守者男子賜爵，女子賜錢五千，輕重異也。

12 注 《漢書．高帝紀》「蜀、漢民給軍事勞苦，復勿租稅二歲。」顏注云：「復者，除其賦役也」。紀又云：

「過沛，復其民，世世無有所與」，注云：「『與』讀曰『豫』」。

吏卒侍大門中者，[1]曹無過二人。[2]勇敢爲前行，伍坐，[3]令各知其左右前後。擅離署，戮。門尉晝三閱之，[4]莫，[5]鼓擊門閉一閱，守時令人參之，上逋者名。[6]鋪食皆於署，[7]不得外食。[8]守必謹微察視謁者、[9]執盾、[10]中涓[11]及婦人侍前者，[12]志意、顏色、使令、言語之請。[13]及上飲食，必令人嘗，皆非請也，擊而請故。[14]守有所不說[15]謁者、執盾、中涓及婦人侍前者，守曰斷之。[16]衝之，[17]若縛之，不如令及後縛者，皆斷。必時素誡之。[18]諸門下朝夕立若坐，各令以年少長相次，旦夕就位，先佑有功有能，[19]其餘皆以次立。五日，官各上喜戲、居處不莊、好侵侮人者一。[20]

1 注 此謂城將所居大門。

2 注 〈褋守〉篇云：「守大門者二人，夾門而立」。畢云：「《說文》云：『曹，獄之兩𣍘也。在廷東，从𣍘，治事者，从曰』。案即兩造，『造』、『曹』音近。而〈蜀志〉杜瓊曰『古者名官職不言曹，始自漢以來名官盡言曹，吏言屬曹，卒言侍曹』，非也。」

3 注 蘇云：「謂五人並坐。」

4 **注** 《說宛・尊賢》篇「宗衛相齊罷歸，召門尉田饒等二十有七人而問焉。」《漢書・高祖功臣侯表》有「門尉彤跖」，蓋亦沿戰國之制。「尉」，吴鈔本作「衛」，誤。

5 **注** 畢云：「《說文》云：『莫，日且冥也』。」

6 **注** 蘇云：「參，猶驗也。逋，謂離署者。」

7 **注** 畢云：「此『鋪食』字義當作『餔』，《說文》云：『餔，日加申時食也』。」

8 **注** 蘇云：「言不得離署而他食也。」

9 **注** 《國策・齊策》「王斗見齊宣王，宣王使謁者延入。」《漢書・百官公卿表》「謁者掌賓，贊受事」，應劭云：「謁，請也，白也」。《孫子・用間》篇云：「必先知其守將、左右、謁者、門者、舍人之姓名。」

10 **注** 《漢書・惠帝紀》注「應劭云：執楯，親近陛衛也。」〈高祖功臣侯表〉有執盾閻澤赤、繒賀、孔藂、某襄、張說。

11 **注** 《史紀・高祖功臣侯表》集解引《漢儀注》云：「天子有中涓，如黃門皆中官者」。《國語・吴語》「涓人疇」，韋注云：「涓人，今中涓也」。《史紀・楚世家》作「鋗人」，韋昭云：「今之中涓」，是。《說苑・奉使》篇云：「緤北犬敬上涓人」。《史記・萬石君傳》正義，如淳云：「中涓，主通書謁出入命也」。《漢書・陳勝傳》「故涓人將軍呂臣為蒼頭軍」，注：「應劭云：『涓人，如謁者』」。〈曹參傳〉顏注云：「中涓，親近之臣，若謁者、舍人之類。涓，潔也，主居中掃潔也。」

12 注 「待」，舊本譌「侍」。蘇云：「『侍』當作『待』。」是也，今據正。

13 注 蘇云：「『請』讀如『情』。」

14 注 蘇云：「上句『請』讀如『情』，下句如字，謂詰問也。」

▲詒讓案：「皆」，疑「若」之誤。末句當作「繫而詰故」，謂囚繫而詰問其事故也。

15 注 吳鈔本、茅本作「悅」。

16 注 斷，即斬也，詳〈迎敵祠〉篇。

17 注 「衝」與「撞」通，《說文．手部》云：「撞，凡擣也」。

18 注 「必」，吳鈔本作「不」。

19 注 畢云：「『佑』，舊作『估』，非。此『右』字俗加『人』。」

20 注 此謂察諸門下侍從吏人之事，然五日既太疏闊，「喜戲、居處不莊、好侵侮人者」又不宜限以人數，於文義終難通。疑當作「日五閱之，各上喜戲、居處不莊、好侵侮人者名」。「閱」與「官」艸書相近，「日五」誤倒，下脫「之」字，「名」又譌作「一」。〈襍守〉篇說「守大門者二人」，「吏日五閱之，上逋者名」，是其證也。

諸人士外使者來，必令有以執將。[1]出而還。若行縣，必使信人先戒舍室，乃出迎，門守乃入舍。[2]爲人下者常司上之，[3]隨而行，松上不隨下。[4]必須□□隨。

1 注 謂旗章符節之屬。畢云：「『令』，舊作『合』，以意改。『將』，依義當為『肸』。」

2 注 「門」，當為「聞」，言先告守將乃入舍也。下文云「候以聞守」，是其證。

3 注 畢云：「『司』，即『伺』字。」王引之云：「司，古『伺』字也，『之』讀為『志』。《墨子》書或以『之』為『志』字，見〈天志中、下〉二篇。言為人下者，常伺察上人之志，隨之而行也。」蘇云：「司上之，當言『伺上所之』。」

4 注 王引之云：「『松』讀為『從』。〈學記〉『待其從容』，鄭注『從或為松』，是其例也。言從上不隨下也。」

客卒守主人，及其爲守衛，主人亦守客卒。[1]城中戍卒，其邑或以下寇，謹備之，數錄其署，[2]同邑者，弗令共所守。與階門吏爲符，[3]符合入，勞；[4]符不合，牧，守言。[5]若城上者，[6]衣服，他不如令者。[7]

1 注 客卒，謂外卒來助守者。主人，謂內人為守卒者。二者使互相守察，防其為姦謀也。

2 注 《漢書．董仲舒傳》顏注云：「錄，謂存視之也。」蘇云：「此即『守客卒』之事。蓋戍卒之入衛者，或其鄉邑已為敵人所取，則必謹防其卒，恐生內變也。『以』、『已』通用。」

3 注 階吏，即〈迎敵祠〉篇所云「城上當階有司守之」是也。

4 注 「入」舊本作「人」，今據《道藏》本正。

5 注 蘇云：「『牧』當作『收』，謂收治之。」

▲案：蘇校是也，此當作「收，言守」，謂收而告之守也。後云「亟以疏傳言守」。

6 注 「城上」，吳鈔本、茅本作「上城」。

7 注 下有脫文。

宿鼓在守大門中，[1]莫，令騎若使者、操節閉城者，皆以執毚。[2]昏鼓鼓十，諸門亭皆閉之。[3]行者斷，必擊問行故，[4]乃行其罪。晨見，掌文鼓縱行者，諸城門吏各入請籥，開門已，輒復上籥。[5]有符節，不用此令。寇至，樓鼓五，有周鼓，[6]雜小鼓乃應之。[7]小鼓五後從軍，斷。命必足畏，賞必足利，令必行，令出輒人隨，省其可行、不行。[8]號，[9]夕有號，[10]失號，斷。[11]爲守備程而署之曰某程，[12]置署街街衢階若門，[13]令往來者皆視而放。[14]諸吏卒民有謀殺傷其將長者，與謀反同罪，有能捕告，賜黃金二十斤，謹罪。非其分職而擅取之，[15]若非其所當治而擅治爲之，斷。諸吏卒民非其部界而擅入他部界，輒收，[16]以屬都司空若候，[17]候以聞守，不收而擅縱之，斷。能捕得謀反、賣城、踰城敵者一人，[18]以令爲除死罪二人，城旦四人。[19]反城事父母去者，[20]去者之父母妻子。[21]

1 注 《周禮．脩閭氏》鄭衆注云：「宿，謂宿衛也」，謂夜戒守之鼓。

2 注 此字誤，前〈耕柱〉篇「白若之龜」，「龜」舊本作「䨿」，疑此亦當為「龜」之譌。但「執龜」義亦難通，疑當作「執圭」。《說文．土部》云：「楚爵有執圭」，「圭」、「龜」音相近而譌。此謂使操節閉城者，必以有爵者，亦慎重其事也。

3 注 蘇云：「上云『莫，鼓擊門閉』，即此。」

4 注 「擊」亦「繫」之誤。

5 注 蘇云：「『籥』同『鑰』。」

▲詒讓案：《說文．門部》作「闟」。〈月令〉鄭注云：「管籥，搏鍵器也」，孔《疏》云：「管籥以鐵為之，似樂器之管籥，措於鏁內以搏取其鍵也」。《周禮．司門》「掌授管鍵，以啓閉國門」，鄭司農注云：「管，謂籥也；鍵，謂牡」。

6 注 「有」，讀為「又」，言樓鼓五下，又周徧鼓以警衆也。

7 注 《尉繚子・勒卒令》云：「商，將鼓也。角，帥鼓也。小鼓，伯鼓也。」

8 注 「人」，舊本譌「入」，今據《道藏》本、吳鈔本、茅本正。「可」字疑衍，言凡出令必以人隨，而省察其行不行也」。

9 注 句。

10 注 〈備梯〉篇云：「以號相得」，倭本校云：「『夕』一作『名』。」

11 注 句。

12 注 蘇云：「程，式也。」

13 注 當作「術街衢」，後文云：「屯陳垣外術衢街皆樓」。蘇云：「『街』字誤重」。非。

14 注 蘇云：「放，依倣也。」

▲詒讓案：「放」疑當為「知」。

15 注 「取之」，舊本倒。王引之云：「『擅之取』當為『擅取之』，與『擅治為之』對文，今『取之』二字倒轉，則文不成義。」

▲案：王校是也，蘇校同，今據乙正。

16 注 畢云：「舊作『牧』，以意改。」

17 注 《漢書・百官公卿表》，宗正屬官有都司空令丞，如淳云：「都司空，主水及罪人」。《說文・犬部》

云：「獄，司空也，復說獄司空」。此「候」為小吏，與後「候敵」之「候」異。都司空、候，疑即五官之二，說詳前。

18 **注** 畢云：「當作『歸敵』，脫『歸』字。」

19 **注** 《漢書．惠帝紀》注：「應劭云：『城旦者，旦起行治城，四歲刑也』。」

20 **注** 「事」，疑當為「弃」。

21 **注** 王云：「此下有脫文，不可考。」

悉舉民室材木、瓦若藺石數，[1]署長短小大，當舉不舉，吏有罪。諸卒民居城上者[2]各葆其左右，[3]左右有罪而不智也，[4]其次伍有罪。若能身捕罪人若告之吏，皆構之。[5]若非伍而先知他伍之罪，皆倍其構賞。

1 **注** 「瓦」，舊本誤「凡」。王引之云：「『凡』字義不可通，『凡』當為『瓦』，字之誤也。隸書『瓦』字作『瓦』，與『凡』相似。若，猶及也，與也。謂民室之材木、瓦及藺石也。『材木、瓦、藺石』，即〈備城門〉篇之『材木、瓦石、藺石』，又見〈襍守〉篇。《漢書．鼂錯傳》曰『具藺石，布渠荅』。」

▲案：王說是也，今據正。《漢書．晁錯傳》注「服虔云：『藺石，可投人石』，如淳云：『藺石，城上雷石也』。〈李廣傳〉作『壘石』。《說文．㫃部》云：『旝，建大木，置石其上，發以機，以槌敵。』」

2 注 「卒」，茅本作「率」。

▲案：上當有「吏」字。

3 注 「葆」吳鈔本作「保」。

4 注 畢云：「『智』同『知』。」

5 注 顧云：「『構』讀為『購』，《說文》：『購，以財有所求也』。」蘇云：「『構』與『購』同，謂賞也。」

城外令任，城內守任，[1]令、丞、尉亡，得入當，[2]滿十人以上，令、丞、尉奪爵各二級；百人以上，令、丞、尉免，以卒戍。[3]諸取當者，[4]必取寇虜，乃聽之。

1 注 言城外內，守與令分任之。「令」即縣令，「守」即太守也。

2 注 凡守人，亡其所司令、丞、尉當受譴罰者，使得別入當以自贖，即下云「必取寇虜」是也。《尉繚子．束伍令》云：「亡伍而得伍，當之，得伍而不亡，有賞，亡伍不得伍，身死家殘」，又說「亡長得長，當之」，「亡將得將，當之」。彼法，本伍亡而得別伍之人，則相抵、當免其罪。亡長、亡將亦然。與此入當之法小異而大同。

3 注 蘇云：「言免官而遣戍。」

4 注 蘇云：「當，謂其值足以相抵也。」

募民欲財物粟米以貿易凡器者，[1]卒以賈予。[2]邑人知識、昆弟有罪，雖不在縣中而欲爲贖，若以粟米、錢金、布帛、他財物免出者，令許之。

1 注 「以」字疑當在「欲」字下。

2 注 蘇云：「『賈』、『價』同。言平其值也。」

▲詒讓案：此當作「以平賈予」。〈襍守〉篇云「皆為置平賈」，可證。「平」，與隸書「卒」或作「卆」，相近而誤，今本又倒其文，遂不可通。

傳言者十步一人，稽留言及乏傳者，斷。[1]諸可以便事者，亟以疏傳言守。[2]吏卒民欲言事者，亟爲傳言，請之吏，稽留不言諸者，斷。[3]

1 注 蘇云：「稽留，謂不以時上聞。乏傳，不為通也。」

2 注 「亟」，舊本誤「函」，下同，今並據茅本正，王校同。《漢書．蘇武傳》顏注云：「疏，謂條錄之」。蘇云：「函，謂封進，防漏洩也」，非。

3 注 畢云：「『諸』，當為『請』。」

縣各上其縣中豪傑若謀士、居大夫、[1]重厚口數多少。[2]

1 注 畢云：「其大夫之家居者。」俞云：「『居』乃『若』字之誤，若謀士、若大夫，猶言或謀士、或大夫也。秦爵有大夫，有官大夫，有公大夫，有五大夫，是民間賜爵至大夫者多矣，上不能悉知，故使縣各上其名也。上文『關內侯』、『五大夫』、『公乘』之名，悉如秦制，則此所謂『大夫』者，非必如『周官』之大夫也。」

▲案：畢說近是。

2 注 畢云：「重厚，言富厚。」

官府城下吏卒民家，[1]前後左右相傳保火。火發自燔，[2]燔曼延燔人，[3]斷。[4]諸以眾彊淩弱少及彊姧人婦女，[5]以讙譁者，皆斷。

1 注 「家」，吳鈔本、茅本作「皆」。

2 注 《說文·火部》云：「燔，爇也。」

3 注 謂延燒他人室。蘇云：「『曼』同『蔓』。」

▲案：《說文·又部》云：「曼，引也」，〈廴部〉云：「延，行也」，〈糸部〉云：「絖，絲曼延也」，是「曼延」字古止作「曼」，蘇說非。此「燔人」對「自燔」為文，止謂延燒他人室廬。畢讀「燔曼延」為句，「燔人」為句，則似以「燔人」為傷人，亦非是。

4 注 句。

5 注 畢云：「《玉篇》云：『姧同姦，俗』。」

▲案：吴鈔本作「強奸」。

諸城門若亭，謹候視往來行者符，符傳疑，[1]若無符，皆詣縣廷言。[2]請問其所使；[3]其有符傳者，善舍官府。其有知識、兄弟欲見之，爲召，勿令里巷中。[4]三老、守閭[5]令厲繕夫爲荅。[6]若他以事者微者，不得入里中。[7]三老不得入家人。[8]傳令里中有以羽，[9]羽在三所差，家人各令其官中，[10]失令，若稽留令者，斷。家有守者治食。吏卒民無符節而擅入里巷官府，吏、三老、守閭者失苛止，[11]皆斷。

1 注 《周禮·司關》有「節、傳」。鄭注云：「傳，如今移過所文書」。《釋名·釋書契》云：「過所或曰傳，傳，轉也，轉移所求執以為信也」。崔豹《古今注》云：「凡傳皆以木為之，長五寸，書符信於上，又以一板封之，皆封以御史印章，所以為信也」，未知周制同否。疑，謂疑其矯偽也。

2 注 「廷」，舊本誤「延」，今據茅本正。《說文．廴部》云：「廷，朝中也」。縣廷，令所治。《後漢書．郭太傳》李注引《風俗通》云：「廷，正也，言縣廷、郡廷、朝廷，皆取平均正直也。」

3 注 「請」，亦當為「詰」。

4 注 蘇云：「『令』下脫『入』字。」

5 注 三老，詳〈備城門〉篇。

6 注 當作「令繕厲矢為荅」。〈襍守〉篇云：「藺石、厲矢諸材」，可證。《說文．厂部》云：「厲，旱石也」。《書．禹貢》孔《疏》引鄭注云：「礪，磨刀刃石也」。

7 注 蘇云：「此句有錯誤，當作『若以他事徵者，不得入里中』。」

8 注 「家人」疑倒，或作「入家」。入家，謂入平民家也。

9 注 蘇云：「『有』當作『者』。」

10 注 倭本校云：「『官』一作『家』。」蘇云：「『三』下當脫『老』字，而『差』字即『老』字之訛，誤倒也。『官』當作『宮』。」

11 注 畢云：「言不訶止之。舊作『心』，以意改。」

諸盜守器械、財物及相盜者，直一錢以上，皆斷。吏卒民各自大書於傑，[1]著之其署同。[2]守案其署，擅入者，斷。城上日壹發席蓐，[3]令相錯發，[4]有匿不言人所挾藏在禁中者，斷。

1 注 「傑」，吳鈔本作「桀」。

▲案：《備蛾傅》篇亦作「桀」。洪云：「傑，古通作『楬』字。《周禮．職幣》『皆辨其物，而奠其錄，以書楬之』。鄭注：『楬之，若今時為書以著其幣』。『傑』、『楬』義同」。蘇云：「『傑』，疑『隔』字之訛，下言『著之其署隔』是也。」

▲案：洪說是也，「傑」即「桀」叚字。《爾雅．釋宮》云：「雞棲於弋為傑」，「傑」即「桀」之俗，「桀」與「楬」通。詳《備蛾傅》篇。蘇說非。

2 注 「同」，當從下文作「隔」。蘇云：「『同』疑『伺』字之訛」，非。

3 注 「日」上疑脫「三」字，後云「葆宮三日一發席蓐」。《爾雅．釋器》云：「蓐謂之茲」，郭注云：「蓐，席也」。

4 注 蘇云：「言互相稽察。」

吏卒民死者，輒召其人與次司空葬之，[1]勿令得坐泣。傷甚者令歸治病家善養，予醫給藥，賜酒日二升、肉二斤，令吏數行閭，視病有瘳，[2]輒造事上。[3]詐爲自賊傷以辟事者，[4]族之。[5]事已，守使吏身行死傷家，[6]臨戶而悲哀之。寇去事已，塞禱。[7]守以令益邑中豪傑力鬬諸有功者，[8]必身行死傷者家以弔哀之，身見死事之後。城圍罷，主亟發使者往勞，[9]舉有功及死傷者數，使爵祿，[10]守身尊寵，明白貴之，令其怨結於敵。

1 注 次司空，詳〈襍守〉篇。

2 注 畢云：「《說文》云：『瘳，疾瘉也』。」

3 注 謂病瘳即造守所共役也。

4 注 畢云：「『辟』同『避』，言詐為廢疾以避事。」

5 注 謂夷三族。詳後。

6 注 舊脫，今據《道藏》本、吳鈔本、茅本增。

7 注 《史記．封禪書》「冬塞禱祠」，《索隱》云：「『塞』與『賽』同。賽，今報神福也」。《漢書．郊祀志》顏注云：「塞，謂報其所祈也。」《管子．禁藏》篇云：「塞久禱」。《韓非子．外儲說右上》篇云：「秦襄王病，百姓為之禱。病愈，殺牛塞禱」。畢云：「『塞』即『賽』正文。」

8 注 畢云：「『益』字疑衍。」蘇云：「『益』字誤，或當為『賞』。」

▲案：畢、蘇說非。益，猶言加賞也。《商子．境內》篇云：「能得爵首一首，賞爵一級，益田一頃，益宅九畝。」

9 注 「亟」，舊本亦譌「函」，今據茅本正，王校同。蘇云：「『勞』讀去聲，謂慰問也。」

10 注 「使」下疑脫一字。

城上卒若吏各保其左右，[1]若欲以城爲外謀者，父母、妻子、同產皆斷。左右知，不捕告，皆與同罪。[2]城下里中[3]家人皆相葆，若城上之數。有能捕告之者，封之以千家之邑；若非其左右及他伍捕告者，[4]封之二千家之邑。

1 注 「保」，上下文皆作「葆」，此當同。

2 注 蘇移此二十六字著「城下里中家人皆相葆，若城上之數」二句下，今案不必移，蘇校非是。

3 注 畢云：「『里』舊作『理』，以意改。」

4 注 「及」，《道藏》本、吴鈔本、茅本並作「乃」，亦通。

城禁：使、卒、民不欲寇微職和旌者，斷。[1]不從令者，斷。非擅出令者，斷。[2]失令者，斷。倚戟縣下城，[3]上下不與衆等者，斷。無應而妄讙呼者，斷。[4]總失者，斷。[5]譽客內毀者，斷。[6]離署而聚語者，斷。聞城鼓聲而伍，後上署者，斷。人自大書版，著之其署隔，[7]守必自謀其先後，[8]非其署而妄入之者，斷。離署左右，共入他署，左右不捕，挾私書，行請謁及爲行書者，釋守事而治私家事，卒民相盜家室、嬰兒，皆斷無赦。人舉而藉之。[9]無符節而橫行軍中者，斷。客在城下，因數易其署而無易其養，[10]譽敵少以爲衆，亂以爲治，敵攻拙以爲巧者，斷。客、主人無得相與言及相藉，[11]客射以書，無得譽，[12]外示內以善，無得應，不從令者，皆斷。禁無得舉矢書，若以書射寇，犯令者父母、妻子皆斷，身梟城上。[13]有能捕告之者，賞之黃金二十斤。非時而行者，唯守及摻太守之節而使者。[14]

1 注 「使」，當為「吏」。「吏卒」上文常見，「不」，當為「下」。言吏卒民在城上者，不得擅下也。「欲」，疑「效」之誤。「微職」，即「徽識」之借字，詳後。和旌，謂軍門之旌。《周禮》大司馬職云：「以旌為左右和之門」，鄭注云：「軍門曰『和』，今謂之壘門，立兩旌以為之」。《孫子．軍爭》篇云：「交和而舍」，曹注云：「軍門曰和門」。

2 注 蘇云：「『非擅』當作『擅非』。」

3 注 「下」，舊本譌作「不」。蘇云：「『不』，疑當作『下』。」

▲案：蘇校是也，今據正。「倚戟縣下城」，言下城不由階陛，倚戟縣身以下也。

4 注 「而」，茅本作「為」。

5 注 「總」，疑當為「縱」。縱失，謂私縱罪人也。

6 注 畢云：「言稱敵而自毀，以其惑眾。」

7 注 畢云：「舊作『鄗』，以意改。」

▲詒讓案：《說文．𨸏部》云：「隔，障也」。署隔，蓋以分別署之界限者。

8 注 「謀」字誤，〈襍守〉篇又云：「令掘外宅林，謀多少」，「謀」疑皆為「課」之誤。

9 注 「藉」與「籍」通。

10 注 謂廝養，詳〈備城門〉篇。

11 注 蘇云：「藉，猶『借』也。」

12 注 「無」，吳鈔本作「毋」。俞云：「『譽』，當作『舉』，字之誤也。下文曰『禁無得舉矢書』。」

▲案：俞校是也。蘇云：「『譽』即譽敵也」，非。

13 注 畢云：「《說文》云：『県，到首也。賈侍中說，此斷首到縣県字』，今多用梟者。《說文》云『梟，从鳥頭在木上』，義亦通。」

14 **注** 《漢書．百官公卿表》「郡守，秦官，景帝中二年更名太守」。《國策．趙策》說韓靳黈、趙馮亭，並云太守。吳師道謂當時已有此稱，以此書證之，信然。畢云：「《史記．趙世家》云：『孝成王令趙勝告馮亭曰：敝國君使致命，以萬戶都三封太守，千戶都三封縣令』。《正義》云：『爾時未合言太守，至漢景帝始加太守。此言「太」，衍字』。沅案：此書亦云『太守』，則先秦時已有此官，張守節言『衍字』，非也。『摻』，即『操』異文，《廣雅》云：『摻，操也』，以為二字，非。言行不以時，唯守者及操節人可，餘皆禁之。」

守入臨城，[1]必謹問父老，吏大夫，請有怨仇讎不相解者，[2]召其人，明白爲之解之。[3]守必自異其人而藉之，[4]孤之，[5]有以私怨害城若吏事者，父母、妻子皆斷。其以城爲外謀者，三族。[6]有能得若捕告者，以其所守邑小大封之，守還授其印，尊寵官之，令吏大夫及卒民皆明知之。豪傑之外多交諸侯者，常請之，[7]令上通知之，善屬之，所居之吏上數選具之，[8]令無得擅出入，連質之。[9]術鄉長者、父老、豪傑之親戚父母、妻子，[10]必尊寵之，若貧人食[11]不能自給食者，上食之。及勇士父母親戚、妻子[12]皆時酒肉，[13]必敬之，舍之必近太守。守樓臨質宮而善周，[14]必密塗樓，令下無見上，上見下，下無知上有人無人。

1 注 「入」，舊本作「人」，今據茅本正。下文云「守入城，先以候為始」。

2 注 「請」，當為「諸」。

3 注 《周禮·地官·調人》，鄭衆注云：「今二千石，以令解仇怨，後復相報，移徙之。」是漢以前有吏以令為民解怨之法。

4 注 「藉」，亦與「籍」通，即〈襍守〉篇所云「札書藏之」也。蘇云：「藉，謂記其姓名也。」

5 注 畢云：「『孤』，舊作『狐』，以意改。」

▲詒讓案：謂不得與其曹伍相聚而處，皆防其為亂。

6 注 畢云：「《史記》云：『秦文公二十年，法初有三族之罪』，然《家語》云：『宰予與田常之亂，夷三族』，〈楚世家〉云：『鋗人曰，新王法，有敢饟王、從王者，罪及三族』，〈酷吏列傳〉云：『光祿徐自為曰：古有三族』，則知三族是古軍法，非始於秦。」

7 注 《說文·言部》云：「請，謁也。」

8 注 「選」，讀為「饌」。《廣雅·釋詁》云：「饌，具也，食也」。蘇云：「具，謂供具。」

9 注 謂質其親屬也。

10 注 王引之云：「『父母』二字，皆後人所加也。古者謂父母為『親戚』，故言親戚則不言父母，後人不達，故又加『父母』二字耳。篇內言父母妻子者多矣，皆不言親戚。下文有親戚妻子，則但言親戚，而不言父母，是親戚即父母也。」

▲案：王說是也。

11 注 此字衍，或當為「貧之食」，亦通。

12 注 王亦以「父母」二字為後人所加，是也。

13 注 王云：「『酒肉』上當有『賜』字，而今本脫之，則文義不明。下文曰『父母、妻子皆同其宮，賜衣食酒肉』，是其證。」

14 注 質宮，即下葆宮。畢云：「質宮，言質人妻子之處。守樓臨之，所以見遠，必周防之也。古者貴賤皆謂之宮。」

守之所親，舉吏貞廉、忠信、無害、可任事者，[1]其飲食酒肉勿禁，錢金、布帛、財物各自守之，慎勿相盜。葆宮之牆必三重，牆之垣，守者皆累瓦釜牆上。[2]門有吏，主者門里筦閉，[3]必須太守之節。葆衛必取戍卒有重厚者。[4]請擇吏之忠信者、[5]無害可任事者。

1 注 「舉」，當讀為「與」。《史記．蕭相國世家》「以文無害為沛主吏掾」，《集解》：「《漢書音義》云：文無害，有文無所枉害也。《律》有無害都吏，如今言公平吏。一曰無害者，如言無比，陳留閒語也。」《索隱》：「應劭云：雖為文吏，而不刻害也。韋昭云：為有文理、無傷害也」。《漢書．蕭何傳》作「文毋害」，顏注：「服虔云：為人解通無嫉害也。蘇林云：無害，若言無比也。一曰：害，勝也，無能勝害之者。師古云：害，傷也，無人能傷害之者」。

▲案：「無害」又見《史記》、《漢書．酷吏．趙禹》、〈張湯〉、〈減宣〉、〈杜周〉諸傳及《續漢書．郡國志》衆說舛異，通校諸文，當以《漢書音義》公平吏之義為是，《續漢書》劉注說亦同。

2 注 茅本「釜」作「塗」。蘇云：「此防其踰越，使有聲聞於人。」

3 注 「者」、「諸」通。蘇云：「『門里』當作『里門』。『筦』、『關』古通用。書中『管叔』作『關叔』。」

4 注 葆衛，謂葆宮之衛卒也。

5 注 「請」，疑「謹」之誤。以上文校之，「者」字當衍。

令將衛自築十尺之垣，周還牆。[1]門、閨者，非令衛司馬門。[2]

1 注 疑有脫誤。

2 注 吳鈔本無「門」字。門、閨者，謂守大門及閨門之人。〈備城門〉篇云：「大城丈五為閨門，廣四尺」。《公羊・宣六年傳》云：「入其大門，則無人門焉者。入其閨，則無人閨焉者」。《孫子・用間》篇亦有「門者」，詳前。「非」，疑當為「并」，言吏卒衛葆宮之門閨者，并令衛司馬門。猶上文云：「門將并守他門」也。《漢書・元帝紀》顏注云：「司馬門者，宮之外門也」。《漢官儀》云：「公車司馬，掌殿司馬門」。《三輔黃圖》云：「宮之外門為司馬門」。《史記索隱》云：「天子門有兵欄，曰司馬門也」。《列女傳・辯通》篇「鍾離春詣齊宣王，頓首司馬門外」。《國策・趙策》云：「武安君過司馬門，趨甚疾」。則戰國時國君之門已有「司馬門」之稱。此「司馬門」，則似是守令官府之門，又非公門。《賈子・等齊》篇云：「天子宮門曰司馬門，諸侯宮門曰司馬門」。是漢初諸侯王宮門，亦有是稱，蓋沿戰國制。

望氣者舍必近太守，巫舍必近公社，必敬神之。巫祝史與望氣者[1]必以善言告民，以請上報守，[2]守獨知其請而已。[3]無與望氣妄爲不善言[4]驚恐民，斷弗赦。

1 注 「史」，舊本作「吏」，今據吳鈔本、茅本改。〈迎敵祠〉篇有祝史。

2 注 舊本作「報守上」，今據王、蘇校乙。「請」，讀為「情」，並詳〈迎敵祠〉篇。

3 注 畢云：「言望氣縱有不善，而必以善告民，但私以實告守耳。」蘇云：「言以情上報守，故獨守知之也。」

4 **注** 王引之云：「『無』，即上文『巫』字，因聲同而誤。」蘇云：「『望氣』下當有『者』字。」

度食不足，[1]食民各自占家五種石升數，[2]爲期，其在蓴害，吏與雜訾，[3]期盡匿不占，占不悉，令吏卒歘得，[4]皆斷。有能捕告，賜什三。[5]收粟米、布帛、錢金，[6]出內畜產，[7]皆爲平直其賈，與主劵人書之。[8]事已，皆各以其賈倍償之。[9]又用其賈貴賤、多少賜爵，欲爲吏者許之，其不欲爲吏而欲以受賜，賞爵祿，若贖出親戚、所知罪人者，[10]以令許之。其受構賞者，令葆宮見，[11]以與其親。[12]欲以復佐上者，皆倍其爵賞。某縣某里某子家食口二人，積粟六百石，某里某子家食口十人，積粟百石。[13]出粟米有期日，過期不出者，王公有之，有能得，若告之，賞之什三。愼無令民知吾粟米多少。[14]

1 **注** 句。

2 **注** 倭本校云：「下『食』恐『令』譌。」

▲案：所校是也。「升」，王校作「斗」。王云：「《史記．平準書》『各以其物自占』，《索隱》引郭璞云『占，自隱度也』。謂各自隱度其財物多少，為文簿送之於官也。」蘇云：「五種，謂五穀。」

▲詒讓案：《周禮．職方氏》鄭注云：「五種：黍、稷、菽、麥、稻。」

3 注 茅本「期」、「其」二字互易。「薄害」，疑當作「薄者」。薄，古「簿」字。《淮南子．原道訓》高注云：「貲，量也」。蘇云：「訾，謂罰也」，誤。

4 注 舊本「占不悉」，作「占悉」，「𢽾」作「款」。王引之云：「『占悉』，當作『占不悉』，令『吏卒款得』，當作『令吏卒𢽾得』。『𢽾』與『䀢』同。《說文》『䀢，司也』。『䀢』字亦作『微』。上文云『守必謹微察』。〈迎敵祠〉篇曰『謹微察之』。言使民各自占其家穀，而為之期，若期盡而匿不占，或占之不盡，令吏卒伺察而得者，皆斬也。《史記．平準書》曰『各以其物自占，匿不自占，占不悉，戍邊一歲，沒入緡錢』，即用墨子法也。今本脫『不』字，『𢽾』字又譌作『款』，則義不可通。」

▲案：王說是也，今據補正。

5 注 「賜」，吳鈔本作「賞」。

▲案：下文亦作「賞」。

6 注 舊本「收」誤「牧」，又脫「帛」字，王云：「『牧』字義不可通，『牧』當為『收』字之誤也，『收粟米』即承上文令民自占五種數而言，布帛、錢金則連類而及之耳。〈備城門〉篇『收諸盆甕』，〈備高臨〉篇『以磿鹿卷收』，今本『收』字並譌作『牧』。〈月令〉『農有不收藏積聚者』，《正義》「『收』俗本作『牧』。」

▲案：王校是也。「布」下，王又增「帛」字，蘇校並同，與〈襍守〉篇合，今並據補正。

7 注 蘇云：「出內，即出納。」

8 注 舊本「券人」二字倒。王引之云：「『主人券』，當作『主券人』，謂與主券之人，使書其價也。〈襍守〉篇曰『民獻粟米、布帛、金錢、牛馬、畜產，皆為置平賈，與主券書之』，是其證。今本『券人』二字誤倒，則義不可通。」

▲案：王說是也，今據乙。

9 注 畢云：「古『償』只作『賞』，此俗寫。」

10 注 「出」，舊本誤「士」。王引之云：「『贖士』二字義不可通，『士』當為『出』，謂以財物贖出其親戚、所知罪人也。上文云『知識昆弟有罪而欲為贖，若以粟米、錢金、布帛、他財物免出者，許之』，是其證，隸書『出』、『士』二字相似，故諸書中『出』字多譌作『士』。」

▲案：王說是也，今據正。

11 注 「宮」，舊本作「官」。蘇云：「當作『宮』」，是也，今據正。

12 注 「與」，吳鈔本作「予」。

13 注 蘇云：「此即自占其石升之數也。」

14 注 「無」，吳鈔本作「毋」。以上占收民食之法。

守入城，先以候爲始，[1]得輒宮養之，勿令知吾守衛之備。候者爲異宮，[2]父母妻子皆同其宮，賜衣食酒肉，信吏善待之。候來若復，就閒，[3]守宮三難，[4]外環隅爲之樓，內環爲樓，樓入葆宮丈五尺爲復道。[5]葆不得有室。[6]三日一發席蓐，略視之，布茅宮中，厚三尺以上。[7]發候，必使鄉邑忠信、善重士，有親戚、妻子，厚奉資之。必重發候，爲養其親若妻子，爲異舍，無與員同所，[8]給食之酒肉。遣他候，奉資之如前候，反，相參審信，[9]厚賜之。候三發三信，重賜之。不欲受賜而欲爲吏者，許之二百石之吏。[10]守珮授之印。[11]其不欲爲吏而欲受構賞祿，皆如前。[12]有能入深至主國者，[13]問之審信，賞之倍他候。其不欲受賞，而欲爲吏者，許之三百石之吏。[14]扜士受賞賜者，[15]守必身自致之其親之其親之所，見其見守之任。[16]其欲復以佐上者，其構賞、爵祿、罪人倍之。[17]

1 注 蘇云：「候，謂訪知敵情者。」

2 注 吳鈔本作「官」。

3 注 《小爾雅·廣詁》云：「閒，隙也。」

4 注 「難」，當為「雜」。〈襍守〉篇云：「塹再雜」，此「三雜」，猶言「三帀」也。上亦云：「葆宮之牆必三重」。襍，訓帀，詳〈經上〉篇。

5 注 蘇云：「『復』，與『複』通。上下有道，故曰『復』。」

6 注 〈備城門〉篇云：「城門內不得有室，為周宮」。若然，葆宮亦無室，唯為周宮也。

7 注 未詳其用。

8 注 《廣雅．釋詁》云：「員，衆也。」

9 注 蘇云：「參，猶驗也。信，謂其言不妄。」

10 注 《商子．境內》篇有千石、八百石、七百石、六百石之令，此云「二百石之吏」，下又有「三百石之吏」，蓋秩視小吏。《韓非子．外儲說右》篇云：「燕王收吏璽，自三百石以上，皆效之子之。」

11 注 畢云：「『佩』字，俗寫从『玉』。」

12 注 「祿」上，疑當有「爵」字，上文云「其不欲為吏，而欲以受賜賞爵祿，以令許之」，下又云「其構賞爵祿罪人倍之」，皆可證。

13 注 主國，國都。

14 注 「為吏」，舊本作「為利」。「三百石之吏」，舊本作「三百之侯」，《道藏》本、茅本「侯」又作「候」。王云：「『利』當為『吏』，上文云『不欲受賜，而欲為吏者』，即其證。『吏』、『利』俗讀相亂，故『吏』譌作『利』。」王引之云：「『三石之侯』當作『三百石之吏』，上文『候三發三信，許之二百石之吏』，此文『能深入至主國者，賞之倍他候』，故許之三百石之吏。上文云『有能捕告之者，封之以千家之邑，若非其左右及他伍捕告者，封之二千家之邑』。是其例也。今本『石』上脫『百』字，『吏』字又譌作『侯』，則義不可通。」

▲案：王校是也，蘇說同，茅本「利」正作「吏」，今並據補正。

15 注 《左傳・桓二年》杜注云：「扞，衛也。」《國策・西周策》高注云：「扞，衛也。」蘇云：「扞士，能卻敵者。」

16 注 蘇云：「『其親之』三字誤重，上『見』字疑當作『令』。即上所謂『守身尊寵，明白貴之』者也。」

▲詒讓案：上文云「城外令任，城內守任」，故云「守之任」，但義仍難通。

17 注 王引之云：「『罪人』二字與上下文不相屬，蓋衍文。」

▲案：「罪人」上當有「贖出」二字，王以為衍文，非。

出候無過十里，[1]居高便所樹表，表三人守之，比至城者三表，[2]與城上烽燧相望，[3]晝則舉烽，夜則舉火。聞寇所從來，審知寇形必攻，論小城不自守通者，[4]盡葆其老弱、粟米、畜產。遣卒候者無過五十人，客至堞，去之。[5]慎無厭建。[6]候者曹無過三百人，[7]

日暮出之，[8]爲微職。[9]空隊、要塞之人所往來者，[10]令可□，迹者無下里三人，平而迹。[11]各立其表，城上應之。候出越陳表，[12]遮坐郭門之外內，[13]立其表，令卒之半居門內，令其少多無可知也。[14]即有驚，[15]見寇越陳表，[16]城上以麾指之，[17]迹坐擊缶期，以戰備從麾所指，[18]望見寇，[19]舉一垂；入竟，[20]舉二垂；狎郭，[21]舉三垂；入郭，[22]舉四垂；狎城，舉五垂。[23]夜以火，皆如此。[24]去郭百步，牆垣、樹木小大盡伐除之。外空井，盡窒之，[25]無令可得汲也。[26]外空窒盡發之，[27]木盡伐之。諸可以攻城者盡內城中，[28]令其人各有以記之。事以，[29]各以其記取之。事爲之券，[30]書其枚數。當遂材木不能盡內，即燒之，[31]無令客得而用之。

1 注 「出」，舊本譌「士」。王引之云：「『士』，亦當為『出』，謂出候敵人無過十里也。下文曰『候者日暮出之』，是其證。」蘇云：「此『候』謂斥候。」

▲詒讓案：《說文．人部》云：「候，伺望也。」「斥」與「候」不同，詳後及〈襍守〉篇。

2 注 舊本「比」譌「北」。王云：「『北』字義不可通，『北』當為『比』。比，及也。」顧、蘇說同。

▲案：茅本正作「比」，不誤，今據正。王引之云：「『三表』當為『五表』」，說見後。

3 注 畢云：「《說文》云：『熢，燧表候也』。邊有警則舉火。𤏡，塞上亭守褒火者，『隧』篆文省。《漢書注》云『孟康曰：逢，如覆米䉛，縣著契皋頭，有寇則舉之。燧，積薪，有寇即燔然之也』。此二字省文。」

4 **注** 言城小不能自守，又不能自通於大城也。

5 **注** 至堞，謂傅城也。傅城則諜無所用，欲去之。

6 **注** 「建」讀為「劵」，聲近字通。《考工記．輈人》「左不楗」，杜子春云：「書『楗』或作『劵』」。鄭康成云：「劵，今『倦』字也」。又〈襍守〉篇作「唯弇逮」，則疑「建」即「逮」之形誤。「逮」與「怠」音近古通，〈非儒〉篇「立命而怠事」，《晏子春秋．外篇》「怠」作「建」，二義並通，未知孰是。

7 **注** 此人數與上不同，未詳其說。

8 **注** 畢云：「據上文，『暮』當為『莫』。」

9 **注** 畢云：「即徽織，『微』當為『徵』。《說文》云：『徵，幟也，以絳帛箸於背，从「巾」，「微」省聲，《春秋傳》曰：揚徵者公徒』。〈東京賦〉云『戎士介而揚揮』。薛綜注云：『「揮」為肩上絳幟，如燕尾』，亦即『徵』也。《說文》又無『幟』字，當借『織』為之。」

▲詒讓案：正字當作「徽識」，《周禮．司常》鄭注作「徽識」。以「微」、「徽」為「徵」，「職」為「識」，皆同聲叚借字。詳前〈旗幟〉篇。

10 **注** 蘇云：「『隊』當作『隧』。要塞，謂險隘之處也。『之』、『人』二字誤倒。」

▲詒讓案：「隊」、「隧」字通。

11 注 王引之云：「此當作『人所往來者，令可以迹，迹者，無下里三人，平明而迹』。言人所往來之道，必令可以迹，其迹者之數，無下里三人，至平明時而迹之也。〈襍守〉篇云『距阜山林，皆令可以迹，平明而迹』，是其證。今本『可』下脫『以迹』二字，『平』下又脫『明』字，則義不可通。《周官．迹人》注『迹之，言跡知禽獸處』。〈襍守〉篇曰『可以迹知往來者少多』。」

12 注 「陳表」，〈襍守〉篇作「田表」。「田」、「陳」古音相近，字通。田表，謂郭外之表也。

13 注 《國語．晉語》「候遮扞衛不行」，韋注云：「遮，遮罔也。晝則候遮，夜則扞衛」。《說文．辵部》云：「遮，遏也」。

▲案：遮，〈襍守〉篇謂之「斥」。此「候」與「遮」二者不同，候出郭十里，迹知敵往來多少；「遮」則守郭門不遠出。「候」、「遮」各有表與城上相應。蓋郭外候者置表，郭內遮者置表與？

14 注 舊本「半」作「少」，「無可知也」作「無知可也」。王引之云：「此當作『令卒之半居門內，令其少多無可知也』，言令其卒半在門外，半在門內，不令人知我卒之多少也。〈襍守〉篇云『卒半在內，令多少無可知』，是其證。上文云『慎無令民知吾粟米多少』，意與此同。今本『半』作『少』者，涉下句『少多』而誤，『可知』又誤作『知可』，則義不可通。」

▲案：王校是也，蘇說同，茅本正作「無可知也」，不誤，今據正。

15 注 畢云：「『即』，舊作『節』，以意改。」蘇云：「『驚』同『警』。」

16 注 畢云：「《說文》云『越，度也』。言踰越而來。」

▲詒讓案：陳表，即候所置表。

17 注 畢云：「麾，即『摩』字異文，摩，即『麾』字省文。《說文》云：『麾，旌旗所以指摩也，从手，靡聲』。《玉篇》云：『麾，呼為切』。」

18 注 畢云：「〈襍守〉篇云『斥步鼓整旗，旗以備戰』，此作坐擊正期，即擊鼓正期也。」蘇云：「迹坐，當從上文作『遮坐』，『擊』下脫『鼓』字，謂坐而擊鼓也。『缶期以戰備』，當從〈襍守〉篇作『整旗以備戰』。」

▲案：蘇校上句近是，「迹」當作「遮」，與上迹者為候不同。「擊缶」，茅本作「繫垂」，疑誤。下文「五垂」，乃城上所置表，非遮者所用也。「以戰備從麾所指」，謂遮者既見寇，則具戰備，從城上旌麾所指，進退而迎敵。此遮者從戰，而候則敵至去之，不從戰，亦其異也。舊讀「以戰備」屬上句，非。蘇校從〈襍守〉篇改「戰備」為「備戰」，尤誤。說互詳〈襍守〉篇。

19 注 舊本脫「見寇」二字。王云：「〈襍守〉篇『望見寇，舉一烽；入竟，舉二烽』，今據補。」

20 注 蘇云：「『竟』同『境』。」

21 注 畢云：「狎，近。」俞云：「狎郭、狎城，兩『狎』字並當作『甲』，後人不達而加『犬』旁也。甲者，會也。《詩．大明》篇『會朝清明』，毛《傳》曰『會，甲也』，是『甲』與『會』聲近而義通。甲郭者，會于郭外也。甲城者，會于城外也。此言『甲郭』、『甲城』，〈襍守〉篇言『郭會』、『城會』，文異而義同。」

▲案：俞說是也，但「甲」、「狎」字通。《詩·衛風·芄蘭》「能不我甲」，毛《傳》云：「甲，狎也。」《釋文》引韓詩「甲」作「狎」，則舊本作「狎」，於義得通，不必定改作「甲」也。

22 **注** 舊本脫「郭」字，王據上文補。

23 **注** 王引之云：「『垂』字義不可通，『垂』當為『表』。上文言候者各立其表，則此所舉者皆表也。又此文曰『望見寇，舉一垂；入竟，舉二垂；狎郭，舉三垂；入郭，舉四垂；狎城，舉五垂』，即上文所謂『比至城者五表』也，則『垂』字明是『表』字之譌。隸書『表』字作『表』，『垂』字或作『垂』，見〈漢魯相韓勑造孔廟禮器碑〉，二形略相似，故『表』譌作『垂』。《通典·兵五》曰『城上立四表，以為候視，若敵去城五、六十步，即舉一表；橦梯逼城，舉二表；敵若登梯，舉三表；欲攀女墻，舉四表。夜即舉火如表』，此『舉表』二字之明證也。又案〈襍守〉篇『守表者三人，更立捶表而望』，當作『更立表而望』，蓋一本誤作『垂』，一本正作『表』，而校書者誤合之，淺人不知『垂』為『表』之誤，又妄加手旁耳。」俞云：「王非也。『垂』者『郵』之壞字，『郵』即『表』也。《禮記·郊特牲》篇有『郵表畷』，鄭君說此未明。『郵表畷』蓋一物也。古者於疆界之地立木為表，綴物於上，若旌旗之旒，謂之『郵表畷』。『郵』與『旒』通，『畷』與『綴』通。鄭君引《詩》為『下國畷郵』，今〈長發〉篇作『綴旒』，是知『郵畷』即『綴旒』也。

以其用而言，所以表識也；以其制而言，若綴旒然。此『郵表畷』所以名也。《墨子》書多古言，〈襍守〉篇『捶表』，即『郵表』也，『郵』誤為『垂』，後人妄加『手』旁耳。重言之曰『郵表』，單言之則或曰『表』，或曰『郵』，皆古人之常語也。王氏竟改為『表』，雖於義未失，而古語亡矣。」

▲案：俞說是也。

24 **注** 王云：「亦如五表之數。」

25 **注** 王引之云：「『外空井』，當作『外宅井』，謂城外人家之井也。恐寇取水，故塞之。故下文云『無令可得汲也』。〈襍守〉篇云『外宅溝井可窴塞』，是其證。若空井，則無庸塞矣。『外宅』二字，〈襍守〉篇屢見。」

26 **注** 舊本脫「令」字。王云：「案下文曰『無令客得而用之』，〈襍守〉篇曰『無令寇得用之』，今據補。」

27 **注** 「空窒」，茅本作「室屋」，王引之云：「『外空窒』，當作『外宅室』，謂城外人家之室也。發室伐木，皆恐寇得其材而用之也，故下文云『無令客得而用之』，〈襍守〉篇云『寇薄，發屋伐木』，是其證。今本『外宅』作『外空』，誤與上文同。『室』之作『窒』，則又涉上文『盡窒之』而誤。」

▲案：王校是也，蘇校同。但「室」、「窒」聲類同，古多通用。〈備城門〉篇云：「室以樵」，彼以「室」為「窒」，與此可互證，非誤字也。〈漢韓敕修孔廟碑〉，「室」字亦作「窒」。

28 **注** 蘇云：「『內』讀如『納』。」

29 注 蘇云：「當作『事已』。」

▲案：蘇說是也，「以」與「已」同，言守事畢也。

30 注 舊本「各」下脫「以」字。畢云：「『各』當為『名』。」蘇云：「『各』下脫『以』字。『事為之券』，當作『吏為之券』，叓，古『事』字，與『吏』近也。」

▲案：蘇校是也，今據補。

31 注 畢云：「『遂』同『術』。」王云：「『遂』與『隧』同，道也。『內』與『納』同。舊本『材』誤『枚』，『即』誤『既』。」王引之云：「『枚木』文不成義，『枚』當為『材』，『既燒之』，當為『即燒之』。言當道之材木不能盡納城中者，即燒之，無令寇得而用之也。〈襍守〉篇云『材木不能盡入者，燒之，無令寇得用之』，是其證。今本『材』作『枚』，涉上文『枚數』而誤。『即』字又誤作『既』，則義不可通。」

▲案：王校是也，蘇說亦同，今據正。「當遂」，即〈備城門〉篇之「當隊」，畢說非。

人自大書版，著之其署忠。有司出其所治，[1]則從淫之法，其罪射。[2]務色謾𠙻，[3]淫囂不靜，當路尼衆，[4]舍事[5]後就，[6]踰時不寧，[7]其罪射。讙囂駴衆，[8]其罪殺。非上不諫，次主凶言，[9]其罪殺。無敢有樂器、弊騏軍中，[10]有則其罪射。非有司之令，無敢有車馳、人趨，有則其罪射。無敢散牛馬軍中，有則其罪射。飲食不時，其罪射。無敢歌哭於軍中，有則其罪射。令各執罰盡殺，有司見有罪而不誅，同罰，若或逃之，亦殺。凡將率鬬其衆失法，殺。凡有司不使去卒、吏民聞誓令，[11]代之服罪。[12]凡戮人於市，死上目行。[13]

1 注 「忠」，疑當為「中」之誤。

2 注 畢云：「謂貫耳」。俞云：「古不名貫耳為射，『射』疑『刖』字之誤。」

▲案：《說文．耳部》云：「聅，軍法以矢貫耳也。」「射」正字作「䠶」，與「聅」形近。畢隱據許書，義亦通。《韓非子．難言》篇云：「田明辜射」，舊注云：「射而殺之」。

▲案：「射殺」不當云「辜」，彼注未塙。

3 注 蘇云：「此句有誤，疑當作『矜色謾言』。」

▲案：「缶」即「正」字，茅本作「正」，謂欺謾正人，不必改為「言」。

4 注 畢云：「尼，止。」

5 注 畢云：「言舍其事。」

6 注 舊本有「路」字，《道藏》本、茅本無，今據刪。言事急而後至。畢云：「言緩。」

7 注 謂不謁告也。《漢書．高帝紀注》：「李斐云：休謁之名，吉日告凶曰寧。」

8 注 畢云：「駴，『駭』字異文。《周禮》云：『鼓皆駴』，陸德明《音義》云：『本亦作「駭」，胡楷反。李一音「亥」』。又〈大僕〉『戒鼓』，鄭君注云：『故書「戒」為「駭」』。則『駴』本『戒』之俗加也。」

9 注 蘇云：「『次』字有誤。」

▲詒讓案：疑當為「刺」。

10 注 「獘騏」，疑「奕棋」之誤，《說文．収部》云：「奕，圍棋也。」

11 注 俞云：「『去』，乃『士』字之誤。」

12 注 「代」，舊本誤「伐」。王引之云：「『伐』字義不可通，『伐』當為『代』。卒吏民不聽誓令者，其罪斬。若有司不使之聞誓令，則當代之服罪矣。」

▲案：王說是也，蘇說同，今據正。

13 注 此句有誤，疑當作「死三日㣄」。「㣄」、「徇」古今字，「死」與「尸」聲近義通。謂陳尸於市三日，以徇眾也。《周禮．鄉士》云：「肆之三日」，《左．襄二十二年傳》「楚殺觀起，三日，棄疾請尸」。是戮於市者，皆陳尸三日也。上云「離守者三日而一徇」，亦足互證。「三」與古文「上」作「二」相似，「日」、「目」，「㣄」、「行」，形並相近，傳寫譌舛，遂不可通。

謁者侍令門外，爲二曹，夾門坐，鋪食更，無空。[1]門下謁者一長，[2]守數令入中，視其亡者，以督門尉[3]與其官長，及亡者入中報。四人夾令門內坐，二人夾散門外坐。[4]客見，持兵立前，鋪食更，上侍者名。[5]守室下高樓，[6]候者望見乘車若騎卒道外來者，[7]及城中非常者，輒言之守。守以須城上候城門及邑吏來告其事者以驗之，[8]樓下人受候者言，以報守。[9]中涓二人，夾散門內坐，門常閉，鋪食更，中涓一長者。環守宮之術衢，[10]置屯道，各垣其兩旁，高丈，爲埤院，[11]立初雞足置，[12]夾挾視葆食。[13]而札書得，必謹案視參食者，[14]節不法，[15]正請之。[16]屯陳、垣外術衢街皆樓，[17]高臨里中，樓一鼓、聾竈。[18]即有物故，[19]鼓，[20]吏至而止。[21]夜以火指鼓所。城下五十步一廁，廁與上同國。[22]請有罪過而可無斷者，[23]令杼廁利之。[24]

1 注 「鋪」，當為「餔」，下並同，詳前。蘇云：「更，代也。言餔食則遣其曹更代，勿令空也。」

2 注 王引之云：「『長』下當有『者』字，而今本脫之，下文曰『中涓一長者』，是其證。」

3 注 《文選・藉田賦》李注引《字書》云：「督，察也。」

4 注 「四人」、「二人」亦謂謁者。

5 注 舊本譌「民」，今依《道藏》本、茅本正。上文云「上逋者名」。

6 注 室下不得為樓，「室」當為「堂」之誤。「高」上，疑當有「為」字。〈備城門〉篇云「守堂下為大樓，高臨城」，即此。

7 注 「道」，亦「從」也，詳前。

8 注 舊本「須」誤「順」，蘇云：「『順』為『須』之訛。須，待也，〈襍守〉篇云『須告之至以參驗之』。」

▲案：蘇校是也，今據正。

9 注 畢云：「言，傳其言。」

10 注 《說文．行部》云：「四達謂之衢。」

11 注 畢云：「『郳』當為『倪』。」

12 注 此上下文有脫誤。「初」，疑「勿」之誤。〈公孟〉篇「搢忽」，「忽」作「忍」，與此相類。雞足置，謂立物如雞足之形。後〈襍守〉篇云：「入柴勿積魚鱗簪」，又前〈備蛾傳〉篇云：「相覆勿令魚鱗三」，此文例與彼正同。

13 注 此有脫誤，疑當作「卒夾視葆舍」。葆舍，猶葆宮也。

14 注 王云：「參食，當為『參驗』。〈襍守〉篇曰『吏所解，皆札書藏之，以須告之至以參驗之』，是其證。此『驗』譌為『僉』，又譌為『食』耳。」

15 注 「節」，當為「即」。

16 注 「正請」，亦當為「止詰」。

17 注 茅本無「街」字。屯陳，即上文之「屯道」。「樓」上疑脫「為」字。

18 注 聾，「壟」之叚字，詳〈備城門〉篇。樓有一竈者，夜以舉火。

19 注 句。

20 注 物故，猶言事故，言有事故則擊鼓也。

21 注 「止」，舊本譌「正」，今據茅本正。言擊鼓以報吏，吏至鼓乃止也。

22 注 〈備城門〉篇云：「城上五十步一廁，與下同圂」，與此略同。

23 注 「請」，亦當為「諸」之誤。

24 注 畢云：「似言罰之守廁。」蘇云：「利，似謂除去不潔，使之通利。」

▲詒讓案：「杍」當為「抒」，《左傳．文六年》杜注云：「抒，除也」。《開元占經．甘氏外官占》引〈甘氏讚〉云：「天溷伏作，抒廁糞土。」「利」疑譌。

襍守第七十一

禽子問曰：「客衆而勇，輕意見威，[1]以駭主人。薪土俱上，以爲羊坽，[2]積土爲高，以臨民，[3]蒙櫓俱前，遂屬之城，[4]兵弩俱上，爲之柰何？」子墨子曰：「子問羊坽之守邪？[5]羊坽者，攻之拙者也，足以勞卒，不足以害城。羊坽之政，[6]遠攻則遠害，近城則近害，[7]不至城。[8]矢石無休，左右趣射，蘭爲柱後，[9]望以固。[10]厲吾銳卒，愼無使顧，守者重下，攻者輕去。[11]養勇高奮，民心百倍，多執數少，[12]卒乃不怠。[13]

1 注 「輕意」義難通，「意」疑當為「竟」之譌，「竟」、「競」古字通，與〈旗幟〉篇「竟士」義同。輕竟，言輕鬬，猶下云「重下」、「輕去」矣。

2 注 茅本作「玪」，从今。

3 注 畢云：「句脫一字。」

4 注 畢云：「『民』、『城』為韻。」

▲詒讓案：「坽」亦合韻。

5 注 舊本脫「之」字，今據王校補。

6 注 蘇云：「『政』，當作『攻』。」

7 注 「城」，當作「攻」，「害」並當為「圄」，「圄」與「圉禦」字同，此涉上文而誤。言遠攻則遠禦之，近攻則近禦之也。〈公孟〉篇云：「厚攻則厚吾，薄攻則薄吾。」彼「吾」亦「圄」之省，語意與此異而義同。

8 注 畢云：「句脫一字」。詒讓案此當作「害不至城」，即上云「不足以害城」也。因上文兩「圄」字並譌「害」，此句首「害」字轉涉彼而脫耳。

9 注 蘭，疑即〈備城門〉篇之「兵弩簡格」。柱，謂楮柱。畢云：「『休』、『後』為韻。」

10 注 畢云：「句脫一字。」

11 注 畢云：「舊作『云』，以意改。『固』、『顧』、『去』為韻。」

12 注 王云：「『多執數少』，義不可通，『少』當為『賞』，『賞』字脫去大半，僅存『小』字，因譌而為『少』。言我之卒能多執敵人者，數賞之，則卒乃不怠也。下文正作『多執數賞，卒乃不怠』。」蘇說同。

13 注 畢云：「舊脫『卒』字，據下文增。『倍』、『殆』為韻。」王云：「『怠』、『殆』古字通。」

作士不休，[1]不能禁禦，遂屬之城，以禦雲梯之法應之。凡待煙、衝、雲梯、臨之法，[2]必應城以禦之，曰不足，則以木椁之。[3]左百步，右百步，[4]繁下矢、石、沙、炭以雨之，薪火、水湯以濟之。選厲銳卒，慎無使顧，審賞行罰，5以靜爲故，從之以急，無使生慮，6恚瘜高憤，7民心百倍，多執數賞，卒乃不怠。8衝、臨、梯皆以衝衝之。

1 注 「士」，當作「土」，即上文之「積土」也。《商子．兵守》篇云：「客至，而作土以為險阻。」

2 注 畢云：「『煙』同『堙』。」

▲詒讓案：當依〈備城門〉篇作「堙」。

3 注 王引之云：「『楟』字義不可通。『楟』當為『揨』字之誤也。《說文》『朾，撞也』。《廣雅》曰『揨，撞刺也』。『揨』與『朾』同，謂以木撞其堙、衝、梯、臨也。」

4 注 茅本「右」作「又」。

5 注 審賞，舊本誤倒。王云：「當為『審賞行罰』，今本『審賞』二字倒轉，則文義不順。〈備梯〉篇正作『審賞行罰』。」

▲案：王校是也，茅本正作「審賞」，不倒，今據乙。

6 注 畢云：「『生』，舊作『主』，以意改。」

▲案：茅本正作「生」，不誤，〈備梯〉篇亦作「生」。

7 注 茅本作「慎」，誤。畢云：「《說文》『恚，恨也』。『恿，古文「勇」，从心』，則字當為『恿』。」

王引之云：「畢以『瘜』為『恿』之誤，是也。『恚』當為『恙』，字之誤也。『恙』與『養』古字通。

『憒』與『奮』同。上文云『養勇高奮，民心百倍』，是其明證也。」

8 **注** 畢云：「舊『乃不』二字倒，以意改。『顧』、『故』、『慮』、『倍』、『怠』為韻。」

渠長丈五尺，其埋者三尺，[1]矢長丈二尺。[2]渠廣丈六尺，其弟丈二尺，[3]渠之垂者四尺。樹渠無傅葉五寸，[4]梯渠十丈一梯，[5]渠荅大數，里二百五十八，渠荅百二十九。[6]

1 **注** 畢云：「『埋』舊作『理』，以意改。」

2 **注** 蘇云：「〈備城門〉篇『矢』作『夫』。」

▲詒讓案：當為「夫」，即「趺」之省，詳〈備城門〉篇。

3 **注** 蘇云：「『弟』與『梯』同，下文作『梯』，是也。」

4 **注** 畢云：「『葉』，即『堞』字。」蘇云：「〈備城門〉篇言『去堞五寸』，與此言合。」

5 **注** 渠之有梯者謂之梯渠，但渠廣丈六尺，則不得有十丈。若據設渠處言之，則城上二步一渠，其廣丈二尺，二十步而十渠，則十二丈也，與此數皆不相應，未詳。

6 **注** 蘇云：「〈備城門〉篇言『城上二步一渠』，又言『二步一荅』，此『里』字疑當作『步』。」

▲詒讓案：此當作「里二百五十八步」，「里」字不誤，今本脫一「步」字耳。里法本三百步，而云「二百五十八步」者，蓋就設渠荅之處計之，所餘四十二步，或當門隅及樓圂，不能盡設渠荅，故不數。

諸外道可要塞以難寇，其甚害者爲築三亭，[1]亭三隅，[2]織女之，[3]令能相救。諸距阜、[4]山林、溝瀆、丘陵、阡陌、[5]郭門若閻術，可要塞[6]及爲微職，[7]可以迹知往來者少多及所伏藏之處。

1 注 蘇云：「此言險隘宜守，『害』謂要害。築亭，備瞭望也。」

2 注 「亭三」二字，舊本倒，今據茅本乙。

3 注 畢云：「當云『織如之』。織，古幟字。」陳奐云：「織女三星成三角，故築防禦之亭，以象織女處隅之形。」

▲案：陳說是也。上文不言「織」，則不當云「如之」，畢校未塙。此言亭為三隅形，如織女三星之隅列，猶下文云「為擊三隅之」也。《六韜．軍用》篇云：「兩鏃蔾蒺，參連織女」，是古書多以「織女」擬三角形之證。

4 注 畢云：「『距』舊作『詎』，以意改。」蘇云：「『距』、『鉅』通用，大也。」

5 注 畢云：「古只為『仟伯』。」

6 注 《說文．門部》云：「閻，里中門也。」

7 注 畢云：「同『織』。」

▲案：詳〈號令〉篇。

葆民，先舉城中官府、民宅、室署，大小調處，[1]葆者或欲從兄弟、知識者，許之。[2]外宅粟米、畜產、財物諸可以佐城者，送入城中，事即急，則使積門內。[3]民獻粟米、布帛、金錢、牛馬、畜產，皆爲置平賈，[4]與主券書之。

1 注 葆民，即外民入葆者。計度城內宮室之大小，分處之，必均調也。

2 注 「識」字舊本脫。王引之云：「『知』下當有『識』字，而今本脫之，則文義不完，〈號令〉篇曰『其有知識兄弟欲見之』，是其證。」

3 注 事急不及致所積之處，則令暫積門內，取易致也。此下舊本有「候無過五十」云云十四字，乃下文錯簡，今移於彼。

4 注 〈號令〉篇作「皆為平直其價」，疑「置平」亦「平直」之誤。

使人各得其所長，天下事當；[1]鈞其分職，天下事得；[2]皆其所喜，天下事備；[3]強弱有數，天下事具矣。[4]

1 注 畢云：「『長』、『當』為韻。」

2 注 畢云：「『職』、『得』為韻。」

3 注 畢云：「『喜』、『備』為韻。」

4 注 畢云：「『數』、『具』為韻。」蘇云：「此八句與前後文語意不倫，疑有錯簡。」

築郵亭者圜之，高三丈以上，令侍殺[1]爲辟梯，[2]梯兩臂長三尺，[3]連門三尺，報以繩連之。[4]槧再雜爲縣梁。[5]聾竈，[6]亭一鼓。寇烽、驚烽、亂烽，[7]傳火以次應之，至主國止，[8]其事急者引而上下之。[9]烽火以舉，[10]輒五鼓傳，又以火屬之，[11]言寇所從來者少多，[12]旦弇還，[13]去來屬次烽勿罷。望見寇，舉一烽；入境，[14]舉二烽；射妻，[15]舉三烽一藍；[16]郭會，[17]舉四烽二藍；[18]城會，舉五烽五藍；[19]夜以火，如此數。[20]守烽者事急。[21]

1 注 「侍」當為「倚」，言邪殺為梯也，〈備城門〉篇云「倚殺如城埶」，可證。蘇云：「『侍』當作『特』；殺，減也」，非。

2 注 畢云：「『辟』，即『臂』字。」

3 注 亭高三丈以上，則梯長不得止三尺，疑「尺」當為「丈」。

4 注 「連門」，疑當作「連版」。

5 注 「槧」，當為「塹」。「塹縣梁」，見〈備城門〉篇。再雜，猶言再帀，詳〈經上〉篇。

6 注 當作「壟竈」，詳〈備城門〉篇。亦言每亭為一壟竈。〈號令〉篇云「樓一鼓，壟竈」。

7 注 言舉烽有此三等，以為緩急之辨。

8 注 畢云：「舊作『正』，以意改。」

9 注 謂引烽而上下之，烽著桔槔頭，故可引而上下，詳〈號令〉篇。

10 注 王云：「『以』、『已』同。」

11 注 畢云：「『火』舊作『又』，以意改。」

12 注 《廣雅．釋詁》云：「言，問也。」

13 注 「曰」，茅本作「且」，疑當為「毋弇建」，即〈號令〉篇之「無厭建」，後文又作「唯弇逮」，則疑「還」或為「遝」之誤，此書「遝」多誤「還」。「遝」、「逮」同。詳〈非攻下〉篇。

14 注 畢云：「〈號令〉篇作『竟』是。」

15 注 「妻」，疑「要」之譌。上文屢云「要塞」，下文又云「有要有害」，可證。射要，謂急趨要害。《周禮．野廬氏》鄭注云：「徑踰射邪趨疾越渠隄也。」畢云：「當是『女垣』譌字。」

▲案：此方入境，尚未郭會，安得至女垣？畢說非。

16 注 舊本脫「一」字，今據《道藏》本、茅本補。王校改「一」為「三」。畢讀「藍郭」句，云：「『藍』、『䦨』聲相近，言䦨郭也，謂近之。」

▲案：畢失其句讀，不可從。

17 注 謂寇至郭。

18 注 「二」，王校改「四」。

19 注 王引之云：「『藍』字，義不可通，蓋『鼓』字之誤。『鼓』字篆文作『鼓』，上『屮』誤為『艹』，中『豆』誤為『臥』，下『支』誤為『皿』，遂合而為『藍』字。此文當云『望見寇，舉一烽一鼓；入境，舉二烽二鼓；射妻，舉三烽三鼓；郭會，舉四烽四鼓；城會，舉五烽五鼓』。上文曰『烽火以舉，輒五鼓傳』，正與此『舉五烽五鼓』相應。《史記．周本紀》：『幽王為熢燧大鼓，有寇至則舉熢火』。是有熢即有鼓也。今本『舉一烽』、『舉二烽』下，脫『一鼓』、『二鼓』四字，『舉三烽三鼓』，『舉四烽四鼓』，『鼓』字既皆誤作『藍』，而上句『三』字又誤作『一』，下句『四』字誤作『二』，唯下文『舉五烽五藍』，『藍』字雖誤，而兩『五』字不誤，猶足見烽鼓相應之數。而自『一烽一鼓』，以至『五烽五鼓』，皆可次第而正之矣。下文曰『夜以火，如此數』，正謂如五烽五鼓之數。則『藍』為『鼓』字之誤甚明。畢以『藍郭』二字連讀，又謂『藍』、『䦨』聲相近，而以為『蹂躪』字，大誤。」

▲案：王說以「藍」為「鼓」，甚塙。惟依舊本，則前二烽皆無鼓，「三烽一鼓」，「四烽二鼓」，鼓數與烽

亦不必盡相應。依王說，鼓數各如烽，則增改字太多，不知塙否？今未敢輒改。蘇謂「二」字及「五藍」二字並衍，失之。

20 注 王引之云：「〈號令〉篇『夜以火，皆如此』，亦謂如五表之數。」

21 注 此下疑有脫文。

候無過五十，寇至葉，隨去之，唯弇逮。[1]日暮出之，令皆爲微職。距阜、山林，皆令可以迹，平明而迹。[2]無迹，各立其表，下城之應。[3]候出置田表，[4]斥坐郭內外，立旗幟，[5]卒半在內，令多少無可知。即有驚，[6]舉孔表，[7]見寇，舉牧表。[8]城上以麾指之，斥步鼓整旗旗，[9]以備戰從麾所指。[10]田者男子以備備從斥，[11]女子亟走入。[12]即見放，[13]到傳到城止。[14]守表者三人，更立捶表而望，[15]守數令騎若吏行旁視，有以知爲所爲。[16]其曹一鼓。[17]望見寇，鼓傳到城止。

1 注 「寇至葉隨去之」，舊本作「寇至隨葉去」五字，畢以意改「葉」為「棄」。王云：「畢改非也。此當作『寇至葉隨去之』，言候無過五十人，及寇至堞時，即去之也。〈號令〉篇曰『遣卒候者無過五十人，客至堞，去之』，是其證。今本『去』下脫『之』字，又升『隨』字於『葉』字上，則義不可通。」又云：

「『葉』與『堞』同，上文『樹渠無傅葉五寸』，亦以『葉』為『堞』。」

▲案：王校是也，今據乙增。又此十四字，舊本誤錯入上文「事即急，則使積門內」下，今移於此。〈號令〉篇云：「遣卒候無過五十人，客至堞，去之，慎無厭建。候者曹無過三百人，日暮出之，為微職。」與此上下文正同，則其為錯簡無疑矣。「唯弇逮」亦當作「無厭逮」，「逮」、「怠」通，〈號令〉篇作「無厭建」。

2 注 句。

3 注 王引之云：「此本作『平明而迹，迹者無下里三人，各立其表，城上應之』。言迹者之數，每里無下三人，各立其表，而城上應之也。〈號令〉篇云『跡者無下里三人，平明而跡，各立其表，城上應之』，是其證。今本『迹者無下里三人』七字，祇存『無迹』二字，『城上應之』又譌作『下城之應』，則義不可通。」

4 注 田表，候出郭外所置之表。郭外皆民田，下云「田者男子以戰備從斥」，即郭外耕田之民也。

5 注 蘇云：「〈號令〉篇云『候出越陳表，遮坐郭門之外內，立其表』，文校此為優。『田』與『陳』通。」

▲詒讓案：「斥」、「遮」義同，《淮南子．兵略訓》「斥闉要遮」，高注云：「斥，候也」。此「斥」為「遮」，與「候」異。幟，俗字。上文「微職」並作「職」。

6 注 驚，「警」同，詳〈號令〉篇。

7 注 「孔」，疑當作「外」，艸書相似而誤。

8 注 「牧」，疑當為「次」，亦艸書之誤，若上文云「次烽」。

9 注 蘇云：「『步』當作為『坐』，下『旗』字衍。」

10 注 「備戰」，當從〈旗幟〉篇作「戰備」，即兵械之屬。言斥各持戰備，從城上旌麾所指而迎敵也。下云：「田者男子以戰備從斥」，義同。舊讀「以備戰」三字屬上句，誤。「指」，舊本譌「止」，今據《道藏》本、茅本正。蘇云：「〈號令〉篇作『指』。」

11 注 謂從斥卒禦敵。

12 注 「亟」，舊本譌「函」，王校改「亟」，茅本正作「亟」，今據正。

13 注 「放」當為「寇」，下文可證。

14 注 「止」，舊本誤「正」。王引之云：「上『到』字當為『鼓』，『正』當為『止』。『鼓傳到城止』，見下文。上文又曰『烽火以舉，輒五鼓傳』。」蘇云：「上『到』字誤衍，『正』為『止』字之訛。」

▲案：王說近是，茅本「止」字不誤，今據正。

15 注 蘇云：「〈號令〉篇言『表三人守之』，與此合。『捶』，〈號令〉篇作『垂』。」

▲案：捶表，俞謂即「郵表」，是也。王校刪「捶」字，非。詳〈號令〉篇。

16 注 蘇云：「『㝑』，當作『訪』，上『為』字當作『其』。」

▲詒讓案：「㝑視」猶言「偏視」，又疑當作「行視㝑」，㝑謂城之四面也。

17 注 言守表者，每曹有一鼓。

斗食，[1]終歲三十六石；[2]參食，終歲二十四石；四食，終歲十八石；[3]五食，終歲十四石四斗；[4]六食，終歲十二石。[5]斗食食五升，[6]參食食參升小半，四食食二升半，五食食二升，六食食一升大半，日再食。[7]救死之時，日二升者二十日，日三升者三十日，日四升者四十日，[8]如是，而民免於九十日之約矣。[9]

1 注 「斗」，舊本譌「升」。畢云：「疑『斗食』。」俞云：「以下文推之，則『升』為『斗』字之誤無疑。」

2 注 蘇云：「據下言『斗食食五升』，又言『日再食』，是一食五升，再食則一斗，以終歲計之，當三十六石也。」

▲案：畢、俞說是也，蘇校同，今據正。

3 注 舊本「食」上脫「四」字，今據《道藏》本、茅本補。蘇云：「當作『參食，終歲二十石，四食終歲十八石』。然『二十』下尚當有脫字。據下言『參食食參升』，日再食則六升，以終歲計之，當得二十一石六斗。『四食食二升半』，日再食則五升，以終歲計之，當得十八石也。」俞云：「此數不同者，上所說是常數，下所說是圍城之中，民食不足，減去其半之數也。『參食』者，參分斗而日食其二也，故終歲二十四石也。句下脫『四』字，當據下文補。『四食』者，四分斗而日食其二也，故終歲十八石也。」

4 注 舊本作「五食，終歲十四石升」。盧云：「疑『十四石五升』，否或『升』字衍。」俞云：「五食者，五分斗而食其二，則每日食四升，終歲當食十四石四斗。今作『終歲十四石升』，蓋誤『斗』為『升』，又脫『四』字耳，盧說於數不合，非也。」

▲案：俞校是也，蘇說同，今據補正。

5 注 俞云：「六食者，六分斗而食其二也，故終歲十二石也。」蘇云：「下言『六食一升大半』，是每日食三升有奇，以終歲計之，當得十二石也。」

6 注 上「斗」字，舊本亦譌「升」，今依畢、蘇校正。

7 注 此申析上文「斗食」以下「日再食」每食之升數也，故末又云「日再食」，以總釋之。俞云：「此依前數而各減其半。斗食者每日一斗，今則為五升矣。參食者每日六升大半，今為參升小半矣，不言『小半』者，傳寫脫去也。下文言『六食食一升大半』，則此必言『食參升小半』可知。蓋參食本食六升大半，而減之為三升小半，猶六食本食三升小半，而減之為一升大半也，無『小半』二字即於數不足矣。四食本食五升，故減為二升半。五食本食四升，故減為二升。其數甚明。」

▲案：俞以此為民食不足，依前數而各減其半，非墨子之恉。而謂「參食食參升」下當有「小半」二字，則甚

塙，今據增。

8 注 「日二升」者，再食每食一升也；「日三升」者，每食一升有半也；「日四升」者，每食二升也。

9 注 「約」謂危約。

寇近，亟收諸雜鄉金器若銅鐵，[1]及他可以左守事者。[2]先舉縣官室居、官府不急者，材之大小長短及凡數，[3]即急先發。[4]寇薄，[5]發屋，伐木，雖有請謁，勿聽。[6]入柴，[7]勿積魚鱗簪，[8]當隊，令易取也。[9]材木不能盡入者，燔之，無令寇得用之。[10]積木，各以長短大小惡美形相從，[11]城四面外各積其內，諸木大者皆以爲關鼻，[12]乃積聚之。

1 注 「亟」，舊本譌「函」，今據茅本正，王校同。「雜鄉」當作「離鄉」，言城外別鄉器物皆收入城內也。《備城門》篇云「城小人衆，葆離鄉老弱國中，及他大城」。

2 注 顧云：「左，助也。」蘇云：「『左』、『佐』通用，下同。」

3 注 蘇云：「『凡』字誤，當作『亓』，與『其』通，書中『其』多作『亓』。」

▲案：凡數，猶言大總計數也。《周禮．外史》云：「凡數從政者。」蘇說非。

4 注 句。

5 注 蘇云：「薄，謂迫近。」

6 注 句。

7 注 「入」讀為「內」。

8 注 畢云：「疑『槮』字假音，讀若高誘注《淮南子》積柴之『罧』。」

▲案：畢說是也。《淮南子．說林訓》本作「罛」，高注云：「罛者，以柴積水中以取魚。罛，讀沙槮，幽州名之為涔也」。《說文》作「罧」，云：「積柴水中，以聚魚也」。〈備蛾傳〉篇說荅云「兩端接尺相覆，勿令魚鱗三」。「三」即「參」，亦即「槮」之省也。《爾雅．釋器》云：「槮謂之涔」，郭注以為聚積柴木捕取魚之名。《小爾雅．廣獸》云：「潛，槮也」。「潛」、「涔」字通。蓋通言之，凡積聚柴木，並謂之槮。「槮」、「潛」、「參」、「簪」，聲並相近。《通典．兵門》說束杙云：「皆去鑽刊以束為魚鱗次，橫檢而縛之」。杜即依此書也。《太玄經．禮．次六》「魚鱗差之，乃矢施之」。魚鱗簪，猶言魚鱗次、魚鱗差也。細繹此與〈備蛾傳〉篇文，似並謂勿如魚鱗簪。而杜佑之意則謂束杙當為魚鱗次。依其說，則此文「勿積」當略讀，與〈備蛾傳〉篇語意不同，未知是否？

9 注 當隊，即當隧，詳〈備城門〉篇。

10 注 《商子．兵守》篇云：「客至，發梁徹屋，給徙徙之，不給而熯之，使客無得以助攻備」，與此同。

11 注 大小，茅本作「小大」。

12 注 畢云：「言為之紐，令事急可曳。」

城守司馬以上，父母、昆弟、妻子有質在主所，乃可以堅守。署都司空，[1]大城四人，候二人，[2]縣候面一，[3]亭尉、次司空，[4]亭一人。吏侍守所者財足，廉信，[5]父母、昆弟、妻子有在葆宮中者，乃得爲侍吏。諸吏必有質，乃得任事。守大門者二人，[6]夾門而立，令行者趣其外。[7]各四戟，夾門立，[8]而其人坐其下。吏日五閱之，上逋者名。

1 注 都司空，蓋五官之一，詳〈號令〉篇。

2 注 候，亦五官之一，詳〈號令〉篇。「二」，茅本作「一」。

3 注 四面，面各一候。

4 注 亭尉，即〈備城門〉篇之「帠尉」，〈號令〉篇之「百長」，其秩蓋次於縣尉。次司空，亦次於都司空也。

5 注 畢云：「言厚祿足以養其廉信。」

▲案：財足，疑當屬上讀。「財」、「纔」通。言吏侍守所者，纔足應用，無定數也。財足，見〈備城門〉

篇。它篇亦多云「財自足」。畢讀恐非是。

6 注 「守」，疑當作「侍」。〈號令〉篇云：「吏卒侍大門中者，曹無過二人。」

7 注 蘇云：「趣，疾行也，所以防窺伺者。」

8 注 此言夾門別有持戟者四人也。

池外廉[1]有要有害，必爲疑人，令往來行夜者射之，謀其疏者。[2]牆外水中，[3]爲竹箭，[4]箭尺廣二步，[5]箭下於水五寸，[6]雜長短，前外廉三行，外外鄉，內亦內鄉。[7]三十步一弩廬，廬廣十尺，袤丈二尺。[8]

1 注 「外」，舊本譌「水」。王云：「『水廉』當為『外廉』。鄭注〈鄉飲酒禮〉曰『側邊曰廉』。池外廉，謂池之外邊近敵者也。下文曰『前外廉三行』，〈旗幟〉篇曰『大寇傅攻前池外廉』，皆其證。隸書『外』字或作『氼』，見〈漢司隸校尉魯峻碑〉，與『水』相似而譌。《史記·秦本紀》『與韓襄王會臨晉外』，《正義》『「外」字一作「水」』。」

▲案：王校是也，今據正。蘇云：「廉猶察也」，非。

2 注 蘇云：「言要害之處必嚴密防守，至於人疏之處，亦不可不預為謀也。」俞云：「疑人，蓋束草為人形，望之如人，故曰『疑人』。『謀其疏者』，『謀』乃『誅』字之誤。」

▲案：俞說是也。

3 注 即城外池也。「牆」，疑即〈旗幟〉篇之「藩」。

4 注 畢云：「舊作『⿱竹剪』，今改，下同。」

▲詒讓案：茅本並作「箭」。蘇云：「『箭』當從舊作『⿱竹剪』，《漢書》有此字，竹⿱竹剪蓋竹籤也，削竹而布之水中，所以防盜涉者。」今案『⿱竹剪』字，古字書所無，俗字書引《漢書．王尊傳》「⿱竹剪張禁」，字如此作。攷《漢書》各本皆作「箭」，不作「⿱竹剪」，蘇誤據之，非也。

5 注 言插竹箭之處廣二步也。

6 注 「下於」二字舊倒，今依蘇校乙。

7 注 蘇云：「『於下』二字誤倒，當作『⿱竹剪下於水五寸』，言藏之水中，令人勿見也。雜長短，使之不齊也。『前』亦當作『⿱竹剪』，外廉者，廉其外令有鋒鋩也。『行』讀如『杭』，『鄉』讀如『向』。」

▲案：〈旗幟〉篇云「前池外廉，前外廉三行」，謂前池之外廉，列竹箭三行也，蘇說非。

8 注 弩廬，即置連弩車之廬也。《通典．兵．守拒法》有弩臺，制與此略同，而步尺數異。詳〈備高臨〉篇。

隊有急，[1]極發其近者往佐，[2]其次襲其處。[3]

1 注 隊，亦謂當攻隊。

2 注 王引之云：「古字『極』與『亟』通，『極發』即『亟發』也。《莊子．盜跖》篇『亟去走歸』，《釋文》『亟，急也，本或作「極」』。《荀子．賦篇》『出入甚極』，又曰『反覆甚極』，楊注並云：『極，讀為亟，急也』。《淮南子．精神》篇『隨其天貲，而安之不極』，高注云：『極，急也』。」

▲案：王說是也，「極」下，《道藏》本有「急」字，疑衍。

3 注 《漢書．揚雄傳》顏注云：「襲，繼也」。蘇云：「言軍有危急，則發其近者往助之，近者既發，則移其次者居之，以為接應也。」

守節，出入使，主節必疏書，[1]署其情，令若其事，[2]而須其還報以劍驗之。[3]節出，使所出門者，輒言節出時摻者名。[4]

1 注 主節，小吏掌符節者，與〈號令〉篇「主券」相類。《周官》有掌節，屬地官，蓋都邑亦有之。

2 注 「若」，疑「著」之誤。

3 注 王云：「劍驗，亦當為『參驗』，謂參驗其事情也。此『參』譌為『僉』，又譌為『劍』耳。隸書『參』或作『叅』，『僉』或作『㑒』，二形相似而誤。」

▲案：王校是也，蘇說同。「參驗」見後。

4 注 畢云：「言操節人即出門者，當記其名。」

百步一隊。[1]

1 注 上疑有脫文。

閤通守舍，[1]相錯穿室。治復道，爲築墉，墉善其上。[2]

1 注 《說文·門部》云：「閤，門旁戶也。」《爾雅·釋宮》云：「小閨謂之閤」。茅本作「閣」，非。

2 注 蘇云：「『善』與『繕』通。」

▲案：蘇說未塙，此『善』下有脫字，後文說軺車云「善蓋」，上〈備穴〉篇云「善塗亓竇際」，此疑亦當云「善蓋其上」，或云「善塗其上」。又此下，舊本有「先行德」至「用人少易守」，凡四十三字，當為前〈備城門〉篇之錯簡，今審定移正。

取疏，[1]令民家有三年畜蔬食，[2]以備湛旱、[3]歲不爲。[4]常令邊縣豫種畜芫、芸、烏喙、袾葉，[5]外宅溝井可寘[6]塞，[7]不可，[8]置此其中。[9]

1 注 畢云：「此正字，下作『蔬』，俗。」

2 注 「畜」、「蓄」字通，下同。

3 注 王云：「《論衡・明雩》篇曰『久雨為湛』。」畢云：「言湛溺大水與旱」，非。

4 注 王云：「畢以『歲』字絕句，『不為』屬下讀。案：『不為』二字，與下文義不相屬，當以『歲不為』連讀。湛旱，水旱也，言令民多畜蔬食，以備水旱歲不為也。〈晉語〉注曰『為，成也』，歲不為，猶〈玉藻〉言『年不順成』也。《賈子・孽產子》篇曰『歲適不為』，是其證。」

5 注 蘇云：「芫，魚毒也，漁者煮之以投水中，魚則死而浮出，故以為名。芸，香草也，可以辟蠹。烏喙，烏頭別名。祩葉未詳。」

▲詒讓案：《說文・艸部》云：「芫，魚毒也。」《太平御覽・藥部》引《吳氏本艸》云：「芫，華、根有毒，可用殺魚。」《本艸經》云：「烏頭，一名烏喙。」《廣雅・釋艸》云：「蕉，奚毒，附子也。一歲為萴子，二歲為烏喙，三歲為附子，四歲為烏頭，五歲為天雄。」「芸」非毒艸，當為「芒」字之誤。《爾雅・釋艸》云：「葞春草」，郭注云：「一名芒草」，《山海經・中山經》云：「葌山有木曰芒草，可以毒魚」。〈朝歌山〉作「莽草」，《周禮・翦氏》及《本艸經》同。《本艸》字又作「茵」，並聲近字通。」芒與芫，皆毒魚之艸，蓋亦可以毒人。「祩」，茅本作「株」，疑當為「枺」，與「椒」同。《急就篇》云：「烏喙、附子、椒、芫華」，皇象本作「烏啄、付子、枺、元華」。「芒」、「芸」，「枺」、

「株」，字形並相近。「烏喙」，茅本作「烏啄」，亦與皇同。梂與烏喙、芫華等，皆藥之有毒者，故此書及史游並兼舉之。葉，不審何字之誤。《通典．兵．守拒法》云：「凡敵欲攻，即去城外五百步內井、樹、牆、屋並填除之，井有填不盡者，投藥毒之。」

6 注 句。

7 注 「窴」，舊本作「窴」。畢云：「同填」。王校作「窴」，今據改。《說文．穴部》云：「窴，塞也」。

8 注 句。

9 注 畢云：「言此數物有毒，可置外宅，不可置中。」顧云：「《左氏傳》『秦人毒涇上流。』」

▲案：顧說是也。「不可，置此其中」，言井溝可窴塞則窴塞之，不可窴塞者，以上所蓄毒艸置其中，毋使敵沒用也，畢說誤。

安則示以危，危示以安。

寇至，諸門戶令皆鑿而類竅之，[1]各爲二類，一鑿而屬繩，繩長四尺，大如指。寇至，先殺牛、羊、雞、狗、烏、鴈，[2]收其皮革、筋、角、脂、䐉、羽。[3]彘皆剝之。[4]吏櫄桐卣，5爲鐵錍，6厚簡爲衡枉。7事急，卒不可遠，令掘外宅林。8謀多少，9若治城□爲擊，10三隅之。11重五斤已上諸林木，渥水中，無過一茷。12塗茅屋若積薪者，厚五寸已上。吏各舉其步界中財物可以左守備者，上。13

1 **注** 「類」，〈備城門〉篇作「慕」，畢校改「幕」。

▲案：彼「慕」當作「幂」，此「類」當作「幎」，蓋「幎」隸書形近「類」，因又誤作「類」也。幎正字，「幂」變體，義並詳彼篇，下同。

2 **注** 畢云：「《說文》云：『鴈，鵝也』，此與鴻雁異。《呂氏春秋》云『莊子舍故人之家，故人令豎子為殺鴈饗之』，亦見《莊子》。《新序．刺奢》云『鄒穆公有令，食鳧鴈必以鵝，無得以粟』，皆即鵝也。今江東人呼鵝猶曰鴈鵝。」王云：「畢說是也，『烏』非家畜，不得與牛、羊、雞、狗、鵝並言之，『烏』當為『鳧』，此鳧謂鴨也，亦非『弋鳧與鴈』之『鳧』。《廣雅》『鳧、鶩，䳺也。』䳺與鴨同，《晏子春秋．外篇》『君之鳧鴈食以菽粟』，是也。故曰『殺牛、羊、雞、狗、鳧、鴈』。」蘇說同。

3 **注** 畢云：「舊『收』作『牧』，『皮』作『支』，俱以意改。『𠛬』，即《考工記》『刲』字，本『𡿺』字之譌也。」

4 **注** 王引之云：「『彘』與皮、革、筋、角、脂、羽並言之，亦為不倫。『彘』字當在上文牛、羊、雞、狗之閒，〈迎敵祠〉篇亦云『狗彘豚雞』。」

5 注 「吏」，疑「使」之誤，下有脫字。「樟」，疑「櫝」之誤。《說文・木部》云：「櫝，楸也」，故與「桐」並舉。然文尚有脫誤。「卣」，茅本作「自」，畢云：「未詳」。

6 注 《方言》云：「凡箭，其廣長而薄鎌謂之錍」，郭璞注云：「江東呼鎞箭」。蘇云：「錍，賓彌切，音卑，《說文》曰：鈭錍，斧也。」

7 注 「厚」，疑當為「后」，與「後」聲近字通。「簡」，疑當為「蘭」之誤。前〈備城門〉篇亦有「兵弩簡格」，即「蘭格」也。「枉」，當為「柱」。此疑即上文所謂「蘭為柱後」也。

8 注 疑當作「材」，下同。言事急，守城之卒不可令遠出，則令掘外宅材木，納城內以備用。又疑或當作「事急，卒不可遝」，「卒」、「猝」同，言倉猝不及致材木也。

9 注 「謀」，疑當為「課」，詳〈號令〉篇。

10 注 即〈號令〉篇所云：「五十步一擊」也，「城」下疑缺「上」字。

11 注 言擊之形為三隅，不方也。

12 注 重五斤以上，謂材木之小者。畢云：「《說文》云：『橃，海中大船』，臣鉉等曰：『今俗別作筏』。案：〈唐隆闡禪師碑〉又作『栰』。此作『茷』，皆『橃』假音字。」蘇云：「『林』疑當作『材』。渥，漬也。」

▲案：蘇校是也。《論語．公治長》集解引馬融云：「編竹木大者曰栰，小者曰桴。」《方言》云：「簰謂之筏。」《通典．兵門》云：「槍十根為一束，勝力一人，四千一百六十六根，即成一栰。」此後世法，不知墨子所謂「一筏」，數幾何也。

13 注 王引之云：「『步界』二字，義不可通，『步』當為『部』，吏各有部，部各有界，故曰『部界』。〈號令〉篇云『因城中里為八部，部一吏』，又云『諸吏卒民，非其部界而擅入』，皆其證也。俗讀『部』、『步』聲相亂，故『部』譌作『步』。『上』下當有『之』字，『上之』，謂上其財物也。〈備城門〉篇云『民室材木瓦石，可以益城之備者，盡上之』，與此文同一例，今本脫『之』字，則文義不明。」又云：「『左』與『佐』同」。蘇云：「上，謂聞之於上。」

有讒人，有利人，有惡人，有善人，有長人，有謀士，有勇士，有巧士，有使士，[1]有內人者，外人者，有善人者，有善門人者，[2]守必察其所以然者，應名乃內之。[3]民相惡，若議吏，吏所解，[4]皆札書藏之，[5]以須告之至以參驗之。[6]睨者小五尺，不可卒者，爲署吏，令給事官府若舍。[7]藺石、[8]厲矢，諸材[9]器用，皆謹部，各有積分數。[10]爲解車以枱，城矣[11]以軺車，[12]輪軲，[13]廣十尺，[14]轅長丈，[15]爲三輻，[16]廣六尺。[17]爲板箱，長與轅等，[18]高四尺，[19]善蓋上，治中令可載矢。[20]

1 注 「使士」，謂可以奉使之士，又疑當作「信士」。〈號令〉篇屢言「信人」，亦或誤為「使人」。

2 注 蘇云：「上句『善』下，疑脫一字。『善門』，疑『善鬥』之訛。」

3 注 蘇云：「『應名』，言名實相應也。『內』，讀如『納』。」

4 注 吏所解，謂民相惡有讐怨，吏為解之者，見上〈號令〉篇。

5 注 「札」，舊本譌作「禮」。王引之云：「『禮書』當為『札書』，古『禮』字作『礼』，與『札』相似，『札』譌為『礼』，後人因改為『禮』耳。『札書』見〈號令〉篇。《莊子．人閒世》篇『名也者，相札也。』崔譔曰：『札或作禮』。《淮南．說林》篇『烏力勝日，而服於鵻札』，今本『札』譌作『禮』。」蘇云：「『禮』當作『謹』。〈備城門〉篇言皆謹收藏也。」

▲案：王校是也，今據正。《周禮．調人》云：「凡有鬬怒者成之，不可成者則書之，先動者誅之。」鄭注云：「不可成，不可平也。書之，記其姓名，辯本也。」此「札書」與彼義同。

6 注 「告」下疑當有「者」字。吳鈔本脫「至」字。

7 注 蘇云：「『睨者』二字，傳寫錯誤，或為『兒童』之訛。意言弱小未堪為卒，唯給使令而已。」

▲詒讓案：《孟子．梁惠王》篇趙注云：「倪，弱小繄倪者也。」《說文．女部》云：「婗，繄婗也。」《廣雅．釋親》云：「婗、兒，子也。」此「睨」即「婗」之叚字。或云：「睨者小」，疑當作「諸小婗」，

「者」即「諸」之省，亦通。《孟子・滕文公》篇云：「五尺之童」。《管子・乘馬》篇云：「童五尺」。《荀子・仲尼》篇云：「五尺豎子」。《論語・泰伯》篇「可以託六尺之孤」。《周禮・鄉大夫》賈疏引鄭注云：「六尺，年十五以下。」然則五尺者，蓋年十四以下也。舍，謂守者之私舍，〈號令〉篇云：「城上吏卒養，皆為舍道內。」

8 注 見〈號令〉篇。

9 注 畢云：「舊作『林』，以意改。」蘇云：「『諸』與『儲』同。」

▲詒讓案：諸，如字。

10 注 〈號令〉篇云：「輕重分數各有請。」

11 注 《說文・木部》云：「枱，耒耑木也。」

▲案：枱，即《考工記・車人》「耒庛」之正字，與此義不相當。此「枱」當為木材，疑即「梓」之叚借字。枱，籀文从「辝」，作「⿱辝木」，與「梓」聲類相近也。〈備穴〉篇「用⿰扌㕣若松為穴戶」，「⿰扌㕣」疑亦即「枱」、「梓」之異文。蘇云：「此句錯誤，不可讀。『解車』，疑即『軺車』，據下文，是言車之載矢者。『城矣』二字，或即『載矢』之訛，下『以』字衍。」

▲案：蘇說近是，但下「以」字非衍。

12 注 畢云：「《漢書》注『服虔云：「軺」音「瑤」，立乘小車也。』」

13 注 《道藏》本、茅本「軲」作「軲」。「軲」亦見〈經說下〉。畢云：「此『轂』字異文無疑。《廣雅》云：『軲，車也』。曹憲音『枯』，又音『姑』。」

▲案：畢說未塙，「軲」疑即車前胡，字形又與「軸」相近，詳〈經說下〉篇。輪與軲不得同度，疑亦有脫誤。

14 注 轂廣度必無十尺，此亦足證畢說之非。但胡即輈前下垂柱地者，亦不得有廣度，疑指車前軏當胡處而言。下「箱」與「轅」等亦長丈，則軏長廣正方矣。若為軸，則當云「長」，不當云「廣」。未能質定也。

15 注 此蓋直轅，與《考工記》大車同。長丈，當為轅出箱前者之度。下云「箱長與轅等」，則并當箱與箱前二者計之，轅通長二丈也。車人「凡為轅，三其輪崇」，此輪六尺，而轅二丈，贏於彼也。

16 注 「三輻」，疑當作「四輪」，〈備高臨〉篇「連弩車兩軸四輪」，亦誤作「三輪」。

17 注 凡輪廣與崇等，《考工記．車人》鄭注「柏車，山車，輪高六尺」。此與彼度同。

18 注 《說文．竹部》云：「箱，大車牝服也」。《考工記．車人》云：「大車牝服二柯，又參分柯之二」，鄭注云：「牝服長八尺，謂較也。」鄭司農云：「牝服謂車箱」，此車箱長丈，蓋長於大車二尺也。

19 注 舊本作「四高尺」。蘇云：「當作『高四尺』。」

▲案：蘇校是也，今據乙正。

20 注 舊本脫「中」字，今據《道藏》本、吳鈔本、茅本補。

子墨子曰：「凡不守者有五：城大人少，一不守也；[1]城小人衆，二不守也；人衆食寡，三不守也；市去城遠，四不守也；畜積在外，富人在虛，[2]五不守也。率萬家而城方三里。」[3]

1 注 畢云：「舊作『者』，以意改。」

▲案：茅本正作「也」，不誤。

2 注 蘇云：「『虛』同『墟』，言不在城邑也。」

3 注 《尉繚子．兵談》篇云：「量地肥墝而立邑，建城稱地，以城稱人，以人稱粟，三相稱，則內可以固守，外可以戰勝。」畢云：「言大率萬家而城方三里，則可守。」

▲詒讓案：方三里者，積九里，為地八千一百畝也，以萬家分居之，蓋每宅不及一畝，貧富相補，足以容之矣。

作者簡介

（以清・孫詒讓撰之《墨子閒詁》為依據版本）

墨子傳略／清・孫詒讓

墨氏之學亾於秦季，故墨子遺事在西漢時已莫得其詳。太史公述其父談論六家之指，尊儒而宗道，墨蓋非其所憙。故《史記》攟采極博，於先秦諸子，自儒家外，老、莊、韓、呂、蘇、張、孫、吳之倫，皆論列言行爲傳，唯於墨子，則僅於〈孟荀傳〉末附綴姓名，尚不能質定其時代，遑論行事？然則非徒世代緜邈，舊聞散佚，而《墨子》七十一篇，其時具存，史公實未嘗詳事校覈，亦其疏也。今去史公又幾二千年，周、秦故書雅記，百無一存，而七十一篇亦復書闕有閒，徵討之難，不翅倍蓰。然就今存《墨子》書五十三篇鉤攷之，尚可得其較略。蓋生於魯而仕宋，其平生足跡所及，則嘗北之齊，西使衛，又屢游楚，前至郢，後客魯陽，復欲適越而未果。《文子》書偁墨子無煖席，[1]班固亦云「墨突不黔」，[2]斯其譣矣。至其止魯陽文君之攻鄭，絀公輸般以存宋，而辭楚、越書社之封，蓋其犖犖大者。勞身苦志以振世之急，權略足以持危應變，而脫屣利祿不以累其心。所學尤該綜道藝，洞究象術之微。其於戰國諸子，有吳起、商君之才而濟以仁厚，節操似魯連而質實亦過之，彼韓、呂、蘇、張輩復安足算哉！謹甄討羣書，次弟其先後，略攷始末，以裨史之闕。俾學者知墨家持論雖閒涉偏駁，而墨子立身應世具有本末，自非孟、荀大儒，不宜輕相排笮。彼竊耳食之論以爲詬病者，其亦可以少息乎！

1 注 出處 〈自然〉篇。又見《淮南子．脩務訓》。

2 注 出處 《文選．荅賓戲》。又趙岐《孟子章指》云「墨突不及汙」。

墨子名翟，[1]姓墨氏。[2]魯人，[3]或曰宋人。[4]

案：此蓋因墨子爲宋大夫，遂以爲宋人。以本書攷之，似當以魯人爲是。[5]畢沅、武億以「魯」爲「魯陽」，[6]則是楚邑。攷古書無言墨子爲楚人者。《渚宮舊事》載魯陽文君說楚惠王曰「墨子，北方賢聖人」，則非楚人明矣。畢、武說殊謬。

1 注 出處 《漢書．藝文志》、《呂氏春秋．當染》、〈慎大〉篇、《淮南子．脩務訓》高注。

2 注 《廣韻．二十五德》、《通志．氏族略》引《元和姓纂》云：「墨氏，孤竹君之後，本墨台氏，後改為墨氏，戰國時宋人。墨翟著書號《墨子》。」

3 注 出處 《呂覽．當染》、〈慎大〉篇注。

4 注 出處 葛洪《神仙傳》、《文選．長笛賦》李注引《抱朴子》、《荀子．脩身》篇楊注、《元和姓纂》。

5 注 出處 〈貴義〉篇云：「墨子自魯即齊。」又〈魯問〉篇云：「越王為公尚過束車五十乘以迎子墨子於魯。」《呂氏春秋．愛類》篇云：「公輸般為雲梯欲以攻宋，墨子聞之，自魯往，見荊王曰：『臣北方之鄙人也』。」《淮南子．脩務訓》亦云：「自魯趨而往，十日十夜至於郢。」並墨子為魯人之塙證。

6 注 出處 畢說見《墨子注》序，武說見《授堂文鈔．墨子跋》。

蓋生於周定王時。

《漢書．藝文志》云：「墨子在孔子後」。案：詳年表。

魯惠公使宰讓請郊廟之禮於天子，桓王使史角往，惠公止之，其後在於魯，墨子學焉。[1]

案：《漢書．藝文志》墨家以尹佚二篇列首，是墨子之學出於史佚。史角疑即尹佚之後也。[2]

1 注 出處 《呂氏春秋．當染》篇，高注云：「其後，史角之後也」。

2 注 墨子學於史角之後，亦足為是魯人之證。

其學務不侈於後世，不靡於萬物，不暉於數度，以繩墨自矯而備世之急。作爲〈非樂〉命之曰〈節用〉，生不歌，死無服，氾愛兼利而非鬭，好學而博，不異。[1]又曰兼愛、尚賢、右鬼、非命，[2]以爲儒者禮煩擾而不悅，厚葬靡財而貧民，久服傷生而害事，故背周道而用夏政。[3]其稱道曰：「昔者禹之湮洪水，決江河而通四夷九州也，名川三百，支川三千，小者無數。禹親自操橐耜而九襍天下之川，腓無胈，脛無毛，沐甚雨，櫛疾風，置萬國。禹大聖也，而形勞天下如此。」故使學者以裘褐爲衣，以跂屩爲服，日夜不休，以自苦爲極，曰：「不能如此，非禹之道也，不足謂墨。」[4]亦道堯、舜，[5]又善守禦。[6]爲世顯學，[7]徒屬弟子充滿天下。[8]

案：淮南王書謂孔、墨皆脩先聖之術，通六蓺之論，[9]今攷六蓺爲儒家之學，非墨氏所治也。墨子之學蓋長於《詩》、《書》、春秋，故本書引《詩》三百篇與孔子所刪同，引《尚書》如〈甘誓〉、〈仲虺之誥〉、〈說命〉、〈大誓〉、〈洪範〉、〈呂刑〉，亦與百篇之《書》同。又曰「吾嘗見百國春秋」。[10]而於禮則法夏絀周，樂則又非之，與儒家六蓺之學不合。淮南所言非其事實也。[11]

1 注 出處 《莊子·天下》篇。

2 注 出處 《淮南子·氾論訓》。

3 注 出處 《淮南子·要略》。

4 注 出處 《莊子·天下》篇。

5 注 出處 《韓非子·顯學》篇。

6 注 出處 《史記·孟荀傳》。

7 注 出處 《韓非子·顯學》篇。

8 注 出處 《呂氏春秋·尊師》篇。

9 注 出處 〈主術訓〉。

10 注 出處 《隋書·李德林傳》。此與孔子所修《春秋》異。本書〈明鬼〉篇亦引周、燕、宋、齊諸國春秋。

11 注 《淮南子·要略》又云：「墨子學儒者之業，受孔子之術」，尤非。

其居魯也，魯君謂之曰：「吾恐齊之攻我也，可救乎？」墨子曰：「可。昔者三代之聖王禹、湯、文、武，百里之諸侯也，說忠行義取天下；三代之暴王桀、紂、幽、厲，讎怨行暴失天下。吾願主君之上者尊天事鬼，下者愛利百姓，厚爲皮幣，卑辭令，亟遍禮四鄰諸侯，毆國而以事齊，患可救也。非此，顧無可爲者。」[1]魯君謂墨子曰：「我有二子，一人者好學，一人者好分人財，孰以爲太子而可？」墨子曰：「未可知也。或所爲賞譽爲是也——釣者之恭，非爲魚賜也；餌鼠以蟲，[2]非愛之也。吾願主君之合其志功而觀焉。」[3]

楚人常與越人舟戰於江。楚惠王時，[4]公輸般自魯南游楚焉，始爲舟戰之器，作爲鉤拒之備，楚人因此若勢，亟敗越人。公輸子善其巧，以語墨子曰：「我舟戰有鉤拒，不知子之義亦有鉤拒乎？」墨子曰：「我義之鉤拒，賢於子舟戰之鉤拒。我鉤拒，我鉤之以愛，揣之以恭；弗鉤以愛則不親，弗揣以恭則速狎，狎而不親則速離。故交相愛、交相恭，猶若相利也。今子鉤而止人，人亦鉤而止子，子拒而距人，人亦拒而距子，交相鉤、交相拒，猶若相害也。故我義之鉤拒，賢子舟戰之鉤拒。」[5]公輸般爲楚造雲梯之械，成，將以攻宋。墨子聞之，起於魯，[6]行十日十夜而至於郢，見公輸般。公輸般曰：「夫子何命焉爲？」墨子曰：「北方有侮臣，願藉子殺之。」公輸般不說。墨子曰：「請獻十金。」公輸般曰：「吾義，固不殺人。」墨子起，再拜，曰：「請說之。吾從北方聞子爲梯，將以攻宋，宋何罪之有？荊國有餘於地，而不足於民，殺所不足而爭所有餘，不可謂智；宋無罪而攻之，不可謂仁；知而不爭，不可謂忠；爭而不得，不可謂強；義不殺少而殺衆，不可謂知類。」公輸般服。墨子曰：「然，胡不已乎？」公輸般曰：「不可。吾既已言之王矣。」墨子曰：「胡不見我於王？」公輸般曰：「諾。」墨子見王，曰：「今有人於此，舍其文軒，鄰有敝轝而欲竊之；舍其錦繡，鄰有短褐而欲竊之；舍其粱肉，鄰有糟糠而欲竊之。此爲何若人？」王曰：「必爲竊疾矣。」墨子曰：「荊之地方五千里，宋之地方五百里，此猶文軒之與敝轝也；荊有雲夢，犀兕麋鹿滿之，江、漢之魚鱉黿鼉，爲天下富，宋所爲無雉兔鮒魚者也，此猶粱肉之與糟糠也；荊有長松文梓楩枏豫章，宋無長木，此猶錦繡之與短褐也。臣以王吏之攻宋也，爲與此同類。」王曰：「善哉！雖然，公輸般爲我爲雲梯，必取宋。」於是見公輸般。墨子解帶爲城，以褋爲械。公輸般九設攻城之機變，墨子九距之。公輸般之攻械盡，墨子之守圉有餘。公輸般詘而曰：「吾知所以距子矣，吾不言。」墨子亦曰：「吾知子之所以距我，吾不言。」楚王問其故，墨子曰：「公輸子之意，不過欲殺臣。殺臣，宋莫能守，乃可攻也。然臣之弟子禽滑釐等三百人，已持臣守圉之器在宋城上，而待楚寇矣。雖殺臣，不能絕也。」楚王曰：「善哉！吾請無攻宋矣。」[7]公輸子謂墨子曰：「吾未得見之時，我欲得宋。自我得見之後，予我宋而不義，我不爲。」墨子曰：「翟之未得見之時也，子欲得宋；自翟得見子之後，予子宋而不義，子弗爲，是我予子宋也。子務爲義，翟又將予子天下。」[8]

案：墨子止楚攻宋，本書不云在何時，鮑彪《戰國策注》謂當宋景公時，至爲疏謬。[9]惟《渚宮舊事》載於惠王時，墨子獻書之前，最爲近之。蓋公輸子當生於魯昭、定之間，至惠王四十年以後、五十年以前，約六十歲左右，而是時墨子未及三十，正當壯歲，故百舍重繭而不以爲勞。惠王亦未甚老，故尚能見墨子。以情事揆之，無不符合。蘇時學謂即聲王五年圍宋時事，[10]非徒與王曰「請無攻宋」之言不合，而公輸子至聲王時殆逾百歲，其必不可通明矣。[11]

1 **注出處** 本書〈魯問〉篇。

▲案：魯君頗疑其即穆公，則當在楚惠王後，然無塙證。以墨子本魯人，故繫於前。

2 **注** 疑當作「蠱」。

3 **注出處** 同上。

4 **注出處** 《渚宮舊事・二》。

5 注 出處 本書〈魯問〉篇。《渚宮舊事》在止攻宋前，今故次於此。

6 注 本書作「齊」，今據《呂氏春秋》、《淮南子》改。

7 注 出處 本書〈公輸〉篇。

8 注 出處 本書〈魯問〉篇。

9 注 詳年表。

10 注 出處 《墨子刊誤》。

11 注 詳〈公輸〉篇。

楚惠王五十年，墨子至郢獻書惠王。王受而讀之，曰：「良書也。寡人雖不得天下，而樂養賢人。」墨子辭曰：「翟聞賢人進，道不行不受其賞，義不聽不處其朝。今書未用，請遂行矣。」將辭王而歸，王使穆賀以老辭。[1]穆賀見墨子，墨子說穆賀，穆賀大說，謂墨子曰：「子之言則誠善矣。而君王，天下之大王也，毋乃曰賤人之所爲而不用乎？」墨子曰：「唯其可行。譬若藥然，一草之本，天子食之以順其疾，豈曰一草之本而不食哉？今農夫入其稅於大人，大人爲酒醴粢盛以祭上帝鬼神，豈曰賤人之所爲而不享哉？故雖賤人也，上比之農，下比之藥，曾不若一草之本乎？」[2]魯陽文君言於王曰：「墨子，北方賢聖人，君王不見，又不爲禮，毋乃失士。」乃使文君追墨子，以書社五里[3]封之，不受而去。[4]

案：楚惠王在位五十七年，墨子獻書在五十年，年齒已高，故以老辭。余知古之說蓋可信也。[5]以墨子生於定王初年計之，年蓋甫及三十，所學已成，故流北方賢聖之譽矣。

1 **注** **出處** 《渚宮舊事．二》。

2 **注** **出處** 本書〈貴義〉篇。

3 **注** 疑當作「五百里」。

4 **注** **出處** 《渚宮舊事．二》。

5 **注** 《舊事．二》亦云：「惠王之末，墨翟重繭趍郢，班子折謀。」

嘗游弟子公尚過於越。公尚過說越王，越王大悅，謂公尚過曰：「先生苟能使墨子至於越而教寡人，請裂故吳之地方五百里以封墨子。」公尚過許諾。遂爲公尚過束車五十乘以迎墨子於魯，曰：「吾以夫子之道說越王，越王大說，謂過曰『苟能使墨子至於越而教寡人，請裂故吳之地方五百里以封子』。」[1]墨子曰：「子之觀越王也，能聽吾言，用吾道乎？」公尚過曰：「殆未能也。」墨子曰：「不唯越王不知翟之意，雖子亦不知翟之意。[2]意越王將聽吾言，用吾道，則翟將往，量腹而食，度身而衣，自比於羣臣，奚能以封爲哉？抑越不聽吾言，不用吾道，而吾往焉，則是我以義糶也。鈞之糶，亦於中國耳，何必於越哉？」[3]後又游楚，謂魯陽文君曰：「大國之攻小國，譬猶童子之爲馬也，童子之爲馬，足用而勞。今大國之攻小國也，攻者，農夫不得耕，婦人不得織，以守爲事。攻人者，亦農夫不得耕，婦人不得織，以攻爲事。故大國之攻小國也，譬猶童子之爲馬也。」又謂魯陽文君曰：「今有一人於此，羊牛芻豢，雍人但割而和之，食之不可勝食也，見人之作餅，則還然竊之，曰：『舍余食』，不知明安不足乎？其有竊疾乎？」魯陽文君曰：「有竊疾也。」墨子曰：「楚四竟之田，曠蕪而不可勝辟，呼虛數千，不可勝入，見宋、鄭之閒邑，則還然竊之。此與彼異乎？」魯陽文君曰：「是猶彼也，實有竊疾也！」[4]魯陽文君將攻鄭，墨子聞而止之，謂文君曰：「今使魯四竟之內，大都攻其小都，大家伐其小家，殺其人民，取其牛馬狗豕布帛米粟貨財，則何若？」文君曰：「魯四竟之內，皆寡人之臣也。今大都攻其小都，大家伐其小家，奪之貨財，則寡人必將厚罰之。」墨子曰：「夫天之兼有天下也，亦猶君之有四竟之內也。今舉兵將以攻鄭，天誅其不至乎？」文君曰：「先生何止我攻鄭也？我攻鄭順於天之志。鄭人三世殺其父，天加誅焉，使三年不全，我將助天誅也。」墨子曰：「鄭人三世殺其父而天加誅焉，使三年不全，天誅足矣。今又舉兵將以攻鄭，曰：『吾攻鄭也，順於天之志。』譬有人於此，其子強梁不材，故其父笞之，其鄰家之父舉木而擊之，曰：『吾擊之也，順於其父之志』，則豈不悖哉！」[5]

案：「三世殺其父」，當作「二世殺其君」。此指鄭人弒哀公及韓武子殺幽公而言，蓋當在楚簡王九年以後，鄭繻公初年事也。或謂三世兼駟子陽弒繻公而言，[6]則當在楚悼王六年以後，與魯陽文君年代不相及，不足據。[7]

1 注 出處 本書〈魯問〉篇。

2 注 出處 《呂氏春秋．高義》篇。

3 注 出處 本書〈魯問〉篇。

▲案：疑王翁中、晚年事。

4 注 出處 本書〈耕柱〉篇。

5 注 出處 本書〈魯問〉篇。

6 注 蘇時學《墨子刊誤》、黃式三《周季編略說》。

7 注 魯陽文君，即司馬子期之子公孫寬也。魯哀公十六年已嗣父為司馬，事見《左傳》。逮鄭繻公被弒之歲，積八十四年，即令其為司馬時年才及冠，亦已百餘歲，其不相及審矣。

宋昭公時，嘗爲大夫。[1]

案：墨子仕宋，鮑彪謂當景公、昭公時，[2]非也。以墨子前後時事校之，其爲宋大夫當正在昭公時。景公卒於魯哀公二十六年，[3]下距齊太公田和元年，凡八十三年，墨子晚年及見田和之爲諸侯，則必不能仕於景公時審矣。

1 注 出處 《史記．孟荀列傳》、《漢書．藝文志》並不云何時，今攷定當在昭公時。

2 注 出處 《戰國策．宋策》注。

3 注 出處 見《左傳》，而《史記．宋世家》及〈六國表〉謂景公卒於魯悼公十七年，殊謬。

嘗南遊使於衛，謂公良桓子曰：「衛，小國也，處於齊、晉之閒，猶貧家之處於富家之閒也。貧家而學富家之衣食多用，則速亡必矣。今簡子之家，飾車數百乘，馬食菽粟者數百匹，婦人衣文繡者數百人。吾取飾車食馬之費與繡衣之財以畜士，必千人有餘。若有患難，則使數百人處於前，數百人處於後，與婦人數百人處前後，孰安？吾以爲不若畜士之安也。」[1]昭公末年，司城皇喜專政劫君，

《韓非子．內儲說下》篇云：「戴驩爲宋大宰，皇喜重於君，二人爭事而相害也。皇喜遂殺宋君而奪其政。」又〈外儲說右下〉篇云：「司城子罕殺宋君而奪政。」[2]司城子罕當即皇喜。[3]其事，《史記．宋世家》不載。《史記．鄒陽傳》稱子罕囚墨子。以墨子年代校之，前不逮景公，後不逮辟公，所相直者惟昭公、悼公、休公三君。《呂氏春秋．召類》篇高注云：「《春秋》子罕殺昭公」。攷宋有兩昭公，一在魯文公時，與墨子相去遠甚；一在春秋後魯悼公時，與墨子時代正相當。子罕所殺宜爲後之昭公。惟高云「春秋時」，則誤并兩昭公爲一耳。〈宋世家〉雖不云昭公被弒，然秦、漢古籍所紀匪一，高說不爲無徵。賈子《新書．先醒》篇、《韓詩外傳．六》，並云昭公出亡而復國。而《說苑》云子罕逐君專政，或昭公實爲子罕所逐而失國，因誤傳爲被殺，[4]亦未可知。〈宋世家〉於春秋後事頗多疏略，如宋辟公被弒，[5]而《史》亦不載，是其例也。

1 注 出處 本書〈貴義〉篇。

▲案：此不詳何年，據云使於衛，或仕宋時奉宋君之命而使衛也。

2 注 《說疑》篇云「司城子罕取宋」。又〈二柄〉篇云「子罕劫宋君」。《韓詩外傳·七》、《史記·李斯傳·上二世書》、《淮南子·道應訓》說並同。《說苑·君道》篇亦云「司城子罕相宋，逐其君而專其政」。

3 注 本梁履繩《左通》說。春秋時名「喜」者多以「罕」為字，見王引之《春秋名字解詁》。王應麟謂即《左傳》之樂喜，則非也。樂喜，宋賢臣，無劫君之事，且與墨子時不相直，《史記索隱》已辯之矣。《呂氏春秋·召類》篇說前子罕相宋平、元、景三公，亦不逮昭公。梁玉繩《史記志疑》謂後子罕蓋子罕之後，以字為氏，非是。

4 注 李斯、韓嬰、淮南王書並云「劫」君，「劫」亦即謂逐也。

5 注 出處 見《索隱》引《紀年》。

而囚墨子。

《史記·鄒陽傳》云：「宋信子罕之計而囚墨翟」，《索隱》云：「《漢書》作『子冄』，不知子冄是何人。文穎云：子冄，子罕也」。《文選》鄒陽獄中上書自明，亦作「子冄」，注引文穎說同，又云「冄音『任』」，善云：未詳」。[1]《新序·三》亦作「子冄」，蓋皆「子罕」之誤。

1 **注** 「冄」不得有「任」音，疑《史記》「信」字《漢書》、《文選》並作「任」，此或校異文云「信作任」誤作「冄音任」也。

老而至齊，見太王田和，曰：「今有刀於此，試之人頭，倅然斷之，可謂利乎？」太王曰：「利。」墨子曰：「多試之人頭，倅然斷之，可謂利乎？」太王曰：「利。」墨子曰：「刀則利矣，孰將受其不祥？」太王曰：「刀受其利，試者受其不祥。」墨子曰：「并國覆軍，賊殺百姓，孰將受其不祥？」太王俯仰而思之曰：「我受其不祥。」[1]齊將伐魯，墨子謂齊將項子牛曰：「伐魯，齊之大過也。昔者吳王東伐越，棲諸會稽；西伐楚，葆昭王於隨；北伐齊，取國子以歸於吳。諸侯報其讎，百姓苦其勞而弗爲用，是以國爲虛戾、身爲刑戮也。昔者智伯伐范氏與中行氏，兼三晉之地，諸侯報其讎，百姓苦其勞而弗爲用，是以國爲虛戾、身爲刑戮。用是也，故大國之攻小國也，是交相賊也，過必反於國。」[2]卒蓋在周安王末年，當八、九十歲。

案：墨子卒年無攷，以本書校之，〈親士〉篇說吳起車裂事，在安王二十一年；〈非樂〉篇說齊康公興樂，康公卒於安王二十三年，自是以後，更無所見。[3]則墨子或即卒於安王末年。[4]葛洪《神仙傳》載墨子年八十有二，入周狄山學道。其說虛誕不足論，然墨子年壽必逾八十，則近之耳。[5]

1 注 出處 本書〈魯問〉篇。《北堂書鈔·八十三》引《新序》，有「齊王問墨子」語，蓋亦太公田和也。此皆追稱為「王」，當在命為諸侯以後事。

2 注 同上。

3 注 〈親士〉篇有「孟賁」，〈所染〉篇有「宋康王」，皆後人增益，非墨子所逮聞也。

4 注 安王二十六年崩，距齊康公之卒僅三年。

5 注 互詳〈年表〉。

所箸書，漢·劉向校錄之，爲七十一篇。[1]

案：《墨子》書，今存五十三篇，蓋多門弟子所述，不必其自箸也。《神仙傳》作十篇，《荀子》楊注作三十五篇，並非。

1 注 出處 《漢書·藝文志》。

墨子年表／清．孫詒讓

史遷云：「墨翟，或曰並孔子時，或曰在其後。」[1]劉向云：「在七十子之後」。[2]班固云：「在孔子後。」[3]張衡云：「當子思時。」[4]衆說舛啎，無可質定。近代治《墨子》書者，畢沅以爲六國時人，至周末猶存，既失之太後，汪中沿宋．鮑彪之說，[5]謂仕宋得當景公世，又失之太前[6]，殆皆不攷之過。竊以今五十三篇之書推校之，墨子前及與公輸般、魯陽文子相問答，[7]而後及見齊太公和[8]與齊康公興樂、[9]楚吳起之死，[10]上距孔子之卒，[11]幾及百年，則墨子之後孔子，蓋信。審覈前後，約略計之，墨子當與子思並時，而生年尚在其後，[12]當生於周定王之初年，而卒於安王之季，蓋八九十歲，亦壽考矣。其仕宋蓋當昭公之世。鄒陽書云：「宋信子罕之計而囚墨翟」，[13]其事他書不經見。秦、漢諸子多言子罕逐君，高誘則云「子罕殺昭公」，[14]又韓子說「皇喜殺宋君」——[15]「子罕」與「喜」當即一人。竊疑昭公實被放殺，而史失載。墨子之囚，殆即昭之末年事與？先秦遺聞，百不存一，儒家惟孔子生卒年月，明箸於《春秋》經傳，然尚不無差異。

七十子之年，孔壁古文〈弟子籍〉所傳者，亦不能備。外此，則孟、荀諸賢，皆不能質言其年壽，[16]豈徒墨子然哉？今取定王元年迄安王二十六年，凡九十有三年，表其年數，而以五十三篇書關涉諸國及古書說墨子佚事附箸之。[17]雖不能詳塙，猶瘉於馮虛臆測、舛繆不驗者爾。

1 注 出處 《史記．孟荀傳》。

2 注 出處 《史記索隱》引《別錄》。

3 注 出處 《漢書．藝文志》，蓋本劉歆《七略》。

4 注 出處 《後漢書》本傳注引衡集〈論圖緯虛妄疏〉云：「公輸班與墨翟並當子思時，出仲尼後」。

5 注 出處 鮑說見《戰國策．宋策》注。

6 注 宋景公卒於魯哀公二十六年，見《左傳》。《史記．六國年表》書景公卒於貞王十八年，即魯悼公十七年，遂滅昭公之年以益景公，與《左氏》不合，不可從也。據本書及《新序》，墨子嘗見田齊太公和，有問答語。田和元年上距宋景公卒年，凡八十三年，即令墨子之仕適當景公卒年，年才弱冠，亦必逾百歲前後方能相及，其可信乎？

7 注 出處 見〈貴義〉、〈魯問〉、〈公輸〉諸篇。

8 注 出處 見〈魯問〉篇。田和為諸侯在安王十六年。

9 注 出處 見〈非樂上〉篇。康公卒於安王二十三年。

10 注 出處 見〈親士〉篇，在安王二十一年。

11 注 敬王四十一年。

12 注 子思生於魯哀公二年，周敬王二十七年也，下及事魯穆公，年已八十餘，不能至安王也。《史記．孔子世家》謂子思年止六十二，則不得及穆公。近代譜諜書或謂子思年百餘歲者，並不足據。

13 注 出處 《史記》本傳。

14 注 出處 《呂氏春秋．召類》篇注。

15 注 出處 〈內儲說上〉。

16 注 元人所傳《孟子》生卒年月，臆撰不足據。

17 注 《史記．六國年表》魯哀、悼、宋景、昭年，與《左傳》不合，今從《左傳》。本書〈貴義〉篇墨子嘗使衛，年代無攷，他無與衛事相涉者。又墨子當春秋後，〈非攻下〉篇、〈節葬下〉篇，並以齊、晉、楚、越為四大國，時燕、秦尚未大興，墨子亦未至彼國，今並不列於表。

周	魯	晉 魏、韓、趙	齊 田齊	宋	鄭	楚	越	墨子時事
定王元	哀公二七	出公七 魏桓子、韓康子、趙襄子	平公十三 田成子	昭公元	聲公三三	惠王二十	王句踐二八	〈親士〉篇：「越王句踐遇吳王之醜，而尚攝中國之賢君。」亦見〈所染〉、〈兼愛〉、〈非攻〉、〈公孟〉諸篇。
二	悼公元	八	十四	二	三四	二二	二九	
三	二	九	十五	三	三五	二三	三十	
四	三	十	十六	四	三六	二四	三一	
五	四	十一	十七	五	三七	二五	王鹿郢元	
六	五	十二	十八	六	三八	二六	二	
七	六	十三	十九	七	哀公元	二七	三	

八	七	十四	二十	八	二	二八	四	
九	八	十五	二一	九	三	二九	五	
十	九	十六	二二	十	四	三十	六	
十一	十	十七	二三	十一	五	三一	王不壽元	
十二	十一	哀公元	二四	十二	六	三二	二	
十三	十二	二	二五	十三	七	三三	三	
十四	十三	三	宣公元	十四	八鄭人弒哀公	三四	四	〈魯問〉篇：鄭人三世殺其君。哀公即其一也。
十五	十四	四魏、韓、趙與智伯分范中行地。	二田襄子	十五	共公元	三五	五	〈非攻中〉篇：智伯攻中行氏、范氏，并三家以爲一家。

周	魯	晉魏、韓、趙	齊田齊	宋	鄭	楚	越	墨子時事
十六	十五	五智伯與魏、韓圍趙襄子於晉陽，魏、韓、趙反殺智伯。	三	十六	二	三六	六	〈非攻中〉篇：智伯圍趙襄子於晉陽，韓、魏、趙氏擊智伯，大敗之。亦見〈魯問〉篇。
十七	十六	六	四	十七	三	三七	七	
十八	十七	七	五	十八	四	三八	八	
十九	十八	八	六	十九	五	三九	九	
二十	十九	九	七	二十	六	四十	十	
二一	二十	十	八	二一	七	四一	王翁元	〈魯問〉篇：公尚過說越王，越王使公尚過迎墨子於魯。疑爲王翁中、晚年事。

二二	二一	十一	九	二二	八	四二滅蔡	二	〈非攻中〉篇：蔡亡於吳、越之間。
二三	二二	十二	十	二三	九	四三	三	
二四	二三	十三	十一	二四	十	四四	四	
二五	二四	十四	十二	二五	十一	四五	五	
二六	二五	十五	十三	二六	十二	四六	六	
二七	二六	十六	十四	二七	十三	四七	七	
二八	二七	十七	十五	二八	十四	四八	八	
考王元	二八	十八	十六	二九	十五	四九	九	〈魯問〉篇：公輸般至楚為舟戰器，亟敗越人。墨子與論鉤拒。〈公輸〉篇：般

周	魯	晉魏、韓、趙	齊田齊	宋	鄭	楚	越	墨子時事
								為雲梯將攻宋，墨子至郢，見楚王，乃不攻宋。《渚宮舊事》並在惠王五十年以前。附記於此。
二	二九	十九	十七	三十	十六	五十	十	〈貴義〉篇：墨子游楚，見惠王，王以老辭。《渚宮舊事》：惠王以書社封墨子，不受而歸。
三	三十	幽王元	十八	三一	十七	五一	十一	
四	三一	二	十九	三二	十八	五二	十二	
五	三二	三	二十	三三	十九	五三	十三	

六	三三	四	二一	三四	二十	五四	十四	
七	三四	五	二二	三五	二一	五五	十五	
八	三五	六	二三	三六	二二	五六	十六	
九	三六	七	二四	三七	二三	五七	十七	
十	三七	八	二五	三八	二四	簡王元 滅莒	十八	〈非攻中〉篇：莒亡於齊、越之間。
十一	元公元	九	二六	三九	二五	二	十九	
十二	二	十	二七	四十	二六	三	二十	
十三	三	十一	二八	四一	二七	四	二一	
十四	四	十二	二九	四二	二八	五	二二	
十五	五	十三	三十	四三	二九	六	二三	
威烈王元	六	十四	三一	四四	三十	七	二四	

周	魯	晉魏、韓、趙	齊田齊	宋	鄭	楚	越	墨子時事
二	七	十五魏文侯、韓武子、趙桓子。	三二	四五	三一	八	二五	
三	八	十六趙獻侯。	三三	四六	幽公元韓武子伐鄭，殺幽公。	九	二六	〈魯問〉篇：魯陽文君將攻鄭，曰：鄭人三世殺其父。疑當作「二世殺其君」，即指哀公、幽公被殺也。詳本篇。
四	九	十七	三四	四七	繻公元	十	二七	
五	十	十八	三五	四八	二	十一	二八	
六	十一	十九	三六	四九	三	十二	二九	
七	十二	烈公元	三七	五十	四	十三	三十	
八	十三	二	三八	五一	五	十四	三一	

九	十四	三	三九	五二	六	十五	三二	
十	十五	四	四十	五三	七	十六	三三	
十一	十六	五	四一	五四	八	十七	三四	
十二	十七	六	四二	五五	九	十八	三五	
十三	十八	七	四三	五六	十	十九	三六	
十四	十九	八	四四田莊子伐魯，攻葛及安陵。	五七	十一	二十	三七	〈魯問〉篇：齊項子牛三侵魯地。此攻葛及安陵，或即三侵之一。
十五	二十	九	四五伐魯取都。	五八	十二	二一	王翳元	齊伐魯取都，或亦三侵之一。
十六	二一	十	四六	五九	十三	二二	二	
十七	穆公元	十一	四七	六十	十四	二三	三	〈魯問〉篇：魯君謂墨子曰：恐齊攻我。疑即穆公。

周	魯	晉魏、韓、趙	齊田齊	宋	鄭	楚	越	墨子時事
十八	二	十二韓景侯、趙烈侯	四八田和伐魯取郕	六一	十五	二四	四	齊伐魯取郕，或亦三侵之一。
十九	三	十三	四九	六二	十六	聲王元	五	
二十	四	十四魏滅中山	五十	六三	十七	二	六	〈所染〉篇：中山尚染於魏義、偃長。案：中山尚疑即中山桓公，爲魏文侯所滅。
二一	五	十五	五一	六四	十八	三	七	
二二	六	十六	康公元	六五昭公薨。案：疑爲皇喜所弒。	十九	四	八	〈呂氏春秋．召類〉篇注：子罕殺昭公。《史記》：宋信子罕之計而囚墨翟。疑昭公實被弒，囚墨子即其季年事。

二三	七	十七魏文侯二二年，韓景侯六年，趙烈侯六年，始命爲諸侯。	二	悼公元	二十	五圍宋十月	九	〈公輸〉篇：公輸般爲楚造雲梯，將攻宋。墨子至郢，說止之。當在惠王時。蘇時學謂即此年聲王圍宋時事，非是。
二四	八	十八魏二三、韓七、趙七。	三	二	二一	六	十	
安王元	九	十九魏二四、韓八、趙八。	四	三	二二	悼王元	十一	
二	十	二十魏二五、韓九、趙九。	五	四	二三	二	十二	
三	十一	二一魏二六、韓烈侯元、趙武侯元。	六	五	二四	三	十三	

周	魯	晉魏、韓、趙	齊田齊	宋	鄭	楚	越	墨子時事
四	十二	二二魏二七、韓二、趙二。	七	六	二五	四	十四	
五	十三	二三魏二八、韓三、趙三。	八	七	二六	五	十五	
六	十四	二四魏二九、韓四、趙四。	九	八	二七鄭人弒繻公	六	十六	〈魯問〉篇：魯陽文君曰鄭人三世殺君，或謂指哀、幽、繻三君，然與文君年不合。
七	十五	二五魏三十、韓五、趙五。	十	休公元	康公元	七	十七	
八	十六	二六魏三一、韓六、趙六。	十一田和伐魯取最。	二	二	八	十八	黃式三謂魯陽文君將攻鄭在此年，未塙。齊伐魯或即〈魯問〉篇三侵魯地事。

九	十七	二七魏三二、韓七、趙七。	十二	三	三	九	十九	
十	十八	孝公元魏三三、韓八、趙八。	十三	四	四	十	二十	
十一	十九	二魏三四、韓九、趙九。	十四	五	五	十一	二一	
十二	二十	三魏三五、韓十、趙十。	十五	六	六	十二	二二	
十三	二一	四魏三六、韓十一、趙十一。	十六	七	七	十三	二三	
十四	二二	五魏三七、韓十二、趙十二。	十七	八	八	十四	二四	
十五	二三	六魏三八、韓十三、趙十三。	十八	九	九	十五	二五	

周	魯	晉魏、韓、趙	齊田齊	宋	鄭	楚	越	墨子時事
十六	二四	七魏武侯元、韓文侯元、趙敬侯元。	十九田齊太公和元年，始命爲諸侯。	十	十	十六	二六	〈魯問〉篇：墨子見齊太王，即太公和。《新序》亦載齊王與墨子問答，即田和也。
十七	二五	八魏二、韓二、趙二。	二十田齊二，伐魯，破之。	十一	十一	十七	二七	齊伐魯，或即〈魯問〉篇三侵魯地事。
十八	二六	九魏三、韓三、趙三。	二一田齊桓公元。	十二	十二	十八	二八	
十九	二七	十魏四、韓四、趙四。	二二田齊二	十三	十三	十九	二九	
二十	二八	十一魏五、韓五、趙五。	二三田齊三	十四	十四	二十	三十	

二一	二九	十二魏六、韓六、趙六。	二四田齊四	十五	十五	二一悼王薨，群臣殺吳起。	三一	〈親士〉篇：吳起之裂，其事也。
二二	三十	十三魏七、韓七、趙七。	二五田齊五	十六	十六	肅王元	三二	
二三	三一	十四魏八、韓八、趙八。	二六公薨齊亡，田齊六	十七	十七	二	三三	〈非樂上〉篇：齊康公興樂萬。
二四	三二	十五魏九、韓九、趙九。	田齊威王元	十八	十八	三	三四	以後時事，本書無所見，疑墨子之卒即在安王末年。
二五	三三	靜公元魏十、韓哀侯元、趙十。	二	十九	十九	四	三五	
二六	共公元	二魏十一、韓十二、趙十一。	三	二十	二十	五	三六	

精進書目

國立臺灣大學哲學系教授兼文學院副院長　李賢中

孫詒讓，《墨子閒詁》（台北：華正書局，一九八七年三月）

此書集畢沅以後一百餘年之墨學研究成果，校釋詳細；包括正文十五卷，附錄有：墨子篇目考、墨子佚文、墨子傳略、墨學通論等。資料甚爲豐富，是研究墨學必讀之書。

1. 胡適，《墨子與別墨》（上海：商務印書館，一九一九年）
內容包括：墨子哲學的根本方法、三表法、墨子的宗教，及墨辯與別墨、知識論、辯者惠施、公孫龍等。

2. 梁啓超，《墨子學案》（上海：中華書局，一九三六年）
共八章，討論墨學之根本觀念，兼愛、墨學之實利主義及經濟學說，宗教思想，新社會組織法，墨家之論理學及其他科學等。此書以白話文寫作，影響至巨。

3. 張純一，《增訂墨子閒詁箋》收錄於任繼愈主編，《墨子大全》（第二編二十八冊）（北京：

北京圖書館出版社，二〇〇四年）

此乃在張純一原著《墨子閒詁箋》的基礎上校補，書前有曹亞伯、章炳麟序，作者敘指出，該書是他在孫詒讓所見諸本之外，另得十幾種版本互相審覈、覆勘，指出了《墨子閒詁》的一些未審之處，頗值得對比參考。

4. 張純一，《墨子集解》（上海：世界書局，一九三六年）

張純一以十餘年精力，博采諸家之說，精研深究，著《墨子集解》十五卷，附錄墨子佚文，集諸家之大成，爲當時墨學之總結集。

5. 方授楚，《墨學源流》（上海：中華書局，一九四〇年）

此書上卷十章，下卷四章，涉及墨學內部思想之分類論述，如：政治、經濟、宗教思想及根本精神等；至於外部思想產生之背景、墨學之發展等也有論述。此書爲三十年代墨學研究著作中資料最豐富者。

6. 譚戒甫，《墨經分類譯注》（北京：科學出版社，一九五八年）

本書成稿於一九五七年，作者將《墨經》分類譯注，分爲：名言、自然、數學、力學、光學及認識等部分。

7. 嚴靈峰，《墨子知見書目》（台北：台灣學生書局，一九六九年）

該書收有：中國墨子書目錄、日本墨子書目錄、韓國墨子書目錄、越南墨子書目錄、英、德文墨子書目錄及版本目錄、墨子論說目錄等。

8. 李漁叔註譯，《墨子今註今譯》（台北：商務印書館，一九七四年初版，一九八八年六版）

其中十分之九由李漁叔撰寫，其餘由弟子王冬珍補述成書，內容有墨學導論，介紹墨子事蹟、生地、年代及思想大要；並注譯《墨子》三十八篇。

9. 周長耀，《墨子思想之研究》（台北：中華倫理科學教育協會，一九七四年初版，正中書局，一九七七年）

該書強調墨學在復興中華文化中的重要性，內容除墨子生平事蹟外，思想涉及宗教、兼愛、政治、經濟、社會等思想以及儒墨之是非，附錄墨子學說表解。

10. 李紹崑，《墨子：偉大的教育家》（台北：商務印書館，一九八九年初版）

該書從比較教育學原理，將墨子教育思想與儒家教育觀相比較，並視墨子爲偉大的宗教教育家，該書內容還包括墨子的道德教育、科學教育與革命教育等。

11. 鐘友聯，《墨家的哲學方法》（台北：東大圖書公司，一九七六年初版，一九八一年再版）

該書解析墨家邏輯思想，包括：墨家的哲學方法，墨家三表法的論證形式，兩而進之的論證形式，還原論證法，譬喻與類比論證，及詭論的二難式等共十二章。

12. 蔡仁厚，《墨家哲學》（台北：東大圖書公司，一九七八年初版，一九八三年再版）

全書分上下兩卷，上卷論述墨子思想及對墨學的評論；下卷對於《墨辯》的道德觀和《墨經》中的科學思想加以說明。

13. 孫中原，《墨學通論》（瀋陽：遼寧教育出版社，一九九三年九月）

該書對於墨學精蘊頗多闡發，特別是對前人未特別注意的墨家軍事思想評述尤詳，在〈名辯邏輯的高峰：墨家邏輯〉等章，論析精闢。

14. 姜寶昌，《墨經訓釋》（濟南：齊魯書社，一九九三年十二月）

作者物理系畢業，兼通數理與文史，該書對《墨經》進行校勘、注釋及講解，將《墨經》訂爲一七九條，對〈經上、下〉、〈經說上、下〉詳細疏證。

15. 譚家健，《墨子研究》（貴陽：貴州教育出版社，一九九五年八月）

全書十六章，詳細介紹墨家思想，是二十世紀末相當有系統的墨學研究成果，其最後一章還介紹歷代墨學研究情況，以及海外墨學研究情形，頗具參考價值。

16. 鄭杰文，《二十世紀墨學研究史》（北京：清華大學出版社，二〇〇二年十一月）

該書系統論述二十世紀墨學研究的歷史概況，共分六章，並附錄歷代墨學書目版本索引，中國二十世紀墨學論文索引。

17. 吳進安，《墨家哲學》（台北：五南圖書公司，二〇〇三年二月）

該書從「道」與「術」的二元觀點，分析墨家哲學的理論性與實踐性。探討墨家各項主張，並以系統性的架構，整理及解釋墨學的立論及旨趣。

18. 李賢中，《墨學─理論與方法》（台北：揚智文化公司，二〇〇三年十月）

本書對二十世紀後半葉台灣墨學研究進行文獻回顧，並提出新的研究方法，不僅展示墨學的理論系統，也提出墨學研究的現代意義與未來發展。

19. 王讚源主編，《墨經正讀》（上海：上海科學技術文獻出版社，二〇一一年五月）

由於《墨經》注釋分歧，造成讀者理解《墨經》的障礙，該書邀集海峽兩岸墨學專家組成研究團隊，合力撰成此書，該書不輕率更動原文，訓詁與義理並濟，爲目前研究《墨經》者必讀之書。

20. 孫中原、吳進安、李賢中合著，《墨翟與《墨子》》（台北：五南圖書公司，二〇一二年三月）

該書包含三篇：其一爲墨學精華，指出墨學之科學精神與人文精神。其二爲墨學的普世價值，強調墨學的社會正義與和平主義。其三爲墨家哲學之現代意義。

【筆記頁】

思想的．睿智的．獨見的

經典名著文庫

【筆記頁】

思想的・睿智的・獨見的

經典名著文庫

經典名著文庫 129

墨子（下）

原　　著 — 墨子及其弟子與墨家後學
注　　疏 — 孫詒讓
導　　讀 — 李賢中
題　　解 — 李賢中
發 行 人 — 楊榮川
總 經 理 — 楊士清
總 編 輯 — 楊秀麗
文庫策劃 — 楊榮川
副總編輯 — 黃文瓊
責任編輯 — 吳雨潔
特約編輯 — 盧文心
封面設計 — 姚孝慈
著者繪像 — 莊河源
出 版 者 — **五南圖書出版股份有限公司**
地　　址 — 臺北市大安區 106 和平東路二段 339 號 4 樓
電　　話 — 02-27055066（代表號）
傳　　眞 — 02-27066100
劃撥帳號 — 01068953
戶　　名 — 五南圖書出版股份有限公司
網　　址 — https://www.wunan.com.tw
電子郵件 — wunan@wunan.com.tw
法律顧問 — 林勝安律師事務所　林勝安律師
出版日期 — 2020 年 12 月初版一刷
定　　價 — 650 元

國家圖書館出版品預行編目資料

墨子 / 墨子及其弟子與墨家後學原著；孫詒讓注疏． --
初版． -- 臺北市：五南，2020.12
冊；公分． --（經典名著文庫：128-129）
ISBN 978-986-522-333-5（上冊：平裝）． --
ISBN 978-986-522-334-2（下冊：平裝）

1. 墨子　2. 注釋

121.411　　109016779